高职高专大学生体育与健康教程

主　编　王　恒　王建军　张　旭
副主编　高文英　邓福昌　王　红
　　　　王　刚　曲　波　张士杰
参　编　周　乐　齐美智　刘春美
主　审　郝　军

哈尔滨工程大学出版社
Harbin Engineering University Press

内容介绍

本书紧紧围绕帮助学生树立“健康第一”的观念，将体育和健康有机地融合在一起，在介绍体育基本知识和基本技能的基础上，力求处理好体育技能、健康知识、卫生保健、体育欣赏与提高学生综合能力的关系，着重突出人文体育精神。

本书可作为高职体育的教材，也可作为体育教研方向的参考用书。

图书在版编目(CIP)数据

高职高专大学生体育与健康教程 / 王恒，王建军，张旭主编. — 哈尔滨 ：哈尔滨工程大学出版社，2023.8

ISBN 978-7-5661-4137-8

Ⅰ. ①高… Ⅱ. ①王… ②王… ③张… Ⅲ. ①体育-高等职业教育-教材②健康教育-高等职业教育-教材 Ⅳ. ①G807.4②G717.9

中国国家版本馆 CIP 数据核字(2023)第 170681 号

高职高专大学生体育与健康教程

GAOZHI GAOZHUAN DAXUESHENG TIYU YU JIANKANG JIAOCHENG

选题策划 包国印
责任编辑 雷 霞
封面设计 李海波

出版发行 哈尔滨工程大学出版社
社　　址 哈尔滨市南岗区南通大街 145 号
邮政编码 150001
发行电话 0451-82519328
传　　真 0451-82519699
经　　销 新华书店
印　　刷 哈尔滨午阳印刷有限公司
开　　本 787mm×1 092mm 1/16
印　　张 19.5
字　　数 501 千字
版　　次 2023 年 8 月第 1 版
印　　次 2023 年 8 月第 1 次印刷
定　　价 61.60 元

http://www.hrbeupress.com
E-mail:heupress@hrbeu.edu.cn

前　言

体育具有强身健体、娱乐、教育、政治、经济等功能。也可以说，所处的历史阶段不同，体育就具有不同的功能。但是不论何时，强身健体及娱乐都是体育的核心功能。

体育是一种复杂的社会文化现象，以身体活动为基本手段，以增强体质、增进健康及培养人的各种心理品质为目的。尤其随着社会经济的发展，人们的生活水平得到了提高，也让人们对精神方面的需求开始高于对物质方面的需求。人们对于体育的认识不再限于强身健体的方面，也希望能通过体育活动的参与得到更多的精神享受。例如人们观看体育比赛时，优美的体育动作、扣人心弦的竞赛等都给人们以美的享受；还有在比赛现场，随着比赛的进行，人们可以大声叫喊，可以尽情宣泄自己的情感，使人们在精神上有一种轻松感。

一次成功的射门、一个漂亮的投篮、一场快节奏的健美操等运动，不只能够健身，更重要的是它能给人们快感、成就感和心情的舒畅感。这些都是体育带给人们精神方面的价值。另外，体育也有助于培养人们勇敢顽强的性格、超越自我的品质、迎接挑战的意志和承担风险的能力，更能培养人们的竞争意识、协作精神和公平观念。

一些体育活动和体育赛事也对丰富人们的文化生活，弘扬集体主义、爱国主义精神，增强国家和民族的向心力、凝聚力有着不可缺少的作用。

体育是人类社会发展中根据生产和生活的需要，遵循人体身心的发展规律，以身体练习为基本手段，达到增强体质、提高运动技术水平、进行思想品德教育、丰富社会文化生活而进行的一种有目的、有意识、有组织的社会活动，是伴随人类社会的发展而逐步建立和发展起来的一个专门的科学领域。

体育课程是大学生以身体练习为主要手段，通过合理的体育教育和科学的体育锻炼过程，以达到增强体质、增进健康和提高体育素养为主要目标的公共必修课程；是学校课程体系的重要组成部分；是高等学校体育工作的中心环节。体育课程是寓促进身心和谐发展、思想品德教育、文化科学教育、生活与体育技能教育于身体活动并有机结合的教育过程，是实施素质教育和培养全面发展的人才的重要途径。

本书第二、八章由王恒编写；第三、五章由张旭编写；第一、六章由曲波、王建军共同编写；第四章由张士杰、高文英共同编写；第七章由王红编写；第九、十、十一章及附录由邓福昌、王刚共同编写。全书由郝军担任主审，统筹稿件与分配编写任务。周乐、齐美智和刘春美参与部分章节编写。

在此感谢全国体育院校教材编委会、中国篮球协会、中国排球协会等的多名前辈，正是由于他们出版的优秀教材给予了我们指导和参考，我们才得以成功编写出《高职高专大学生体育与健康教程》这本教材！

编者

2023 年 8 月

目　　录

第一章　体育锻炼概论

第一节　体育锻炼的作用

体育锻炼是人们运用各种身体练习方法，结合自然力（日光、空气、水）和卫生因素以达到发展身体、增进健康、增强体质、调节精神、丰富文化生活为目的的身体运动。要想使体育锻炼能够达到预期的效果，就必须了解体育锻炼的作用，并按照科学的原理，遵循一定的原则进行锻炼。

大学生正处于身体发育即将成熟的时期，而经常从事体育运动能健康有效地促进生长发育，预防疾病，提高对环境的适应能力。

一、对新陈代谢的影响

1. 体育锻炼能促进体内组织细胞对糖的摄取和利用的能力，增强肝糖原和肌糖原的储存。体育锻炼还能改善机体对糖代谢的调节能力。如在长期体育锻炼的影响下，胰高血糖素分泌表现对运动的适应，在同样强度的运动情况下，胰高血糖素分泌量减少，其意义是推迟肝糖原的排空，从而推迟衰竭的到来，增加人体持续运动的时间。

2. 脂肪是在人体中含量较多的能量物质，它在体内氧化分解时放出能量，约为同等量的糖或蛋白质的两倍，长期坚持体育锻炼能提高机体对脂肪的运用能力，为人体从事各项活动提供更多的能量来源。

二、对运动系统的影响

坚持体育锻炼，对骨骼、肌肉、关节和韧带都会产生良好的影响。经常运动可使肌肉保持正常的张力，并通过肌肉活动给骨组织以刺激，促进骨骼中钙的储存，预防骨质疏松，同时使关节保持较好的灵活性，韧带保持较佳的弹性。锻炼可以增强运动系统的准确性和协调性，保持手脚的灵便，使人可以轻松自如、有条不紊地完成各种复杂的动作。

三、对心血管系统的影响

适当的运动是保证心脏健康的有效方法。有规律地运动锻炼，可以减慢静态时和锻炼时的心率，这就大大减少了心脏的工作时间，增强了心脏功能，保持了冠状动脉血流畅通，能更好地供给心肌所需要的营养，使心脏病的发病率降低。

1. 经常参加体育锻炼可使心肌细胞内的蛋白质合成量增加，心肌纤维增粗，使得心肌收缩力量增加，这样可使心脏在每次收缩时将更多的血液射入血管，使得心脏的每搏输出量增加。长时间的体育锻炼可使心室容量增大。

2. 体育锻炼可以增加血管壁的弹性，这对人健康的远期效果来说是十分有益的。人随着年龄的增加，血管壁的弹性逐渐下降，因而诱发高血压等退行性疾病。通过体育锻炼，可增加血管壁的弹性，能预防或缓解退行性高血压症状。

3. 体育锻炼促使大量毛细血管开放，加快了血液与组织液的交换，从而加快了新陈代谢的水平，增强机体能量物质的供应和代谢物质的排除能力。

4. 体育锻炼可以显著降低血脂含量（胆固醇、b-蛋白质、三酰甘油等）、改变血脂质量，从而有效地防治冠心病、高血压和动脉粥样硬化等疾病。

5. 体育锻炼还可以令安静时脉搏徐缓、血压降低。

四、对呼吸系统的影响

1. 经常参加体育锻炼，特别是做一些伸展扩胸运动，可以使呼吸肌力量加强，胸廓扩大，有利于肺组织的生长发育和肺的扩张，使肺活量增加。经常性地深呼吸运动，也可以促使肺活量的增长。大量实验表明，经常参加体育锻炼的人，肺活量值高于一般人。

2. 由于体育锻炼加强了呼吸力量，从而令呼吸深度增加，有效地增加了肺的通气效率。研究表明，一般人在运动时，肺通气量能增加到 60 L/min 左右，有体育锻炼习惯的人运动时肺通气量可达 100 L/min 以上。

3. 一般人在进行体育活动时只能利用其氧气最大摄入量的 60%左右，而经过体育锻炼后可以使这种能力大大地提高，体育活动时，即使氧气的需要量增加，也能满足机体的需要，而不致令机体缺氧。

五、对消化系统的影响

体育锻炼是加速机体能量消耗的过程，能量物质的最终来源是摄取的食物，因此，运动后会促进消化系统的功能变化，饭量增大，消化功能增强。

六、对中枢神经系统的影响

体育锻炼能改善神经系统的调节功能，提高神经系统对人体活动时错综复杂的变化的判断能力，并及时做出协调、准确、迅速的反应。研究指出，经常参加体育锻炼，能明显提高脑神经细胞的工作能力。反之，若缺乏必要的体育活动，大脑皮层的有效调节能力将相应地下降，造成平衡失调，甚至引起某些疾病。

七、对心理方面的影响

体育锻炼对心理的发展（如增强信心，建立良好的环境，培养稳定的情绪，培养独立和处事果断的能力，提高智力发展等）有巨大的推动作用。相反，不积极地从事体育活动，不良情绪得不到彻底宣泄，对心理健康有负面影响。

第二节　体育锻炼的原则

体育锻炼的原则是身体锻炼者在锻炼过程中所必须遵循的行动准则。身体锻炼的实践告诉我们，任何一种卓有成效的锻炼行为总是锻炼者自觉或不自觉遵循某一些锻炼原则的结果。同样,盲目锻炼得不到应有的锻炼效果,其原因可能是多方面的。但是其中必有的一个重要因素,那就是背离了正确的锻炼原则。

一、主动性原则

主动积极是参加并坚持身体锻炼的首要条件。体育锻炼是一种自愿行动,是指参加锻炼者在充分理解身体锻炼的目的、意义的基础上,自觉、自愿、主动、积极地进行身体练习。

参加体育锻炼一般没有法定的活动时间、地点和组织形式,没有强制必须执行的练习纪律,也不一定有教师或教练员指导监督。锻炼中,身体要承受相当的运动负荷,要付出一定的体力消耗。有时,还要在风霜、雪雨、炎热或寒冷的不良气候下坚持练习。因此,没有主动自觉精神是难以从事身体锻炼的。

就身体锻炼的作用和不同个体的身心特点来看,人对这一活动的需要是广泛的。因此应根据每个人的具体实际需要进行针对性的活动。各类需要如下所示:

(1)强身需要:强健的身体是人类生存和享受的必备条件,是提高工作效率和愉快生活的前提。因此,强身健体是人们的普遍需要。

(2)娱乐需要:丰富多彩的体育运动具有游戏性、趣味性、随欲性、随时性、随地性、灵活性,是人们健康生活的消遣娱乐活动。在运动中,人们因表现体能而感到自豪,以掌握熟练技巧而感到欣慰,以战胜对手、超过对方而感到满足。

此外,还有健康需要、保健需要等。

二、针对性原则

针对性原则是指在身体锻炼过程中,根据锻炼者的个人特点以及季节、地域等客观条件合理地确定锻炼内容,选择方法手段和安排运动负荷,使之符合锻炼者的实际需要。

锻炼者的年龄、性别、体质情况、职业特点、需求以及锻炼的地域和季节特点等千差万别,因此必须依据锻炼者的不同特点区别对待。各个运动项目特点各异,对身体发展的作用也不尽相同,为提高锻炼实效,根据需要有针对性地选择。

三、全面性原则

全面性原则是指在锻炼中使身体各部位、各器官、系统的机能,各种身体素质和活动能力都得到均衡的发展。

人体是一个完整的系统,各部位、各组织、各器官是相互联系、相互制约的,某一方面的发达或衰退都会影响其他方面。

不同的运动项目对人体的影响也是有区别的。如长跑时,下肢锻炼比较充分;单杠、双杠练习侧重于发展上肢;短跑主要发展速度;举重主要发展力量等。因此,应合理选择和搭配锻炼内容,选择项目时,选择那些对身体发展影响较全面的项目,如游泳、打太极拳等,或者选择几项综合练习,以利于各方面均衡发展。

四、循序渐进原则

循序渐进原则是指在身体锻炼中,恰当合理地安排运动负荷,使之既能满足锻炼者增强体质的需要,又能符合身体的实际接受能力。运动负荷安排是否恰当合理直接影响锻炼效果。负荷过小,刺激不能引起机体的效能反应,达不到强身健体的目的;负荷过大,机体超载负荷,不但不能增强体质,反而可能损害身体。

参加体育锻炼是否有效果及有什么样的锻炼效果,主要由两个因素决定:锻炼方法和锻炼中的运动负荷。体育锻炼中的运动负荷与运动训练中运动负荷是有区别的,体育锻炼的基本目的是在一定程度上提高机体的机能能力,继而有效地保持这种机能能力。所谓运动负荷,就是人体在运动活动中所能承受的生理刺激,包括负荷强度和负荷量两个方面。与负荷强度有关的因素有密度、难度、速度、远度、高度、质量、负重等。与负荷量有关的因素有时间、总距离、总质量、次数、组数等。对于运动负荷的强度调整,可通过改变负荷强度和负荷量的相关因素来实现。

体育锻炼中的运动负荷主要以"中中结合"(中等强度和中等量)为主,此外,也应注意合理的作息和基本的营养作为锻炼后机体得以充分恢复的保证。

五、FIT 监控原则

FIT 是次数、强度和时间三个英文单词的缩写,它是指人们在进行以健康为目的的体育锻炼时,必须科学控制每周锻炼的次数及每次运动的强度和时间。

次数是指一个人在一个周期内进行锻炼的次数。为获取良好的身体刺激效果,每周锻炼次数至少为 3~5 次。对于有氧运动的强度可以用心率测量来监控。大学生进行有氧运动时,心率应该控制在自己最大心率的 60%~80%为宜。在从事力量练习时还可以通过调节练习器械的重量、练习的组数、间歇时间和次数来监控强度。每次运动的持续时间应适宜,如提高心肺循环系统的耐力,则练习的时间至少持续 20~30 分钟等。

六、安全性原则

体育锻炼的最终目的是促进健康,所以必须注意体育锻炼的安全性。安全性原则是指体育锻炼必须遵循人体发展和适应环境的基本规律。每个人由于遗传、环境、教育和其他自身的主观能动性不同,在身心发展上存在不均衡,这种个体差异在体育锻炼时绝不能以同一要求和标准去衡量,否则易形成安全隐患。因此,只有根据个体现有的身心发展状况选择适宜的锻炼内容和方法,在良好的环境下进行锻炼,才能收到最佳的效果。如何贯彻安全性原则呢?应做到以下几点:

(1)选择环境良好、设施条件齐备的运动场所进行锻炼;

(2)根据环境、场地的自然条件安排适宜的锻炼内容;

(3)根据锻炼者的实际情况选择运动负荷的大小;

(4)坚持做好准备活动和整理活动;

(5)掌握一定的体育卫生保健常识和急救方法。

第三节 体育锻炼的方法

大学生体育锻炼的最高目标是提高身体素质,以应付参加社会工作后所遇到的各种复杂情况。身体素质是指人体在体育运动、生产劳动和日常生活中表现出来的力量、耐力、速度、灵敏及柔韧性等运动活动的能力。身体素质,特别是力量和耐力素质是衡量体质强弱和身体活动能力的重要标志之一。

一、体育锻炼的一般方法

(一)负重练习法

负重练习法即载负重量进行锻炼,它要求锻炼者按一定的次数、重量、标准和动作频率去锻炼身体,增强体质。如使用杠铃、沙袋等锻炼身体和增强力量素质。

(二)重复锻炼法

重复锻炼法是按预定内容反复进行某一锻炼的方法。如重复进行 60 米加速跑 4~6 次,每次跑后间歇 1~2 分钟,且每次跑的距离和速度不变。主要用于发展下肢力量和速度素质。

(三)综合锻炼法

综合锻炼法是在进行身体锻炼的过程中,为促进身体各部位的全面发展而把对身体各个部位有不同作用的几个或更多的运动项目搭配起来,形成一个可影响身体数个部位乃至全身所有部位进行运动的方法。如跳绳、立卧撑、引体向上、双臂屈伸、多级跳远等综合锻炼法。

(四)身体不同部位锻炼方法

1. 头颈运动:头为人之首,常练可使大脑供血充分,有利于消除脑疲劳、增强记忆力,锻炼方法有头前屈、后屈、侧屈、回旋等。

2. 上肢运动:锻炼方法有俯卧撑、双杠臂屈伸、单杠引体向上及持器械的各种练习。

3. 躯干运动:锻炼方法有仰卧起坐、仰卧举腿、仰卧两头起、悬垂举腿、腰侧屈等。

4. 下肢的运动:下肢为人体支柱,应使其发达、健壮。锻炼方法有杠铃深蹲、半蹲、提踵、跳跃等。

二、提高身体素质的方法

(一)提高力量素质的方法

力量是指肌肉在紧张或收缩时所表现出来的一种能力。力量素质是身体素质的基础。提高力量素质应根据目的的不同而采取不同的方法。在一般情况下,提高绝对力量应采用重量大、组数多、次数少的方法,提高速度力量应采用中重量、中次数、组数少的方法,发展小肌肉群力量和力量耐力应采用重量小、组数少、次数多的方法。

(二)提高耐力素质的方法

耐力素质是有机体长时间工作克服疲劳后快速恢复的能力。按运动的外在表现可分为速度耐力、力量耐力、一般耐力,按所影响的器官分为心血管耐力和肌肉耐力等,按能量供应特点分为有氧耐力和无氧耐力等。练习时,应强调意志品质、呼吸深度和呼吸方法。

提高有氧耐力主要是提高心肺功能。运动时间要求在 15 分钟以上(至少为 5 分钟)。锻炼时负荷强度应达到所能承受最大强度的 80%左右(心率大约在 150 次/分),经常采用持续负荷(包括连续负荷法和交替负荷法两种)方法,多选用跑步、跳绳、原地跑、球类、自行车、溜冰、划船等锻炼手段进行锻炼。锻炼时应注意逐渐增加运动强度和密度。

（三）提高速度素质的方法

速度素质是指人体快速运动的能力。速度可分为反应速度、动作速度、移动速度。各种速度素质练习，都应在体力充沛、精力饱满的情况下进行。

1. 反应速度：对外界刺激反应的快慢。常用的方法是利用信号让练习者做出相应反应。

2. 动作速度：完成某一动作的快慢。减小练习难度法（顺风跑、下坡跑等）、加大难度法（跳高前的负重跳等）和时限法（按一定节拍或跟随别人较快的节奏等，以改变自己的动作节奏或速度）是常用的发展动作速度的方法。

3. 移动速度：单位时间内位移的距离。发展的方法有最大速度跑、加快动作频率和发展下肢爆发力量。

（四）发展灵敏素质的方法

灵敏是指在多变的运动环境中迅速改变身体位置的能力。发展的方法有在跑跳中迅速、准确、协调地完成各种动作、各种综合练习、各种变换方向的追逐性游戏及球类活动等。

（五）发展柔韧素质的方法

柔韧是指关节活动的幅度，肌肉、肌腱韧带等软组织的伸展能力。一般以采用静力性拉长肌肉和结缔组织的方法发展柔韧素质成效较好。静力性练习要求保持8~10秒钟，重复8~10次，如压、搬、劈、蹦、体前屈、转体、绕环等动作，并以感到酸、胀、痛为限。控制在5~30次的动力性拉伸练习（踢腿、摆腿、甩腰等），也是发展柔韧素质的方法之一。

发展柔韧素质应将静力与动力、主动与被动练习相结合，坚持细水长流，勿用力过猛。

三、简便易行的锻炼方法

（一）步行锻炼法

步行是体育锻炼中最简便易行的锻炼方法。步行锻炼主要由步行的距离、速度决定其运动强度，锻炼者应根据本人的实际情况进行选择。常言道“百练不如一走，活到九十九”，这足以见得步行是古今长寿的妙法之一。

（二）跑步锻炼法

跑步是一种有关肌肉群反复活动的全身有氧运动，利用跑步可以消耗体内过剩的热量，有助于减少体内的脂肪和控制体重。

（三）游泳锻炼法

游泳的锻炼价值与跑步非常相似。由于人在水中受到水的阻力和浮力及水温的影响，其游进同样的距离，所需的能量是跑步的4倍之多，但心率却处于较低水平，因此是一种更安全的健身方法。

（四）跳绳锻炼法

跳绳能提高心血管系统和呼吸系统的功能，提高肌肉长时间工作的能力，同时能使人的速度、灵敏、协调性等体能得到加强。同时，跳绳锻炼是最好的减肥方法之一。

(五)有氧操锻炼法

有氧操是一种充满活力的锻炼方法,在提高心血管系统和呼吸系统的功能方面有明显作用。通过有氧操,可以使体重得到有效控制,健美身材,愉悦身心。

四、利用自然力锻炼的方法

自然力锻炼身体的目的在于提高人体对外界的各种不良气象因素的抵抗力。自然力锻炼的方法包括空气浴、日光浴、冷水浴,通常这三种方法结合在一起使用。

第二章　高职院校体育教育

第一节　高职院校体育工作特点

一、高职院校体育发展趋势

如今，高职院校教育在教育中起着非凡的作用，这对高职院校体育工作者提出了更高的要求。高等教育应认真履行为学生和社会服务的职责，必须面向全球培养人才，使学生能主动适应经济全球化需要，以迎接社会的挑战。因此，高职院校体育课程教学模式必将呈现新的发展趋势。

（一）由单一性向多种模式方向发展

传统的体育课程教学模式主要是注重学生掌握体育的基本知识、基本技术和基本技能，教学组织形式是以教学行政班为主，存在一定的缺陷。比如学生对所学内容缺乏兴趣，教师和学生缺乏互动性，不利于学生的个性发展。20世纪90年代，高职院校出现了众多不同的体育课程教学模式，如专项式、分层式、课内外一体化式和俱乐部模式等。这些模式的出现，标志着高职院校体育课程教学模式已向多种模式方向迈进。

（二）体育教学模式向整体构建方向发展

传统高职院校体育课程教学模式主要是以技术知识的传授和接受为基本形式的教学结构。这种课程教学模式的一个突出的缺点是学生往往处于一种被动接受技术知识的状态，不利于学生创造性的充分发展。因此，在构建高职院校体育课程教学模式时，要考虑教师在教学过程中应该“怎样教”、学生应该“怎样学”等教学思想和观念。

（三）高职院校体育课程教学模式的运用更加灵活

不同的高职院校体育课程教学模式反映了不同的教学思想和教学观，是具体教学经验的概况化，它具有相对的稳定性和比较严格的操作程序。过去，把高职院校体育课程教学模式相对绝对化，学生被动接受知识，因而也具有片面性。现在，高职院校体育课程教学模式开始注重主动性。

二、高职院校体育课程的特点

（一）特定的教育功能

高职院校与其他本专科院校有着本质的区别，其根本任务不同于其他院校，这就决定了高职院校教育的特殊性。因此，在特殊的教育环境中，体育教育也就要进行相应的适应。

（二）特殊的受教群体

高职院校学生的主要发展方向是综合素质较高的应用型、技术型人才。因此，他们的学业生活需要更贴近社会和职业性，也对体育教学提出了更特殊的要求。

（三）独特的文化属性

高职教育不同于普通高等教育，是注重培养高技能应用型人才的教育，具有高等教育和职业教育的双重属性。因此，其具有自身独特的文化内涵，并同时突出了学习文化、职业文化、企业文化等特色，高职院校的体育文化也体现了校园特色的一种团体意识和精神氛围。这种独特的文化属性决定了高职院校的办学理念和校园文化的定位也不同于普通高校。

三、高职院校体育教学的积极意义

（一）获得德育教育的有效途径

高职院校生源质量相对较差，而他们又更早进入社会，和谐、安全、稳定与发展的校园和社会，离不开思想道德品质和科学文化素质较高的学生。因此，对高职院校学生的德育教育就显得更为重要。“德育”是体育教学总目标的重要内容，也是体育教学内容的直接目的。体育精神所包含的文化内涵与精神为德育教育的实施提供了丰富养料。体育所包含的德育因子包括爱国主义教育、社会责任感、科学认识、组织纪律、公平竞争、集体主义、团结协作、文明道德、意志品质、良好个性、吃苦耐劳、生存技能等。可以说，体育比任何课堂教学都更容易使学生接受新的理念、新的知识、新的技能。

（二）确保人才身心健康的重要保障

学校体育最基本的功能就是增进学生身体素质，提高学生的心理承受能力。体育在健身健心方面的价值已经取得了实证性的研究成果，而且国内外的学校教育都已经认可了这一理念，都重视和普及学校体育事业，以保证培养出德、智、体、美、劳全面发展的人才。

（三）提高社会适应性的重要途径

高职院校的学生一般都是学业成绩不理想、奋斗目标不远大、家庭条件和环境不优越的学生，更容易出现不适应社会竞争的障碍，使得他们的心理问题和社会问题具有普遍性和特殊性，而且具有持久性和复杂性的特点。学校体育教学、课外体育实践活动有助于帮助他们提高身体活动能力、认识水平、心理发展水平，为他们具备良好的社会活动能力和社会实践能力打下良好的基础，从而提高其社会适应性。

（四）培养学生职业能力和实践能力的催化剂

体育所具有的独特的文化、教育、心理、生理、娱乐等功能对培养学生的独立实践活动能力具有重要的作用，有利于扩大他们的生活范围，改善和提高运动能力和心理功能，提高生活自理与参与社会活动的能力；有利于提高他们对社会的认知能力、感知能力，促进适应能力的提高，培养职业能力素质；提供更多沟通和交流的机会，提升语言交际能力；提供更多参与实践活动的机会，培养兴趣爱好；有利于提高学生的创新精神与心理承受能力；有助于培养学生的集体荣誉感和社会责任感，适应各种竞争的环境，树立自信心和远大的理想。

第二节 高职院校体育教学的内容与形式

实现高职院校体育教学目的与任务的组织形式主要有体育与健康课、课外体育活动、课余运动训练与竞赛等。这些组织形式都有各自不同的特点和其要解决的问题,应注意发挥各自的作用,使之互相配合、互相补充、互相促进,共同实现高职院校体育教育的各项任务。

一、高职院校体育的内容与形式

体育是学校教育的重要组成部分,体育课教学是学校最基本的组织形式,是高等学校学生的必修课。学校体育以体育与健康教学、课外锻炼、业余训练和运动竞赛等主要形式培养和塑造全面发展的人才。它是学校教育的重要组成部分,同时也是素质教育不可缺少的内容与手段。

(一)体育与健康课

高职院校的体育与健康课程是实现学校体育教育目的与任务的基本途径,是学校体育的基本形式。《学校体育工作条例》规定:普通高等学校一二年级必须设体育课,三年级以上开设体育选修课。体育与健康课分为理论课和实践课,以实践课为主。理论课主要讲授体育与健康的基础理论知识,实践课主要是在运动场上进行身体练习。体育与健康课还可以根据学生的实际情况,开设不同性质的课。如普通体育与健康课、专项提高课、选修课、医疗保健体育课等。一般低年级开设普通体育与健康课,高年级开设选修课,伤残和体弱学生开设体育保健课。体育与健康课是必修考试课,规定学期考查,学年考试。

(二)课外体育活动

课外体育活动是学校体育的重要组成部分,是实现学校体育教学目的与任务的重要途径之一,是体育与健康课的延伸和补充。《学校体育工作条例》规定:"普通高等学校安排有体育课、劳动课的当天外,每天应当组织学生开展各种课外体育活动。"课外体育活动的组织形式主要有早操、课间操和课外体育锻炼等。

1. 早操

早操是学校作息制度中安排的体育锻炼,要求学生必须参加。早操时间一般为 20~30 分钟,运动量不宜过大,以中、小强度为宜;早操的内容一般为跑步和做广播体操,也可以做其他运动项目的练习;早操的形式以集体为主,分散为辅。

2. 课间操

课间操是安排在上午第二节课后的体育锻炼,时间为 20 分钟。课间操一般是做广播操,也可以做韵律操、健身操;运动量不宜过大,以免影响后两节课的学习;形式以集体为主,也可分散进行。

3. 课外体育锻炼

课外体育锻炼是学校在课余时间开展的多种多样的体育活动形式,一般在体育俱乐部进行有计划的锻炼。活动的主要内容包括《学生体质健康标准》的测试内容;巩固、提高体育与健康课的内容;开展各种小型多样、丰富多彩的体育竞赛活动等。

（三）课余运动训练与竞赛

《学校体育工作条例》规定：“学校应当在体育教学和课外体育活动上，开展多种形式的课余训练，提高学生的运动水平。”课余运动训练形式很多，但必须明确方向和目的，要因地制宜、因材施教，坚持长期业余的科学化训练，处理好专业学习和业余训练的关系，既要保证学生完成学习任务，又要提高训练质量，使学生在德、智、体几方面都得到发展。

体育竞赛是推动课外活动深入开展、促进体育运动水平不断提高的一种重要组织形式。通过体育竞赛可以起到良好的宣传鼓动作用，培养学生的参与意识、拼搏进取精神，还可以检查教学和训练工作，总结经验，促进相互交流和学习。体育竞赛应注意群众性、经常性，同时要坚持小型多样、单项分散、以校内为主的原则。

二、高校体育课程教学组织形式特点

（一）形式多维性

高校体育课程教学组织形式反映的是教学活动中人员、时间和空间的组织和安排。从教学组织形式的角度来说明一种教学活动时，就必须从人员、时间和空间等方面来加以考虑，否则就不可能对教学组织形式有全面的了解。教学组织的多维性也决定了体育教学活动都是多种教学组织形式，即人员的、时间的和空间的组织形式是同时并存的。正因为教学组织形式在客观上是多维的，因此对它的研究要全面、完整地进行。

（二）分班多样性

由于高校体育课程是一种以身体活动为主要形式的实践性很强的课程，学生在体能、技能等方面的差异会对课程的教学效果产生一定的影响。为了更好地满足学生的需要和使每一名学生在自己原来的基础上更好地发展，在教学组织过程中可以尝试跨班级、跨年级及按体能和运动技能水平、个人兴趣、混合性别等形式来进行分班的教学组织形式。

（三）分组针对性

在同一个教学班中可以运用不同的教学分组方法提高教学效果。如为了能使每个学生得到平等受教育的机会，教师可以帮助学生建立一些互助合作的学习小组，使基础较好的学生与基础一般或较差的学生组合在一起。这样做一方面可以发挥基础较好学生的积极性，另一方面也让基础一般或较差的学生获得更多的帮助与指导。

由于相识或其他原因学生相互之间信任度高，依赖性强，思想一致，在教学分组过程中将他们分到一组就更能发挥他们各自的作用，形成合力，以提高教学效果。

在一些准备活动或者游戏活动中，可以采取随机分组方法，这样会给学生带来更大的兴趣和刺激，同时还可以增加学生相互交往和沟通的机会，使一些平时相互接触不多的学生组合在一起；另外由于组合在一起的学生不断变化，这给学生带来了新异性，提高了学生的应变和适应能力。

第三节　高职院校体育的目标

体育教育是高职教育的重要组成部分，在培养适应社会需求的合格人才的教育中具有自身的学科特点，有特定的教学培养目标，有特定的实现教学目标的有效实践途径。

一、高职院校体育的教学培养目标

体育学科的特点是通过进行健身（体育）理论等方法的教学，教会学生合理有效地利用、保护和促进身体发展，保证身体锻炼的教学时间，培养学生养成锻炼身体的习惯，积极自我锻炼，学会锻炼身体促进身心健康的方法，增进健康，增强体质，在保证具有健康身心完成高职教育学习的前提下，为将来终身健康、延续职业生涯添砖加瓦，为我国全民健身运动和提高中华民族的健康水平做出应有的贡献。以此为指导，高职体育教学培养目标可包含以下几层含义：

（一）培养具有健康身心的人

身心的健康、体质的强壮是每个高职学生将来从事社会工作最基本的保证。而高职院校培养的是一线的生产、服务、管理岗位的特殊职业人才。时代发展的特征也给各项社会工作带来了一定的压力，高强度脑力劳动造成的心力消耗使职业活动对个人身体素质的要求很高。因此，身体素质、体育素质必然会成为检验能否胜任工作和评价员工素质的重要因素之一。同时，树立“终身体育”的思想，促进身心持续健康和延长职业生涯是现代体育教学和职业教育的重要内容之一。作为预备的生产、服务、管理一线的高职学生必须树立终身体育、终身健康的思想，将体育作为生活的一部分，既可以提高未来工作和生活质量，又可以延长职业生涯，还可以对我国全民健身及提高中华民族的素质做出应有的贡献。所以高职体育教育首先要把“培育一个身体健康的人”这一目标放在首位。

（二）培养具有一般担任社会体育工作能力的人

适应社会需求的合格高职生不仅应具有一定的专业知识和较强的实践能力，而且还应对生产、服务、管理一线的企业文化产生积极的影响。凝聚企业精神，发扬企业风尚做出应有的贡献，同时对于促进提高工作效率产生积极作用。因此将高职体育定位于培养能从事社会体育的人也是一个重要的目标。高职体育的特点是要紧扣职业培养目标，从“职”字着眼，有计划地培养学生锻炼身体的习惯，掌握科学锻炼的方法，掌握组织策划体育活动的能力，增强体质，为将来投身于基层工作打好坚实的身体基础；从“职”字着眼，还要求通过对学生的职前培训，结合自己的专业特点，了解体育在人的生活、企业文化及企业生产、服务建设中的作用，从而增强锻炼身体的自觉性和主动性。

（三）培养具有优良思想品德、树立正确竞争意识的人

体育的特点之一是激烈的竞争，这种竞争一旦扩大到世界舞台或生活中，就体现了其特有的普及性和生活的现实性，会对人们的思想感情产生强烈的影响。运动场上的合理竞争，能培养学生不断完善自我、超越自我、顽强拼搏、奋发向上的精神，这种精神也有助于培养学生成为参与社会竞争的高素质人才。高职体育可以通过自身学科特点、环境和优势很

好地实现这一目标。例如,在体育的队列教学中培养学生服从命令,听从指挥,遵守纪律的法规意识;在参与锻炼过程中培养吃苦耐劳的精神和坚忍的意志品格;在运动竞赛中培养正确的竞争意识等。

二、实现高职体育教学目标应遵循体育教学的“三个特点”

高职院校的体育教学要实现培养目标,须遵循诸多原则,如科学性、教育性、启发性等原则,此外,在体育教学中还必须高度重视把握体育教学的“三个特点”。

(一)学生参与活动的动态性

学生直接参与活动的动态性是指在体育教学中的育人主要是通过学生亲身参与各种体育运动即身体练习,在直接参与的动态中促进学生个性的发展和培养良好的品德思想。这种直接参与的动态性是区别于其他学科教书育人的根本特点之一。体育的教书育人,是让学生在动态中亲身参与各种体育活动,并通过其内在的独特教育性达到育人的目的。如跑步可磨炼学生的意志和培养吃苦耐劳的精神,艺术体操可培养学生的体育审美能力,球类运动可以培养学生的团结协作的集体主义精神。体育教学的活动内容丰富多彩,其育人作用各有所长。体育教师应当充分认识学校体育教育的育人特点,通过学生直接参与各种体育运动的方式,对学生的情感、意识、动机、注意等方面进行引导和熏陶,育人于体育教学活动之中。

(二)体育教学的特殊性

高职体育教学的特殊性是指高职院校的体育教育与其他普通高等院校不同。其特点在于:高职体育教学具有鲜明的职业岗位服务性特点。因此,高职院校的体育教学要立足于“职”字,要根据各职业岗位类型的要求,强调有针对性地选用体育教学内容;强调突出职业需要的实用性、针对性、终身性原则;强调提高体育教学为专业服务的意识。这要求高职体育教师要充分把握高职体育教学的育体功能,把握高职体育与未来基层企业工作中的特殊功能,通过体育教育,将学生掌握的知识、技能、精神、品质、身体素质转化为自身的综合能力,为社会培养高素质、高技能、应用型的合格人才。只有这样,我们培养的学生才能充分适应基层岗位工作和职业发展的需要,才能提高学生未来的生活质量、生产质量、生产效率,甚至对学生长期职业生涯规划和个人发展等会产生有利影响。

(三)高职体育教学的示范性

高职学校体育教学的示范性是指体育教学的教师在为实现培养目标的同时,还应树立正确的教育指导思想,以坚定的教育信念、科学而富有成效的工作方式方法坚持锻炼身体,为学生树立榜样,使学生在受教育的同时,学会锻炼身体的技巧方法,养成锻炼的习惯,促进学生达到身心健康的效果。教学实践表明:良好的体育场地、体育文化环境、开展体育活动的风气以及教师以身作则的行为,对学生会产生潜移默化的积极影响,这种作用甚至超过了体育理论知识及强制的指导,因为具体形象而又富有情感的人物、事物往往比相对抽象、严肃的理论更能打动学生的心。

三、实现高职体育教学目标应着力抓好“四项实践”

（一）抓好教学工作中践行为人师表的职业要求

高职院校体育的终极目标是培养学生成为合格的劳动者。体育教学工作者在工作中更应该起到表率作用。教师是人类灵魂的工程师，同时，体育教师还应该成为人类体形的雕塑家。可以说，体育教学工作者的政治思想、精神风貌、工作作风、行为修养、锻炼身体的习惯方法及体育道德风尚将直接影响着学生的发展成长。因此，高职院校的体育教师在培养学生自觉主动地、积极地、科学地锻炼身体提高能力的同时，还要着力抓好教师的表率作用的发挥。其次，体育教师应有宽广的知识面、合理的知识结构、知识结构的更新能力以及多种才能。因此体育教师应加强在对教材的加工能力、运用教学方法和手段的能力、创造性的工作能力等方面的锻炼和提升，这样对学生的影响力和带动作用会更强。

（二）抓好体育课堂教学

这是高职院校搞好体育教学的中心环节。这要求教师自觉做好备课、上课辅导等教学过程的各个环节，严谨治教。在教学中注重指导思想终身化，教学内容健身化，教学方法有机化，教学组织过程快乐化。

教学指导思想终身化即指教学双方都要树立终身体育观。这与我国《全民健身计划纲要》的要求相吻合。《纲要》提出“各级各类学校要全面贯彻党的教育方针，培养学生锻炼身体的意识、技能和习惯”。终身体育思想在世界发达国家中已成为学校体育的主要指导思想，并在实践中证明其良好的效果。因此，作为向社会直接输送人才的高职院校，必须从传统的、以竞技运动技术的传授为主的体育思想、体育价值观转向终身体育思想、终身体育观，进而在师资配备、场地的建设和改造及器材的购置、教学内容的选择等方面做出相应的调整，这样高职体育教育才更富有希望，沿着素质教育的方向前进，从而体现高职院校体育的真正价值。

教学内容健身化是指体育教学内容要突出健康第一的思想，要向以健身为主的方向转化。在坚持健康第一的思想和健身方向的前提下，内容选择要注意：共同选择与个体差异统一，实用性与代表性统一，多样性和简洁性统一，传统性与时代性统一。理论课教学选择要有利于强化学生健康意识，增强健身能力以及运动保健的内容，增加民族民间传统体育内容，删减部分竞技化教学的内容，实践课要坚决打破以竞技运动技术为核心的体系，要贴近学生生活，关注学生的生活经历，比如流行音乐、街舞、网球、健美操、排舞、定向越野等及具有时代特征的终身受益价值较高的个体练习教材内容。

教学方法有机化是指体育教育教学方法应由教师主导转变为以学生为主体。教师不再是知识和技能的传授者和管理者，而是引导学生健康发展的推进者。有机引导的互动型体育教学把学生的发展作为中心，把学生置于最重要的主导角色。从课程的设计到评估等所有方面学生都应参与其中，同时注意老师在教学活动中的主导角色并要特别注重体现学生的主体地位，充分发挥学生学习的积极性和学习潜能，提高他们的体育学习能力。发现法和学导法就是其中具有一定代表性的方法，强调看、听、想、练的有机结合，注重感知思维与身体练习的结合，充分发挥教师的主导角色和学生的主体作用。此外，随着多媒体信息技术在教育教学中的运用，体育教学由单一的视觉或听觉信息传播向现代教育技术传播转变，这对提高学生学习的积极性和创造力会产生较好的效果。

教学组织快乐化是指在教学形态上要实现变“被动接受型教学”为“主动思考型体育教学”。在教学组织上多采取改变运动形式和变换活动方式的组织方法，改变课堂教学气氛严肃有余活泼不足的现象，将个体行为活动变为集体参与，使之具有趣味性、娱乐性和竞争性，使学生在因为快乐而接受、因为接受而学习的过程中逐步懂得体育科学，热爱体育活动。

（三）抓好课外体育活动

学校的课外体育活动是体育课程的延续和补充，是高职学校体育教育过程中不可分割的环节，是实现高职学校体育的目的和任务的又一重要途径。这对于发挥体育在推进素质教育中积极的作用具有重要意义，因此高职院校必须规范课外体育活动。然而目前多数高职院校课外体育活动的组织管理体系不健全，还存在着部门之间重复甚至错位管理的现象，这样的体制既不利于体育工作的开展，也是一种对教育资源的浪费。因此，构建合理的组织、管理体系是课外体育活动健康发展的当务之急。

第一，建立上下一体的运动规范体系。形成校主管领导—体育部活动室—体育教师—班主任或辅导员—班干部和体育骨干的规范体系来组织和管理课外体育活动。

第二，建立体育部或单项运动协会。充分发挥会员们的积极性，组织开展形式多样，内容丰富，融健身娱乐于一体，且能满足学生个性发展及心理需要的体育活动。

第三，加强协会的组织和管理。学校要提供必要的场地、器材及部分活动经费，要指派技术指导员参与协会管理。学校要对课外体育活动开展较好的集体和个人进行表彰。

（四）抓好体育教育实践活动

以课堂教学、课外竞赛和顶岗实习单位为基地进行体育实践教育。教育实践是最终将高职院校思想教育、文化知识、专业技能集中融合的综合实践环节，也是高职学生走向社会的必需环节。在学生参加社会实践环节中融入体育实践活动，也是即将毕业的学生素质教育成果的一种体现。如：让学生了解体育竞赛规则和裁判方法，进行组织比赛的方案策划、开展适应企业的体育活动等形式多样的活动，既有助于学生快速适应组织文化，同时又能帮助学生快速融入企业之中，也有助于进一步提高学生的体育能力。

四、高职院校体育教学的基本策略

1. 按照教学目标培养人才。教师应注意对学习动机与兴趣的激发，提高学生对已学内容掌握的持续性，培养身心健康的高级应用型人才。

2. 教师始终要把握“健康第一”的指导思想，开放式、探究式教学值得提倡，学习锻炼氛围要生动、活泼、主动。

3. 课内课外一体化。要形成常规课堂时间与锻炼时间的有机串联，督促学生参加体育社团和各类体育比赛，同时要与体育课考核相挂钩。

4. 注重“职业体能”教育。体育课应始终与学生就业相结合，锻炼学生职业工作岗位所需的各项身体素质，提高从业能力。

五、高职院校体育选项课的体系

实行“课内外一体化”教学体系。

1. 课内教学实行“0.5+1”的课堂教学体系。一年级第一学期开设身体素质和职业体能的教学内容;通过《国家学生体质健康测试》了解新生的体质情况并有针对性地进行基本身体素质锻炼,通过“职业体能训练”的学习,使新生快速建立体育锻炼兴趣。一年级第二学期和二年级第一学期学生选择一个体育项目进行学习。选项课开设项目有:篮球、排球、足球、乒乓球、羽毛球、瑜伽、武术、荷球、啦啦操、体操。体育选项课,学生任选一运动项目作为学习内容。逐步实现“两自主”式上课(自主选择上课内容、自主选择教师);必须与专业特点相结合,提高岗位需要的身体素质的锻炼,避免和降低工作中伤病的发生(见表2-1)。

表2-1 职业、岗位身体素质、能力关联表

职业工作状态	职业举例	我院各系专业	岗位身体素质	能力	常见职业性疾病
工厂操作类	维修、物流师、机械师、检测与维护员	船舶工程、轮机、电气自动化、机械、焊接等	腰背部静力性耐力;下肢力量;耐久力	注意力、心理调节、吃苦耐劳、奉献精神、合作能力、抗疲劳能力	肌肉拉伤、下背痛、腰椎突出、骨膜炎、外伤、中暑
静态站姿类	酒店前台、管理、营销员、大堂接待	酒店管理、市场营销、初等教育等	静力性腰背部耐力;脸部的笑肌张力;下肢力量	形态气质、协调能力、合作的能力、服务的意识	下肢静脉曲张、腰肌劳损
流动变姿类	导游、建筑工作从业人员等	建筑、汽车、旅游等	腰腹、上肢的肌力量;灵敏性;下肢力量;平衡能力;上下肢协调力;攀爬能力	形态气质、交际沟通能力、合作能力、竞争意识、自信、抗挫折能力、抗疲劳能力	关节炎、肌肉拉伤、腰椎突出、焦虑、外伤、中毒
静态坐姿类	文员、柜员、会计、IT与设计员、行政办事员	会计、计算机、艺术设计、电子商务等	手指灵敏性;颈、肩、腰背部静力性耐力	合作能力、心理调节、抗疲劳能力、形态气质、细心	肩周炎、颈椎病、腕管综合征、视力疲劳、肥胖症

2. 课外教学实施“第二课堂”的教学新形式。

六、《高职体育与健康》课程组织结构图(见图2-1)

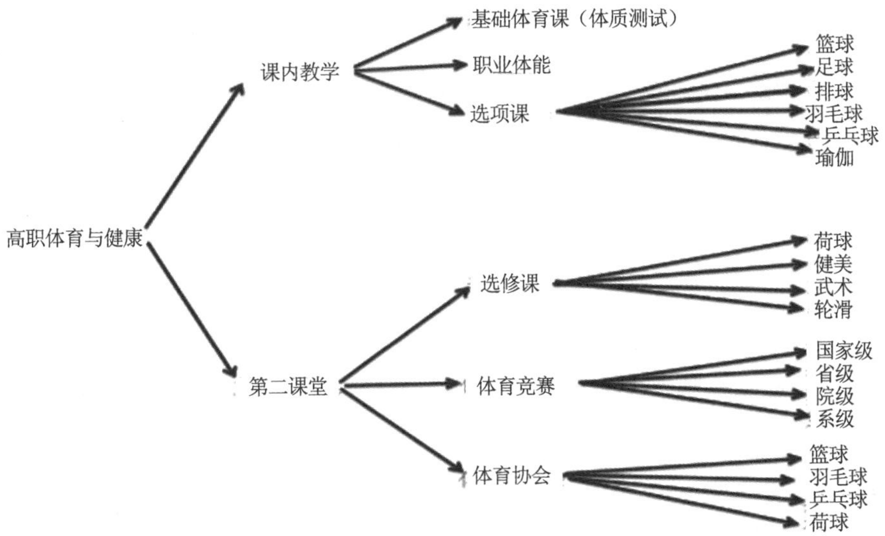

图 2-1 《高职体育与健康》课程结构图

第三章　大学生体质健康测试

第一节　大学生体质健康概述

一、体质的定义

体质是人体的质量，它是在遗传性和获得性的基础上表现出来的人体形态结构、生理功能和心理因素的综合性的、相对稳定的特征。

体质是人的生命活动和工作能力的物质基础。它在形成和发展的过程中，具有明显的个体差异性和阶段性。在人的生命活动的各个阶段，从儿童、青少年到中老年，体质状况不但具有某些共同的特征，而且也是不断变化的。

一个人体质的好坏，既有先天因素又有后天因素。遗传是人体发展变化的先天条件，对体质的强弱有很大影响，但它对体质的影响只提供了可能性。而体质的强弱则有赖于后天的环境条件，即生活环境、营养卫生、身体锻炼等因素。人们通过改善物质生活条件，增强健身意识并有目的、有计划、科学地锻炼身体，从而保持良好的体质状况，并使体质不断增强，减少疾病，同时对各种自然环境也有较强的抵抗力和适应力，使人精力旺盛，体力充沛地投入到学习和工作中去。

二、体质的范畴

体质的范畴包括身体形态发育水平、生理功能水平、身体素质和运动能力发展水平、心理发育水平、适应能力 5 个方面，评价一个人体质的强弱，也是从这几个方面综合反映出来的。

1. 身体形态发育水平，即体格、体形、营养状况及身体组成成分等方面的综合水平。
2. 生理功能水平，即机体的代谢水平和器官系统的工作效能。
3. 身体素质和运动能力发展水平，即速度、力量、耐力、灵敏性、柔韧性等素质，以及走、跑、跳、投、攀登等身体活动能力。
4. 心理发育水平，即智力、情感、行为、感知、个性、意志等。
5. 适应能力，即对各种环境（自然环境和社会环境）的适应能力、应急能力和对疾病的抵抗力。

上述 5 个方面的状况，决定着人们不同的体质水平。所以在进行体质的测量和评价，检查增强体质的实际效果时，应采用以上几个方面的测定指标来衡量和评价。

三、健康的含义

世界卫生组织在它的宪章中明确提出了健康的概念：“健康是身体的、精神的，以及社会的完全良好的状态，不能说没有病、不虚弱，就是健康”。这一概念表明，健康不仅仅是没有伤病，而且还包括精神的完满状态和良好的社会适应能力，这明确地将人体的健康与生物学、心理学和社会学的因素联系在一起。

21 世纪，世界卫生组织拓宽了健康的含义，健康的标志是：

1. 有足够充沛的精力，能从容不迫地应付日常生活和工作压力，而不感到过分紧张；
2. 态度积极，乐于承担责任，不论事情大小都不挑剔；
3. 善于休息，睡眠良好；
4. 能适应外界环境变化，应变能力强；
5. 能够抵御一般性的疾病和传染病；
6. 体重适当，身体匀称，站立时头、肩、臂位置协调；
7. 反应敏锐，眼睛明亮，眼睑不发炎；
8. 牙齿清洁、无空洞、无痛感、无出血现象，齿龈色正常；
9. 头发光泽，无头屑；
10. 肌肉和皮肤富有弹性，走路轻松匀称。

“健康”一词含有强壮、结实、完整和安宁之意。在古代，人们认为生命系神所赐，患病是神灵的惩罚，保护健康和治疗疾病主要依赖于求神问卜，认为健康是由眼睛看不到的神来支配。毕达哥拉斯认为：“生命是由土、气、水、火四元素组成，这些元素平衡即健康。”被誉为“医学之父”的希腊人希波克拉底也认为，“人体存在血液、黏液、黑疸、黄疸四种体液，如果各种体液配合得当，人就健康；如果配合不当，人就生病。”这是人类社会国家早期对健康的认识。

16 世纪中叶，自然科学有了明显进步，许多生物学家和医学家分类研究了人体结构和各种生命现象。这种以生物机体和机体生物性为研究着眼点，以人的躯体结构和功能完好作为健康唯一标志的模式，就是生物医学模式。生物医学模式的产生和发展，无疑对医学发展与进步起了巨大作用，但对健康的认识却有一定片面性。这种生物医学模式只看到人的生物性，常将人体结构及功能完好程度作为衡量健康的标准，而忽视了心理和社会因素的作用，将健康单纯地理解为“无病、无伤、无残就健康”，这种“无病即健康”的狭隘健康观，在相当长时间里占据着人们的思维领域。

在十八、十九世纪，由于发生了产业革命，人口集中于城市，流动性加大，生活环境恶化，流行病不断扩散，公共事业活跃。人们发现，由理化、生物刺激所致的疫源疾病死亡率已退居次要地位，而与心理社会因素有密切关系，特别是同环境因素有密切关系的高血压、癌症、溃疡病、精神病等疾病明显增加，死亡率升高。

美国学者恩格乐在 1970 年首先提出了生物模式应转向生物-心理-社会医学模式。这一模式概括了影响人类健康的各类因素，突出了社会、心理因素导致疾病的作用，使人们在对待疾病和健康的总体认识上有了根本性变化。

美国专家鲍尔和霍尔提出了比较完善的健康定义：“健康是人们在身体、心情、精神方面都自觉良好、活力充沛的一种状态，其基础在于机体一切器官组织功能正常，并掌握和适应物质、精神、环境和健康生活的科学规律。”1948 年世界卫生组织在宪章中和 1978 年国际初级卫生保健大会上发表的《阿拉木图宣言》中，都肯定了上述健康定义。

健康最简单的定义是身体、精神和心灵的健全。世界卫生组织将健康定义为“不仅仅是没有疾病或衰弱状态”，而且是“身体、精神和社会的健全状态”。健康是发现、利用和保护我们的身体、精神、心灵、家庭、社会和环境的所有资源的过程。

健康有很多组成部分:躯体、心理、心灵、社会、智力和环境。我们要将健康看作是一个人生活质量高低的重要标志之一。一般来讲,健康包括以下内容:

1. 具有积极、乐观的态度;
2. 面对应激和烦恼能够控制自我,能够自我放松;
3. 充满能量和活力,没有痛苦或严重的疾病;
4. 有朋友和家庭的支持,拥有与所爱的人之间相濡以沫、亲密无间的关系;
5. 对自己的工作感到满意;
6. 有清洁的环境。

越来越多的人正在努力达到最理想的健康,即整体健康状态。整体健康指的是有目的、有意义的生活,即以主动、负责、最大限度地提高躯体、精神和心灵的健康为特征的生活方式。健康不仅仅意味着没有疾病,健康还意味着主动采取实际步骤预防疾病,并努力生活得更加丰富、平衡和满足。

尽管躯体健全是健康的基础,但健康工作者所使用的"健康"一词的含义更为广泛。整体健康的概念好比是驾驶汽车:生病就像是开倒车,没有疾病时车子停在中点,积极的健康行为就如驱车前行。当你的全部生活方式都建筑于增进健康的行为之上时,就像汽车挂满了挡在全速行驶,这时你就实现了完全的健康。

在整体健康、身体健康和疾病状态中,心理、身体和心灵的功能有相当大的交叉重叠。正如科学家们在最近几十年来反复证实的那样,心理因素在增进身体健康和预防疾病中起着重要的作用,心理因素也能够引发、加重或者延长躯体的症状。有学者指出:"心理对生理功能的各方面都有深刻的影响。长期悲观、愤怒、焦虑或抑郁的人容易受到应激事件和疾病的打击,包括罹患心脏病和肿瘤。"同样,在影响病人的生理状态的同时,基本上所有的疾病都能影响病人的心理。

四、健康的范畴

(一)躯体健康

人的自我感觉和表现极佳。在连续统一体的中间,虽然没有需要医治的疾病,但是每天的生活并没有充满热情和活力。为了达到最理想的健康状态,我们应当采取积极步骤摆脱疾病,走向健康。我们必须满足身体对营养的需要,经常锻炼,避免不良行为,警惕疾病的早期信号,并且要注意防止发生事故。

(二)心理健康

与躯体健康相似,心理健康也不仅是没有精神疾病。心理健康包括情感和思维状态两方面,即情与知。心理健康包括对自己和他人的复杂情感的认识和接受能力、表达情绪的能力、独立行为的能力,以及应付日常各种应激原的挑战的能力。

(三)心灵健康

精神生活的基本内容是对社会中某种意义或秩序的信念,一种给人的生命带来伟大意义的高尚力量。心灵健康的人明确其生命的基本目的,学会如何体验爱、欢乐、平和与成就,帮助自己和他人实现潜能,致力于奉献、宽恕和关怀他人,先人后己。卫生工作者已认识到精神生活的力量和潜能。哈佛医学院身心医学研究所主任赫伯特·本森博士进行了大量的实验，观察、记录心灵对健康的影响。他的结论是：联合应用放松和行为方法，例如视觉想象，即想象能使人镇静和集中精神的画面，能增强免疫功能，改善自我感觉；冥想，可以使人达到内心的平静与和谐，有助于放松。加上标准的外科和内科治疗，有助于缓解患者的病情，包括慢性疼痛、关节炎、失眠和月经前的症状。

（四）社会健康

社会健康指的是与他人及社会环境相互作用、培育满意的人际关系和实现社会角色的能力。社会健康包括参与社会，为社会做出贡献，与人和睦相处，建立起积极的相互依靠的关系，以及健康的性行为。

研究显示，社会隔离引起患病的危险性增加，“孤独者”的死亡率是善于社交者的两倍。社会隔离导致发生心脏病的危险增加。那些相信自己在日常生活方面可以得到家庭和朋友的充分支持的心脏病患者，长期存活率较高。社会接触甚至可以防止感冒的发生。在一项对 276 名健康志愿者进行的研究中，同样暴露在感冒病毒下，有很多社会关系（配偶、朋友、家庭、同事和社交组织成员）的人与社会关系较少者相比，不容易患感冒。

健康教育应强调社会健康的重要性，健康的概念已不再局限于传统的个人健康概念，而扩展为单个人的健康与社会和环境的健康之间复杂的相互关系。要提高个人的健康知识和技术水平，就要培养更健康的生活方式，以增进健康的水平。

（五）智力健康

头脑是唯一有自知力的器官。每天利用大脑收集、处理信息，并根据这些信息进行行动，利用大脑思索自己的价值，做出决定，制定目标，计划如何应付问题或者应对挑战。智力健康包括思考和在生活经验中学习的能力、思想对新事物的开放程度以及对信息提出的疑问、进行评估的能力。在一生中，每一个人都需要思维的能力，其中包括评估健康信息以保证个人健康的能力。

智力健康的另一项重要内容是“情感智力”，情感智力对个人生活及事业的成功也有很大影响。情感智力包括自知力、利他主义、个人动机、移情、爱以及被朋友、伴侣和家人所爱。

（六）环境健康

我们生活在物质的和社会的环境中，环境能影响健康的各个方面。环境健康指的是周围环境对个人健康的影响。环境健康意味着通过防护空气、水和土壤污染以及使用的产品所带来的对健康的危害，保护自己，同时要为保护环境本身而努力。正如世界卫生组织指出的那样：“健康的环境不仅是我们的需要，而且是我们的权利。”政府、企业、社会和个人都有责任维护健康的环境。

第二节　大学生体质监测及评价

一、体质监测的内涵

体质是人体的质量，它是在遗传性和获得性的基础上表现出来的人体形态结构、生理功能和心理因素的综合的、相对稳定的特征。体质监测涵盖了五个范畴：

1. 身体形态发育水平的监测；
2. 生理功能水平的监测；
3. 身体素质和运动能力发展水平的监测；
4. 心理发育(或发展)水平的监测；
5. 适应能力的监测。

体质是相对稳定同时又会在阶段时间内发生变化，它是一个对立统一的整体。我们可以通过测试来反映某个个体或群体现阶段的体质状况，因为体质具有相对稳定性；我们又可以间隔相当长一段时间后，重复测试某个体或群体体质状况，反映体质随时间迁移所发生的变化。因为体质的稳定是相对的，变化是绝对的，这也是我国为什么每五年进行一次国民体质测试的原因，其目的就是反映国民体质阶段性变化情况。而体质监测是一个多因素综合作用的目标，融自然、人文和场馆内外于一体，充分体现"以人为本"理念，突出"健康"主题。大学生体质监测指标分为宏观指标和微观指标，而本评价体系是按照综合评价环境指标来设计的，因此，经济、政治指标以及场馆设施指标都有机地体现在本评价体系中。

二、大学生体质监测评价指标的指导思想与原则

大学生体质监测是国民体质监测在高校里的延伸，是国民体质监测的具体化，因此，对大学生体质监测的评价指标既要体现国民体质监测的基本思想，又要考虑我国大学生体质监测的特殊性。

1. 大学生体质监测的评价必须能够反映大学生体质监测的发展度，即能够判别高校的学生体质水平是否得到真正的提高。这里侧重的是"量"的概念 ，即大学生体质监测的总体现状。

2. 体质监测小组进行评价指标开发的指导文件，以高校为依托建立大学生体质监测网络。届时大学生们将会像拥有银行储存卡一样拥有自己的健康体质卡，甚至在互联网上可以随时随地查询到自己的体质信息，并且能够得到体质专家的评价和训练指导，这里反映的是"质"的概念，即大学生体质监测的总体服务质量。

3. 心理健康是全面教育的核心，也是大学生体质监测的重要内容。因此，体质监测评价指标的制定应该高度重视高校学生的心理健康问题，关注体质监测中开展心理及社会适应能力的研究。开发简单实用的反映心理特征的指标，是体质监测的重要任务。这里体现的是"度"的概念，强调从空间维度上去把握大学生体质监测评价指标的融合与范围。

三、大学生体质监测评价指标遴选的基本原则

我国国民体质监测评价体系已初步建立，但是涉及大学生体质监测的评价指标遴选有其特殊性和复杂性，不能完全照搬已有的模式，因此大学生体质监测评价指标的确定是一项相当复杂和困难的工作，既要做到"以人为本"，重视科学发展的基本要求，又要重视评价指标的实用性和时效性。基于上述指导思想，作为测度的载体和基本的信息单元，大学生体质监测的评价指标必须具备以下原则：

（一）科学性原则

大学生体质监测指标评价体系必须建立在科学性基础上，能充分反映体质监测的内在规律和机制，指标的含义必须明确、简单，测算方法必须规范、全面、实用，能全方位、综合地反映大学生体质监测的目的和目标的实现程度。

（二）动态性原则

人的体质是相对稳定的，所以，我国每五年进行一次国民体质监测，其目的就是反映国民体质阶段性变化情况。但大学生体质监测评价指标的选择要求充分考虑动态变化的特点，需要能较充分地描述学生体质的发展趋势。

（三）可比性原则

大学生体质监测是国民体质监测的一个组成部分，但它仍然包含若干子系统，针对高校学生体质复杂的具体情况，描述与评价指标必须具备层次性，具有分阶段和阶次的不同指标。评价指标应该具备通用的名称、计算公式和算法，以利于对指标进行横向和纵向的比较。

（四）可行性原则

大学生体质监测所取得的成果，最终要应用于高校学生发展，为政策制定和科学管理服务。因此，大学生体质监测的评价指标应具备可行性、可操作性，易于数据的收集、量化。

（五）定性指标与定量指标相结合原则

大学生体质监测评价指标体系应尽可能量化，但对于难于量化且意义重大的指标，也可以用定性指标来描述，使指标更具体化、客观化。

四、大学生体质监测评价指标体系的构建

大学生体质监测是一个复杂的系统，它包含了相互联系但又相对独立的不同子系统。因此，根据大学生体质监测的基本思想和建立大学生体质监测评价指标体系的基本原则，选取场地设施、系统环境、综合管理与身心指标 4 大因素，10 个子级系统共 41 个因子作为评价指标体系。

（一）学生体质监测场地设施指标

体质监测场地设施指标是体质监测的直接体现，这一指标群是反映体质监测的基本能力、水平及监测质量的重要指标。因此，在体质监测场地设施的设置上既要满足学生体质监测的要求（场地、器械的数量种类），还要考虑与周围建筑设施、道路交通等的协调（场馆的区位）；既要注重数量，也要把握质量，同时还要考虑器械设置的科学性。场地设施指标必须反映大学生体质监测目前的发展状况和水平，由能反映场地设施现状的监测场地指标与监测设备指标构成。

（二）大学生体质监测系统环境支持指标

大学生体质监测的有效开展离不开周边基本资源的支持。周边环境发展的基本状况影响大学生体质监测的程度、质量，同时也是制约大学生体质监测发展水平的关键要素。整个系统环境的支持是大学生体质监测开展的基本物质保证，是在社会、经济、政治文化背

景下,对大学生体质监测所获得的系统环境支持力度进行评价,同时也反映出今后大学生体质监测开展的潜力。因此,系统环境对大学生体质监测的支持指标包括经济支持、社会支持和政府支持指标。

(三)大学生体质监测综合管理指标

体质监测必须得到稳定的投入才能够持续地进行下去,而综合管理指标就是为了测量大学生体质监测的管理与服务状况,以反映对大学生体质监测的投入、重视程度与管理水平。大学生体质监测管理是体现体质监测的重要指标,也是一个软指标,分为社会管理与专业管理。能否体现以人为本、能否兼顾大学生体质监测的公益性、服务性又符合市场运作机制发展是对大学生体质监测管理评价的重要方面。

(四)大学生体质监测的身心指标

体质的范畴包括人体形态结构、生理功能和心理因素等方面,体质的强弱是由这些方面综合体现出来的。但是现有的体质监测指标体系对人的心理因素对体质的影响研究不多、涉及很少,显然不尽全面。因此开发人的身体指标、心理指标为一体的新式指标是体质监测的重要任务。由于目前对于学生心理指标在体制监测中的影响研究不多,所以在大学生体质监测中强调心理指标是该项工作的重点。

第三节　大学生体质健康测试标准

一、说明

1.《国家学生体质健康标准》(以下简称《标准》)是国家学校教育工作的基础性指导文件和教育质量基本标准,是评价学生综合素质、评估学校工作和衡量各地教育发展的重要依据,是《国家体育锻炼标准》在学校的具体实施,适用于全日制普通小学、初中、普通高中、中等职业学校、普通高等学校的学生。

2. 本标准的修订坚持健康第一,落实《国家中长期教育改革和发展规划纲要(2010—2020年)》《国务院办公厅转发教育部等部门关于进一步加强学校体育工作若干意见的通知》(国办发〔2012〕53号)和《教育部关于印发〈学生体质健康监测评价办法〉等三个文件的通知》(教体艺〔2014〕3号)有关要求,着重提高《标准》应用的信度、效度和区分度,着重强化其教育激励、反馈调整和引导锻炼的功能,着重提高其教育监测和绩效评价的支撑能力。

3. 本标准从身体形态、身体机能和身体素质等方面综合评定学生的体质健康水平,是促进学生体质健康发展、激励学生积极进行身体锻炼的教育手段,是国家学生发展核心素养体系和学业质量标准的重要组成部分,是学生体质健康的个体评价标准。

4. 组别的划分:大学一、二年级为一组,三、四年级为一组。

5. 测试指标均为必测指标。

6. 本标准的学年总分由标准分与附加分之和构成,满分为120分。标准分由各单项指标得分与权重乘积之和组成,满分为100分。附加分根据实测成绩确定,即对成绩超过100分的加分指标进行加分,满分为20分。

7. 根据学生学年总分评定等级:90.0分及以上为优秀,80.0~89.9分为良好,60.0~

79.9 分为及格,59.9 分及以下为不及格。

8. 每个学生每学年评定一次,记入《〈国家学生体质健康标准〉登记卡》(见附录 A)。特殊学制的学校,在填写登记卡时可以按规定和需求相应地增减栏目。学生毕业时的成绩和等级,按毕业当年学年总分的 50%与其他学年总分平均得分的 50%之和进行评定。

9. 学生测试成绩评定达到良好及以上者,方可参加评优与评奖。测试成绩评定不及格者,在本学年度准予补测一次,补测仍不及格,则学年成绩评定为不及格。普通高等学校学生毕业时,《标准》测试的成绩达不到 50 分者按结业或肄业处理。

10. 学生因病或残疾可向学校提交暂缓或免予执行《标准》的申请,经医疗单位证明,体育教学部门核准,可暂缓或免予执行《标准》,并填写《免予执行<国家学生体质健康标准>申请表》,存入学生档案。确实丧失运动能力、被免予执行《标准》的残疾学生,仍可参加评优与评奖,毕业时《标准》成绩需注明免测。

11. 各学校每学年开展覆盖本校各年级学生的《标准》测试工作,《标准》测试数据经当地教育行政部门按要求审核后,通过"中国学生体质健康网"上传至"国家学生体质健康标准数据管理系统"。测试和数据上传时间由教育行政部门确定。

12. 本标准由教育部负责解释。

二、单项指标与权重

单项指标与权重的详细信息如表 3-1～表 3-19 所示。

表 3-1

测试对象	单项指标	权重(%)
大学各年级	体重指数(BMI)	15
	肺活量	15
大学各年级	50 米跑	20
	坐位体前屈	10
	立定跳远	10
	引体向上(男)/1 分钟仰卧起坐(女)	10
	1 000 米跑(男)/800 米跑(女)	20

注:体重指数(BMI)= 体重(千克)/身高^2

(一)单项指标评分表

表 3-2　男生体重指数(BMI)单项评分表　(单位:千克/米^2)

等级	单项得分	大学
正常	100	17.9～23.9
低体重	80	≤17.8
超重		24.0～27.9
肥胖	60	≥28.0

表 3-3　女生体重指数(BMI)单项评分表　(单位:千克/米²)

等级	单项得分	大学
正常	100	17.2~23.9
低体重	80	≤17.1
超重		24.0~27.9
肥胖	60	≥28.0

表 3-4　男生肺活量单项评分表　(单位:毫升)

等级	单项得分	大一、大二	大三、大四
优秀	100	5 040	5 140
	95	4 920	5 020
	90	4 800	4 900
良好	85	4 550	4 650
	80	4 300	4 400
及格	78	4 180	4 280
	76	4 060	4 160
	74	3 940	4 040
	72	3 820	3 920
	70	3 700	3 800
	68	3 580	3 680
	66	3 460	3 560
	64	3 340	3 440
	62	3 220	3 320
	60	3 100	3 200
不及格	50	2 940	3 030
	40	2 780	2 860
	30	2 620	2 690
	20	2 460	2 520
	10	2 300	2 350

表 3-5　女生肺活量单项评分表　(单位:毫升)

等级	单项得分	大一、大二	大三、大四
优秀	100	3 400	3 450
	95	3 350	3 400
	90	3 300	3 350
良好	85	3 150	3 200
	80	3 000	3 050

表 3-5(续)

等级	单项得分	大一、大二	大三、大四
及格	78	2 900	2 950
	76	2 800	2 850
	74	2 700	2 750
	72	2 600	2 650
	70	2 500	2 550
	68	2 400	2 450
	66	2 300	2 350
	64	2 200	2 250
	62	2 100	2 150
	60	2 000	2 050
不及格	50	1 960	2 010
	40	1 920	1 970
	30	1 880	1 930
	20	1 840	1 890
	10	1 800	1 850

表 3-6　男生 50 米跑单项评分表　　(单位:秒)

等级	单项得分	大一、大二	大三、大四
优秀	100	6.7	6.6
	95	6.8	6.7
	90	6.9	6.8
良好	85	7.0	6.9
	80	7.1	7.0
及格	78	7.3	7.2
	76	7.5	7.4
	74	7.7	7.6
	72	7.9	7.8
	70	8.1	8.0
	68	8.3	8.2
	66	8.5	8.4
	64	8.7	8.6
	62	8.9	8.8
	60	9.1	9.0

表 3-6(续)

等级	单项得分	大一、大二	大三、大四
不及格	50	9.3	9.2
	40	9.5	9.4
	30	9.7	9.6
	20	9.9	9.8
	10	10.1	10.0

表 3-7　女生 50 米跑单项评分表　(单位:秒)

等级	单项得分	大一、大二	大三、大四
优秀	100	7.5	7.4
	95	7.6	7.5
	90	7.7	7.6
良好	85	8.0	7.9
	80	8.3	8.2
及格	78	8.5	8.4
	76	8.7	8.6
	74	8.9	8.8
	72	9.1	9.0
	70	9.3	9.2
	68	9.5	9.4
	66	9.7	9.6
	64	9.9	9.8
	62	10.1	10.0
	60	10.3	10.2
不及格	50	10.5	10.4
	40	10.7	10.6
	30	10.9	10.8
	20	11.1	11.0
	10	11.3	11.2

表 3-8　男生坐位体前屈单项评分表　(单位:厘米)

等级	单项得分	大一、大二	大三、大四
优秀	100	24.9	25.1
	95	23.1	23.3
	90	21.3	21.5

表 3-8(续)

等级	单项得分	大一、大二	大三、大四
良好	85	19.5	19.9
	80	17.7	18.2
及格	78	16.3	16.8
	76	14.9	15.4
	74	13.5	14.0
	72	12.1	12.6
	70	10.7	11.2
	68	9.3	9.8
	66	7.9	8.4
	64	6.5	7.0
	62	5.1	5.6
	60	3.7	4.2
不及格	50	2.7	3.2
	40	1.7	2.2
	30	0.7	1.2
	20	-0.3	0.2
	10	-1.3	-0.8

表 3-9　女生坐位体前屈单项评分表　(单位:厘米)

等级	单项得分	大一、大二	大三、大四
优秀	100	25.8	26.3
	95	24.0	24.4
	90	22.2	22.4
良好	85	20.6	21.0
	80	19.0	19.5
及格	78	17.7	18.2
	76	16.4	16.9
	74	15.1	15.6
	72	13.8	14.3
	70	12.5	13.0
	68	11.2	11.7
	66	9.9	10.4
	64	8.6	9.1
	62	7.3	7.8
	60	6.0	6.5

表 3-9(续)

等级	单项得分	大一、大二	大三、大四
不及格	50	5.2	5.7
	40	4.4	4.9
	30	3.6	4.1
	20	2.8	3.3
	10	2.0	2.5

表 3-10 男生立定跳远单项评分表 (单位:厘米)

等级	单项得分	大一、大二	大三、大四
优秀	100	273	275
	95	268	270
	90	263	265
良好	85	256	258
	80	248	250
及格	78	244	246
	76	240	242
	74	236	238
	72	232	234
	70	228	230
	68	224	226
	66	220	222
	64	216	218
	62	212	214
	60	208	210
不及格	50	203	205
	40	198	200
	30	193	195
	20	188	190
	10	183	185

表 3-11 女生立定跳远单项评分表 (单位:厘米)

等级	单项得分	大一、大二	大三、大四
优秀	100	207	208
	95	201	202
	90	195	196

表 3-11(续)

等级	单项得分	大一、大二	大三、大四
良好	85	188	189
	80	181	182
及格	78	178	179
	76	175	176
	74	172	173
	72	169	170
	70	166	167
	68	163	164
	66	160	161
	64	157	158
	62	154	155
	60	151	152
不及格	50	146	147
	40	141	142
	30	136	137
	20	131	132
	10	126	127

表 3-12　男生引体向上单项评分表　(单位:次)

等级	单项得分	大一、大二	大三、大四
优秀	100	19	20
	95	18	19
	90	17	18
良好	85	16	17
	80	15	16
及格	78		
	76	14	15
	74		
	72	13	14
	70		
	68	12	13
	66		
	64	11	12
	62		
	60	10	11

表 3-12(续)

等级	单项得分	大一、大二	大三、大四
不及格	50	9	10
	40	8	9
	30	7	8
	20	6	7
	10	5	6

表 3-13 女生一分钟仰卧起坐单项评分表 (单位:次)

等级	单项得分	大一、大二	大三、大四
优秀	100	56	57
	95	54	55
	90	52	53
良好	85	49	50
	80	46	47
及格	78	44	45
	76	42	43
	74	40	41
	72	38	39
	70	36	37
	68	34	35
	66	32	33
	64	30	31
	62	28	29
	60	26	27
不及格	50	24	25
	40	22	23
	30	20	21
	20	18	19
	10	16	17

表 3-14 男生 1 000 米跑单项评分表 (单位:分·秒)

等级	单项得分	大一、大二	大三、大四
优秀	100	3′17″	3′15″
	95	3′22″	3′20″
	90	3′27″	3′25″

表 3-14(续)

等级	单项得分	大一、大二	大三、大四
良好	85	3′34″	3′32″
	80	3′42″	3′40″
及格	78	3′47″	3′45″
	76	3′52″	3′50″
	74	3′57″	3′55″
	72	4′02″	4′00″
	70	4′07″	4′05″
	68	4′12″	4′10″
	66	4′17″	4′15″
	64	4′22″	4′20″
	62	4′27″	4′25″
	60	4′32″	4′30″
不及格	50	4′52″	4′50″
	40	5′12″	5′10″
	30	5′32″	5′30″
	20	5′52″	5′50″
	10	6′12″	6′10″

表 3-15 女生 800 米跑单项评分表 (单位:分·秒)

等级	单项得分	大一、大二	大三、大四
优秀	100	3′18″	3′16″
	95	3′24″	3′22″
	90	3′30″	3′28″
良好	85	3′37″	3′35″
	80	3′44″	3′42″
及格	78	3′49″	3′47″
	76	3′54″	3′52″
	74	3′59″	3′57″
	72	4′04″	4′02″
	70	4′09″	4′07″
	68	4′14″	4′12″
	66	4′19″	4′17″
	64	4′24″	4′22″
	62	4′29″	4′27″
	60	4′34″	4′32″

表 3-15 表(续)

等级	单项得分	大一、大二	大三、大四
不及格	50	4′44″	4′42″
	40	4′54″	4′52″
	30	5′04″	5′02″
	20	5′14″	5′12″
	10	5′24″	5′22″

表 3-16　男生引体向上加分评分表　(单位:次)

加分	大一、大二	大三、大四
10	10	10
9	9	9
8	8	8
7	7	7
6	6	6
5	5	5
4	4	4
3	3	3
2	2	2
1	1	1
10	13	13
9	12	12
8	11	11
7	10	10
6	9	9
5	8	8
4	7	7
3	6	6
2	4	4
1	2	2

注:引体向上、一分钟仰卧起坐均为高优指标,学生成绩超过单项评分 100 分后,以超过的次数所对应的分数进行加分。

表 3-17　女生一分钟仰卧起坐加分评分表　(单位:次)

加分	大一、大二	大三、大四
10	13	13
9	12	12
8	11	11

表 3-17(续)

加分	大一、大二	大三、大四
7	10	10
6	9	9
5	8	8
4	7	7
3	6	6
2	4	4
1	2	2

注:引体向上、一分钟仰卧起坐均为高优指标,学生成绩超过单项评分 100 分后,以超过的次数所对应的分数进行加分。

表 3-18　男生 1 000 米跑加分评分表　(单位:分·秒)

加分	大一、大二	大三、大四
10	-35″	-35″
9	-32″	-32″
8	-29″	-29″
7	-26″	-26″
6	-23″	-23″
5	-20″	-20″
4	-16″	-16″
3	-12″	-12″
2	-8″	-8″
1	-4″	-4″

注:1 000 米跑、800 米跑均为低优指标,学生成绩低于单项评分 100 分后,以减少的秒数所对应的分数进行加分。

表 3-19　女生 800 米跑加分评分表　(单位:分·秒)

加分	大一、大二	大二、大四
10	-50″	-50″
9	-45″	-45″
8	-40″	-40″
7	-35″	-35″
6	-30″	-30″
5	-25″	-25″
4	-20″	-20″
3	-15″	-15″
2	-10″	-10″
1	-5″	-5″

注:1 000 米跑、800 米跑均为低优指标,学生成绩低于单项评分 100 分后,以减少的秒数所对应的分数进行加分。

第四章　基础运动

第一节　田　　径

田径运动是田赛、径赛和全能运动的合称。田赛是指以高度和远度计算比赛成绩的跳跃和投掷项目；径赛是指以时间计算比赛成绩的竞走和跑的项目；全能运动是由跑、跳、投部分项目组合而成的。按每个单项的成绩在国际统一的“全能评分表”查出得分，依得分总和的多少评定比赛成绩的项目。

一、田径的锻炼价值

（一）田径的健身价值

人们通常把田径运动的内容概括为走、跑、跳和投四种运动形式，这也正是人类维持正常生活的基本活动能力，也是人类赖以健康生存的基本条件或基本生活能力。正因为田径运动能有效地发展速度、力量、耐力以及灵敏、协调性等身体素质，增强体质，获得运动技能，提高运动能力，培养意志品质。所以，现代社会才更加重视田径运动的健身价值。

跑是最为常见的一项运动。不同距离的跑对人体影响各异。短距离跑是人体在无氧条件下的一种运动，它能导致有氧系统酶活性的增加，能提高人体的最大摄氧能力。生理学家指出，短距离全力跑时，呼吸运动往往受到制约，甚至憋气跑到终点，因此，跑后恢复期呼吸功能有显著变化。同时，短跑能提高中枢神经系统兴奋和抑制过程的灵活性。所以，短距离跑较普遍地在青少年中作为一种主要的发展身体能力和提高无氧代谢能力的重要手段。

中距离跑时，心脏受到很大锻炼，心率可高达人体最高指标。据报道，有些运动员心率每分钟可达 220 次。长期从事中距离跑，心脏体积可呈运动性增大。中距离跑对人体的呼吸技能及糖酵解能力都有显著促进作用。

长距离跑能提高人体一般耐力，是增进心脏和呼吸系统能力最普遍采用的练习项目。由于长距离跑是在人体有氧情况下进行的，运动中消耗的能量较大，大部分能量来源于肝糖原、葡萄糖和脂肪的有氧分解。因此，长距离跑是提高人体抗疲劳能力的重要手段，也是防止脂肪过多储存的有效手段。

跳跃项目是典型的人体克服自身体重、对抗引力以实现腾越高度和远度的运动。跳跃运动能使人体的感觉机能得到提高和加强。

投掷项目是一种表现人体力量的项目。一般来说，从事投掷练习可使肌肉发达，改善肌肉机能的灵活性，提高速度和力量。大量研究表明，掷标枪运动员大脑皮质的兴奋过程具有高度的均衡性，前庭分析器具有很高的稳定性。

由于田径运动可以有效地增进人体的各项机能，因此，把田径运动作为基础运动项目，不仅是提高机体素质、锻炼意志品质和增强各种运动能力的需要，而且也是增进健康水平的需要。

(二)田径的锻炼优势

尽管各项体育运动都是某种形式的身体活动，都具有一定的健身价值，但是，田径运动却有着其他体育运动无法比拟的特点和优势，因而更容易在群众中开展与普及。

1. 田径运动大部分是个人项目，参加者不受人数的限制，可以是个人，也可以是几个人、几十人甚至几百人，机动性较强。比赛规则简单，以时间、距离和高度判断胜负，也可以采取不分胜负的纯锻炼方式。

2. 田径运动项目所需要的场地和器材非常简单，所有的走跑项目都可以在较平坦的道路上进行，强度较小的中长距离项目甚至可以在山路或沙滩上进行；跳跃项目可利用一块沙坑或在较松软的地上进行；而投掷项目可因陋就简，就地取材。

3. 田径运动项目的运动强度和运动量可以根据练习者的不同年龄、性别和身体状况等客观因素进行自我控制和调节，以达到适宜的运动状态，所以它是一项老少皆宜的项目。

4. 田径运动项目的技术来源于人类的基本活动方式，锻炼者不经过特殊学习就能掌握一般技术。

5. 田径运动项目的运动形式简单，没有身体接触，所以安全性强，不易发生冲撞性伤害事故。

6. 田径运动可以经济、有效地发展力量、速度、耐力、灵敏和柔韧等多种素质，也可以提高机体对疾病的防御能力，达到增强体质、防病治病的健身目的。

7. 田径运动是其他体育运动的基础。因此，经常从事田径运动有助于提高多种运动的技能水平。

综上所述，田径运动是一项可行性较强且健身价值较高的运动项目，是大学中最适宜开展、最容易被大学生接受的体育项目。

二、田径的锻炼方法

(一)跑的基本技术和练习方法

1. 短跑

短跑是非常激烈紧张的比赛项目，常见的有 60 米、100 米、200 米和 400 米。短跑全程技术包括起跑、起跑后的加速跑、途中跑、弯道跑(200 米、400 米)和终点跑 5 个部分。起跑的反应速度、起跑后的加速能力、保持最高跑速的时间和距离、弯道跑的身体协调能力、终点冲刺能力以及各部门的技术动作的完成质量共同决定短跑成绩。

(1)短跑技术

①起跑技术。蹲踞式起跑的动作是按发令员的口令来完成的。动作要领：两手比肩稍宽，两臂伸直支撑在地面上；后膝跪在地上支撑重心。当听到“预备”口令后，重心平稳向上抬起的同时重心平稳前送，使投影点接近支撑点，臂稍高于肩，形成一个“次不稳平衡”的起跑姿势，如图 4-1 所示。

图 4-1

②起跑后加速跑技术。起跑后加速跑过程中，特别是加速跑前几步，必须使躯干有较大的前倾，这样才能发挥最大蹬力，达到最佳前进效果。躯干应有较大的前倾，摆动腿着地点第一步步长约 3.5~4 脚掌长，随后每步增加 0.5~0.8 个脚掌，随躯干的逐渐抬起和步长的逐渐加大，着地点慢慢前移，大约在起跑后 30 米处转为途中跑。

③途中跑技术。途中跑阶段身体保持正直，稍前倾，摆动腿应迅速有力，用前脚掌落地，蹬地应快而有力，两臂前后摆动，应迅速有力。

(2)短跑的针对练习

①听口令后蹲踞式起跑 30 米。要求练习时对起跑信号做出快速反应，并注意体会正确姿势。

②小步跑。要求躯干稍前倾，大腿稍前抬，用脚掌落地，步子要小，有弹性，频率高，两臂自然下垂或前后摆动。

③反复进行 200~300 米途中跑、变速跑练习。

2. 中长跑

常见的中长跑距离项目有 800 米、1 500 米、3 000 米、5 000 米和 10 000 米等，是中距离和长距离的合称，属于耐久力项目。

(1)中长跑技术

①上体姿势和摆臂动作。上体保持稍前倾或正直的姿势，头部肌肉放松，并自然地和身体成一直线，微收腹、送髋。两臂的摆动越快，两腿交换就越快。摆动时，以肩关节为轴，用肘发力做前后自然摆动。摆臂一定要放松。

②着地缓冲。脚着地前，以摆动大腿积极下压，小腿顺势自然前摆，并同时后摆做“扒地”动作着地。着地应用前脚或脚前掌外侧先着地，然后过渡到全脚掌着地。脚着地后，应迅速屈踝、屈膝和屈髋，以完成缓冲动作。

③呼吸。呼吸要通过鼻和半张的嘴同时进行，要以吸气为主进行气体交换，每一个呼吸周期必须充分地呼气，这样才能保证所需吸气量。中长跑的呼吸方式主要包括“二步一呼”“一步半一呼，一步半一吸”，最后冲刺时“一步一呼，一步一吸”。

(2)中长跑的针对练习

①匀速跑。心率要达到 130~150 次/分。发展有氧耐力即可以通过长时间的匀速跑来进行。

②反复跑。通过反复跑可以有效地发展专项耐久力，常用的有 5×200 米、5×400 米、4×800 米、6×1 000 米等。

3. 跨栏跑

跨栏跑包括男子 110 米栏、女子 100 米栏、男女 200 米、400 米栏等项目。

(1)第一栏技术

起跑的过程基本等同于短跑,起跑至第一栏起跨点一般采用8步起跨,起跑后上体抬起要比短跑时快。

(2)过栏技术

跨栏技术的关键就是过栏,包括起跨、腾空过栏和下栏着地等动作。

①跨栏前应保持较高的跑速,当起跨腿脚掌着地时,摆动腿由体后向前摆动,大小腿开始在体后折叠,膝关节摆至高于腰部位置,两腿蹬摆配合完成起跨,运动过程中上体随之加大前倾,摆动腿异侧臂往前上方摆出,另一臂屈肘摆至体侧,形成"攻栏姿势"。

②腾空过栏。腾空后身体重心沿着起跨所形成的腾空轨迹向前运行。起跨腿蹬离地面后,摆动腿大腿继续向前上方摆至膝关节超过栏架高度,小腿迅速向前摆,当脚掌接近栏架时,摆动腿几乎伸直,脚尖微微上翘。摆动腿的异侧肩臂一起伸向栏架上方。上体加大前倾幅度,使头部接近或超过摆动腿的膝略高于腰。

③下栏着地。被动腿积极下压,起跨腿加速向前提拉,以髋为轴完成两腿剪绞动作,摆动腿脚掌移过栏架的同时,起跨腿屈膝外展,小腿收紧抬平,脚尖勾起足跟靠臀,以膝领先经腋下加速前拉,当脚掌过栏后,膝继续收紧向身体中线高抬,脚掌沿最短路线向前摆出,身体成高抬腿跑的姿势,伸直下压的摆动腿在接触地面时,前脚掌做积极扒地动作。

(3)栏间跑技术

110米栏间三步步长各不相等,每步步速和支撑、腾空时间的关系都有变化,这就构成栏间跑所特有的节奏。

栏间跑第一步的水平速度因过栏有所降低,蹬地起步时膝关节始终伸直,因而第一步比后面两步都要短。

第二步的动作结构和支撑及腾空时间关系大致与短跑的途中跑相同。

第三步因准备起跨形成一个快速短步,具有同跨第一栏的最后一步相同的特点,如图4-2所示。

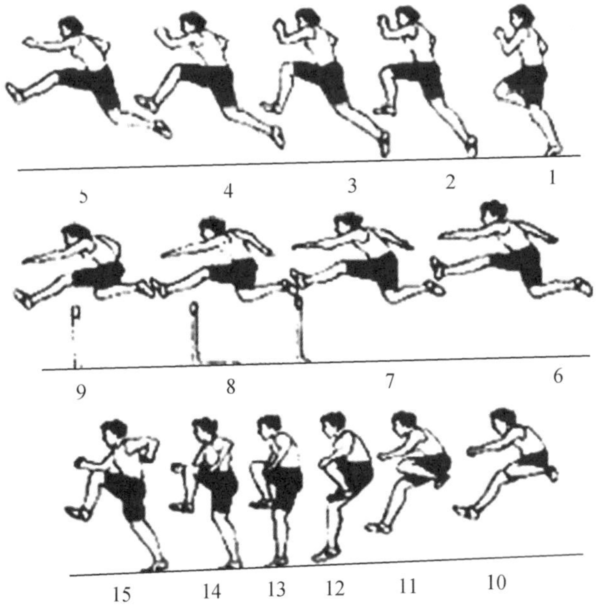

图4-2

跨栏跑的针对练习：

①两人均成“跨栏坐”姿势，分别用脚顶住对方膝关节，两手拉住对方双手，一人后仰，使对方上体尽量前屈，持续 5~10 秒，两人交换做。

②在 7~10 米距离内，放 4~6 个栏架做栏侧跨栏跑的练习或在栏间做高抬腿跑及普通跑的跨栏练习，注意要有节奏和快速过栏动作。

③重复跨栏跑：起跑过 8~10 个栏的重复训练，主要训练全过程技术和节奏。

4. 接力跑

接力跑的基本技术

持棒起跑：第一棒运动员采用蹲踞式起跑，以右手持棒，接力棒不得触及起跑线和起跑线前的地面，持棒起跑技术和短跑的起跑基本上相同。

(2)接棒队员的起跑

第二、三、四棒的运动员用站立式或一手撑地的半蹲踞式起跑姿势，站在选定预跑段的起跑线前面，两脚前后开立，两膝弯曲，上体前倾，第二、四棒运动员因站在跑道外侧，所以左腿放在前面，右手撑地面。身体重心稍向右偏，头转向左后方，目视跑来的同队队员和自己的起动标志线或标志区。第三棒运动员是站在跑道内侧，应以右腿在前，用左手支撑地面，身体重心稍向左偏，头转向右后方，目视跑来的同队队员和自己的起动标记或标志区。

传接棒的方法很多，常用的方法有上挑式和下压式两种。

①上挑式：接棒人的手臂自然向后伸出，手臂与躯干约成 140°~145°，掌心向后，拇指与其他四指自然张开，虎口朝下，传棒人将棒向前上方送入接棒人的手中。

②下压式：也有人叫“向前推送”的传接方法，手腕内旋，掌心向上，拇指与其余四指自然张开，虎口朝后，传棒人将棒的前端由上向下传到接棒人的手中。

(二)跳的基本技术和练习方法

1. 跳远

跳远，过去叫急行跳远，包括助跑、起跳、腾空和落地四个组成部分。

(1)助跑

跳远助跑目的是为获得最高的助跑速度，并为准确踏板和快而有力地起跳做好技术、身体和心理上的准备。

助跑注意要点：

①要强调保持跑的动作结构，保持高速度，而不要过多地强调起跳前的准备动作。

②要强调保持较高的身体重心，而不强调起跳前的身体重心下降。

③要强调后几步的动作节奏，而不强调最后 3 步步长之间的比例关系。

(2)起跳

完整技术中最重要的一个环节即起跳。起跳时，运动员的身体重心向前移动 1 米左右的距离，向上约 25 厘米。完成起跳时间在 0.1~0.3 秒之间。起跳瞬间，起跳腿屈膝前摆用全脚掌踏板，此时躯干成正直姿势，以后身体迅速前移；当身体与地面垂直时，迅速充分地伸展起跳腿，摆动腿屈膝上摆至大腿约与跑道平行；此外，躯干抬起，两臂弯曲上摆，完成起跳动作。

(3)腾空

起跳离地后,人体向空中腾起,并在空中完成各种动作的过程,称为空中动作阶段。腾空步后有“蹲踞式”“挺身式”和“走步式”三种空中动作。

“挺身式”的动作要领:起跳腾空后,摆动腿下放、伸髋与稍稍顺势前移的起跳腿靠拢。腾空至最高点时,身体充分伸展,形成“挺胸展髋”的姿势,两臂上举或后摆,然后收腹举腿,双腿前伸,完成落地动作。整个过程如图 4-3 所示。

图 4-3

(4)跳远的针对练习

①原地模仿起跳。起跳腿在前,摆动腿在后,微屈膝,躯干稍前倾,两臂自然下垂;然后摆动腿屈膝前摆,蹬伸起跳腿,两臂上摆完成起跳动作。用摆动腿落地。

②4~6 步助跑起跳练习。4~6 步助跑,完成起跳动作,保持跨步飞越姿势,用摆动腿在沙坑中落地,必要时可用弹簧板做练习。

2. 跳高

跳高必须采用单脚起跳。现在比赛时多采用“背越式”跳高。“背越式”跳高基本技术包括以下几部分:

(1)助跑

全程助跑一般为 8~12 步,其中后 4~6 步为弧线助跑。助跑时,步幅开阔而有弹性。当转入弧线助跑时,身体向内倾斜。倒数第二步开始准备起跳,最后一步起跳腿迅速踏向起跳点,髋部超过上体,肩轴成交叉扭紧姿势。

(2)起跳

起跳技术是跳高运动的关键技术。起跳时,身体向内倾斜,摆动腿屈膝上摆,起跳腿迅速伸展,两臂上摆,躯干向上伸展。

(3)过杆与落地

身体成伸展姿势向上腾起,成背对横杆姿势。当头过杆后,仰头、侧肩、挺髋、屈膝、成拱形依次过杆。最后用背部落在海绵垫上,如图 4-4 所示。

图 4-4

（三）投掷的基本技术和练习方法

1. 侧向滑步推铅球

（1）预备姿势

身体侧对投掷方向，身体重心置于右腿，左脚前脚掌内侧着地。

（2）预摆

右腿伸，左腿侧摆，协调配合，重心随右腿蹬伸上下起伏。

（3）滑步

预摆结束后，重心降低，并移至右腿上，摆左腿同时蹬伸右腿，右腿充分蹬直后迅速收小腿，沿地面向左滑进至圆圈中心附近。左脚主动积极以前脚掌内侧落地，重心落于右脚上。

（4）最后用力与出手后缓冲

随着右腿蹬转，右髋向左前挺出，带动躯干转向投掷方向，并通过伸臂、屈膝和手指拨球等动作，将铅球推出。球出手后及时交换双脚位置，这样才能保持身体平衡，如图 4-5 所示。

图 4-5

(5)侧向滑步推铅球的针对练习

①原地正面向前上方和向下推拨球,体会手指、手腕拨球用力动作。

②先做徒手模仿练习,初步掌握技术动作后,可持轻球进行练习,最后用标准球进行练习。

2. 掷标枪

(1)基本技术

①握枪。将标枪斜放在掌心上,大拇指和中指握在标枪把手末端第一圈上沿,食指自然弯曲斜握在标枪上,无名指和小指握在把手上,如图 4-6 所示。

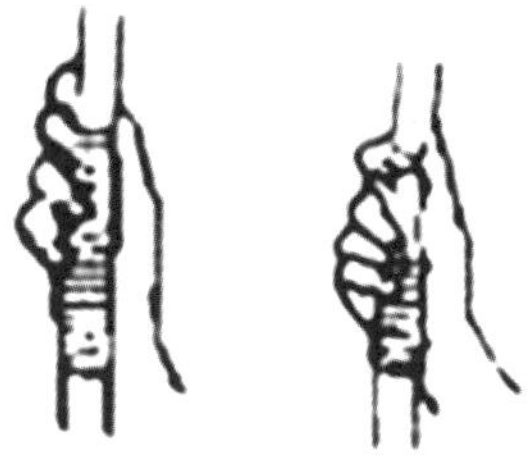

图 4-6

②持枪。屈臂举枪于肩上,大小臂约成 90°,稍高于头,枪尖稍低于枪尾,持枪臂要保持放松,如图 4-7 所示。

图 4-7

③助跑。助跑的距离应是由投掷者发挥速度的快慢决定的,一般在 25~35 米,助跑分为预跑和投掷步两阶段。

预跑阶段主要是加速,在跑进中上体稍前倾,用前脚掌着地,大腿抬得较高,后蹬力量强,动作轻快而富有弹性,持枪臂随着跑的节奏与左臂配合,自然前后摆动。

投掷步阶段:左脚踏上第二标志线,开始投掷步。第一步和第二步时,应逐渐完成引枪动作。第二步结束时,右臂应充分伸展,躯干稍向右转和向右倾斜。左臂处于身体左侧,右臂与肩轴在一条直线上,身体左侧面对投掷方向,眼看前方。投掷步的第三步是交叉步,左脚一落地,右腿膝关节自然弯曲,大腿带动小腿积极有力地向前摆出,当右腿靠近左腿时,左腿快速有力地蹬伸,促使右腿加快前迈。右脚尖外转,用脚跟外侧先落地,然后过渡到全脚掌,与投掷方向约成 45°。躯干和右腿成一条直线,整个身体向后倾斜,与地面形成一定的夹角。

④最后用力。投掷步的第三步右脚着地后,体重压在右腿上,左腿前摆伸出小腿,左脚用足跟或足内侧先着地,落在投掷方向线左侧 20~30 厘米处,并用力支撑。右腿用力的同时,右臂转肩翻肘正对投掷方向,形成“满弓”姿势。然后,右脚继续用力,胸部向前牵引,投

掷臂大臂带动小臂,形成“鞭打”动作。标枪离手瞬间,手腕和手指的积极动作,能使标枪沿着纵轴按顺时针方向自转,这可以保持标枪在空中飞行的稳定性,增强标枪的滑翔效果。标枪出手的适宜角度为30°~45°,如图4-8所示。

图4-8

⑤缓冲。标枪出手后,人体由于向前惯性而继续向前运动,应及时向前跨出一至二步,以防止越线犯规,身体稍向左转或上体稍向前倾,使身体重心降低,维持平衡,以防冲出线外。

三、田径竞赛规则简介

(一)竞赛项目

所有400米或以下的竞赛项目,必须采用蹲踞式起跑并使用起跑器。在“各就位”及“预备”口令之后,参赛者应马上完成有关动作,不能在合理时间内完成有关动作,则属起跑犯规;除此以外,在“各就位”后,以声音或动作扰乱他人,将判以起跑犯规。400米以上的竞赛项目,口令只有“各就位”,当所有参赛者均准备完成及静止后,便可鸣枪开始比赛。

在划分线道进行的竞赛项目或其部分中,参赛者不得越出其指定的赛道,否则取消参赛资格。在任何竞赛项目中,若冲撞、突然切入或阻碍其他参赛者,亦会被取消参赛资格。

跨栏项目参赛者必须在自己的线道内完成比赛,而且当参赛者跨越栏架时,若其腿或足从低于栏架项的水平线跨越或跨越并非自己赛道上的栏架,均应被取消参赛资格。若裁判员认为参赛者故意以手或足撞倒任何栏架,亦应取消其参赛资格。

4×100米接力跑是分道进行,接棒者可以在接棒区前10米内起跑。在4×400米接力跑中,第一棒全程及第二棒的第一弯道是分道跑,第二棒运动员要跑至抢道线后方可自由抢道。第一棒的传接必须在参赛者指定的线道内进行,其余各棒的传接,裁判员会根据第二及第三棒运动员通过200米起点处之先后,按次序让其第三及第四棒的队友在接棒范围内,由内至外排列等候接棒。所有接棒者均不可以在接棒区外起跑。接力棒必须拿在手中,直到比赛结束为止。

(二)田赛项目

田赛项目又可分为掷类和跳类。除跳高外,若参赛人数超过8名,每人应有3次试掷(跳)机会,试掷(跳)成绩最好的8名参赛者可获得另外3次试掷(跳)的机会。若超过一名参赛者同时获得相同于第八名的成绩,则每位成绩相同于第八名的参赛者,均可再获3次试掷(跳)的机会。若参赛的总人数是8人或以下,则每位参赛者应给予6次试掷(跳)的机会。若参赛者同时参加了田赛和径赛项目或一项以上的田赛项目,而在比赛时间上有所冲突时,田赛项目裁判可让参赛者在每一轮中更改赛前预定的试掷(跳)次序,但每一位参赛者在任何一轮的比赛中,不得有多于一次试掷(跳)的机会(跳高除外)。用距离决定胜负的田赛项目,以参赛者全部试掷(跳)中的最佳成绩计算名次。遇到最佳成绩相同时,应以次佳成绩定胜负,依此类推。若仍无法定出胜负而又涉及竞逐第一名时,则成绩相同者须依原来顺序进行比赛,直至分出胜负为止。用高度决定胜负的田赛项目,若最佳成绩相同,以最少试跳次数成功越过最后高度的参赛者应获排较前的位置。如仍未分胜负,则全场比赛中试跳失败次数最少(包括最后跳过的高度)的参赛者应获排较前的位置。若仍无法分胜负而涉及竞逐第一名,虽然有关的参赛者有可能曾经在不同高度做试跳而相继失败,裁判应以其中最低的高度上,再给予一次试跳机会。如仍无法分高下,则每次升高或降低2厘米让有关参赛者加跳一次,直至能定出胜负为止,而且在此情况下,有关参赛者必须试跳,以便判定名次。

铅球参赛者必须在推掷圈内,由静止状态开始,将铅球以单手由肩部推出。在整个推铅球的过程中,铅球应接触或接近参赛者的下颚,并且不得低于此位置,也不得移至肩线之后。推掷时,参赛者可以触碰推掷圈及抵趾板的内缘,但身体的任何部位若触到推掷圈或抵趾板上缘或推掷圈外面的地面,均视作试推失败。铅球未着地前,参赛者不得离开推掷圈。离开推掷圈时,亦必须从其后半圆离开。在推掷的过程中,参赛者可以中途停顿,甚至把铅球放下以及离开推掷圈(但仍要合乎上述规定),然后重新由静止位置开始推掷。铅球必须完全落在扇形着地区角度线范围以内方为有效。丈量时应从铅球着地痕迹的最近端拉向推掷圈的圆心,以推掷圈内缘至铅球着地痕迹近缘的距离计算成绩。距离的计算须以0.01米为最小单位,不足0.01米者应以较低的读数计算成绩。

铁饼除了投掷方式上的不同外,所有推铅球的规则通用于掷铁饼项目,丈量时应以0.02米为最小单位,不足0.02米者应以较低的读数计算成绩。

标枪参赛者应握着标枪的握把处,自肩上或投掷手臂上方将枪掷出,投掷时不得将枪抛出或甩出。参赛者不得转身完全背向投掷弧。标枪着地前,参赛者不得离开助跑道,离开时也要在助跑道两边平行线的直角方向及投掷弧的两端延长线后面走出。标枪着地时,枪尖必须先着地,并落在扇形着地区以内方算有效。丈量时应由枪尖着地的最近点,通过投掷弧线的圆心,量至投掷弧线的内缘作为该掷的成绩。距离的计算须以0.02米为最小单位,不足0.02米者应以较低的读数计算成绩。

跳高比赛开始前,裁判员必须向参赛者宣布起跳的高度及每次晋升的高度,直至只剩下一位参赛者为止。除非只余下冠军参赛者,否则横杆的升幅不得少于2厘米,而且横杆的升幅不得增加。在只剩下冠军参赛者的情况下,横杆的升幅可按其意愿而做出决定。参赛者必须单脚起跳。若起跳后,横杆不停留在支架上或在尚未越过横杆前,身体的任何部位触及两支架间或两支架外的地面(包括其着地区),则试跳失败。如果参赛者在试跳时,其脚部触及着地区,而裁判员认为并未因此而获得利益,则该跳仍算有效。参赛者可以在任何一个高度开始起跳,往后亦可以自由选择高度试跳,但不管高度为何,连续3次试跳失败,便会丧失继续比赛的资格。若参赛者曾放弃某一高度的第一次试跳,其后便不得在同一高度上再次要求试跳机会(成绩相同时的额外试跳除外)。

跳远参赛者触犯下列任何情况,均为试跳失败:

不论起跳与否,身体的任何部位触及起跳线前方的地面;着地时,身体的任何部位触及着地区以外的地面,而该点较其落在着地区的位置近;完成试跳后,在着地区向后行;使用任何翻腾动作试跳。

丈量试跳成绩时,距离的计算须以 0.01 米为最小单位,不足 0.01 米者应以较低读数计算成绩。三级跳远顺序必须由单足跳、跨步跳及跳跃 3 个部分组成。第一步起跳后,须以同足着地再进行第二次起跳;第二步起跳后,则要以另一足着地,然后再做第三次起跳。除场地外,跳远的所有规则,均适用于 3 级跳远项目。

第二节 体 操

体操是体育运动的主要项目之一。它是根据人体解剖、生理特点,通过徒手或借助器械完成不同类型与难度并具有一定艺术性的身体操练。根据练习目的任务,可分为基本体操、竞技性体操(包括竞技体操、技巧运动、艺术体操)、团体操和实用性体操。其特点概括起来主要有多样性、规定性、互助性、艺术性和创造性。

一、体操的锻炼价值

随着社会的进步,时代的发展,体操的概念在不断变化。其特征表现越来越朝着以健康第一、增强体质为目的的各种非竞技性体操的趋势发展。体操对于人类的健康和长寿有着特殊的功效。科学的体操锻炼能促进人体各器官系统在形态和机能上的发展,使体形健美,姿态端正,肌肉发达,体格健壮,还能调节心理活动,陶冶美好情操,培养顽强的意志品质,充分展现体育功能。

(一)体操对机体各器官系统的锻炼价值

1. 对骨骼、肌肉系统的作用

经常进行体操练习,有益于肌肉、骨骼、关节匀称和谐地发展,有利于形成正确的体态和健美的体形。可改善骨骼的血液循环代谢,使骨密质增加,骨骼更加坚固,从而提高骨骼系统抗折断、弯曲、扭转的能力。可加强关节的稳固性和韧性,也可提高关节的灵活性。如一些摆动、支撑和跑跳动作,对肌肉的影响作用比较明显,可使肌纤维内蛋白含量增加,肌纤维变粗,肌肉体积增大,使肌肉中毛细血管活性增加,肌肉中的能源储备——核糖的含量增加,从而改善肌肉的代谢能力,使肌肉的收缩力量、速度、耐力都得到提高。

2. 对心血管系统的影响

经常进行体操练习,对心血管机能有良好的影响。可使心肌纤维变粗,心脏容量增大,血管弹性增强,收缩能力提高,从而使运动时心排血量增加(每搏输出量增加);同时也可改善心脏本身的循环——冠状动脉循环,增加心肌血液供应,使安静心率减缓。

3. 对呼吸系统的影响

经常进行体操练习,可使呼吸肌力量增强,呼吸深度增加,吸气时胸部充分扩展,使较多肺泡扩张,可以吸入更多的氧;呼气时胸廓尽量压缩,排出更多的二氧化碳,使肺通气及换气机能均得到提高,还能提高呼吸深度,增加每次呼吸时的气体交换量。这既有利于呼吸肌的休息,又可提高呼吸系统的功能储备,从而保证在激烈运动时满足气体交换的需要,提高机能水平。

4. 对消化系统的影响

经常进行体操练习,能提高消化系统功能。肌肉活动可消耗大量能量,使消化液分泌增加,胃肠蠕动增强,有助于营养物质的吸收和利用,从而提高对疾病的抵抗能力。

(二)体操对人体健美的锻炼价值

1. 塑造形体美

通过系统科学的体操锻炼,可发达肌肉,特别是能增加胸背肌肉的体积,同时可使手脚、腰腹、臀部等部位的肌肉得到锻炼,使肌肉线条修长而富有弹性。

2. 去脂、减肥、强健体魄

通过有目的、有计划的体操锻炼,可以消除腰腹部沉积的多余脂肪,特别是进行一些较长时间的有氧健身体操锻炼,可以使血液流动加快,供给充足的氧气使"脂肪燃烧",减少血中胆固醇的含量,调节体内新陈代谢率,加强心脏功能和肺功能,预防心脏病和高血压。

(三)体操对人体心理的锻炼价值

1. 调节心理活动,陶冶美好情操

体操练习经常伴随着音乐。优美明快的音乐节奏,活泼愉快的身体动作,使人陶醉在美的韵律之中,产生向往和追求美的心理趋势,可排除心理紧张与烦恼,使身心得到全面调节,精神面貌和气质修养都会有所改善和提高。最佳的心理状态可以增强人的自信心,使生活充满创造性和活力

2. 培养坚韧意志品质、完善自我

首先,在体操练习过程中,肌肉的紧张程度远远超过日常生活中的强度,并且要在不同条件和不同情境下去完成各种动作,这就需要练习者通过意志努力使肌肉协调一致,努力达到动作需要的水平。其次,在练习过程中常常会受到内外刺激的干扰,练习者必须注意力高度集中,通过意志的控制去克服这些刺激的影响。再次,在练习过程中练习者常常会感到肌肉酸痛,身体疲乏,需要坚强的意志去克服。因此,参加体操运动没有顽强的意志是难以坚持并取得效果的。

二、体操的锻炼方法

(一)单杠

单杠是以身体围绕杠轴做各种摆动、屈伸、回环、转体、腾越、空翻和换握等动力性动作和组合的单个动作和成套动作。通过单杠练习可以增强上肢、肩带、躯干的肌肉力量和柔韧性;提高身体协调和定向平衡能力;培养勇敢、顽强的意志品质。

1. 跳上支撑(图 4-9)

图 4-9

(1)动作要领:正对低杠站立开始。两手正握杠,两腿稍屈,用力蹬地跳起,同时两臂拉

压杠至支撑。要求直臂、顶肩、挺胸、立腰、展髋,两腿并拢伸直,两眼平视。

(2)保护与帮助:站在练习者后方,当其蹬地起跳时,双手托其腰部。

(3)练习方法:直接练习。

2. 右腿摆越成骑撑(图 4-10)

图 4-10

(1)动作要领:由支撑开始,体重移至左臂(肘不能屈曲),右手推离杠,同时右腿向侧向前成弧形摆越过杠,右手再握杠挺身成骑撑。要求摆越时有明显的单臂支撑过程。完成动作后,两腿伸直,前后分开约 120°,用右腿根部触杆,挺身立腰。

(2)保护与帮助:站在杠后练习者左侧,左手握其左上臂,右手托其大腿。

(3)练习方法:

①在低单杠上做推离右手和移体重的练习;

②在帮助下直接练习。

3. 右腿骑撑,左腿向前摆越转体 90°挺身下(图 4-11)

图 4-11

(1)动作要领:由右腿在前骑撑开始。右手换成反握杠,体重移至右臂,以右臂为轴,随着身体向右转动,左手推离杠,左腿向前摆过杆,同时右腿压离杠,上体向右转体 90°并腿挺身下,要求转体时,充分展体后再落地。

(2)保护与帮助:站在杠前练习者右侧,左手握住其右臂,另一手托其右腿。

(3)练习方法:

①在鞍马或横跳马上做骑撑后腿向前摆越转体 90°挺身下;

②在帮助下直接练习。

4. 单腿蹬地翻身上成支撑(图 4-12)

(1)动作要领:由屈臂正握杠开始,左脚向前一步踏地,右腿经前向后上方摆起,左腿蹬地后迅速向右腿并拢,同时倒肩屈臂引体,使腹部靠杠并向上转动,当上体翻至杠前水平部位时,制动两腿,抬头翻腕,两臂伸直撑杠成支撑。要求完成动作时,抬头翻腕与制动双腿配合好。

图 4-12

(2)保护与帮助:站在杠前一侧,一手托肩一手托臂,帮助其腹部贴杠和上翻。当其抬头翻腕时,随即换成一手握上臂一手托大腿。

(3)练习方法:

①踏在杠前体操凳或跳箱盖上做翻身上;

②在帮助下直接练习。

5. 右腿骑撑左腿向前摆越转体 180°成支撑(图 4-13)

图 4-13

(1)动作要领:由右腿在前骑撑开始。右手靠近右大腿反握杠,体重移至右臂并向右稍后倒肩。随着身体向右后方转动,左手离杠,左腿向前摆越过杠,同时右腿外侧以右臂支撑为轴向右滚杠转体 180°,左手再握杠成支撑。要求摆腿和转体时,始终保持挺身和右大腿贴杠。

(2)保护与帮助:站在杠前握住练习者前腿踝关节(或托握脚前掌),帮助其向转体方向扭转。

(3)练习方法:

①骑撑前腿脚踏在跳箱或体操凳上做转体练习;

②在帮助下直接练习。

6. 后摆转体 90°挺身下(图 4-14)

图 4-14

(1)动作要领:由支撑开始。两腿向前预摆,同时两肩前送,借杠轴的反弹力,使整个身体向后上方摆起。在后摆快到最高点时,右手用力推离杠,同时向右转体90°挺身落地。要求后摆时,两手撑杠要伸直,不要急于做转体动作。

(2)保护与帮助:站在杠后练习者左侧,左手握其左上臂,右手托大腿帮助向后摆起,落地时双手扶腰。

(3)练习方法:

①反复做支撑后摆练习;

②低杠上做支撑后摆下;

③在帮助下直接练习。

(二)双杠

双杠是由摆动、摆越、滚翻、弧形、回环、空翻和转体等动力性动作和倒立、平衡等静力性练习所组成的一项体操运动。通过双杠练习,可以增进上肢、肩带及腰腹腔力量;提高空间定向和平衡能力;培养顽强、果断和坚韧不拔的精神。

1. 杠端跳起成分腿坐(图4-15)

图4-15

(1)动作要领:由杠端站立双手握两杠开始。两脚蹬地向上跳起,两手拉压杠成直臂支撑,与此同时两腿向前上方摆起,当摆至刚超出杠面时,立即分腿,并以大腿内侧沿杠向后滑至手前成分腿坐。要求成分腿坐时腿要有滑杠过程。

(2)保护与帮助:站在练习者侧面,一手托其上臂,另一手托臀部。

(3)练习方法:

①支撑摆动成分腿坐;

②分腿坐前进。

2. 后摆进杠前摆成外侧坐(图4-16)

图4-16

(1)动作要领:由分腿坐开始。两手离杠向前挺髋,上体前倾,两臂伸直在体前稍远处撑杠。同时两腿伸直,用大腿内侧压杠并腿进杠前摆。当两腿前摆刚出杠面时,臀部右移。两腿从右杠外侧向后滑杠成外侧坐。要求外侧坐时,左腿屈膝,小腿后伸,右腿向后伸直。

(2)保护与帮助:站在练习者右外侧,一手握其右上臂,另一手托臀部。

(3)练习方法:

①杠上分腿坐前进;

②在帮助下直接练习。

3. 右外侧坐越两杠挺身下(图 4-17)

图 4-17

(1)动作要领:由右外侧坐开始。两臂伸直,肩向左移并稍向后倒,利用压杠的反弹力,两腿迅速向左上方摆起,当两腿摆至接近最高点时制动摆腿。同时右手推离杠后换握左杠,左手推杠后侧举,挺身落地,要求两腿越杠时在空中有直角坐的过程。

(2)保护与帮助:站在练习者右外侧,右手握其上臂,左手从杠下托其臀部。

(3)练习方法:

①反复练习右外侧坐摆越两杆至左外侧坐练习;

②在帮助下直接练习。

4. 肩倒立向前滚动成分腿坐(图 4-18)

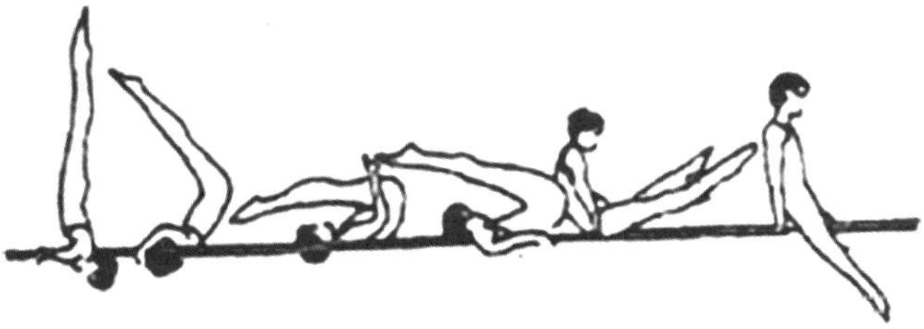

图 4-18

(1)动作要领:由肩倒立开始,慢慢收腹屈体低头,臀部向前移。当臀部快靠近杠面时,两手由肩后换握杠前臀部下方,接着分腿下压,两手同时拉压杠,撑起成分腿坐。要求滚动时先换手,后做分腿压杠动作。

(2)保护与帮助:站在练习者侧面,收腹前滚时,两手由杠下托其背部和臀部。

(3)练习方法:

①在垫子上练习头手倒立向前滚动成分腿坐起;

②在帮助下直接练习。

5. 后进杠前摆向内转体 90°下(图 4-19)

(1)动作要领:由分腿坐开始。两手离杠挺髋前倒,两臂伸直在体前稍远处撑杠,同时两腿伸直,用大腿内侧压杠并腿进杠,顺势向前上方摆起。当前摆接近最高点时,以脚尖向右前方“钻”出,并向内迅速扭转髋部,转体 90°落地,同时两手扶杠。

图 4-19

(2)保护与帮助:站在练习者右侧,前摆时,一手握其上臂,另一手托臀;转体落地时,两手扶腰。

(3)练习方法:

①支撑摆动前摆下;

②支撑摆动前摆向内转体 90°下;

③在帮助下直接练习。

(三)技巧

技巧运动是体操运动中的一个独立项目,它可以单人做、双人做,也可以多人一起做。通过技巧运动练习可以提高前庭分析器的机能,发展身体协调能力和柔韧素质,培养良好意志品质。

1. 肩肘倒立(图 4-20)

(1)动作要领:由直腿坐开始。上体后倒,收腹举腿提臀,屈肘内夹,两手撑背。当脚面举至头的上方时,迅速展髋挺腹,脚面绷直上伸成肩肘倒立。要求身体与地面垂直,停留 3 秒钟。

图 4-20

(2)保护与帮助:站在练习者侧面,两手握其脚踝向上提,同时用膝顶其臀部。

(3)练习方法:

①仰卧屈体举腿向上做髋关节屈伸练习;

②在帮助下直接练习。

2. 单肩后滚翻成单膝跪撑(图 4-21)

(1)动作要领:由直角坐开始。倒体向后滚动,头偏向左侧经右肩向后滚翻,同时两手及时在肩后撑地。接着右腿屈膝跪撑,左腿后举,两臂撑直成单腿跪撑。

(2)保护与帮助:站在练习者侧面,当其向上伸髋分腿时,两手握小腿顺势向后上方提拉。

图 4-21

(3)练习方法:

①垫子上团身滚动;

②后滚翻;

③在帮助下直接练习。

3. 跪跳起(图 4-22)

图 4-22

(1)动作要领:由跪立开始。上体前倾,臀部后坐,两臂后摆。接着两臂向前上方挥摆,并借助脚背与小腿用力下压的反弹力,身体向上腾起,同时展髋提腰,然后迅速提膝收腿成蹲立。要求身体充分腾起,并腿落地。

(2)保护与帮助:站在练习者身后,顺势用两手托其腋下,帮助其腾起。

(3)练习方法:

①在垫子上跪立,随两臂前后摆动,做髋节屈伸练习;

②由高处向低处做跪跳起;

③在帮助下直接练习。

4. 靠墙手倒立(图 4-23)

图 4-23

(1)动作要领:由两手和单腿蹲撑,另一条腿后伸开始,身体稍前倾,一腿蹬地,另一腿上摆,两腿伸直并拢,脚背绷直靠墙成手倒立。

(2)保护与帮助:站在练习者体前,当其两腿摆动时,扶两小腿靠墙成倒立。

(3)练习方法:在帮助下直接练习。

5. 鱼跃前滚翻成蹲撑(图 4-24)

图 4-24

(1)动作要领:由站立开始,屈膝半蹲,两臂后引,接着两臂前摆,两脚用力蹬地向前上方跃起,身体在空中保持含胸稍屈髋和腿伸直。当双手撑地后,迅速屈肘低头团身向前滚翻成蹲撑,要求跃起时有手脚同时腾空过程。

(2)保护与帮助:单腿跪立在练习者一侧,当其腾空时,一手托其胸部,另一手托大腿,帮助落地缓冲和向前滚翻。

(3)练习方法:

①远撑前滚翻;

②兔跳练习;

③跃过障碍物(实心球)的前滚翻;

④在帮助下直接练习。

6. 头手倒立(图 4-25)

图 4-25

(1)动作要领:由蹲立开始,两手五指自然分开,指尖向前,在体前与肩同宽处撑垫。然后用前额上部在与两手成等边三角形顶点处着垫。接着两肘内夹,提臀移至接近垂直部位时,一腿上举,另一腿稍蹬地上摆并拢。最后展髋立腰成头后倒立。要求倒立时停留 3 秒钟。

(2)保护与帮助:站在练习者一侧,倒立时两手扶其小腿,帮助调整、稳定重心。

(3)练习方法:

①靠墙做头手倒立;

②有人扶持的头手倒立;

③直接练习。

7. 挺身跳(图 4-26)

图 4-26

(1)动作要领:由蹲撑开始,伸膝展髋成半蹲,两臂后摆,接着两脚用力蹬伸,两臂经体前向上向后挥摆,使身体向前上方跃起,在空中保持抬头挺胸展腹,两腿并拢后振,然后收腹屈膝落地。

(2)保护与帮助:站立在练习者落点的侧面,当其落地时扶腰。

(3)练习方法:

①有高处向低处做挺身跳;

②在保护下直接练习。

(四)支撑跳跃

支撑跳跃是用两腿和两臂的力量,经过两手同时或依次短促有力地推撑腾越器械的运动。其技术包括助跑、上板、踏跳、第一腾空、推手、第二腾空和落地七个组成部分。通过支撑跳跃练习,可以增强肩带肌肉和韧带的功能,发展下肢和腰腹力量,并能培养勇敢顽强的精神。

1. 横跳箱分腿腾越(图 4-27)

图 4-27

(1)动作要领:快速助跑,单跳双落上板踏跳,领臂含胸,成上体稍前倾髋稍屈的姿势向前上方腾起。两臂主动前伸撑箱,空中紧腰固定髋关节,接着向前下方顶肩推,同时稍提臀,两腿侧分前摆。两手推离跳箱时,立即制动腿部,上体急振抬起,在充分展髋挺身后,收腹屈膝落地。要求推手时,肩不超过支撑点垂直面。

(2)保护与帮助:站在练习者落点的侧面,当其落地时,扶其背部和腹部,防止向前后摔倒。或站在跳箱前侧,当其推手时,顺势一手握其上臂向前上方提拉,另一手托臀部,帮助其越过跳箱。

(3)练习方法:

①俯卧撑推手成分腿屈体站立;

②4~6 步助跑中跳分腿落在跳箱上再挺身跳下;

③4~6 步助跑起跳分腿跳过山羊;

④在帮助下直接练习。

2. 纵跳箱分腿腾越(图 4-28)

图 4-28

(1)动作要领:快速助跑,单跳双落上板踏跳,领臂含胸,成上体稍前倾和髋稍屈的姿势向前上方腾起。两臂主动前伸,两腿向后上方摆起,接着两手撑跳箱远端,两腿同时向两侧分开。在推手离箱的同时,制动双腿,身体向前上方腾起充分展髋挺身后,收腹屈膝落地。要求在推手时,肩不超过支撑点垂直面。

(2)保护与帮助:站在跳箱远端的侧面,当练习者双臂前伸撑箱时,一手握其上臂向前上方提拉,另一手托臂部。另一种方法是站在练习者落点的侧面,当落地时双手扶其腹部和背部。

(3)练习方法:

①俯卧撑推手成分腿屈体站立;

②俯卧支撑在跳箱盖上,推手收腹分腿前摆落地;

③分腿腾越山羊;

④在助跳板与山羊之间放一根低于山羊的横杆,再分腿腾越山羊;

⑤在帮助下直接练习。

五、青春健美操

本操共 12 节,62 个 8 拍,用时 3 分 35 秒。

预备姿势:直立

前奏踏步:第 1 个 8 拍,如图 4-29 所示。

图 4-29

原地踏步:第 2 个 8 拍同第 1 个 8 拍。

第三个八拍,如图 4-30 所示。

1 拍、2 拍原地踏步摆臂,3 拍左脚跟前点地,两手叉腰,4 拍还原。5~8 拍同 1~4 拍,方向相反。

第 4 个 8 拍，如图 4-31 所示。

1 拍、2 拍原地踏步摆臂，3 拍左脚尖后点地，两手叉腰，4 拍还原。5~8 拍同 1~4 拍，方向相反。

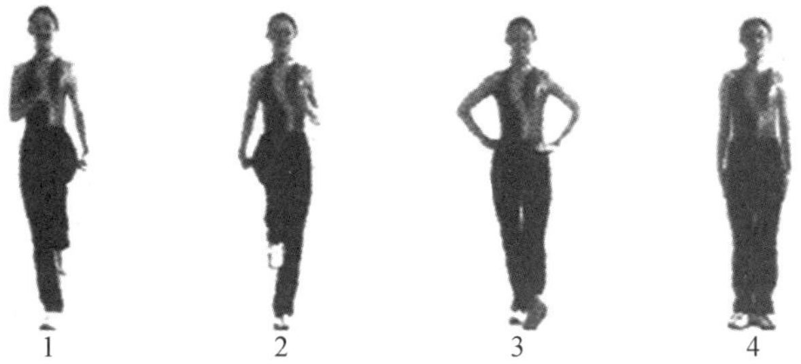

图 4-30

图 4-31

第 5 个 8 拍，如图 4-32 所示。

图 4-32

第 5 个 8 拍同第 3 个 8 拍，但第 3 拍两手在体前击掌。

第 6 个 8 拍，如图 4-33 所示。

图 4-33

第 6 个 8 拍同第 4 个 8 拍，但第 3 拍两手在体前击掌。

1. 第 1 节伸展运动

第 1 个 8 拍，如图 4-34 所示。

1 2 3 4 5 6 7 8

图 4-34

1 拍左腿左侧一步屈膝，脚跟提起，左臂从体侧直接置于右前方，同时身体稍向右转。2 拍还原成开立。3 拍与 1 拍动作相同，方向相反。4 拍同 2 拍。5 拍两腿屈膝，左臂上举（掌心向右）右臂侧平举。6 拍同 5 拍，方向相反。7 拍屈膝同时身体左转 90°右臂置前举。8 拍还原成开立。

第 2 个 8 拍，如图 4-35 所示。

1 2 3 4 5 6 7 8

图 4-35

1 拍左腿屈收至右腿旁，同时左臂胸前平屈，手握拳（拳心向内）。2 拍左腿向左侧成开立，左臂侧平举（拳心向下）。3 拍与 1 拍相同，方向相反。4 拍同 2 拍，方向相反。5 拍两臂上举,掌心向前。6 拍屈膝,左臂胸平屈,右臂侧平举(握拳)。7 拍与 6 拍相同,方向相反。8 拍又还原成开立。

第 3 个 8 拍,如图 4-36 所示。

1 拍右腿屈膝收至左腿旁,同时两臂上举交叉,掌心向前,五指张开。2 拍左腿向右侧一步,两臂侧平举。3 拍左腿屈膝收至右腿旁,同时两臂下举交叉。4 拍左腿左侧一步,两臂胸前屈(拳心相对)。5 拍右腿屈膝,同时顶左髋,两臂向左前方打开。6 拍同 4 拍。7 拍同 5 拍。8 拍还原成开立。

第 4 个 8 拍同第 1 个 8 拍,方向相反。

第 5、6 个 8 拍同第 2、3 个 8 拍,方向相反。

图 4-36

2. 第 2 节头部运动

第 1 个 8 拍,如图 4-37 所示。

图 4-37

1~2 拍两腿屈膝,两臂体前交叉,手臂拍胸部头后屈。3~4 拍腿直立,两手拍胯,头前屈。5~6 拍两腿屈膝,左臂从前经右侧画弧至左臂侧举(立掌)头右转。7~8 拍还原成开立。

第 2 个 8 拍,如图 4-38 所示。

图 4-38

1 拍左脚侧一小步,同时左臂侧举,头向左转。2 拍右腿屈膝贴左腿后部。3 拍右腿还原,右臂侧举,头右转。4 拍还原成开立。5~8 拍头从右经后逆时针绕环一周。

第 3、4 个 8 拍同第 1、2 个 8 拍,方向相反。

3. 第 3 节肩部运动

第 1 个 8 拍,如图 4-39 所示。

图 4-39

1 拍左腿向前一步,左臂从侧经后、上向前绕环至前举。2 拍同 1 拍,换右臂做,右脚向前并步。3 拍左腿侧出一步,两臂侧平举。4 拍两臂还原至体侧。5 拍左腿屈膝,左臂上提,右臂下沉(两手体前握拳,拳心向上)。6 拍同 5 拍但向右侧做。7、8 拍同 5、6 拍。

第 2 个 8 拍,如图 4-40 所示。

1~4 拍左腿屈膝并右腿,同时双肩向后绕环一周,5~8 拍同 1~4 拍,但方向相反。

图 4-40

第 3 个 8 拍,如图 4-41 所示。

图 4-41

1 拍左脚向左一小步,两腿屈膝,右脚尖提起,右臂从右向左、上画弧。2 拍还原成开立。3 拍同 1 拍,但方向相反。4 拍同 2 拍、5 拍两肩上提。6 拍还原。7 拍同 5 拍。8 拍同 6 拍。

第 4、5、6 个 8 拍同第 1、2、3 个 8 拍,但方同相反。

4. 第 4 节胸部运动

第 1 个 8 拍,如图 4-42 所示。

图 4-42

1~2 拍右脚尖在左脚内侧点地,两腿微屈,两臂旋内至前下举,手背相对,上体稍向左转,含胸,低头。3~4 拍右腿向侧成开立,两臂侧下举(掌心向前,五指张开),展胸,抬头。5~6 拍两腿弹性屈伸一次,两臂向内绕至侧举(掌心向前,五指张开)。7 拍右腿屈膝向左顶髋一次,左臂侧举,右臂胸前平屈(掌心向内)。8 拍还原成开立。

第 2 个 8 拍,如图 4-43 所示。

1 拍左脚向前一步,同时两臂前举交叉(掌心向下)。2 拍左腿微屈,右脚上步侧点地,两臂侧举。3 拍同 1 拍,但方向相反。4 拍同 2 拍,但方向相反。5 拍两腿微屈,同时两臂肩上侧屈(拳心向内)。6 拍腿伸直,两臂胸前屈(拳心向内)。7 拍同 5 拍。8 拍还原成开立。

第 3、4 个 8 拍同第 1、2 个 8 拍,但方向相反。

图 4-43

5. 第 5 节踢腿运动

第 1 个 8 拍，如图 4-44 所示。

1 拍左脚前踢，两臂侧举（拳心向下）。2 拍左脚侧出一步，两臂内绕至体前下交叉（拳心向内）。3 拍右脚向左前方迈一步，两臂绕至侧举（拳心向下）。4 拍左腿侧踢。5 拍左腿屈膝落地成左前弓步，同时上体向左转 90°。6 拍上体向右转 180°。第 2 个 8 拍同第 1 个 8 拍，但方向相反，第 3、4 个 8 拍同第 1、2 个 8 拍。

第 2 个 8 拍同第 1 个 8 拍，但方向相反，第 3、4 个 8 拍同第 1、2 个 8 拍。

图 4-44

6. 第 6 节体侧运动

第 1 个 8 拍，如图 4-45 所示。

1~3 拍以左脚开始，向右侧做交叉步，同时左臂由体侧经前、右向左侧打开（掌心向上）。4 拍还原。5 拍上体向左侧屈，左臂腹前下举（掌心向上），右臂上举（掌心向下）。6 拍同 4 拍。7 拍同 5 拍，但方向相反。8 拍还原。

图 4-45

第 2 个 8 拍,如图 4-46 所示。

1 拍左脚开始向左侧一步成左侧弓步,左手叉腰,右臂上举(掌心向左),上体左侧屈。2 拍腿成开立,上体正直,右臂肩上侧屈(拳心向左)。3 拍上体向左斜前方向屈,同时右臂左斜前方前举(拳心向下)。4 拍还原。5~6 拍左腿侧出一步成弓步,左手叉腰,右臂上举,上体左侧屈。7~8 还原。

图 4-46

第 3、4 个 8 拍同第 1、2 个 8 拍,但方向相反。

7. 第 7 节体转运动

第 1 个 8 拍,如图 4-47 所示。

图 4-47

1 拍左腿侧出成马步,两手在体前握拳。2 拍两腿直立,重心在左腿,右脚尖点地,上体向左转体 90°,两臂胸前屈(拳心向内)。3 拍同 1 拍,4 拍同 2 拍,但方向相反。5 拍两腿微屈，上体右转 90°，两臂前平举(拳心向下)。6 拍腿成开立，上体左转 90°两臂侧平举(掌心向下)。7 拍腿还原成开立，上体右转 90°，两手体前击掌。8 拍还原成开立。

第 2 个 8 拍，如图 4-48 所示。

图 4-48

1~3 拍以左脚开始，做后交叉步成开立，同时两臂从体侧向内绕至体侧举。4 拍还原成开立。5 拍左臂肩上侧屈(五指分开，掌心向前)，6 拍左腿屈膝，身体右转 90°，同时左臂向右甩出(五指张开，掌心向内)。7 拍右腿屈膝，身体左转 180°，同时右臂胸前平屈，手指触左肩。8 拍还原成开立。

第 3、4 个 8 拍同第 1、2 个 8 拍，但方向相反。

8. 第 8 节腹背运动

第 1 个 8 拍，如图 4-49 所示。

图 4-49

1 拍两脚开立，两臂上举，上体后屈。2 拍左臂前下举触右脚，右臂后上举，上体左前屈。3 拍同 2 拍，但方向相反。4 拍两臂前举。5 拍两臂体前交叉，同时上体前屈下振一次。6 拍两臂交叉再侧举(掌心向下)。7 拍左脚并拢右脚，半蹲，两臂屈曲，两手抱膝。8 拍还原成开立。

第 2 个 8 拍,如图 4-50 所示。

图 4-50

1 拍左脚向前迈一步,屈膝,左臂侧举,右臂胸前平屈。2 拍右脚前迈一步,屈膝,同时左臂胸前平屈,右臂平举。3 拍左脚后退一步,两臂置于体侧。4 拍右脚并左脚,两腿弹性屈一次,左臂上举,右臂侧举,上体伸直。5 拍两腿弹性伸一次,两臂侧举。6~7 拍上体前屈,两手抱腿。8 拍还原成直立。

第 3、4 个 8 拍同第 1、2 个 8 拍,但方向相反。

9. 第 9 节髋部运动

第 1 个 8 拍,如图 4-51 所示。

图 4-51

1~2 拍右腿屈膝,左腿伸直向左顶髋两次,左臂侧举(五指张开,掌心向前),目视左手。3~4 拍同 1~2 拍,方向相反。但左臂保持侧举。5 拍向左顶髋,同时两臂腹前交叉(五指张开,掌心向后),头转正。6 拍向右顶髋,同时两臂绕至上举(掌心向前)。7 拍向左顶髋,同时两臂绕至侧举,8 拍向右顶髋,同时两臂绕至体侧。

第 2 个 8 拍,如图 4-52 所示。

图 4-52

1~2 拍向左顶髋两次,两臂由肩上屈至侧上举(掌心向外),上体稍向左转。3~4 拍同 1~2 拍,但方向相反。5 拍向左顶髋,两臂侧举。6 拍向右顶髋,两臂肩侧屈,手指触肩。7 拍同 5 拍。8 拍还原成开立。

第 3、4 个 8 拍同第 1、2 个 8 拍,但方向相反。

10. 第 10 节全身运动

第 1 个 8 拍,如图 4-53 所示。

1 拍左腿前踢,同时左臂侧举,右臂前举。2 拍还原。3 拍同 1 拍,但方向相反。4 拍两腿并腿屈膝,同时两臂前举交叉。5 拍两手扶在大腿上,头前屈。6 拍头后屈。7 拍两腿跳成开立,两臂侧举(五指分开,掌心向前)。8 拍还原成开立。

第 2 个 8 拍,如图 4-54 所示。

1 拍左脚向前一步成弓步,两臂胸前交叉。2 拍向右转 180°,两臂屈肘收于腰间(握拳,拳心向上)。3 拍左腿前踢,同时两手握拳置于上体两侧(拳心向后)。4 拍还原成直立。5 拍左脚向左侧一步。6 拍以右腿为轴,向左转 180°。7 拍两腿屈膝,左臂冲拳,拳心向下,右臂收于腰间。8 拍还原。

图 4-53

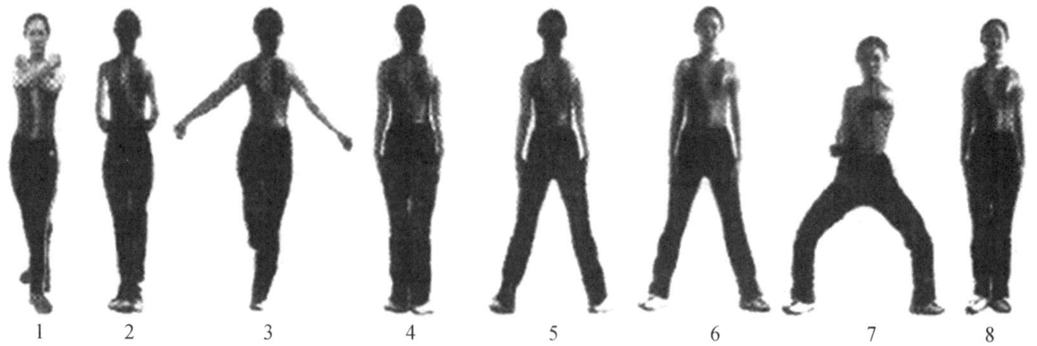

图 4-54

11. 第 11 节跳跃运动

第 1 个 8 拍，如图 4-55 所示。

1　　2　　3　　4

图 4-55

1 拍并腿跳一次，同时左臂屈肘经左、上旋外绕至肩侧上屈 90°（半握拳，拳心向内下），右手叉髋。2 拍再跳一次。3 拍左腿屈膝，右腿伸直，勾脚点地，同时左臂经右、下伸直至侧上举（半握拳，拳心向外），头稍左倒。4 拍左脚跳回至并立，同时左臂下摆至体侧。

5~8 拍同 1~4 拍，但方向相反。

第 2 个 8 拍，如图 4-56 所示。

1　　2　　3　　4　　5　　6　　7　　8

图 4-56

1 拍的前半拍两臂前举交叉（左臂在上，拳心向下），1 拍的后半拍双脚向左蹬跳成马步，同时左臂旋外摆至肩侧上，屈后振（拳心向内），右臂侧举后振（拳心向下）。2 拍双脚蹬跳同时右脚并于左脚并立，两臂向前伸至右臂在上的前举交叉（微屈肘，拳心向下）。3 拍双脚继续向左蹬跳成马步，同时臂同 1 拍，方向相反。4 拍同 2 拍，但两臂前举交叉时左臂在上。5 拍向左转体 90°，同时双脚蹬跳落成左前弓步，左臂胸前平屈后振（拳心向下），右臂向侧平冲拳（拳心向下），头向右转 90°，面向前方。6 拍双脚跳回成并立，同时向右转 90°，两臂向前伸至右臂在上的前举交叉。7~8 拍同 5~6 拍，方向相反。

第 3 个 8 拍，如图 4-57 所示。

1 拍右侧摆腿跳，同时左臂斜前上举（掌心向前），右臂斜后下举（掌心向下），2 拍还原，3 拍与 1 拍反，4 拍同 2 拍。5 拍跳成开立，同时两臂侧平举。6 拍右腿微屈后提并左腿，同时两臂屈肘旋内（左臂在前方，右臂在右后方）。7 拍同 5 拍。8 拍还原。

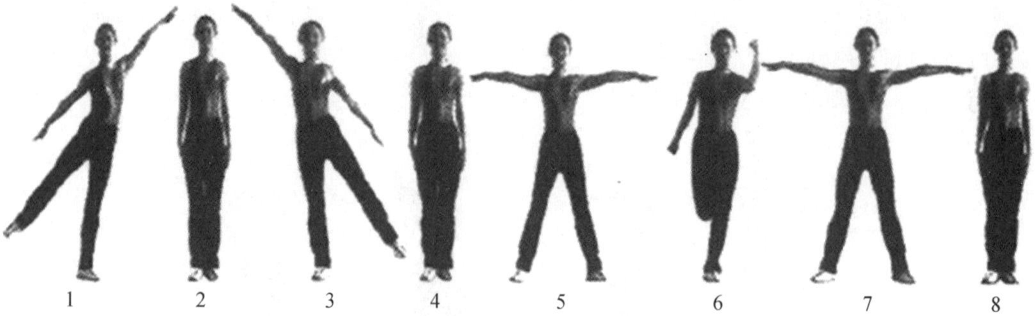

图 4-57

第 4 个 8 拍同第 3 个 8 拍,动作相反。

第 5 个 8 拍,如图 4-58 所示。

1 拍左腿吸腿跳,右臂胸前平屈,左臂侧平举。2 拍还原。3 拍同 1 拍,但方向相反。4 拍同 2 拍 5 拍跳成开立,同时两臂经胸前屈向侧打开至肩侧屈(握拳,拳心向内)。6 拍跳成并立,同时两臂屈肘内收于胸前(拳心向内)。7 拍同 5 拍。8 拍还原。

图 4-58

第 6 个 8 拍同第 5 个 8 拍。

第 7 个 8 拍,如图 4-59 所示。

图 4-59

1 拍双脚跳起至左腿屈膝,右腿侧伸(勾脚尖),同时左臂胸前平屈后振(拳心向下),右臂侧举后振(拳心向下)。2 拍腿成并立,同时两臂前举。3 拍同 1 拍,但方向相反。4 拍同 2 拍。5~6 拍两脚交替向前跑,两臂胸前平屈至胸前屈后再胸前屈振. 7 拍跳成开立,同时两臂肩上侧屈。8 拍还原成直立。

第 8 个 8 拍同第 7 个 8 拍,但方向相反。

12. 第 12 节整理运动

第 1 个 8 拍,如图 4-60 所示。

图 4-60

1~4 拍左脚向左一步成开立,同时左臂经右、上、左弧形绕至体侧下垂,重心随之向左,上体逐渐立起,最后一拍身体转至左前 45°。5 拍左腿半蹲,同时右腿屈膝并于左腿间(右脚跟稍提),上体放松前屈,两臂自然向前下摆出,低头。6 拍两臂自然向后下摆出。7~8 拍右腿向右一步成开立,同时上体立起右转 45°(面向前方),两臂侧举。

第 2 个 8 拍,如图 4-61 所示。

图 4-61

1~2 拍上体前屈,同时两臂向下,内交叉绕臂,呼气。3~4 拍上体起立,同时两臂交叉上举(掌心向下),呼气。5~6 拍两臂向侧打开(掌心向上),7~8 拍右腿并于左腿成直立,同时两臂向下至体侧(掌心经向下至向内)。

第三节 形体健身

运动健身,顾名思义就是通过运动来达到健身的目的。而形体训练很大程度上是依靠运动健身的形式和过程来完成的,二者关系紧密,不可分割。

现代社会越来越强调效率与速度,以至于各行各业的从业者面临着前所未有的压力。不论是压力带来的焦虑,还是激烈竞争所导致的从业者的饮食起居的不规律不科学行为都将越来越多的人推向了亚健康状态。现如今,拥有健康的身体已经成为很多人的迫切愿望。近几年,亚健康状态正在向高校蔓延。这可能与学习竞争和就业压力等因素有关。可以明确的一点是大学生的健康问题已经成为当今社会不容忽视的热点问题。

一、形体健身的概述

健美,是指人的健康强壮的身体所显现出的审美属性,是人们追求人体美的一个综合标准,是指肌肉、骨骼、血液、肤色充满着生命的活力,无论其外部形状或内部结构都是匀称、协调、充满生机的。任何行动都能显示出全身各部分的协调和谐、自然舒展、生机盎然、神采奕奕。

至于形体健美,就是通过各种形体训练运动使人的形体达到健美标准的过程的总称,也就是塑造形体美。

美是人类永恒的追求之一,当代大学生更要有审美、追求美、创造美的意识。在身体的健康之外,形体的美也是大学生应该追求的。那么,美的形体应该是怎样的呢?

美的形体应该是健、力、美的结合,美的形体应该是健康的。没有健康的身体,就没有人的形体美;只有健康、匀称的人体形象,才能表现出富有生命力的美,显示出生机勃勃和充沛的精力,才能成为人的本质力量的承载体。

形体训练与人的形体美是密切相连的,健美是形体美的基础。人体有对称的造型、均衡的比例、流畅的线条、坚强的骨骼、匀称的四肢、丰满的躯体、弹性的肌肉、健康的肤色,这都是形体美不可缺少的条件。形体训练还要求具有充沛的精神、愉快的情绪、青春的活力。

要造就健美的体形,就应积极参加形体训练、健身锻炼和适当的体力劳动。因为健美可以通过后天锻炼获得。人的身体结构是十分完善的,并具有极大的可塑性——必要的营养和经常的劳动或者坚持形体训练健身运动锻炼,都能使肢体各部位得到匀称的发展,使肌肉结实而富有弹性,关节灵活,体形完善,面色红润,这都是促进健美的条件。

二、形体训练与运动健身的关系

大学生进行运动,除去娱乐自身的目的,最为重要的就是健身和形体训练。通常,大学生在运动的时候,不会去细分健身和形体训练的关系,有的学生还可能会把两者混为一谈。可健身和形体训练是两个概念,尽管它们关系紧密,但也是有很明显区别的。

(一)形体训练与健身的关系

首先,这两者是紧密联系在一起的,可以说是相辅相成。健身运动,在很大程度上,是对身体进行的一种形体训练行为。上面说,美,重要的一条就是要健康,如果没有健康的身体,能美到哪里去呢?现代已经不像古代那样崇尚林黛玉的那种“弱柳扶风”的病态美了,而是推崇一种健康的、活力的美。其实可以这样来确定两者之间的关系:健身是形体训练的基础,形体训练是健身的高级阶段。

其次,健身和形体训练两者要区别对待,这是很重要的。在这里应该明确一个概念:健身并不一定是形体训练,而形体训练在很大程度上促进了健身。健身是对身体进行的全面锻炼,而形体训练是有针对性的。健身是一个广泛的运动,而形体训练相对要狭小。比如跑步多被定义为健身运动,而健美操就是两者兼而有之。至于健身和形体训练的区别,主要在于运动的针对性。

(二)大学生进行运动健身与形体训练的意义

我们进行运动健身、形体训练有着很重要的意义。在这里简单介绍下形体训练的意义。

1. 增强体质,培养美的体态及体形

形体训练既是体操美、舞蹈美、音乐美等多方面的结合体,同时也是礼仪、礼节的综合练习。因此,形体训练是丰富多彩的,有各种健美动作和组合动作,其动作的节奏有快速的也有缓慢的,有柔和的也有明快的,因而它是针对人的全身运动。形体训练不仅对人体各器官和系统有良好的影响,并且能增强体质,改进健康状况,同时还能培养优美的体形,使它们朝着人们所喜爱的方向发展。

2. 进行美的教育,提高审美能力

对学生进行审美教育,是学校教育的一项重要任务。爱美是人的天性,大学生正处于塑造形体美的重要阶段,对美的向往和追求表现尤为强烈;大学生希望向美的方向发展,用美来点缀自己的生活。而进行形体美训练是进行美育的一种良好教育手段。

3. 能提高内在修养

形体训练不仅能锻炼身体的外表,也是培养一个人的谈吐、行走等礼仪的方法。通过形体训练,不但可以得到好的身体,也会获得令人羡慕的仪态和优美的体态。

4. 提高社会适应能力

社会是有集体审美心理的,美的事物在社会中往往容易被接受。一些形体匀称、举止大方、言谈高雅、风度翩翩的人不论是在学校还是在社会上都很受欢迎,而大学生的形体健美正是以形体匀称、举止大方、言谈高雅、风度翩翩为目的。因此,形体健美能极大地提高大学生的社会适应能力。

三、形体训练的作用

(一)能改善神经系统和大脑功能

神经系统可分为中枢神经系统和周围神经系统两部分。中枢神经系统由脑与脊髓组成,周围神经系统则是由脑和脊髓发出的神经纤维组成。整个神经系统是人体主要的机能调节系统,人体中器官、系统的一切活动都是在神经系统的控制下进行的。通过神经系统的调节,人体对内外环境的变化会产生相应的反应,使内部与周围环境之间达到协调统一,从而使人体的生命活动得以正常进行。

形体训练,是外环境对机体的一种刺激。这种刺激具有连续、协调、速度、力量等特点,能使机体处于一种运动状态。这种状态下中枢神经将随时动员各器官及系统使之协调、配合机体的工作。经常参加形体训练,就能使神经活动得到相应的提高。除此之外,形体训练还要求动作要迅速、准确;而迅速、准确的动作又要在大脑的指挥下来完成。脑是中枢神经的高级部位。形体训练时,脑和脊髓及周围神经要建立迅速而准确的应答式反应,而脑又要随时纠正错误动作,储存精细动作的信息。经过经常、反复不断的刺激,提高人的理解能力、思维能力和记忆能力,从而使大脑更加聪明。所以说,经常参加形体训练,可以加强机体神经系统的功能和大脑的工作能力,使之更加健康和聪明。

(二)能提高心血管系统的功能

心血管系统是由心脏与各类血管所组成,并以心脏为动力的闭锁管道系统,也就是人们常说的血液循环系统。形体训练主要由运动系统即骨骼与肌肉运动参与完成。运动系统在进行工作时要消耗大量的氧气、养料(又要排泄大量的废物),在消耗的同时又要不断地补充供给大量的新鲜氧气及养料,与此同时还要排泄大量的废物。这一繁重的任务,只有依靠体内的闭锁管道系统——心血管(循环)系统来完成。

人体在处于安静状态时,平均心率为75次/分钟,而心脏的每搏血液输出量为50~70毫升,每分钟输出量为4.5升左右。在肌肉强烈运动时,可以达到安静时的5~7倍,这就势必使心肌处于激烈收缩的状态。经常的刺激会使心肌纤维增粗,心房、心室壁增厚,心脏体积增大,血容量增多,从而增加了心脏的力量。由于心肌力量的增加,每搏射出的血量增多,心跳的次数相应减少,在平时较为安静的状态下,心脏能够得到较长时间的休息,从而减轻心脏的工作负担。

(三)矫正形体

其实每个人的形体都有自己独特的魅力,怎样去发掘我们形体独特的长处弥补我们的短处呢?这就可以通过针对性的形体训练来矫正这些问题。

四、形体训练的内容

(一)形体训练的基本内容

1. 基本姿态练习:人的基本姿态是指坐、立、行、卧。当这些基本姿态呈现在人们眼前时会给人一种感觉,如:身体形态所显示的端庄、挺拔与高雅,给人的印象是赏心悦目的美感(包括日常活动的全部)。由于一个人的姿态具有较强的可塑性,也就具有一定的稳定性,所以通过一定的训练,可以改变诸多不良体态,如:斜肩、含胸、松垮,行走时屈膝晃体、步伐拖沓等。

2. 基本素质训练:这是形体基本素质练习时形体训练的最重要内容之一,在练习中可采用单人练习和双人配合练习两种形式。通过大量的练习,可对人体的肩、胸、腰、腹、腿等部位进行训练,以提高人体的支撑能力和柔韧性,为塑造良好的人体形态和改善形体的控制力打下良好的基础。形体基本功练习的内容较多,在训练时,应本着从易到难,从简单到复杂的原则;同时也要注意自己和配合者的承受能力,不能超负荷,以免发生伤害事故。

3. 基本形态控制练习:基本形态控制练习是对练习者身体形态进行系统训练的专门练习,是提高和改善人体形态控制能力的重要内容。通过徒手、把杆、双人姿态等大量动作的训练,进一步改变身体形态的原始状态,逐步形成正确的站姿、坐姿、走姿,提高形体动作的灵活性。这部分练习比较简单,个别动作要求比较严格,训练必须从严要求,持之以恒。

五、形体训练的基本要求

1. 训练前必须做好准备活动;
2. 训练时要穿有弹性的紧身服装或宽松的休闲服、体操鞋、舞蹈鞋或健身鞋;
3. 训练时不能佩戴饰物,以免发生伤害事故;
4. 训练要有计划有步骤,循序渐进,切忌忽冷忽热、断断续续。要持之以恒,力求系统地掌握训练形体的有关知识和方法;
5. 要保持训练场的整洁和安静;

6. 在做器械练习时，要有专人指导和帮助，特别是联合器械的运用，要注意训练的安全；

7. 在训练中和训练后要注意补充适当的水，同时要注意饮食营养的合理搭配。

六、形体健身项目介绍

（一）瑜伽

1. 瑜伽的功效

瑜伽讲究自然、平衡与协调，动作柔和缓慢，是一种安全、有效的塑身练习方法。瑜伽的姿势包含伸展、力量、耐力和强化心肺功能的练习，能够伸展肌肉，提高关节灵活度，增强身体的柔韧性，提高身体的平衡感，消除身体的多余脂肪，塑造优美的形体。通过练习瑜伽呼吸法，能够改善呼吸系统、神经系统、内分泌系统的功能，增强人的身体素质和免疫力，消除疲劳，安定神经，减轻压力。

瑜伽对神经系统，包括自主神经系统能产生非常有益的影响。通过练习瑜伽，不仅能保持神经系统的健康，还能使功能异常的神经系统恢复正常，此外还能使交感神经系统和副交感神经系统保持平衡。瑜伽练习对内分泌腺体也十分有益，能使各种内分泌腺体得到按摩，刺激心脏，从而保持健康状态。

瑜伽姿势、呼吸练习和瑜伽冥想功对于呼吸系统也有非常好的影响。人的呼吸系统越健康，就越能预防像肺结核、支气管炎和肺气肿等各类呼吸系统疾病。瑜伽功法对于血液循环系统、消化系统和皮肤也很有益处。

2. 瑜伽与呼吸

呼吸是人最重要的机能，但是人们对呼吸的了解却很少，经常以不正确的方法进行呼吸。在日常的生活中，我们的呼吸一般是随意和不规律的，大多数人呼吸浅短、缺乏规律。研究表明，人的身体状况在很大程度上依赖于呼吸的规律性，甚至呼吸方式可以高度地反映出一个人的情绪情感。当人们在心烦意乱的时候，如沮丧、悲痛或抑郁时，呼吸就会变得很慢和没有规律；而在狂怒、焦虑和紧张不安时，呼吸则会变得迅速和混乱。呼吸随年龄增长会产生变化，年龄越大，呼吸越浅弱。正确的呼吸可使人头脑灵活，体力充沛，感觉越活越年轻。普通人每分钟呼吸 15~16 次，坐禅时呼吸只有 5~6 次，修持得法者每分钟呼吸只有 1~2 次，甚至可达到像龟蛇一样微呼微吸，不消耗能量。瑜伽理论认为，人一生的呼吸量是有一定限度的，呼吸又快又匆忙的人，一定早逝。相反，呼吸缓慢、犹如在品尝空气的人，可获得长寿。调整呼吸是生存的基本因素，也是健康的必要基础。瑜伽练习强调用鼻子呼吸，平和缓慢的深呼吸可以让紧张的身心松弛下来。不同的瑜伽体位练习有其相应的呼吸方式，有时要求保持某种姿势时需要自然的呼吸，有时则要配合动作屏息数秒钟。

（1）呼吸法

①基本呼吸方式

人们日常的呼吸方式通常有三种：胸式呼吸、腹式呼吸和混合呼吸。

ⅰ胸式呼吸：胸式呼吸时，横膈膜静止，肋间肌扩张胸廓，呼吸完全是通过附着在肋骨上的肋间肌的运动进行的，呼吸量不大，即腹部不动，胸部动。

ⅱ腹式呼吸：是横膈膜收缩和向下降产生腹壁向外扩张的运动，因此，呼吸的量较大，即胸部不动，腹部动。

ⅲ混合呼吸：指胸式呼吸加上腹式呼吸，因此呼吸量更大。

②瑜伽完全呼吸法

瑜伽完全呼吸法也叫横膈膜呼吸法，练习时，可采取自身感觉最舒适的姿势，仰卧、静坐、站立均可。在卧或站时，双脚适度分开，双眼轻闭，一手置于胸部，另一手置于腹部上方，以便感觉横膈膜以及腹肌的活动。先以鼻腔缓慢、细长地吸气和呼气，不可出声振动或停息，然后加大正常呼吸的过程。当吸气时，横膈膜下移，腹部像气球一样慢慢鼓起，接着空气继续进入，胸部也慢慢鼓起。然后呼气，横膈膜上推，尽量把气吐尽，排出肺部，分多次吐，胸部下降，腹部下降，接着有意识地收缩腹部，使腹肌向内瘪。这种呼吸是借助横膈膜的收缩和下压形成吸气动作的，吸气时，会发觉腹壁和肋骨下部向外推出，胸部只有轻微移动。

横膈膜呼吸法对身体有三大功效：

ⅰ横膈膜呼吸不同于浅短的呼吸，能使能量充满整个肺部，供应身体充足的氧气，并将体内的废气、浊气和二氧化碳呼出体外；

ⅱ横膈膜上下移动，犹如温和的按摩，能促进脏腑的血液循环，增强其机能；

ⅲ横膈膜呼吸法能以最少的力得到大量的新鲜空气，是极其有效的呼吸方法。

(2)调息法

①单鼻孔呼吸法

按简易坐或莲花坐的坐姿坐好，右手轻轻握拳，伸出拇指、食指和中指，将食指和中指并拢放于眉心，先用大拇指按住右侧鼻孔，用左鼻孔吸气，然后慢慢呼气，使气完全呼出。松开大拇指，用无名指按住左鼻孔。然后再用以上方法让右鼻孔呼吸。重复练习。

②左右鼻孔交替呼吸法

按简易坐或莲花坐的坐姿坐好，右手轻轻握拳，伸出拇指、食指和中指，将食指和中指并拢放于眉心，先用大拇指按住右鼻孔，通过左鼻孔吸气，然后用无名指按住左鼻孔并屏息数十秒钟，松开大拇指，用右鼻孔慢慢呼气，使气完全呼出，再从右鼻孔吸气，左鼻孔呼气。重复练习。

③ Kapalabhati 呼吸法

Kapalabhati 是“闪光的头顶”的意思，意指能给面容增色增光。按简易坐或莲花坐的坐姿坐好，做几次深呼吸使身体放松。先深呼气，面部放松，嘴闭上，躯干挺直不要前倾，尽力用腹肌呼气，就像有人拳击腹部，横膈膜快速上升，把气推向肺部；吸气，腹肌放松，横膈膜下沉还原。反复做这个练习，每组至少做 25 次快速呼吸，组与组之间做几次深呼吸放松。

3. 瑜伽体位练习

瑜伽的“体位”在梵文中叫“阿萨那”，中文也有译为“体式”的。体位练习一般分为单人体位练习和双人体位练习两类。无论是哪一类，一定要严格遵照体位的要求来循序渐进地练习。本书针对初学瑜伽者编了一组初级瑜伽动作，分别介绍动作的预备姿势、练习步骤、练习效果和注意事项。

(1)放松姿势

①仰卧放松功

仰卧放松功俗称“尸体式”，在练习这个姿势时，整个身体应做到像尸体一样虚静无为。

预备姿势：背部贴地仰卧，两手放在身体两侧，手心向上，两脚舒适地分开。

练习步骤：闭上双眼，全身放松，自然而规律地呼吸，让意识集中在呼吸上，计呼吸数，在心里默念“一吸”“一呼”“二吸”“二呼”……保持这一姿势 5 分钟或者更长，如图 4-62 所示。

图 4-62

练习效果：可以消除全身的疲劳和紧张，有助于使交感神经和副交感神经保持平衡，为身体带来新的活力。仰卧放松功也是一个很好的睡眠姿势，对缓解消化不良、失眠等症都有好处。

②俯卧放松功

预备姿势：俯卧地上，额头贴地，两臂放于体侧，手心向上（下颏可用干净毛巾垫着）。

练习步骤：

ⅰ两手臂从体侧尽量向前伸展，置于头顶前方的地板上，手心朝下。

ⅱ闭上双眼，全身放松，让呼吸变得自然而有节奏。

ⅲ意识集中在呼吸上，计呼吸数，在心里默念“一吸”“一呼” “二吸”“二呼”……保持这一姿势 5 分钟或者更长，如图 4-63 所示。

图 4-63

练习效果：可以伸展和放松背部、双肩和双臂，对腰椎间盘突出、颈项强直、驼背、圆肩者尤其有益。它和仰卧放松功一样，可以使整个身心都得到放松，是一个极佳的放松姿势。

（2）站立进行的姿势

①擎天式

预备姿势：挺直身躯站立，两臂下垂，放于身体两侧，两脚稍微分开。

练习步骤：

ⅰ两手十指交叉，翻腕向上，高举过头顶，目视交叉的两手。

ⅱ缓缓吸气，两脚跟同时提起，用脚尖挺立，好像自己正被往上拉，完全伸展整个身体，屏住呼吸，保持这个姿势几秒钟。

ⅲ呼气，两脚跟慢慢着地，双臂收回，重复练习 4~6 次。

变式：

ⅰ按“擎天式”站好，双臂举过头顶。

ⅱ当两脚挺立、能较好保持平衡时，可抬起一条腿向前或向后伸，使之与地面平行，保持这一姿势数秒，然后换另一条腿重复做动作，如图 4-64 所示。

练习效果：擎天式及其变式能发展腹直肌群按摩肠胃部，对消除便秘症状有一定效果。可以促进脊骨的成长，预防脊椎变形。此外，还可以美化身体线条，改变身材比例，给人以身材修长的感觉。

图 4-64

②转腰式

预备姿势:按基本的站立姿势站好;全身放松。

练习步骤:

ⅰ两脚分开,略比肩宽,十指在脐前交叉,吸气,两臂高举过头,掌心向上。

ⅱ呼气,向前俯身,直到两腿和背部垂直为止,目视双手。

ⅲ吸气,将上身躯干尽量转向左侧,如图 4-65 所示。然后呼气,将上身躯干尽量转向右侧。重复做 4 次。

ⅳ吸气,把上体收回正中位置,然后回复直立姿势,垂下双臂,放开两手,休息片刻后,重复练习 3~5 次。

图 4-65

练习效果:可以加强双肩、肘、腰、背和髋等关节,矫正脊柱强直,此外还可以轻柔地按摩腹部器官,有助于减少腰围的脂肪。

③三角侧屈式

预备姿势:基本站立姿势,调整呼吸。

练习步骤:

ⅰ挺直身躯站立,两脚尽量舒适地分开,脚尖略朝向外。两臂向两侧平伸,成一条直线,手心向下,这就是“基本三角式”,如图 4-66 所示。

ⅱ呼气,慢慢向右侧屈体,右手贴着右小腿向下滑动,尽量扶住右脚踝或右脚,此时左手臂指向上方,两臂成一直线,保持这一姿势 10 秒钟,保持自然呼吸。

ⅲ吸气,两臂转动,慢慢回复到基本三角式,然后向左边做同样的练习。左右两边各做 5 次。

练习效果:三角侧屈式是一个提高身体柔韧性的极佳姿势,它可以伸展并收紧侧腰部,加强腿部力量,刺激并按摩腹部脏器,有助于消化,同时还能强化颈部、脊椎、骸关节、肩关节等多个部位。

图 4-66

④战士第一式

预备姿势:保持基本的站立姿势,两脚并拢,两臂放于体侧,自然呼吸。

练习步骤:

ⅰ双掌在胸前合十,举过头顶并尽量向上伸展,然后缓缓吸气,两腿分开,比肩稍宽。

ⅱ呼气,将右脚和上身躯体向右侧转 90°,左脚略转向右方。接着右膝弯曲,直到大腿与地面平行,而小腿则与地面垂直。

ⅲ左腿尽力向后伸,膝部挺直。头向上方仰起,目视合十的双掌,自然呼吸,保持这个姿势 15~20 秒钟,如图 4-67 所示。

ⅳ左脚上前一步,与右脚并拢,两臂收回体侧,然后回复到预备姿势,稍微休息后,换另一方向重复这一练习。

图 4-67

练习效果:该式可以扩展胸膛,使呼吸变得均匀而绵长,对肺部颇有益处。它能按摩腹部器官,增强人的平衡力和注意力,并且对脊柱、膝、腿和肩等部位都有很好的锻炼效果。

⑤战士第二式

预备姿势:挺直身躯站立,两脚并拢,自然呼吸。

练习步骤:

ⅰ深吸一口气,两脚尽力分开,两臂向两侧平举,与地面平行,成为“三角式”,如图 4-68 所示。

ⅱ左膝挺直,右脚向右转 90°,左侧肢体略向右转。

ⅲ右膝屈曲,直至大腿与地面平行,小腿垂直于地面。然后将两手向身体两侧尽量伸展,头转向右方,目视右手手指尖,深吸气,保持这一姿势 10~20 秒钟。

ⅳ吸气,躯干和重心向中央移动,回复到“三角式”,然后转向左方,换另一方向重复这一练习。

图 4-68

练习效果：该式能有效地锻炼双腿、背部与腹部，增强大小腿肌肉的力量，并且可以活动肩关节，增强了各关节的柔韧性。

⑥幻椅式

预备姿势：保持基本站立姿势，身体挺直，目视前方，全身放松。

练习步骤：

ⅰ吸气，两掌在胸前合十，高举于头顶。

ⅱ呼气，双膝屈曲，放低躯干，想象正准备坐在一张椅子上，自然呼吸，保持这一姿势 10~20 秒钟，如图 4-69 所示。

ⅲ缓缓吸气，膝盖伸直，两臂自然下垂返回到预备姿势。

图 4-69

练习效果：可强化脊柱活力，强健两腿和背部的肌肉群，增进体态的平衡和稳定，矫正不良姿势。该姿势也可以扩展胸部，强壮腹部器官，同时还能消除肩部的酸痛和僵硬，给予心脏柔和的按摩。

(3)坐(跪)地进行的姿势

①猫伸展式

预备姿势：跪坐在地面上，双手放在大腿上，自然呼吸。

练习步骤：

ⅰ抬臀部，两手掌于膝盖前方着地，双膝和小腿着地，呈动物爬行的姿态。

ⅱ吸气，抬头，臀部上拱，双手直撑于地，收缩背部肌肉，保持这一姿势 5 秒钟，如图 4-70 所示。

ⅲ呼气，小腹后缩，垂下头，背部拱成圆形，再保持这一姿势 5 秒钟，如图 4-71 所示。

ⅳ大腿伸直，垂直于地面，恢复到先前动物爬行的姿态。重复做这个练习 4~8 次。

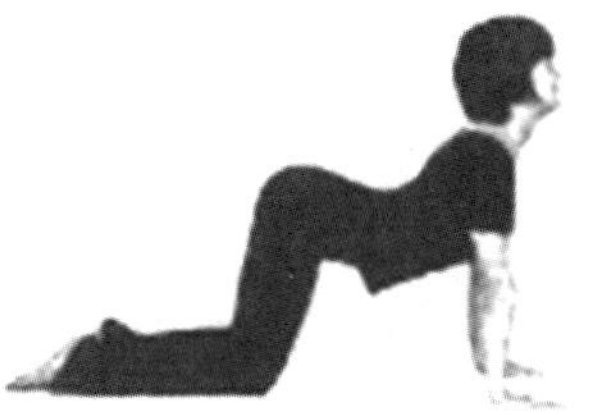

图 4-70

图 4-71

练习效果:该式可以活化整个脊柱,放松肩部和颈部,收紧腹肌,减缓痛经,改善月经不调和子宫下垂。它还有助于消除腰、腹部四周多余的脂肪,使身材更苗条。

②虎式

预备姿势:跪坐于地,臀部落于两脚跟上,上身挺直。

练习步骤:

ⅰ上身躯干前倾,双手撑住地板,臀部抬高,像爬行动物一样四肢着地。

ⅱ目视前方,缓缓吸气,左小腿贴地不动,把右腿笔直地向后上方伸展,如图 4-72 所示。

ⅲ吸气结束后闭气,右膝弯曲,膝盖向下方收回,但不着地。抬头,目视上方,保持这一姿势 5 秒钟。

ⅳ呼气,把屈膝的右腿向上挨近胸部,同时头部低下,目视下方,尽量靠右膝,背部向上挺成拱形。

ⅴ把右腿伸向后上方,重复整个动作。每条腿各做 3~5 次。

图 4-72

练习效果:该式可以锻炼大腿后侧及臀部肌肉,使脊柱得到充分的伸展,同时可以放松坐骨神经,还可以减少腰部、髋部、大腿区域的脂肪,尤其适合女性练习。

③推磨式

预备姿势:坐于地上,两腿向前伸展,两手放于大腿上,自然呼吸。

练习步骤:

ⅰ上身自腰部向前屈体,手指交叉,手臂伸直,两臂做顺时针方向圆周水平运动,想象自己正在推动石磨,如图 4-73 所示。

ⅱ做完 10 圈顺时针方向的推磨动作后,停下,再继续做 10 圈逆时针方向的推磨动作,如图 4-74 所示。

ⅲ身体回到中央位置,挺直上身,回复预备姿势,休息。

练习效果:该式可以伸展和放松肩部和腹部的肌肉,按摩腹部的脏器,促进消化。此外,这一姿势还能按摩子宫,对孕妇来说,也是一个很好的练习。

图 4-73

图 4-74

④顶峰式

预备姿势：跪坐于地，臀部落于两脚跟上，两手放在大腿上，自然呼吸，放松全身。

练习步骤：

ⅰ上身躯干前俯，两手掌心在膝盖前方撑地。

ⅱ保持手臂姿势不动，抬高臀部，两膝着地，跪在地板上。

ⅲ吸气，两腿伸直，将臀部向上顶。

ⅳ颈项伸直，低头处于两臂之间，整个身体成三角形。脚后跟落在地上，自然呼吸，保持这一姿势约 1 分钟，如图 4-75 所示。

练习效果：该式有助于减少臀部及大腿的皮下脂肪，使肌肉更结实，还能强壮坐骨神经，消除肩周炎，此外，还能促进头部血液循环，消除疲劳，使人精力旺盛。

图 4-75

⑤山式

预备姿势：莲花坐姿势。

练习步骤：

ⅰ十指在胸前自然交叉，手背向外。

ⅱ手臂伸直，向上伸展，高过头顶。

ⅲ头向下低，下巴紧靠胸骨，掌心转向上方，背部挺直，两臂尽量向上伸展。自然呼吸，保持这一姿势 1 分钟。

ⅳ放下双手，回到预备姿势。改变两腿的位置，更换莲花坐姿，重复这一练习。

练习效果：该姿势可以扩展胸部，使肩部得到舒展，有助于消除肩背部的酸痛，并以一种轻柔的方式按摩腹部器官，有助于消化。此外，山式采用的莲花坐姿有助于保持心平气和。

(4)卧地进行的姿势

①船式

预备姿势：仰卧在地面上，两脚并拢，两手置于身体两侧，手心向里。

练习步骤:

ⅰ吸气,双手、双脚和上身躯干同时上提,离地约 0.5 米,双臂向前伸直,并平行于地面,双腿用力伸直。

ⅱ闭气,全身绷紧,两眼注视脚尖,保持这一姿势 20~30 秒,如图 4-76 所示。

ⅲ双腿、躯干还原,缓缓呼气,全身放松,回到预备姿势,重复做这个练习 3~5 次,然后再做"瑜伽休息术"以增强其效果。

图 4-76

变式:

当身体从地面抬高时,可握紧双拳,使全身肌肉处于一种紧张状态,然后再呼气,还原成预备姿势,再做一遍"仰卧放松功"。

练习效果:可以使全身的肌肉和关节都得到放松,缓解人的紧张情绪,增强背部力量,同时还可以促进肠胃蠕动,增强消化系统的功能。

②卧英雄式

预备姿势:"霹雳坐"姿势。

练习步骤:

ⅰ呼气,叉开两脚,臀部着地。

ⅱ吸气,上半身往后仰,先将右肘着地,继而左肘着地,指尖指向脚的方向。

ⅲ两肘逐渐向臀部方向移动,然后成仰卧姿势,两手置于体侧伸直,双膝并拢贴地。自然呼吸,保持这一姿势 5~10 秒,如图 4-77 所示。

ⅳ双手抓住脚踝,肩肘靠着地面撑起,将身体重量置于双肘上,抬头挺背,逐步恢复到预备姿势,稍微休息后,再重复做这一姿势 3~5 次。

图 4-77

练习效果:通过身体后仰,可以刺激肾脏功能,使肾脏处于血液的滋养之中。此外,该姿势还可以滋补肠胃、肝脏、脾脏和腹部的其他器官,对于患消化不良、胃炎、便秘、痔疮等疾病的患者很有益处。同时,还可辅助治疗脊椎和关节疾病。

③简弓式

预备姿势:额头贴地俯卧,双臂在身侧伸直,手指指向脚部。两脚脚跟并拢,自然呼吸。

练习步骤:

ⅰ双腿弯曲,脚跟靠近臀部,两手分别向同侧脚踝靠拢。

ⅱ缓慢而均匀地吸气,然后屏住呼吸,头部向上抬伸。

ⅲ两小腿向头部方向用力,两手臂伸直握小腿,直至力所能及的最大限度,此时胸部和头部都将向上抬起。仰望天空,屏住呼吸,保持这一姿势5~10秒,如图4-78所示。

ⅳ呼气,两手放开脚踝,头部、胸部、双腿慢慢还原,回到预备姿势。稍事休息后,再重复练习。

图4-78

练习效果:该式能促进肾上腺、甲状腺、脑下垂体及性腺的细胞活动,使之正常分泌各种激素,对关节、脊柱、肺部、胸部和腹部疾病也有一定缓解功效。此外,还可缓解女性月经失调症状。

④手枕式

预备姿势;背部贴地仰卧,双臂在身侧伸直,脚跟并拢,手掌贴于大腿外侧,自然呼吸。

练习步骤:

ⅰ身体左转呈左侧卧式,左侧大臂着地,抬头,弯曲左肘,用左掌托住脸的侧面。

ⅱ深吸一口气,右腿向上举起,右手抓住右脚大脚趾。

ⅲ呼气,伸直右臂和右腿,右膝绷直。自然呼吸,保持这一姿势10~30秒,如图4-79所示。

ⅳ右膝弯曲,右腿和右臂放回原处,恢复成左侧卧式,然后放下左手,转身回到预备姿势。接下来做右侧卧式,重复这一练习。

图4-79

练习效果:该式能促进腰部脂肪的消耗,减少腰部脂肪堆积。此外,它能拉伸腿后侧的韧带,对肩部和骨盆区域都非常有益。

(5)平衡的姿势

①平衡式

预备姿势:基本站立姿势,全身放松,自然呼吸。

练习步骤：

ⅰ右腿直立，左腿自膝盖处弯曲，上抬左脚跟，脚尖朝上。左手抓住左脚，尽力使左脚跟紧贴臀部。

ⅱ右臂伸直，手指并拢，自下而上慢慢抬起，直至高举过头，手掌面向前方，自然呼吸，保持这一姿势10~20秒，如图4-80所示。

ⅲ右臂慢慢放下，手掌始终保持绷紧，然后左手松开，左腿落地。休息10秒钟，换另一侧练习。每边各做3次。

图 4-80

练习效果：该式能活动人体主要关节，消除关节的僵直和疼痛。它还能促进血液循环，强健肌肉，对膝盖、脚踝、肩关节、腕关节、手掌和手指各部位关节的病痛，均有良好的辅助治疗作用。

②树式

预备姿势：挺直身躯站立，两臂下垂于体侧，自然呼吸。

练习步骤：

ⅰ左腿站立，右腿自膝关节处弯曲，把右腿抬至左侧大腿上，脚后跟和脚底的外侧搁置在左大腿上部。

ⅱ双手从身体两侧向头部抬起，当抬至头部上方时，双手合十放在头上，手腕贴着头顶。

ⅲ尽力将弯曲的臂肘向后伸展，使两臂肘处于同一直线上。目视前方，左腿绷紧，全身处于紧张状态，自然呼吸，想象自己如一棵顶天立地的大树，保持这一姿势10秒，如图4-81所示。

ⅳ放开手掌，将两臂放回身体两侧，然后抓住右脚脚趾，把脚轻轻抬起放回地面，回到预备姿势，全身放松。

ⅴ休息数秒钟后，两腿交替，重复练习这一姿势4~6次。

练习效果：树式对于脚踝、脚趾、髋关节、肘关节和双手都有很好的锻炼效果，它使身体的大小关节均得到活动，促进了关节的血液循环，从而使人体的关节功能日渐强化。

图 4-81

(二)街舞

1. 街舞的起源和发展

街舞最早出现在20世纪70年代末期美国的黑人聚居区,美国纽约和洛杉矶是街舞的两大发源地。它源于街头舞者的即兴舞蹈动作,这些街头舞者主要是黑人和墨西哥人。这些黑人和墨西哥人在街上娱乐、跳舞,自然而然地形成了各种派别。如果从舞蹈的观点来看,以年代、动作或音乐类型来区别,街舞可分成机械舞、霹雳舞、锁舞等不同风格的舞蹈形式。

如今的街舞已融入爵士舞、拉丁舞、现代舞、体操甚至芭蕾舞等艺术形式,其动作更加变幻莫测、华丽奇妙,更强调标新立异、随意自由,已成为广大青少年狂热追崇的业余爱好。

自1998年起,街舞开始进入我国,之后迅速得到了广大青少年的喜爱。近年来,街舞的发展异常迅猛,有关街舞的比赛、报道、活动越来越多,在各大娱乐节目中也频频出现。2003年11月至12月,国家体育总局与中央电视台联合举办了“首届中国电视街舞大赛”以及“健力宝爆果汽杯”和“动感地带”中国大学生全国街舞大赛。全国街舞大赛的举办,标志着街舞已经正式被国家所认可,成为一项新兴的、具有巨大发展空间的青少年健身娱乐活动。

2. 街舞的特点和类型

(1)街舞的特点

①观赏性和娱乐性

街舞并非一般意义上的体育项目,它是以体育健身为核心、以流行舞蹈动作为素材创作编排而成,充满了现代感、时尚和活力,具有很强的观赏性。其表现形式很自由随意,不受场地和形式的限制,有着很强的观赏性和娱乐性。

②风格鲜明,富于变化

街舞的音乐风格十分现代、新潮,甚至有些夸张,极具鲜明的个性风格,所匹配的动作也具有随意、松弛、多变的特点,尤其是变化无常和非对称性的动作,使街舞的风格更加多元。

③动作灵活、创造空间大

在街舞动作的编排过程中,不同风格的街舞音乐会带给街舞编导不同的灵感与发挥空间。在跳街舞的过程中,练习者除了跳一些基本动作外,还可以在手臂、头部等部位创编出一些自己喜爱的、简单的动作变化,逐渐形成自己独特的能展现自己个性的街舞风格,彰显自己的个性魅力。

④舞姿夸张,充满活力

街舞节奏快慢的变化明显,身体移动与停顿的衔接合理,动作的幅度大、爆发力强、运动量大,舞姿的随意度大、夸张性强,这些都凸显了街舞无拘无束和充满活力的特点。

(2)街舞的类型

在国内,街舞分为健身街舞和流行街舞两大类。

①健身街舞

健身街舞的动作是由各种走、跑、跳及其变化以及头、颈、肩、上肢、躯干等关节的屈伸、转动、绕环、摆振、波浪等连贯动作组合而成的,每个动作都具有其特定的健身效果。健身街舞的特点是没有技巧动作,突出健身性、娱乐性和观赏性。

②流行街舞

流行街舞除了具备健身街舞的所有基本动作外,还在很大程度上融入了技巧性较高的舞蹈动作,对练习者的体能要求也较高,其独特魅力在于动作表现风格自由,步伐变化迅速。

3. 街舞的锻炼价值

(1)街舞具有有氧运动的功效,其动作虽然以流行舞蹈动作为素材,却能够充分活动到身体的各个部位。在街舞练习过程中,运动持续不断,强度适中,除能改善练习者的心肺功能外,还能达到去脂减肥的目的。

(2)街舞的音乐都是年轻人喜爱的动感十足的音乐,很容易吸引人们的兴趣,也容易使人兴奋起来。街舞自由奔放的动作形式以及充分展示自我的风格取向,可使练习者的身心得到愉悦,特别是在缓解精神压力、调节情绪方面有着积极的作用。

(3)街舞的动作变化丰富,规律性不强,且多数动作都涉及小关节和小肌肉群。为了增加动作的动感和美感,身体各个部位配合的动作比较多,节奏变化忽快忽慢,很多动作出现在音乐的弱拍上(一拍两动)。经常从事街舞练习,可以极大地提高练习者的协调能力。

(4)街舞节奏鲜明,动作随意夸张,在动感十足的流行音乐伴奏下,可充分“释放”自我情绪,感受到前所未有的愉悦与激情。而轻松、快乐与时尚的动作节拍,非常迎合都市现代人紧张生活节奏的心理。

4. 街舞的基本动作

(1)膝关节弹动

两腿并立膝,关节自然屈伸,两臂于体侧自然下垂。

(2)踏步

右腿屈膝抬脚,上体收腹向下压。落右腿向下踩,上体展腹抬起。音乐重拍落在右脚展腹的动作上。左右腿交替练习。

(3)摆动肩

1 拍:两腿分开,屈膝并蹲。向右摆右肩,靠腹部力量带动肩摆动。

2 拍:同 1 拍,只是换成向左摆肩

3~4 拍:向右摆肩 2 次。

5~8 拍:同 1~4 拍,方向相反。

(4)开合

双腿向外跳成分腿屈膝,然后向内跳成合腿,再跳成分腿屈膝,使重拍落在分腿屈膝的动作上。

(5)珍妮特展髋

右脚以脚跟为轴,前脚掌向右侧转动,左脚以脚尖为轴,脚跟向左侧转动,两脚转动还原成全脚着地。

(6)波浪

从下到上的波浪。以膝开始波浪,经过髋、躯干直到胸部。

(三)体育舞蹈

1. 体育舞蹈的起源与发展

体育舞蹈起源于欧洲、拉丁美洲,原名称作"社交舞",英文为"Ballroom Dancing",为欧洲贵族在宫廷举行的交谊舞会。社交舞早在14至15世纪已在意大利出现,16世纪传入法国,并在1768年在巴黎开办了第一家交际舞厅。法国大革命后,社交舞流传民间至今。第二次世界大战后,美国人将该舞蹈散播到全球各地,并形成一段跳舞热潮,至今不衰。

1924年,欧洲舞蹈界人士在广泛研究传统宫廷舞、交谊舞及拉美国家的各式土风舞的基础上,对此进行了规范的美化,于1925年正式颁布了华尔兹、探戈、狐步、快步4种舞的舞步,总称摩登舞。并将此种舞蹈首先在欧洲推广并进行比赛,继而又推广到世界各国,受到了许多国家的欢迎和喜爱。

1960年,在非洲和拉美一些国家的民间舞经过规范加工后又增加了拉丁舞的比赛。

经过不断发展,"社交舞"逐渐从"社交"发展为"竞技",将单一的舞种发展为摩登舞、拉丁舞两大系列10个舞种,并在1904年成立了"英国皇家舞蹈教师协会"。这个组织将当时欧美流行的舞姿、舞步、方向等整理成统一标准,并制定了有关舞蹈理论、技巧、音乐、服装,黑池甚至成了"国际标准舞"的圣地。

目前,国际上有两个国际体育舞蹈组织:世界舞蹈及体育舞蹈理事会和国际体育舞蹈联合会。

世界舞蹈及体育舞蹈理事会,简称WDDSC(World Dance and Dancesport Council),于1950年9月22日在英国苏格兰的爱丁堡成立,现有52个会员协会,注册地为英国伦敦。

国际体育舞蹈联合会,简称IDSF(International Dance Sport Federation),1935年成立于布拉格,现有84个会员协会,注册地为瑞士洛桑,1997年获得国际奥委会的正式承认。

国际标准交谊舞于20世纪30年代传入中国。我国于1986年引进后,发展迅速。1991年5月,中国体育舞蹈运动协会成立。中国现在是世界舞蹈及体育舞蹈理事会的准会员,国际体育舞蹈联合会的正式会员。

目前,世界各国将国际标准舞易名为"体育舞蹈",成为体育运动项目。拥有84个会员国的"国际体育舞蹈联合会"于1997年9月4日正式成为国际奥林匹克委员会会员,2000年成为悉尼奥运会表演项目。

2. 体育舞蹈的内容、分类和特点

体育舞蹈分为两大类:普通体育舞蹈和国际体育舞蹈。

(1)普通体育舞蹈

其特点在于普及性、流行性、实用性和自娱性。内容单纯,动作简单,人数不限,形式不拘一格,紧跟时尚,能迅速、敏感地反映大众精神面貌的更新变异。它包括体育教学舞蹈、应用性舞蹈和社交性舞蹈。

①体育教学舞蹈:被列入教学大纲、为完成教学任务服务的一类舞蹈。它在教学中占

有一定的比例,其内容是教学大纲所规定的,多以基本步伐和基本动作为主,用于培养学生的节奏感和协调性。

②实用性体育舞蹈:根据练习者不同的需求有针对性地选择内容,如健身舞、减肥舞、庆典舞等。

③社交性体育舞蹈:它是群众文化生活中最广泛、最具有普及性的舞蹈,其主要目的是进行交往、增进友谊、联络情感,如交谊舞、集体舞等。

(2)国际体育舞蹈

又称国际标准交谊舞,是一项带有竞技性的艺术型体育项目。20 世纪 20 年代,英国率先将其进行了规范化,形成了现代舞 5 项(华尔兹、探戈、狐步舞、快步舞、维也纳华尔兹)和拉丁舞 5 项(伦巴、恰恰恰、桑巴、牛仔、斗牛)。国际体育舞蹈具有内容美、形式美、技艺美等特点。它以生活中美的典型、美的传说为题材,通过人体运动时的艺术、感情的动态性的操作过程表现人的本质,塑造各种难度造型,成为风靡世界的体育艺术表演项目。

3. 国际体育舞蹈的风格、特点

(1)华尔兹舞

华尔兹原为德国和奥地利的一种农民舞蹈,16 世纪传入法国,成为一种宫廷舞蹈。18 世纪末在英国舞厅出现,19 世纪末 20 世纪初流传于美国波士顿,故又称为波士顿华尔兹。后又传到欧洲大陆,并在英国得到了很好的发展和创新,所以又称"英国华尔兹",即当代标准华尔兹。

华尔兹的风格特点:舞态雍容华贵,舞步婉转流畅,旋转起伏似行云流水,富于抒情浪漫情调,被称为"舞中皇后"。它的音乐是 3/4 拍,每分钟 29 小节,华尔兹没有快慢步之分,一般每小节 3 步,第 1 拍是重音,第 2 拍弱音,第 3 拍最弱音。

(2)探戈舞

探戈舞起源于阿根廷,后流传于欧美各国。探戈舞不同于其他现代舞,自有其独特的风格。探戈舞刚劲顿挫,潇洒奔放,动静交织,有一种阳刚之美,被称为"舞中之王"。它的音乐是 2/4 拍,每分钟约 33 小节,基本节奏为慢、慢、快、快、慢。每个慢步只占音乐的 1 拍,而快步只占 1/2 拍。

(3)狐步舞

狐步舞起源于英国,是一种模仿狐狸行走姿态的舞蹈。舞步平缓舒展,平稳大方,动作严谨,轻松悠闲,舞态洒脱,如行云流水,有一种安详的流动感。它的音乐为 4/4 拍,每小节 4 拍,每分钟 30 小节。基本节奏为慢、慢、快、快、慢。每个慢步用 2 拍,快步用 1 拍。音乐的第 1、3 拍为重音,2、4 拍为弱音。

(4)快步舞

快步舞起源于英国,特点是音乐明亮欢快,动作轻松活泼,跳跃转动中洋溢着青春活力,被称为"快乐舞蹈"。由于快步舞的音乐速度快,动作轻盈、飘逸、快速、平稳,因而要求舞者具备良好的基本功和身体素质。它的音乐为 4/4 拍,每分钟 50 节左右,基本节奏为慢、慢、快、快、慢,每个慢步用 2 拍,快步用 1 拍。音乐的第 1、3 拍为重音,2、4 拍为弱音。

(5)维也纳华尔兹

维也纳华尔兹最早起源于奥地利,由阿尔卑斯山地区的农民舞蹈演变而成,19 世纪传到欧洲宫廷,并流行于欧美各大城市,历经百年不衰。维也纳华尔兹舞曲轻快明朗、优美动人、动作流畅、典雅大方、热烈活泼、旋转性强,被称为快华尔兹。它的音乐为 3/4 拍,每小节

3 拍,每分钟约 56 小节,基本节奏同华尔兹。

(6)伦巴舞

伦巴舞起源于古巴的民间舞,是一种具有独特魅力的舞蹈。它的音乐缠绵,舞蹈风格柔媚而抒情,舞态婀娜多姿,以表达情侣之间的爱情为主题,被称为“拉丁舞之魄”。它的音乐为 4/4 拍,每分钟 29 小节左右,基本节奏为快、快、慢,每个快步占 1 拍,慢步占 2 拍。而舞者的前进步和后退步都踩在每小节的第二拍(弱拍上)。

(7)恰恰恰舞

恰恰恰舞起源于古巴,是在伦巴舞的基础上发展变化,具有独特风趣的一种快乐舞蹈,其动作是模仿一对企鹅在生活中的各种姿态而创造出来的。恰恰恰舞活泼欢快,热情奔放,舞态花哨利落。它的音乐为 4/4 拍,每小节 4 拍,每分钟 33 小节,基本节奏为慢、慢、快、快、慢。2 个慢步占 2 拍,3 个快步占 2 拍。

(8)桑巴舞

桑巴舞起源于巴西。其风格是活泼自由,动作摇曳好似风吹杨柳、随风摆荡。特点是髋的韵律摆动和膝、踝关节的弹性摆动比较突出。它的音乐为 2/4 拍或 4/4 拍,每小节 2 拍,每分钟 48~56 小节,基本节奏是二快一慢,两个快步占 1 拍,一个慢步占 1 拍。

(9)斗牛舞

斗牛舞亦称帕索多布里舞,起源于西班牙,是模仿斗牛士的舞蹈。男士好似斗牛士,具有傲岸神气、不可一世、勇猛顽强的英勇气概,女士好似斗牛士手中的红斗篷,舞蹈动作刚劲有力,威武雄壮,配上激昂有力的音乐,使人精神振奋、斗志昂扬。斗牛舞的音乐为 2/4 拍,有时也可以是 3/4 拍和 6/8 拍,每分钟 60~62 小节。步法是一步一拍,节奏匀速。

(10)牛仔舞

牛仔舞也称捷舞,起源于美国西南部。其特点是步幅较小,频率较快,风格活泼、欢快,舞步多变,有跳跃感,要求腰髋部自然扭摆。音乐为 4/4 拍,每分钟 40~46 小节,基本节奏为慢、慢、快、快、慢,一个慢步占 1 拍,两个快步占 1 拍。

4. 体育舞蹈与健康娱乐

体育舞蹈作为一项新兴的体育项目,对人体的身心健康起着积极的促进作用。体育舞蹈是在音乐的伴奏下,人体通过各关节、各部位肌肉群的协调活动,创造出千变万化的舞步和姿态,同时通过身体的各种形态动作来表达人内心世界的向往,使人陶醉在高尚的精神境界中,获得美的享受。

参加体育舞蹈锻炼时,优美动听的音乐,活泼欢快的气氛,美妙动人的舞姿,会感染每一个人,使人忘掉生活中的忧愁、工作中的烦恼和学习中的困难,诱使人们随着欢快的音乐节奏翩翩起舞,使人们的身心在娱乐中得到放松。

体育舞蹈的内容美、形式美、技艺美和精神美,使得体育舞蹈具有极强的感召力,同时在一定程度上满足了人们的审美需要。

5. 体育舞蹈基础知识

(1)舞程线、方位与角度、赛场

①舞程线

指跳舞者的进行路线,是舞场中的“交通规则”。体育舞蹈规定,舞者必须沿着逆时针方向进行,这个路线叫作舞程线,如图 4-82 所示。

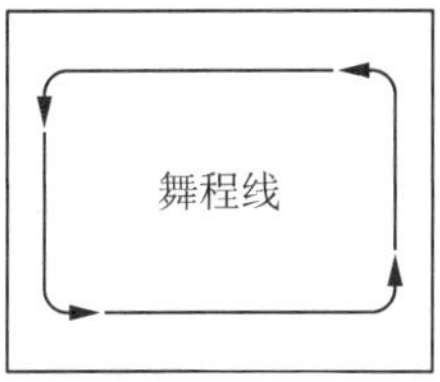

图 4-82

②方位与角度

跳舞时，每个舞步从开始到结束，所站立的方位、角度都有严格的规定。

方位：跳舞时，为了便于在舞蹈进行中正确辨别方位和检查旋转的角度，根据国际上记录各种舞蹈的惯例，在舞场上要规定一定的方位。在一般情况下，多以乐队演奏台的一面为规定方位的基点，它为“1”点，每向顺时针方向移动 45°则变动一个方位，依次类推，共有 8 个点。因此，一个场地的 4 个面为 1、3、5、7 点，而 4 个角为 2、4、6、8 点，如图 4-83 所示。

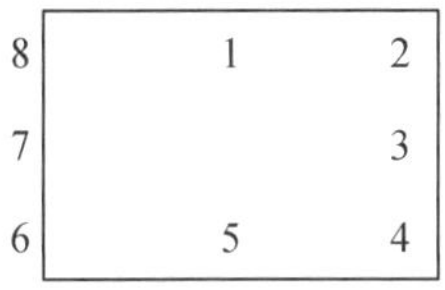

图 4-83

角度：旋转时，以每转 360°为一周，旋转 45°为 1/8 周，旋转 90°为 1/4 周，旋转 135°为 3/8 周，旋转 180°为 1/2 周，旋转 225°为 5/8 周，旋转 270°为 3/4 周，旋转 315°为 7/8 周。

在体育舞蹈中，共规定有 8 条线，以舞者面对的舞程线行进而言，正面是舞程线，右肩膀称壁线，左肩膀称中央线，右斜角称壁斜线，左斜角称中央斜线，右斜后角称逆壁斜线，左斜后角称逆中央斜线。只要沿着舞程线的圆周在行进，则无论行进到哪一点，上述规律都是适用的。

③赛场：体育舞蹈比赛的赛场应平整光滑，面积为 23 米×15 米，赛场两条长边线为 A 线和 C 线，两端为 B 线和 D 线。比赛选手所编套路，应按两条线的长短不同，编排合适的动作。在不断沿两条线按舞程线方向循环而进行比赛时，选手如有较长时间的原地动作或造型，应安排在舞池较中心的地方，不可以长时间滞留从而影响其他选手的行进，如图 4-84 所示。

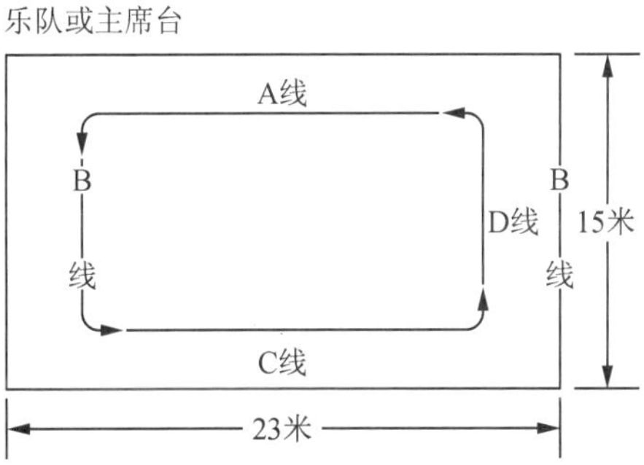

图 4-84

(2)摩登舞的舞姿及持握姿态

持握姿态是舞者起舞前所组合成的站立姿势、握抱方式和身体姿态。体育舞蹈中,现代舞(除探戈舞)的握持姿势基本相同。

①标准姿态

男女舞伴双足并合,脚尖正对前方,相对平行而立,互相将自己的右脚尖对准对方的双脚中线,间距为2~3寸,女伴偏向男伴右旁约1/3,男女舞伴的头均向左转,女45°并稍向左后倾斜,男25°,越过对方右肩上方向前平看。肩平、背直、腰挺、膝松弛,女伴胸腰微向后倾约25°,腰以上稍左倾成一弧线。

②舞伴间的握持

ⅰ男伴左手与女伴右手相握(第一接触点),男伴左上臂平抬,肘略低于肩,小臂内弯,与上臂成90°(也可略大于90°),腕部上抬,与女伴相握的手臂成90°(也可略大于90°),腕部上抬,与女伴手相握,高度与女伴的右耳峰平齐,相握的手置于两人身体中间,不可向前握向后拉,使女伴手臂自然弯曲成圆弧状。

ⅱ男伴右上臂平抬、小臂内弯,右手五指合拢扶抱到女伴左肩胛骨外侧,用掌部轻托女伴。

ⅲ女伴左手虎口张开,放在男伴上臂三角肌的部位,拇指在其内侧,其他四指在外侧,腕部和小臂放平,腕骨不要突起。

ⅳ男伴的右小臂与女伴左上臂相接触,整个右臂将女伴左臂自然地架起。

ⅴ男女伴的右髋部互相轻贴,这是体育舞蹈中引导女伴的重要部分。

通过以上5个接触点,男女伴形成了挺拔自然的握持姿势。男女伴身体组合成一个框架结构,互相引导,互相制约。这是体育舞蹈的一个基本姿势,在舞步的运行中应保持稳定的舞姿。

(3)摩登舞基本技巧

①反身动作

左脚前进时,右肩和右胯前送;右脚前进时,左肩和左胯前送。这样使运步的方向和身体成一种交叉状态,这就叫反身动作。

反身动作可以使男女舞伴始终保持最佳的持握姿势,同时可以加大动作的幅度,因此非常重要。

②升降动作

各种舞步都有身体上升或下降的变化,只是升降程度和要求不一。

升降动作是指踝关节的屈伸,膝关节应保持松弛,不做升降,身体应保持垂直,鼻、胸、髋、膝和脚尖5点成一线。

③摆荡动作

摆荡动作是指舞者在运步过程中,伴随动作的升降和音乐的节奏,使身体的一侧肌肉拉长,好像荡秋千一样摆起,从而加大动作的幅度。摆荡动作是指躯干的摆荡应借助于反身动作和升降动作完成。

④倾斜动作

倾斜动作是指舞者在左右横步和转身动作的第一步中的身体倾斜状态。舞者大步横移时总是腰胯连同脚步横移,然后腰胯以上部分为保持重心平稳而逐渐跟随,这样就形成了一个符合物理规律的自然倾斜动作。

(4)拉丁舞基本知识

①拉丁舞舞程向与舞程线

伦巴舞、恰恰恰舞、捷舞在起舞时,可沿逆时针方向行进,也可以从场地中央开始向场地四个角的方向行进。桑巴舞和斗牛舞在表演和比赛时以面对观众或评委起舞为最佳。拉丁舞在表演或自娱时,起舞的方向和路线可根据舞蹈编排的需要或舞厅场地条件灵活变化。

②拉丁舞髋的韵律摆动

拉丁舞在整个舞蹈过程中突出表现了男女双方髋的韵律摆动。髋部动作是以腰部摆动带动髋的韵律性摆动。髋部摆动时,腰部要放松,上体保持挺直,两臂在体侧自然摆动。在髋部向侧顶送时,要防止上体向异侧倾斜。如伦巴舞要求髋的摆动要平稳,没有上下起伏的动作,腰部带动髋而摆动;恰恰恰舞的腰部摆动的感觉和伦巴舞相似,只是节奏较快;桑巴舞的髋部摆动与其他舞区别较大,髋的摆动是绕横轴环形摆动,整个身体的韵律动作也从髋和腹的环形前后绕动而摆动,胸和头自然前后摆动。动作中腰部要特别放松,膝、踝关节保持弹性以增强身体的协调性;牛仔舞在顶髋时,上体与髋同时摆动;斗牛舞的髋韵律摆比其他舞种摆动幅度小,随着舞步的移动,髋与上体同时自然摆动。

③拉丁舞的步伐

拉丁舞的步伐多为擦地滑行,运步中开胯,腿部微屈,膝、踝关节的弹性表现突出,脚尖着地增强了舞蹈的快速节奏,充实了舞蹈本身的欢快特点。

(四)啦啦操

1. 啦啦操的起源和发展

啦啦操原名 cheer leading,其中"cheer"一词,有振奋精神、提振士气的意思。啦啦操源于早期部落社会的仪式,为激励外出打仗或打猎的战士们,他们通常会举行一种仪式,仪式中族人用欢呼、手舞足蹈的表演来鼓励战士,希望他们能凯旋。

啦啦操作为体育运动中的一个新兴项目,起源于美式足球的呐喊助威活动,至今已经有 100 多年的历史,它借助美国职业篮球赛 NBA 逐渐在全球内广泛传播,现遍布于橄榄球、棒球、游泳、田径等比赛现场。

19 世纪 70 年代,第一个啦啦操俱乐部在美国普林斯顿大学成立。1898 年,美国明尼苏达州立大学学生约翰尼・坎贝尔(Johnny Campbell)带领 6 名男生组成了世界上第一支啦啦操队,他也成为历史上第一位啦啦操队长。20 世纪,啦啦操的表演形式逐渐丰富,体操、舞蹈等动作融入其中,并开始使用道具。20 世纪 70 年代,啦啦操开始涉及各个运动项目。1978 年,哥伦比亚广播公司通过电视第一次向全国转播学校啦啦操评选赛事,从此,啦啦操作为一项运动开始被人们所熟知。20 世纪 80 年代,啦啦操开始向世界传播,并建立了统一的啦啦操标准。1984 年,英国成立了啦啦操协会,并与美国啦啦操协会合作,积极发展啦啦操运动,成为欧洲最大的啦啦操组织。在他们的带领下,啦啦操在其他国家迅速传播。1998 年,国际啦啦操联盟成立。经过 20 多年的发展,啦啦操迅速传到世界各地。2001 年,举行了第一届世界啦啦操锦标赛,这标志着啦啦操正式成为世界性竞技项目。

我国是通过美国 NBA 认识和了解啦啦操运动的。啦啦操在我国是一项新兴的体育运动项目,但传入后很快受到了广大青少年的喜爱。尤其是 1998 年 CUBA 诞生以来,激情四射和富有情感的啦啦操表演,给观众留下了深刻的印象。2001 年 9 月,在广州举办了全国首届高校啦啦操挑战赛,这是国内首次举办啦啦操比赛,标志着啦啦操文化在中国体育史上写下了第一页。2003 年以前,啦啦操的表演形式和舞蹈内容较为单一,仅限于健美操的操化基本动作。2004 年后,逐步加入了口号、多元素的音乐节拍和多元化的编排,从而使得啦啦操的发展有了新的飞跃。随后,首次推出了中国啦啦操专业教师、评判员认证系统及啦啦操规定套路。至此,我国啦啦操运动的发展开始走向正规化。2005 年 6 月,中国蹦床技巧协会第一次举办啦啦操竞赛,啦啦操运动在中国大学生体育协会健美操艺术体操分会与中国蹦床技巧协会这两大机构的大力倡导与推广下蓬勃发展。2006 年,首届中国全明星啦啦操锦标赛在武汉举行,胜出的 6 支队伍代表中国出征 2007 年美国奥兰多 IASF 世界啦啦操大赛,并获得了国际女生公开组亚军。2007 年 7 月,北京奥运会体育展示现场表演啦啦操选拔赛在全国 23 个省份以及香港特别行政区展开。同年 12 月,中国学生啦啦操艺术体操协会正式成立,并将啦啦操列为体育竞赛内容,从此,啦啦操运动在中国体育赛事中崛起。2009 年,"健力宝亚运啦啦队全国选拔赛"在全国 30 个省份、300 余个大中型城市、1 000 多所高校中陆续启动。同年,啦啦操协会组织与 CCTV 共同举办了全国啦啦操宝贝选拔赛。在 2010 年,举办了"青岛啤酒杯炫舞青春全国啦啦宝贝选拔赛"。2011 年,全国啦啦操教练员、裁判员魔鬼训练营开班。这一系列活动,使啦啦操成为一项风靡全国的体育文化运动。

2. 啦啦操的概念

啦啦操是指在音乐的伴奏下,通过运动员集体参与完成复杂、高难度的基本手位与舞蹈动作及过渡配合等动作内容,充分展示团队高超的运动技巧,体现青春活力、积极向上的团队精神,并努力追求最高团队荣誉的一项体育运动。

3. 啦啦操的分类

啦啦操分类的方式繁多,分类方法不尽相同。按目的进行分类,通常可将啦啦操分为竞技性啦啦操和表演性啦啦操两大类。

(1)竞技性啦啦操

竞技性啦啦操作为体育活动的主体,以参加竞技比赛为目的,在音乐的衬托下,通过队员完成高超的啦啦操难度动作,结合各种舞蹈元素,体现青春活力和健康向上的团队精神。竞技性啦啦操分为舞蹈啦啦操和技巧啦啦操。

①舞蹈啦啦操

舞蹈啦啦操是在音乐的伴奏下,运用多种舞蹈元素的动作组合,结合转体、跳步、平衡与柔韧等难度动作以及舞蹈过渡连接技巧,通过空间、方向与队形的变化表现出不同的舞蹈风格特点,强调速度、力度与运动负荷,展示运动舞蹈技能以及团队风采的体育项目。舞蹈啦啦操包括花球舞蹈啦啦操、爵士舞蹈啦啦操、街舞舞蹈啦啦操和自由舞蹈啦啦操。

ⅰ花球舞蹈啦啦操:成套动作手持花球(团队手持花球动作应占全套动作的 80%以上),结合啦啦操基本手位、个性舞蹈、难度动作、舞蹈技巧等动作元素,展现干净、精准的舞蹈特征、良好的花球运用技术以及整齐一致、层析、队形不断变化等集体动作视觉效果。花球舞蹈啦啦操的技术特征主要体现为肢体动作通过短暂加速、制动定位来实现啦啦操特有的力度感;动作完成干净利落,在运动过程中重心稳定、移动平稳,身体控制精确、位置准确,并通过动作的强度和快速发力突出运动舞蹈的特征。

ⅱ爵士舞蹈啦啦操:成套动作由爵士风格的舞蹈动作、难度动作以及过渡连接动作等内容组成,通过队形、空间、方向的变化,同时附加一定的运动负荷以表现参赛运动员的激情以及团队良好运动舞蹈能力。动作技术特征主要体现为肢体动作由内向外的延伸感，通过延伸制动实现爵士舞蹈啦啦操特有的力度感，通过动作的松弛有度的强度突出运动舞蹈的特征。

ⅲ街舞舞蹈啦啦操：成套动作以街舞风格的舞蹈动作为主，强调街头舞蹈形式，注重动作的风格特征以及身体各部位的律动与控制，要求动作的节奏与音乐和谐一致，同时也可附加一定的强度动作，如包括不同跳步的变换及组合或其他配合来练习。街舞啦啦操的技术特征主要体现为肢体多关节通过动作短暂加速、制动定位来实现特有的力度感，动作完成干净利落、身体控制精确、位置准确，并通过松弛有度的动作突出运动舞蹈的特征。

ⅳ自由舞蹈啦啦操：以某种区别于爵士、花球、街舞的形式出现，同时具有啦啦操舞蹈特征的其他风格特点、形式，是具有一定的民族或地域特色的啦啦操。

②技巧啦啦操

技巧啦啦操是在音乐的伴奏下，以跳跃、托举、叠罗汉、筋斗、抛接等技巧性难度动作为主要内容，配合口号、啦啦操基本手位、舞蹈动作及过渡连接等，充分展示运动员高超技巧的团队竞赛项目。其动作比较随意，用力方向向下，音乐节奏要求明快、热情、动感、奔放，并富于震撼力和感染力。技巧啦啦操竞赛项目包括集体技巧啦啦操、五人配合技巧啦啦操和双人配合啦啦操。

ⅰ集体技巧啦啦操：在音乐的伴奏下，以跳跃、翻腾、托举、抛接、金字塔组合等技巧性难度动作为主要内容，配合口号、啦啦操基本手位及舞蹈动作，充分展示运动员高超的技能技巧，是参加队员在 5 人以上的团队竞赛项目。

ⅱ5 人配合技巧啦啦操：在音乐的伴奏下，成套动作中以托举、抛接两类难度动作为主要内容，充分利用多种上架、下架动作以及过渡衔接动作进行空间转换、方向与造型的变化，展示 5 人组团队高超的技能技巧。

ⅲ双人配合啦啦操：在音乐的伴奏下，由双人在规定时间一分钟内完成托举的动作。

(2)表演性啦啦操

表演性啦啦操是激励人心、活跃赛场气氛、鼓舞双方士气、振奋观众情绪，让整个比赛更加精彩和激烈的集体活动。表演性啦啦操可分为赛场啦啦操和庆典啦啦操两类。

①赛场啦啦操

赛场啦啦操，即“场间啦啦操”，主要在比赛中间休息时进行。随着啦啦操影响的扩大，它已不局限于为某种运动表演助兴，而是广泛地为多项运动服务。高水平的啦啦队表演不仅能够提高体育赛事的精彩性，其自身也具有较强的观赏性，是赛场文化的重要组成部分。

②庆典啦啦操

庆典啦啦操是在各种庆祝活动、社区活动、开幕典礼、游行宣传，以及慈善活动中进行的啦啦操表演，其目的是为各种庆典活动进行预热及烘托庆典气氛。

4. 啦啦操的特点

(1)啦啦操的技术特点

①啦啦操上肢的发力点在前臂，手臂的 32 个基本手位均在肩关节前制动，动作的特点是发力速度快，制动时间短，制动之后没有延伸，身体控制精确，位置准确；

②啦啦操动作内容丰富，所有的手臂动作都必须严格按照 32 个基本手位的标准来完成，没有固定的基本步伐；

③啦啦操动作重心较低，在做动作的过程中膝关节不完全伸直，保持微微弯曲的状态，

重心稳定，移动平稳；

④啦啦操动作完成干净利落，具有清晰的开始和结束，在肢体运动中，直线动作清晰自然，弧线动作柔美流畅，具有很高的欣赏价值和艺术价值；

⑤啦啦操动作起伏明显，队形变化多样，能够充分利用场地空间；

⑥啦啦操音乐风格多样，旋律优美，气氛热烈，节奏明快；

⑦啦啦操服装款式各异，绚丽多姿。

(2)啦啦操的团队特点

①啦啦操的团队精神

啦啦操是一个特殊的集体项目，一般由6~30人组成一个团队并要求队员在展示个体不同能力的基础上，通过与其他队员的相互协调配合来完成基本动作及难度的配合。各队员在整套动作的完成中均在不同的位置扮演着不可或缺的重要角色，强调整个团队完成动作的高度一致性，以营造队员间相互信任的集体氛围，激励运动员高昂的斗志，提高团队集体的凝聚力，追求最高团队荣誉感，形成一种风险共担、利益共享、健康向上的团队精神。

②啦啦操的集体精神

一套完美流畅的啦啦操，需要依靠队员集体协作来完成，这是啦啦操运动有别于其他运动项目最显著的特征。所有队员通过相互协调配合，共同完成口号、各种动作、转换不同队形。一场比赛或表演的出色完成需要队员成百上千遍，甚至上万遍的不断重复练习，而啦啦操这一集体协作的项目特点对啦啦操运动员也产生潜移默化的影响。经过啦啦操项目的专业训练，队员之间不仅能够在训练比赛时积极发挥各自的作用，通过团队协作取得表演或比赛的胜利，还可以将这种集体精神迁移到日常生活、工作中，这种集体精神是人们踏入社会、走向成功的基石。

(3)啦啦操的文化特点

①啦啦队口号

啦啦操区别于其他运动项目主要是其要依靠队员的热情吸引观众的注意。除了基本动作、技术技巧外，口号也是提高队员的气势、传达表演者激情与活力的特殊工具。啦啦队口号一般是由具有特殊意义的字、词或短句组成的简洁、生动、朗朗上口的号召性语言。组成口号的词语大多来自大会主题及本队或本单位名称、颜色、标志物等，口号多具有鼓励性、号召性、激励性、提示性、宣传性和针对性等特点。通过啦啦队的口号表达啦啦操的主题思想与团队精神，可以达到振奋人心、鼓舞士气的效果。

啦啦操比赛中对口号也有具体的要求。在技巧啦啦操成套动作创编内容中，要求有30秒口号组合；在舞蹈啦啦操成套动作中，除了2×8拍的规定动作外，还有4×8拍的自选动作编排和4×8拍的口号设计。啦啦操队口号对现场的鼓动也有具体的要求。首先，口号要使用有激励性和互动性的语言，内容必须健康、文明、积极向上；其次，全队人员共同参与，与赛场观众互动，形成场上场下呼应的效果；最后，口号与动作相结合，配合队旗、吉祥物、标志牌等道具与赛场观众互动。

②啦啦队吉祥物

吉祥物是每一支啦啦队必须拥有的卡通人物。吉祥物一般出自各支参赛队伍对能代表本队特点的动物或当地稀有的动物进行包装设计出的产物。无论是在NBA、CUBA等篮球比赛的赛场上，还是在各种盛会的开闭幕式等场合，在啦啦队表演的同时，都会有代表本队的吉祥物在赛场周围同时进行表演。吉祥物已成为表演的一部分融入啦啦队的表演中。

用吉祥物的表演吸引观众的眼球，活跃赛场的气氛，娱乐观众的情绪，成为啦啦操表演的一大特色。吉祥物是构成啦啦操运动项目参赛队伍形象特征的主要成分，是啦啦操文化传播的主要载体。

③啦啦操运动与传统文化

啦啦操的内容丰富多彩，形式多种多样，通常融汇了大量本国或本土的传统文化，是体育与传统文化相结合的典型代表。在北京奥运会期间，我国啦啦队的表演除了有融合街舞、机械舞等元素的啦啦操外，有的还融入了传统中国元素和现代竞技比赛的节奏，有剑舞、藏舞、京剧水袖、长绸舞、水兵啦啦操、苗族反排、杂技等，不仅在动作编排中融入了大量的中国色彩，配乐也加入了一些武术的旋律作为前奏，比赛服装配以吉祥的龙凤图案、京剧服饰、水袖、长绸等。这些元素融合在一起，形成了独特的现代、时尚、快节奏又有中国特点的啦啦操，这是竞技啦啦操运动和中国传统文化的完美结合。

④啦啦操运动与校园体育文化

高等院校是啦啦操运动蓬勃发展的沃土。啦啦操运动本身的要求和高等院校的特点相吻合，高等院校的强大师资为啦啦操运动的广泛开展提供了平台和载体。啦啦操运动讲究集体风貌和团队精神，而校园中的莘莘学子有组织、懂纪律，又富有青春、满怀激情，这为啦啦操运动的发展创新创造了得天独厚的条件。啦啦操运动以校园为其生存的土壤，而校园体育文化建设也对啦啦操运动有良好的导向作用。丰富多彩的校园体育文化，如大学生篮球联赛、足球联赛等，也为啦啦操的表演提供了广阔的平台。

第四节　体　适　能

体适能从英文 Physical Fitness 而来。体适能的历史可以追溯到第二次世界大战，当时的美国军事人员，为了应付特殊训练和特殊工作，对有关的兵种制定了不同的身体训练和体能要求，以应付艰巨任务。为了增进国民体质，欧美各国制定了体适能测验手册，1955 年美国成立了青年体适能总统委员会，1985 年提出了美国青年体适能测验的内容及标准，以后各国也都有类似的研究。

亚洲体适能专业学院（AASFP）是一所国际认可的专业体适能教练培训机构，自 1992 年在香港成立以来，始终致力于提升体适能行业和业内人士的专业水平。AASFP 也是中国历史上第一家与政府机构合作开展体适能教练培训证书教育的体适能学院。2001 年，AASFP 进入中国内地市场，将体适能概念引入中国内地的体适能行业。目前，体适能学科已正式列入我国体育专科院校本科生的选修课。2002 年华人体适能学者学会成立。2005 年 AASFP 在北京建成了新的校舍，成为国内首家设备完善的体适能专业学院。现在 AASFP 已经在国内 24 个城市开设了多种体适能教练证书课，中国有 80% 的私人教练都拥有 AASFP 专业体适能教练证书或高级私人体适能教练证书。

2007 年 4 月 6 日至 8 日，在北京隆重举行了第四届“亚洲体适能交流大会”，来自全国各省市的俱乐部教练和精英们汇聚一堂，共同参加这一盛会。这次交流大会的培训内容涵盖了目前健身培训市场中的最热门的项目：如瑜伽、普拉提、健身舞、健身球等。同时，交流大会也为体适能专业人士带来了最新的体适能训练技巧和先进的俱乐部管理理念。

一、体适能的概念

体适能(Physical Fitness)的定义,可视为身体对生活、活动与环境的综合适应能力,是一种满足生活需要和有足够的能量完成各种活动任务的能力。

在科技进步的文明社会中,人类身体活动的机会越来越少,营养摄取越来越高,工作与生活压力和休闲时间相对增加,每个人都更加清晰地感受到良好体适能和规律运动的重要性。体适能较好的人身体健康,有匀称的体形,体姿良好,体态健美,拥有比实际年龄小的生理年龄,勇于接受挑战与压力;能缓解器官老化、身体机能衰退所导致的疾病的发生。他们精力充沛,很少感到力不从心,身体经常处在康宁状态,能与人融洽相处;会享受生活、兴趣广泛,有足够的体力进行休闲活动;遇到紧急情况,体适能良好的人反应力敏捷,有理智,能快速应对危急状况从而远离危险。

二、体适能分类

体适能一般分为三类:与健康有关的,我们称为健康体适能,包括心肺耐力(心肺适能)、柔韧性、肌肉力量和肌肉耐力(肌肉适能),以及身体组成;而与动作技能有关的,我们称为运动技能体适能,包括灵敏性、平衡感、协调性、速度、肌肉爆发力、反应时间等;最后一类被称为功能性质体适能。

(一)健康体适能

即与健康有关的体适能,主要包括四个方面。

1. 心肺适能

心肺适能是指身体摄取氧和利用氧的能力。通常心肺适能与有氧工作能力是同义词。心肺适能越强,完成学习、工作、走、跑、跳、劳动时就会越轻松,并能够胜任强度较大的工作,而对较为激烈的运动能够逐步适应。

2. 肌肉适能

肌肉适能包括肌肉力量与肌肉耐力。肌肉的力量是竭尽全力从事抵抗阻力的活动能力。肌肉强壮有助于预防关节的扭伤、肌肉的疼痛和身体的疲劳。肌肉耐力是决定肌肉承受某种适当负荷时运动的重复次数的多少,持续运动时间的长短的能力。肌肉适能的重要性在于避免肌肉萎缩、松弛,维持较匀称的身材,有利于防止身体疲劳,减少运动伤害发生,提升身体活动能力,提高生活质量。

3. 柔韧性

柔韧性是指用力做动作时扩大动作幅度的能力,包括身体各个关节的活动幅度以及胯骨关节的肌肉、肌腱、韧带、皮肤和其他组织的弹性和伸展能力。

柔韧性对于提高身体活动水平,维持正确的体姿,减少运动器官损伤,改善动作效果都有重要意义。

4. 身体成分

身体成分指组成人体各组织器官的总成分。总重量为体重,包括含脂肪成分和非脂肪成分。体适能与体内脂肪比例的关系最为密切。脂肪过多,心肺功能的负担就越重,要维持适宜的体内脂肪,就必须注意能量的吸收与消耗的平衡。

人的体脂肪重量占体重的百分比被称为体脂百分比,余下的部分包括骨、水分、肌肉等,被称为去脂体重。体适能的强弱与合理地控制体重和体脂百分比关系密切。体重得当,体成分适宜是健康的标志。肥胖给健康带来威胁,体重过轻也不利于健康,对脑力、体力均有负面影响,会出现体质虚弱,骨密质较差的现象。

因此,可得出衡量健康体适能状况的四大要素为:心肺适能、肌肉适能(包括肌肉力量与肌肉耐力)、柔韧性、身体成分。

(二)运动技能体适能

灵敏性、平衡感、协调性、速度、肌肉爆发力、反应时间被称为运动技能体适能六要素。

灵敏性:指身体或身体某部位迅速移动,并快速改变方向的能力。

平衡感:指人体在静止站立或运动时能够维持身体稳定性的能力。

协调性:指肌肉系统表现的正确、和谐优雅的活动动作,这主要反映一个人的视觉、听觉和平衡感觉与熟练的动作技能相结合的能力。

速度:指人体进行快速移动的能力或最短时间完成某种运动的能力。

肌肉爆发力:指肌肉在最短时间收缩时所产生的最大张力,通常用肌肉单位时间的做功量来表示。

反应时间:指对某些外部刺激做出生理反应的时间。体适能较好的人,动作协调、轻巧、灵活、敏捷,在活动中动作准确,变换迅速。

(三)功能性体适能

功能性体适能主要针对老年及体弱人群,在此不做过多介绍。

三、体适能与健康

(一)心肺适能与健康

心肺适能决定身体整体氧气供输系统能力的优劣,包括肺呼吸、心脏以及血液循环系统的机能。因此,在健康上特别受到重视。

1. 增强心肌:心肺和骨骼肌类似,经由运动的刺激,可以变得较强而有力。所以,心肺适能好的人,心脏的尺寸和收缩力量会增大,在健康上有益。具体的表现是每搏输出量增多,因此,每分钟的心跳次数会减少。

2. 有益于血管系统

血管系统的责任是使由心脏挤送出来的血,沿动脉微血管至组织,再由组织汇回静脉,流返心脏的顺畅流程。心肺适能好,表现为良好的血管弹性及通畅无阻的血管。另外,微血管在组织中的生长分布也较密,比较有利于血液的供应。血管口径变窄,血管壁逐渐硬化失去弹性,是造成健康威胁的一个直接因素。

3. 强化呼吸系统

心肺适能好,肺呼吸量大,肺泡与微血管间进行气体的交换,效率较高。

4. 改善血液成分

心肺适能好的人,血液中的血红素含量较多,有利于氧的输送,也可增加血液中高密度脂蛋白与低密度脂蛋白的比值,可以减少心脏病的发病率。

5. 有氧能量的供应较为充裕

日常生活中,无论运动时间长短,都要依赖有氧能量系统供应能源,而有氧能量系统的运作与心肺适能关系密切。因此,心肺适能好的话,长时间的身体活动不会提早出现疲劳现象。

6. 减少心血管循环系统疾病

由于心脏、血管以及血液成分都因心肺适能的改善而好转,因此,其有助于减缓心血管循环系统机能退化性疾病的威胁。即使不幸发生此类疾病,心肺适能好的人存活寿命也较高,即使患病其康复率也高。

(二)肌肉适能与健康

肌肉适能主要包括肌肉的两大能力,即肌力和肌耐力。

肌力表示肌肉一次所能产生的最大力量,而肌耐力则是肌肉承受某种适当的负荷时,视肌肉运动反复次数的多少或持续运动时间的长短而定。肌力与肌耐力同时并列为与健康有关的体适能要素,在健身运动时,绝不能忽略肌肉适能。

那么肌肉适能对人体有哪些益处呢?有以下益处:

1. 适当的肌力使肌肉变得比较结实而有张力,避免肌肉萎缩松弛;

2. 适当的肌肉有助于维持比较匀称的身材,因为肌力的运动可以阻止肌肉流失,使外形较为健美;

3. 肌肉适能好,身体的动作效率较佳,肌力、肌耐力较好,使肌肉在应付同样的负荷时比较省力,也较耐久;

4. 肌肉适能好,肌肉、关节等部位有较好的保护,有减缓受伤的防护功效。尤其是对运动员,肌肉适能更是避免运动伤害的重要因素;

5. 肌肉适能好,是维持好的身体姿势的基本条件;

6. 腹部和背部的肌肉适能与背部疼痛有密切关系。尤其是腹部肌力,肌耐力不好,骨盘即无法被悬吊在正常的位置而出现前倾,这会迫使下背部位的腰椎过度前弯可能压迫脊髓神经并造成疼痛;

7. 肌肉适能好有助于提升身体运动能力,这种运动能力,能够让你充分享受到运动的成就感与乐趣。

(三)柔韧性与健康

柔韧性指的是关节可动范围。柔韧性在体适能的要素里,常常被忽略了。通常,认为比赛选手才需要有好的柔韧性,而一般人则不需要,这是错误的看法。虽然人们目前尚无法很精确地指出柔韧性到底要多好才符合标准,但是,任何人在他的关节变得愈来愈僵硬时,都会在健康上遭受不利的威胁。所以,柔韧性被公认为与健康有关的体适能的要素之一,是人体保持健康不可忽视的重要因素。

1. 人体关节保持适当的柔韧性,具有以下好处:

(1)避免关节僵硬及肌肉缩短,保持适当的柔韧性使身体的活动更灵活,并能减少肌肉紧张所带来的提早疲劳与疼痛;

(2)柔韧性好的人,身体动作比较优美,表现年轻,并充满活力;

(3)柔韧性好的人,有助于减少运动伤害。肌肉的延展性较佳,关节活动的范围较大,在用力运动状况下,不易出现危险;

(4)柔韧性好的人,有助于提升运动能力,如跨栏选手髋关节柔韧性要好;游泳选手的肩关节和肘关节的柔韧性是游泳运动的重要因素。

2. 柔韧性练习的要求

(1)掌握柔韧素质发展的最佳程度,不必达到最大程度;

(2)处理好柔韧素质与力量素质的关系,强调肌肉的弹性,保持肌肉的收缩力量;

(3)贯彻循序渐进的原则,协调好拉伸力量的强度、重复次数、练习时间等有关因素的关系,不可用力过猛;

(4)运用主动力性牵拉与静力性牵拉相结合的方法;

(5)柔韧性练习要坚持不懈,经常进行;

(6)注意柔韧性与温度、时间和疲劳的关系。

(四)身体成分与健康

1. 身体成分与健康

身体成分指组成人体组织器官的总成分。总重量为体重,含脂肪成分和非脂肪成分。体脂重量占体重的百分比称体脂百分比;余下的部分包括骨、水分、肌肉,为去脂体重。

大量流行病学调查显示:由于膳食结构不合理、运动不足导致脂肪堆积的肥胖症倾向对人类健康造成了极大威胁。从健康的角度出发,肥胖不仅是体重超标,也包括体质百分比超过正常水平,因而身体成分的测量与评价一直是医生和体质专家评价健康的依据。

身高与标准体重的关系:

165 厘米以下者标准体重=身高(cm)-100

166~175 厘米者标准体重=身高(cm)-105

176 厘米以上者标准体重=身高(cm)-110

女性体重比男性相应组别减去 2.5kg

超过标准体重的 15%为Ⅰ度肥胖(轻度肥胖)

超过标准体重的 30%为Ⅱ度肥胖(中度肥胖)

超过标准体重的 50%为Ⅲ度肥胖(重度肥胖)

2. 肥胖原因

(1)遗传性因素。人类脂肪细胞数量在生命的早期即已确定,脂肪细胞一旦形成,其数量基本不变,它是由遗传因素决定的。

(2)病理原因。

(3)过度进食和膳食结构不合理。

(4)运动不足。

3. 肥胖的危害

美国医学联合会会长路易斯曾提出:我们人类面临的最大威胁并不是癌症,而是对人的健康构成最大威胁的肥胖症。肥胖过度本身就是代谢性疾病,肥胖者的寿命低于体重正常的人。

脂肪堆积在腹腔,会使横膈升高,导致心肺活动受阻,影响心肺功能。

脂肪堆积在心脏,会导致心肌收缩无力,血流速度减慢,易引起头晕、乏力、头痛。

脂肪堆积在血管壁,会使血管弹性下降,形成动脉粥样硬化。

脂肪堆积在肝脏,易形成脂肪肝。

肥胖会导致各种并发症,如过重负荷引起的骨关节疾患。

肥胖者较易患高血压、心脏病(尤其是冠心病)、糖尿病、肝脏硬化、胆石症等病症。

4. 减肥要点

(1)持之以恒

持之以恒是减肥成功的重要因素。

(2)运动与科学饮食相结合

减肥在于科学合理的运动,合理的强度和全身性的运动会消耗身体较多的能量,加上适量的饮食控制容易得到满意的减肥效果。

(3)运动强度和时间要科学

减肥的效果与运动所消耗的能量有关,为此减肥运动的关键是能持续一定长的时间。研究表明:中强度的长时间持续运动中,脂肪消耗的总能量明显上升,并以脂肪氧化供能为主。

(4)选择合适的运动项目

减肥应选择有氧运动为主,同时也应注意改善减肥者各关节的活动范围和进行伸展性、灵活性运动。

四、体适能评价

(一)身体成分评价

1. 体质指数

计算方法:实际体重(kg)/[身高(m)×身高(m)]

国际上常用的是世界卫生组织(WHO)建立的标准:

成人正常值为19~25;<18.5为体重偏轻,>26为超重。

2. 身高标准体重

中国人的身高标准体重为:

165厘米以下者标准体重=身高(cm)-100

166~175厘米者标准体重=身高(cm)-105

176厘米以上者标准体重=身高(cm)-110

超过标准体重的15%为Ⅰ度肥胖(轻度肥胖)

超过标准体重的30%为Ⅱ度肥胖(中度肥胖)

超过标准体重的50%为Ⅲ度肥胖(重度肥胖)

可以用下列公式计算成人肥胖度:

肥胖度=[实际体重(kg)/标准体重(kg)-1]×100%

3. 腰臀比

使用卷尺环绕腰(平脐水平),在吸气末时测量腰围,再把卷尺下移至臀部最宽处,测量臀部。研究发现:身体脂肪过多以及沉积分布的部位与健康有密切关系,如果腰腹部有过多脂肪细胞沉积,容易引起人体动脉硬化,引发高血压、高血脂、冠心病等,死亡率较同龄的正常人高出25%~50%。人体研究还提示:腹部脂肪堆积比臀部或大腿部脂肪聚集有更大的发生慢性病风险。

腰臀比=腰围/臀围

中国成人腰围应控制在:男<85cm;女<80cm。

成年男女标准腰臀比应为:男<0.90;女<0.80。

另外,对身体成分评价还包括体脂百分比的测量与评价、体姿的检查等。

（二）心肺适能评价

1. 静态心跳率:把食指及中指放在该动脉上便可感到搏动,计时 15 秒便停,将读数乘以 4 就是每分钟的脉搏次数。正确的静态心跳率应在连续三个早上醒来时立即量度 1 分钟,连续量度三天取平均值即可。静态心率应约 60~100 次/分。

2. 以三分钟踏台阶测试评估其心肺功能:

完成 3 分钟踏台阶后,5 秒内立刻开始量度一分钟的脉搏,然后记下心跳次数,并可查出其等级所属。动态后心率越低,心肺功能便越好。三分钟台阶测试心率常模表见表 4-1:

表 4-1　18~25 岁三分钟台阶测试心率常模表

能力

组别	欠佳	尚可	一般	良好	优异
男性 >	115	105~114	98~104	89~97	< 88
女性 >	125	117~124	107~116	98~106	< 97

3. 最大摄氧量:以十二分钟耐力跑测试心肺耐力。最大摄氧量是反映机体吸入氧、运输氧和利用氧的能力。表 4-2 为 20~29 岁十二分钟耐力跑测试心肺耐力常模表。

表 4-2　20~29 岁十二分钟耐力跑测试心肺耐力常模表(千米)

能力

组别	欠佳	尚可	一般	良好	优异
男性 <	1 900	1 901~2 100	2 101~2 400	2 401~2 600	> 2 601
女性 <	1 500	1 501~1 700	1 701~2 000	2 001~2 200	> 2 201

4. 肺活量:最大深吸气后,再做最大吸气时所呼出的气量,为肺活量。肺活量可以评价人的呼吸系统机能。(详见国民体质测定标准手册)

（三）肌肉适能评价

三项测试常模表如表 4-3 至表 4-5 所示。

1. 最大力量测试:进行手握力测试。

表 4-3　20~29 岁手握力测试前臂肌力常模表

能力

组别	欠佳	尚可	一般	良好	优异
男性 ≤	60	61~69	70~81	82~91	> 92
女性 ≤	34	35~39	40~47	48~54	> 55

2. 肌肉耐力测试:进行 1 分钟仰卧起坐测试。

表 4-4　18~29 岁 1 分钟仰卧起坐测试常模表

能力

组别	欠佳	尚可	一般	良好	优异
男性 ≤	16	17~28	29~40	41~50	> 51
女性 ≤	13	14~21	22~26	27~34	> 35

3. 柔韧性测试:进行坐位体前屈测试。

表 4~5　20-29 岁坐位体前屈测试常模表

能力

组别	欠佳	尚可	一般	良好	优异
男性 ≤	16	17~28	29~40	41~50	> 51
女性 ≤	13	14~21	22~26	27~34	> 35

体能综合评定包括反复横跨、垂直跳、握力、俯卧撑等。

第五章　大球运动

第一节　足　　球

一、足球运动简介

足球运动是一项以脚控制球为主、两队相互攻守对抗、以射球入门数量多少判定胜负的球类运动。足球运动既可竞技比赛,也可游戏娱乐。

在中国,足球运动是一项古老的运动项目,中国古代足球运动被称为"蹴鞠"。现代足球运动于1863年起源于英国,于19世纪末传入中国。

足球运动既有参加人数多、场地大、比赛时间长、对抗性强、运动量大等特点,又具有激烈性、惊险性、刺激性,同时也具有很高的欣赏价值和锻炼价值。参加足球运动,能增进人的身体健康,提高力量、速度、耐力和灵敏等身体素质,也可以培养勇敢、顽强、机智果断、坚忍不拔、积极进取和勇于克服困难等优良品质。

二、足球锻炼方法

(一)运球练习方法

交叉掩护运球。

示例一:四人一球,两人一组相对站立,以①②③来代表人的号码(下同)。①运球前进,②从①运球脚的同侧迎面跑上把球接过来再向前运交给③,③④重复①②动作。也可以两人一球从中场反复进行交叉掩护运球至罚球弧时射门。

还可以六人一球,③④与①②相对站立,⑤⑥排在①②之后,①斜线运球与②交叉掩护后由②将球交给③,③④返回交叉掩护后由④将球交给⑤,⑤⑥重复①②动作。

(二)踢球练习方法

1. 两人一组,相对站立互用左(右)手扶靠对方左(右)肩上,做右(左)大腿带动小腿摆腿踢球的模仿练习;

2. 把球放在足球墙根,踢固定球;

3. 两人一球,一人踩球,一人用各种部位踢固定球;

4. 每人一球,面向足球墙的标志区踢定位球;

5. 场地中央画5厘米直径的圆,圆心插一面小旗。每人一球,距小旗约25米围成圆练习踢准;

6. 两人一球,相距约15米用各部位踢定位球,如图5-1、图5-2所示;

图 5-1

图 5-2

7. 两人一球,相距约 10 米,相互传地滚球,如图 5-3,图 5-4 所示;

图 5-3

图 5-4

8. 6~8 人分成两组,相距约 10 米,相互连续直接传地滚球,传完球后即跑至对方排尾;

9. 8~12 人分成四组,①②将球同时传地滚球给③④后跑至⑥⑤的排尾。③④直接将球同时传给⑤⑥后,跑至⑧⑦的队尾;

10. 各组按顺序或逆时针方向依次直接传球后,跑至向其传球的队尾。也可用两球①④或②③同时先传;

11. ①②相距约 20 米,①传球②后跑上,①将②直接回传的球再传给②后跑至④的队尾;②再将球传给③后跑至③的队尾。要求每人做地滚传球 2 次;

12. ②将球传给①后快速从①身后套边插上,①将球传给③后快速从③身后套边插上,

③再将球传给②并从②身后套边插上。原则上要求每人直接传地滚球。

（三）踢固定球的练习方法

1. 两人一球，相距约 25 米，过顶传球；

2. 三人一球，在两个练习过顶传球的人中间站一个断球人；

3. ②快速接应并将①传来的球传回①，①踢过顶长传球给③，③也将球传给上前接应的②，并将②的回传球过顶长传给①。

（四）转身踢球的练习方法

1. 练习助跑转身对墙踢定位球。转身角度由小到大，然后向墙对面推踢球再做转身对墙踢球练习；

2. 两人一球，相距约 20 米，一人传不同角度的地滚球与空中球，另一人练习转身踢球。

（五）踢侧面、侧前、侧后及后方来的地滚球射门的练习方法

教师站在中圈前沿，学生站在中圈内，并一次传地滚球给教师，然后追赶教师的直传地滚球射门。

（六）接球技术练习方法

1. 每人一球，对墙踢地滚球，前迎并用脚的各部位向各个方向接球，如图 5-5 和图 5-6 所示；

图 5-5

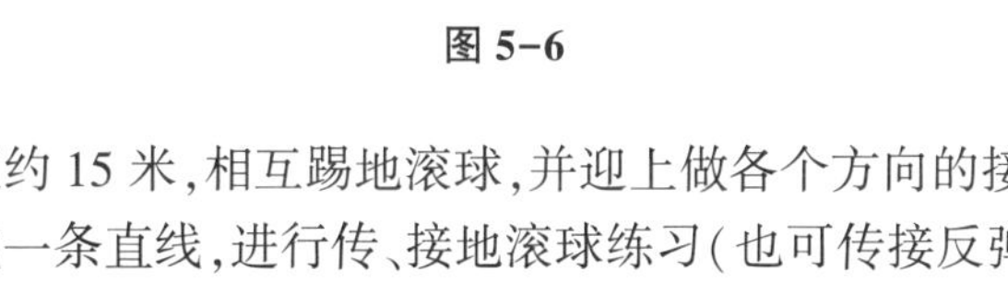

图 5-6

2. 两人一球，相距约 15 米，相互踢地滚球，并迎上做各个方向的接球练习；

3. 三人一球，站成一条直线，进行传、接地滚球练习（也可传接反弹球、空中球）。

（七）接反弹球练习方法

1. 每人一球，在颠球时可颠前、后、左、右的高球，然后进行反弹球练习；

2. 两人一球，相距约 10 米，一人抛或脚背挑弧线球，另一迎上踢反弹球；

3. 两人一球，相距约 25 米，在相互传球中进行接反弹球练习；

4. 四人一球或两球，相距约30米，每边两人，一人专门接球，另一人专门接另一边传来的弧线反弹球。

(八)接空中球练习方法示例

1. 每人一球，自抛自接或结合颠球进行身体各部位接空中球练习；

2. 两人一球，互抛(传)互接各种空中球练习，如图5-7所示。

图 5-7

(九)运、传球综合练习

1. ①与②同时运球过障碍后将球传给另一组的③④后，分别跑至另一组的队尾；③④接、运球后重复①与②的动作。

2. 两人同时向同方向运、传直线地滚球，然后交叉跑去接、运对方传出的球。

(十)接、传球综合练习

1. 两人一球，一人传各种性能的脚下或空中球，另一人接球后使球平稳，准备传回；

2. ①④同时传空中球，①传给③后跑到④的位置接③的传球；④传球给②后跑到①的位置接②的传球，然后④①再重复上述①④的动作；

3. ①与②做二过一后，①将球长传给④，④接球后再与③做二过一配合，并将球长传给①，直接射门；

4. ②将球传给①后从其另一侧绕过伺机射门，①接运球后与③做直传斜插二过一配合，并将球传给插上的③或②，由他们射门；

5. 两人同时相互斜长线长传过顶球，并直线插上接对方传来球，不断重复直至射门。

(十一)头顶球练习方法

1. 体会顶球时身体各部位用力的顺序和方法；

2. 教师讲解示范后，学生模仿练习，如图5-8所示。

图 5-8

(十二)守门员技术练习方法

1. 学生按接球的预备姿势站好，并根据同伴的手势做向前、后、左、右移动的练习。

2. 一人守门，数人围罚球区扇形等距离站好。每人一球，由右(左)侧开始依次做定位球射门；守门员进行选位、移动和接球练习。

3. 接球技术动作练习共有六种：

(1)两人一球，原地模仿地滚球、平高球和高空球的身体与手法动作；

(2)两人一球，相距5米，相互抛接地滚、平高、高空及体侧球的练习；

(3)两人一球，相距25米，一人掷各个方向、各种性能和距离的球，另一人练习移动中接传球的动作；

(4)两人一球，相距5~15米。一人守门并力争接稳、接牢另一人射向自己身体附近的球；

(5)练习接自己或同伴抛向或踢向足球墙反弹回来的各种高度的球；

(6)自己抛或踢空中的球，接直上直落的球。

(十三)抢截球技术练习方法

1. 两人一球，一人前脚掌踏定球，另一人做正面脚内侧抢球动作。

2. 两人一球相对站立，距离3~4米，将球放在中间，听哨音后，两人上前用脚内侧抢球。

3. 两人一球，相距8米，一人向前运球，另一人迎上做正面跨步脚内侧抢球动作。

4. 三人一球，练习断球

有两种方法：

(1)一人传球，一人定位接球，另一人练习断控球动作；

(2)一人传球，一人摆脱跑动传球，另一人积极断球。

5. 圈中央者各持一球，如①对外围的一个人传球后，立即上前堵抢，外围接球人则运球晃过摆脱，并将球带到中央后，再向外围另一人依次传球并上前堵抢。

6. 两人一球：一人向前做各种变向、变速运球动作，另一人边后退边练习封堵、抢占运球人欲通过的路线。

7. 两人一球：一人全力运球过人，另一人积极抢球。

8. 侧面合理冲撞抢球练习

有两种方法：

(1)两人并肩慢跑做合理冲撞练习；

(2)教师传地滚直线球，球踢出后两人再追抢，并做合理冲撞抢球动作。

9. 侧后铲球练习

有三种方法：

(1)对静止球做铲球动作；

(2)向前慢运球，并追上做铲球动作；

(3)两人一球，一人直线慢运球，另一人追上从侧后做铲球动作。

10. 争抢运球射门练习

两个球门相距30米，将学生分成两组，并按同一顺序编号相对站立在各自球门的两侧。当教师喊出一个号码时，同一个号码的两侧学生应立即从各自站立的地点跑出抢教师传的球。抢到者设法将球射入对方球门才算得分，如球被对方又抢回或出界即结束。

11. 综合练习

①长传过顶球给②，当②预备运球时，①立即迎上抢截球；

②运球过人射门，然后互相跑至对方队尾。

12. 攻防对抗练习

有三种方法：

（1）在一定范围内进行四对二、五对二、六对三传抢球游戏，抢截者触球或传球者将球传出界外交换位置，要酌情限制触球次数；

（2）在一定范围内进行三对二、四对三、五对四等攻防练习，也可以将多的人作为中间人。规则同上或规定防守者抢球在手再交换位置；

（3）在各种范围内，进行等人数的攻防激烈对抗。可以不要球门，球门可大可小，可多可少，也可不设守门员。

（十四）扑球技术动作练习示例

1. 跪在沙坑或垫子上，在适当地点放一球，然后从腿、上体、手臂依次侧倒，双手接球，成扑地滚球姿势；

2. 成预备接球姿势站在沙坑、垫子旁或场地上，做侧跃双手扑接球，并按手臂、上体、大腿、小腿的顺序依次着地团身；

3. 做预备姿势站在沙坑或地上，侧跃扑接抛或踢过来的地滚球或空中球；

4. 接球人面对足球墙，扑接另一人抛或踢向足球墙的反弹回来的地滚球或空中球；

5. 罚点球处放三个球，一个人连续射门，守门者依次连续扑接三个球；

6. 在罚球弧处横排着 5~10 个球，一人连续射向球门两侧的各个角度，守门者依次连续扑接两侧的球；

7. 一人站在角球区附近，向球门踢各种性能的空中球，守门者练习接空中球、拳击球或托球；

8. 在围绕射门的技、战术练习中，要求守门员全力接住每次射向门里的球。

三、足球实战攻略指导

足球实战技术是根据比赛的实际需要而逐步发展的，包括进攻技术和防守技术。其中，进攻技术包括接控球、传球、运球过人和射门 4 大类；防守技术包括断、堵、抢、铲和争顶 5 大类。

（一）接控球

接控球技术是现代足球比赛中综合运用的一项富有攻击性的技术，是争夺控球权、选择进攻时机，突破对方防线和获得射门机会的重要手段。

接控球能力包括技术与技巧两个方面，技术是技巧的基础，技巧是技术在场上的合理运用。对运动员来说掌握接控技术是十分必要的。接控球技术的要点有：

1. 迎前，摆脱接球：摆脱对手，及时接同伴传球或接球后转身，面对对手寻找进攻。

2. 富有攻击性：接控球以进攻为目的，要与下一个动作连接起来去威胁对手、攻击对手，不是单纯地为接控而接控。

3. 护球挡人：接球时，要尽可能将身体置于球的运行线路上，并置于球与对手之间。

4. 衔接紧密：接控球的目的是为了更好地争取进攻机会，因此，当接好球后，一旦出现传球或射门的机会要善于把握，反应敏捷。

（二）传球

1. 影响传球质量的基本因素

影响传球质量的基本因素有准确性、力量、时机、假动作和角度。

(1)准确性:如接球队员在跑动时,要将球传到跑动队员的前面;传球要有一定提前量,让队员能追上接球;给临近的队员传球时,以他能即刻控球为准,应传到该队员脚下;

(2)力量:传球力量取决于传球距离,近则小,远则大;

(3)时机:时机因素与准确性、力量同等重要,如传球过早,会被对方截获,传球太慢,则造成越位;

(4)假动作:机敏的防守者常能在进攻者采取行动之前识别他们的意图,使其行动失败,但高水平的运动员则能通过假动作使防守者暴露出空当,创造传球的机会;

(5)角度:指传球队员的视野角度以及传球队员与接球队员之间可能传球的角度。

2. 传球的原则和要求

(1)传球的原则

传球的目的是为了实现进攻。传球时,要遵循以下原则:

①能选择射门则尽量不传球;

②向对方身后传:组织进攻的目的是为了突破对方防线,取得射门机会。向对方身后传若能成功即意味着防线的突破,就能给对方球门构成威胁;

③向同伴脚下传:若不能向对方身后传,则可以快速向前方的同伴脚下传,通过同伴再去创造空间;

④向两侧同伴转移传(中长传):利用中长传转移,扯动对方防守,创造向前的机会;

⑤横传或回传:当前面三种传球都不能实施时,可向左右两侧同伴横传球或回传球以保持控球权,再寻找机会发动进攻。

(2)传球的要求

①互把握好传球的时机和落点;

②传球动作敏捷、出球迅速、球速平快;

③传球训练应根据足球比赛中进攻、进球的规律和特点进行计划和安排。

3. 传球的注意事项

(1)传球前尽可能隐蔽自己的意图;

(2)传球动作要快速、简练、多变;

(3)攻守队员在一侧集中时应转移传球方向;

(4)在风雨天比赛时,若顺风,传球力量要减小;逆风时,多做低传,并增加力量;下雨时,多向脚下传;场地泥泞时,则少传地滚球。

(三)运球过人

运球过人不仅是维持控球权的重要手段,而且也是破坏对方防守、创造以多打少的利器;运球过人是控制比赛节奏、创造传球和射门得分机会的重要方法。

1. 运球过人的原则

(1)出现较佳的射、传机会时,不要运球过人,以免贻误战机;

(2)后场运球过人价值不大;前场则应提倡冒险,敢于过人;

(3)向一侧运球常会使防守者的移动和战术行动偏向一侧,所以突然反向传球,常常可以有效地捕捉防守漏洞;

(4)当对手造越位时,恰当地运用运球过人技巧,常常是瓦解造越位战术的有效手段。

2. 运球过人的基本要求

(1)身体要求

从静态或跑动中要能够突然变速、变向,完成急停、起动、转身等动作。动作要迅速,身体要保持平衡,要有即刻应付防守者行动的能力。

(2)技术要求

观察能力与娴熟的控球技术要紧密结合,做到既能稳健控球,又能同时观察对手和场上的情况。

(3)意识要求

掌握运、控、传、射的时机,并能对对手的各种防守行动做出预测,从而采取有效行动。

(4)心理要求

心理素质过硬,敢于运球突破,不怕失误,信心十足。

3. 运球过人练习的注意事项

(1)运球时,要抬头观察场上情况,注意变速、变向并控好球;

(2)每次练习都应安排不同形式的一对一练习;

(3)重视运球过人时机的选择,在技术练习中注意意识的培养;

(4)重视个人创造性和个人风格的培养;

(5)通过模拟比赛、限定练习条件等手段,提高运球过人技术,提高实战能力。

(四)射门

射门是足球比赛中决定胜负的关键因素。足球比赛的全过程,始终围绕着射门与反射门而展开,因此,抓好射门技术训练是足球训练的重要任务。常用的射门方式有直接射门、运球射门和过人射门等。

1. 射门要点

(1)步法、步点要准确;

(2)脚法和击球部位要准确;

(3)击球瞬间注意力要集中。

2. 影响射门能力的因素

(1)捕捉“战机”的意识

理论学习、经验总结、实践锻炼指导和观看比赛等,都是提高捕捉“战机”能力的重要手段。训练中,应注重培养对球的动向、对手动向以及同伴动向等正确判断的能力。

(2)射门意识

对射门的意义认识不足,射门欲望不强烈,起脚不果断,往往错失良机。

(3)射门技术

基本技术不扎实,如助跑中的步法、步点不准,击球部位不正确,脚法运用不娴熟等,都可能错失得分机会。

3. 射门练习的注意事项

(1)提高射门技术是足球训练工作的难点和重点。要提高射门技术,培养出优秀射手,就必须按技术动作的规范性进行系统训练,打好全面坚实的技术基础。特别要抓好重点区域的训练,坚持脚法、步法天天练、反复练,力争做到熟能生巧,左右开弓。

(2)在提高射门技术的同时,还要注重培养意志品质,提高身体素质,提高传接、过人等技术。特别是要提高创造射门机会的关键性传球以及跟进、包抄、抢点、争顶的意识和技能。

四、足球竞赛规则简介

(一)比赛场地

1. 球场

球场边线长度不得多于 120 米或少于 90 米,球门线的长度不得多于 90 米或少于 45 米。在任何情况下,球场边线的长度必须大于球门线的长度,场地各线宽度不超过 12 厘米。

2. 罚球区

在比赛场地两端距球门柱内侧 16. 50 米的球门线上,向场内各画一条长 16. 50 米与球门线垂直的线,一端与球门线相接,另一端画一条连接线与球门线平行,这三条线与球门线范围内的区域叫罚球区。在本方罚球区内,守门员可以用手触球。

3. 球门

球门由两根内沿相距 7. 32 米与两边角旗点相等距离的直立门柱以及一根下沿距地面 2. 44 米的水平横木连接组成。门柱及横梁的宽度、厚度与球门线均应对称相等,不得超过 12 厘米。

4. 角球弧

以边线和球门线外沿交点为圆心,1 米为半径,向场内各画一段 1/4 的弧,这个弧内地区叫角球区。

5. 罚球点

在两球门线中点垂直向场内量 11 米处各做一个清晰的标记,叫罚球点。

(二)队员人数与装备

一场比赛每队上场队员不得多于 11 名或少于 7 名,其中必须有一名守门员。同队队员的服装(包括上衣、短裤和护袜)颜色必须一致,并与对方队有明显区别。守门员的服装颜色必须与双方其他队员和裁判员有明显区别。并且队员不能佩戴任何可能伤害到自己或别人的佩饰。

(三)比赛时间

正式比赛每场为 90 分钟,分为上下两个半场,每半场为 45 分钟。除经裁判员同意外,两个半时之间的休息不得超过 15 分钟。如比赛需决出胜负,而 90 分钟内又战平,双方则需打加时赛。加时赛共计 30 分钟,分为上下半场,每半场 15 分钟,中间不休息。如加时赛后仍未分出胜负,则进行点球决胜。

(四)计胜方法

凡球的整体从门柱间及横梁下越过球门线外沿的垂直面,而此前未违反竞赛规则,均为攻方胜一球。

(五)越位

1. 构成越位的条件

(1)进攻队员处在对方半场;

(2)进攻队员处在球的前面;

(3)进攻队员与对方球门线之间,对方队员不足两人;

(4)接同伴的球或干扰比赛,获得利益。

上述四条缺一不可,若缺少任何一条,队员均不处于越位位置。

2. 判断越位的时间

判断队员是否处于越位位置的时间是同队队员踢或触及球的一瞬间,而不是该队员接获球的时间。

3. 越位的判罚

当同队队员踢或触及球的一瞬间,队员处在越位位置,并且裁判员认为该队员有干扰比赛或干扰对方队员的行为才判罚越位犯规。

4. 不应判罚越位的情况

裁判员认为,队员仅仅只是处在越位位置。如果队员处在越位位置直接接得球门球、角球、界外球和裁判坠球时,也不判该队员越位。

(六)犯规与不正当行为

1. 直接任意球

(1)踢或企图踢对方队员;

(2)绊摔或企图绊摔对方队员;

(3)跳向对方队员;

(4)冲撞对方队员;

(5)打或企图打对方队员;

(6)推对方队员;

(7)在抢截对方队员控制的球时,于触球前触及对方队员;

(8)拉扯对方队员;

(9)向对方队员吐唾沫;

(10)故意手球。

2. 间接任意球

队员违反下列7条中任何一条者应判罚间接任意球:

(1)危险动作;

(2)阻挡对方队员;

(3)阻挡对方守门员发球;

(4)守门员用手控球在发出球之前持球超过6秒;

(5)擅自进、退场;

(6)连踢犯规(角球、开球、点球、球门球、任意球、掷界外球时连踢);

(7)越位犯规。

3. 警告与罚令出场

凡对裁判员犯有下列7条中任何一条者将被出示黄牌警告:

(1)非体育道德行为;

(2)以语言或行动表示异议;

(3)持续违反规则;

(4)延误比赛重新开始;
(5)当以角球或任意球重新开始比赛时,不退出规定的距离;
(6)未得到裁判员许可进入或重新进入比赛场地;
(7)未得到裁判员许可故意离开比赛场地。
队员违反下列7条中任何一条者将被出示红牌罚令出场:
(1)严重犯规;
(2)暴力行为;
(3)向对方或其他任何人吐唾沫;
(4)用故意手球破坏对方的进球或明显的进球得分机会;
(5)用犯规破坏对方明显的进球得分机会;
(6)使用无礼、侮辱或辱骂性的语言及动作;
(7)在同一场比赛中受到第二次黄牌警告。

(七)任意球

任意球分为直接任意球和间接任意球两种:
1. 直接任意球可以直接踢入对方球门得分;
2. 间接任意球不可直接踢入对方球门得分;
3. 踢任意球时,所有对方队员距球至少9.15米直到比赛恢复,如果球跟球门线不足9.15米,允许对方队员站在球门线上。

(八)罚球点球

在比赛进行中,如果防守队员在本方罚球区内违反可判直接任意球的犯规应被判罚球点球。

(九)掷界外球

1. 比赛中,当球的整体在地面或空中越过边线时即为球出界,应由出界前最后触球的对方队员在离球出界处的边线外一米范围内,用合法的动作将球掷入场内;
2. 如队员不在球出界处掷界外球或掷球违例,裁判员应判由对方在原球出界处掷界外球。

(十)球门球

1. 球由地面或空中踢或触出对方球门线时,由对方在球门区内任何地点踢球门球恢复比赛。踢球门球可以直接得分;
2. 踢球门球时,当球直接踢出罚球区进入场内时,比赛恢复;
3. 踢球门球后,如球未被直接踢出罚球区或任何队员在罚球区内触及球,即未进入比赛,应令重踢。

(十一)角球

1. 当队员踢或触球的整体在空中或地面从球门外超出本方球门线时,由对方队员将球的整体放定在离球出界处较近的角球弧内踢角球;
2. 踢角球时,在比赛恢复前,对方队员至少距球9.15米;
3. 队员踢出的角球,如果球击中门柱或触及场内的裁判员而弹回时,该队员若补射,应判连踢犯规,进球无效。

第二节 篮　球

一、篮球运动简介

篮球运动是将球投入对方球篮、以得分多少决定胜负的集体球类运动项目。在世界范围内经常举行世界性、地区性比赛,国际交往比较频繁,发展非常迅速,目前已成为世界上最受人们喜爱的竞技运动项目之一。

篮球运动是由跑、跳、投等动作所组成的一项快速、激烈的综合性运动。经常参加篮球运动,能促进学生速度、灵敏、力量、耐力、柔韧等身体素质的发展,提高中枢神经系统的灵活性、增强心血管、呼吸、消化系统的技能,促进肌肉和骨骼的生长发育,使身体得到全面发展。

篮球运动具有强烈的竞争性和对抗性,并要在瞬息万变的情况下展开激烈的争夺。因此,它能培养人们团结协作、互相配合的集体主义精神和勇敢顽强、机智果断等优良品质。

篮球运动在我国高等学校有着广泛的群众基础,是大学生十分喜爱的体育运动项目之一。

经常开展篮球活动,对增进学生的身心健康、活跃课余生活,以及提高学习效率起着良好的作用。

《篮球》课程是体育选项课的重要核心课程。以"教-学-做"一体化的教学模式为主体,以篮球比赛中的典型技术动作为载体进行教学,融理论与实践为一体,培养学生符合职业岗位要求的身体素质。课程是针对篮球理论、篮球技术、篮球战术、裁判与实践等为具体任务,从而培养学生终身体育的能力,提高全面素质,为适应社会及工作岗位需求打下一定基础。

二、篮球锻炼方法

(一)基本技术

1. 脚步动作技术

在篮球比赛中,进攻者运用急起、急停、转身和变速变向跑等脚步动作,摆脱防守者的防守去完成进攻任务。而防守者则运用跑、停、滑步、后撤步和交叉步等脚步动作去阻止进攻者的攻击。这些争取攻、守主动权的任务都需要由快速、灵活、正确的脚步动作来实现。因此,脚步移动是篮球运动中具有重要意义的一项基本技术。

2. 传、接球技术

传、接球是篮球比赛中运用最多的一项基本技术,它是进攻配合的纽带和战术变化的基础。良好的传、接球技术可以组织灵活多变的技术配合,创造出更多更好的投篮机会。如果不能正确地运用传、接球基本技术,那么人们所采用的任何进攻方法就不会发生效果。有的时候,不同的队伍虽然采用了同一进攻方法,但效果却各有不同。这就是由于运用基本技术时存在质量差别,从而直接影响了战术配合的质量。随着篮球运动技战术的迅速发展,防守的积极性和攻击性有了显著的加强,这就对传、接球技术提出了更高的要求。由于篮球技术的飞速发展,传球动作也日益增多,先介绍几种最基本的传球技术。

(1)双手胸前传球:双手胸前传球被认为是传球技术的基础,是篮球运动中运用最普遍的传球方式(一般在中、近距离运用这种传球)。双手胸前传球动作简单,容易控制,准确性较强,同时也便于转为其他动作,如图 5-9 所示。

图 5-9

动作要领:原地传球时,两腿前后分开微屈,上体稍向前倾,重心放在两个脚掌上。双手握住球的两侧偏后,五指自然张开,手心不要接触球,两拇指成八字形。两肘屈曲并靠近身体持球于胸前。传球时用手指和手腕向前翻转和抖动的力量将球传出。传出球时最后通过指端向后旋转使球平直地飞行。

(2)单手肩上传球:单手传球时,由于单臂的活动范围大、传球方向多,会更便于争取时间发挥。单手肩上传球经常运用在快攻中的长传球、突破后的传球以及抢到防守篮板球时发动长传快攻,如图 5-10 所示。

图 5-10

动作要领:原地右手肩上传球时,两脚前后开立,左脚在前,侧对传球方向,右手肩上托球于头侧,掌心空出,以转体、挥臂、甩腕以及手指拨球的力量将球传出。

(3)行进间传球:行进间传球(单、双手传球)是两名队员的配合动作。比赛中为了加快进攻速度,缩短传球时间,经常运用行进间传球。

动作要领:大体与原地传球相同,但运用时应注意:

①传球时,手臂与脚步配合协调,接球后,应在中枢脚前跨着地之前将球传出(即在第二步着地前传出),否则称为“带球跑”违例。因此,传球时手臂动作要迅速,特别是手腕的动作更要快速;

②要注意场上情况的变化,判断同伴的位置和移动的速度,及时而准确地传球;

③向跑动中的同伴传球时,一般要传到其胸前约一步的距离。近距离,特别是传给迎面跑来的同伴,传球的力量不要过大;

④长传球要有速度,而且要有一定的弧度。

(4)双手接球:每次投篮、运球和突破等大多开始于接球,接球是一项不可忽视的基本技术。在比赛中不仅要求把球接住,而且要能够迅速顺利地进行下一个动作。接球动作的正确和富有攻击性,不仅能减少失误,还有助于迅速为进攻做好准备。另外,掌握和提高接球技术,也是掌握抢篮板球和截断球技术的基础,如图 5-11 所示。

图 5-11

动作要领:双手接胸以上高度的来球时,用脚步灵活地调整好接球位置。手臂自然而放松地向前伸出迎球,肘关节微屈,身体稍向前,当手指触及球时,握住球的两侧,并迅速向后引臂,以缓冲来球的速度,把球接稳。如果来球较低,要及时上步,以屈膝来调整好接球位置。

3. 投篮技术

投篮是篮球进攻的技术之一,它在篮球比赛中是最主要的环节。比赛中运用任何进攻战术和一切技术动作的目的,都是为了创造更好、更多的投篮机会。不论进攻战术配合得如何默契或动作如何熟练并创造了投篮的良好机会,如果投篮不中,就是前功尽弃。为了得分,就必须掌握准确的投篮技术,提高投篮的命中率。

投篮动作的完成,是靠身体的各个部位的协调配合,最后通过手腕、手指的屈伸动作将球投出。因此,投篮动作必须做到连贯、协调和一致。投篮力量的运用和投篮手法是投篮准确的关键。这两者是互相联系、密切配合的。正确的投篮手法能够更好地发挥手腕和手指的力量和灵活性,控制球在空中飞行的速度、抛物线和旋转程度,从而提高投篮的命中率。投篮动作多种多样,最基本的有如下几种动作技术:

(1)原地单手肩上投篮:单手肩上投篮,适用于中、远距离投篮,其特点是出球点高,变化多,较为灵活,如图 5-12 所示。

图 5-12

动作要领:以右手投篮为例。两脚开立,距离 15 厘米左右,两膝微屈,身体重心在两脚之间,上体稍前倾。右手翻腕托球于右眼前上方,手指自然张开,手心不要贴着球,球的重心要落在中指和食指之间;左手帮助扶在球的侧下部,右肘自然下垂,腕关节放松。随着两脚蹬地的同时,右臂向前上方伸展,手腕平稳地向前上方托起,手指拨球,将球柔和地送出。球出手后,手腕前翻,手指向下。

(2)行进间单手低手投篮:这种投篮方法利用速度和空中伸展动作超过对方,适用于突破对方上篮时使用,如图 5-13 所示。

图 5-13

动作要领:以右手为例。在跑动中接球或突破上篮时,应先跨右脚接球或持球,接着第二步跨左脚起跳,步子稍小一些(已能掌握基本动作者,可根据对方防守的情况和进攻的需要而选择其左脚跨出的步子大小),右腿屈膝上抬,在身体上升至最高点时,右臂向上或前上方伸出,掌心向上,用手指和手腕的力量拨球投篮。

(3)跳投:跳投突然性强,出球点高,具有很强的攻击性。在中、近距离任何角度都可运用。它与突破、传球结合,能使对手防不胜防,从而创造投篮机会。跳投的动作可分成一步急停起跳投篮(急停原地起跳投篮)和两步急停起跳投篮,如图 5-14 所示。

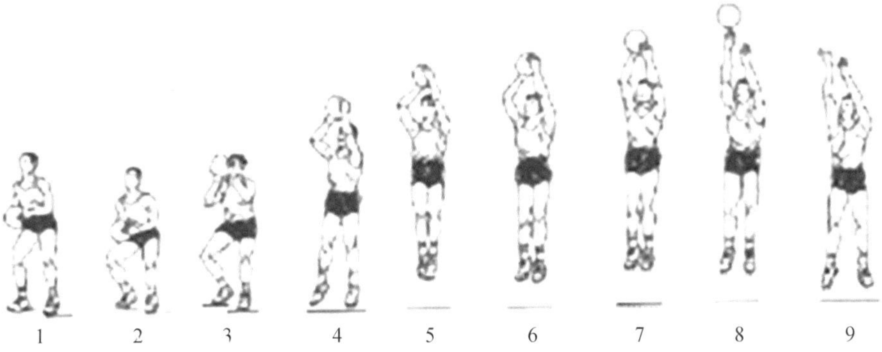

图 5-14

①一步急停起跳投篮:以右手投篮为例。接球或拿球时,向前或向上跳步,双脚同时落地,一步急停,双膝微屈,重心在两脚之间。双手持球于腹前,双脚用力蹬地起跳,同时双手迅速举球于右肩上,腰、腹用力,保持身体平衡。当身体接近最高点处时,迅速向上伸臂,用右手手腕和手指的力量,将球投出。

②两步急停起跳投篮:以两脚右手投篮为例。左脚先着地接球,保持微屈,持球于腹前,右脚迅速向前跨出半步,成两脚自然半蹲开立姿势,重心在两脚之间。接着两脚用力蹬地起跳,两手迅速举球于右肩上,腰、腹用力,保持身体平衡,当身体接近最高点处时,迅速向上伸臂,用右手手腕和手指的力量将球投出。

4. 运球技术

在原地或行进中,用单手连续按拍从地面反弹起来的球,称为运球。它是组织进攻、突破防守时经常运用的一项基本技术。在使用时应从实战出发,与传球、投篮等技术配合,切忌养成盲目地滥用运球的习惯。

运球的方式是多种多样的,它包括原地运球、行进间直线运球、运球急停急起、体前变向运球、运球转身和背后运球等,如图 5-15、图 5-16、图 5-17 所示。

图 5-15

图 5-16

图 5-17

5. 抢篮板球

在篮球比赛中,投篮并不一定是进攻的结束,随之而来的是攻守双方拼抢篮板球、争夺控球权的开始。夺得进攻篮板球,就获得了再次进攻的机会,可以连续进攻或在篮下直接得分。夺得防守篮板球,不但中断了对方的进攻,而且为本队获得了控球权,为发动快攻反击提供了有利条件。可见,抢篮板球是关系到攻守转化的一项技术。

(1)抢进攻篮板球。进攻队员抢篮板球时,应根据场上所处位置,及时判断球可能反弹的方向,利用快速启动,直接冲向篮下或借助于闪晃的假动作迅速绕过对手,抢占有利位置,积极主动地去争抢篮板球或补篮。

(2)抢防守篮板球。防守队员虽然处于进攻队员和球篮之间较近的有利位置,但在争夺篮板球时,应首先挡住对手,同时判断和密切注视球的反弹方向和进攻队员的动向,牢记"先挡后抢"的原则乘隙冲向篮下争夺篮板球。

(二)基础配合

1. 传切配合。

传切配合是进攻队员之间运用传球、切入等技术组成的简单配合。

示例一,如图 5-18 所示:④传球给⑤后,立刻摆脱对手向篮下切入,接⑤传来的球投篮;

示例二,如图 5-19 所示:在⑤与⑥之间传球时,④乘其对手不备,突然空切篮下接外围同伴的传球,然后投篮。

练习方法:

方法一,如图 5-20 所示:把队员分成两组,每组一球,④把球传给⑤并快速切入,接⑤的回传球投篮。⑤传球后抢篮板球。④和⑤分别跑到对方排尾,其他依次类推继续练习。

方法二,如图 5-21 所示:把队员分成三组,⑤和⑥互相传球,④突然摆脱防守接⑥的传球投篮,练完一次按顺时针方向转换,继续练习。

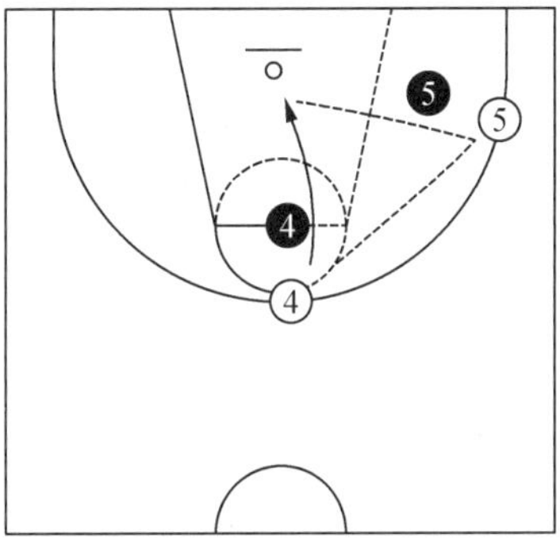

图 5-18

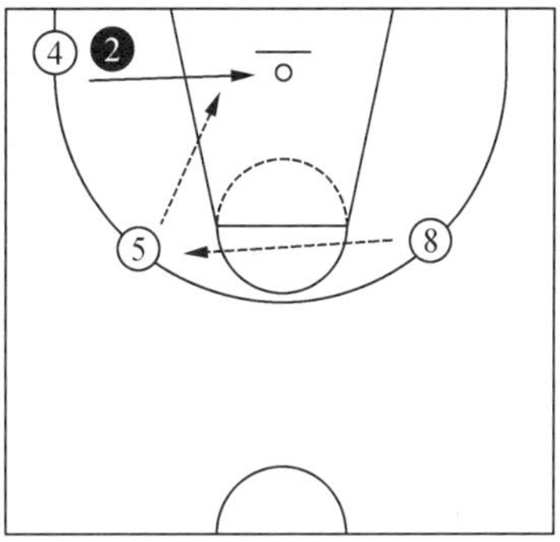

图 5-19

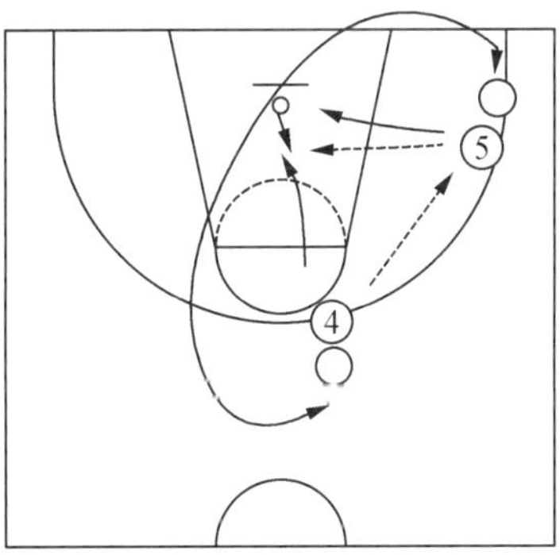

图 5-20

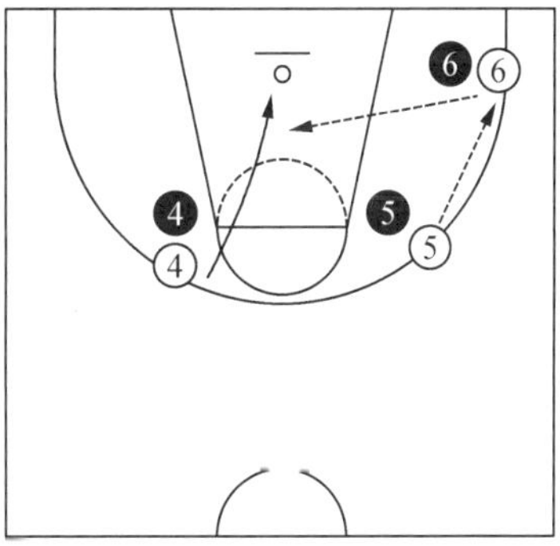

图 5-21

2. 突分配合

突分配合是持球队员突破后,利用传球与同伴配合的方法。

示例,如图 5-22 所示:⑤突破后,遇到❼迎上补防,立刻把球传给切入篮下的⑦投篮或与其他同伴配合。

练习方法:

示例,如图 5-23 所示:④向篮下运球突破,当❺上前补防时,立即把球传给切入篮下的⑤,⑤投篮后,三人按顺时针方向轮换位置,继续练习。

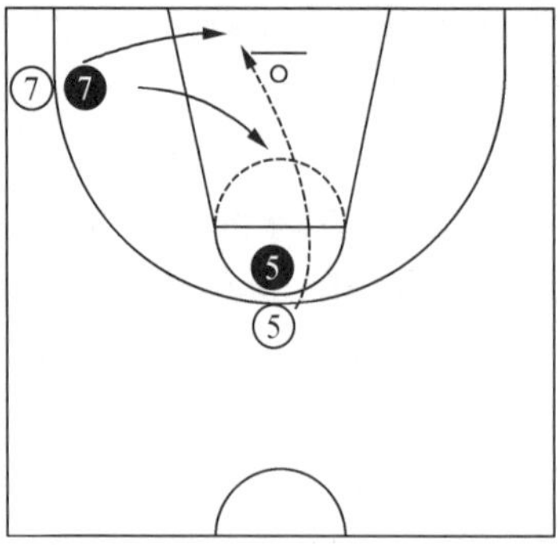

图 5-22

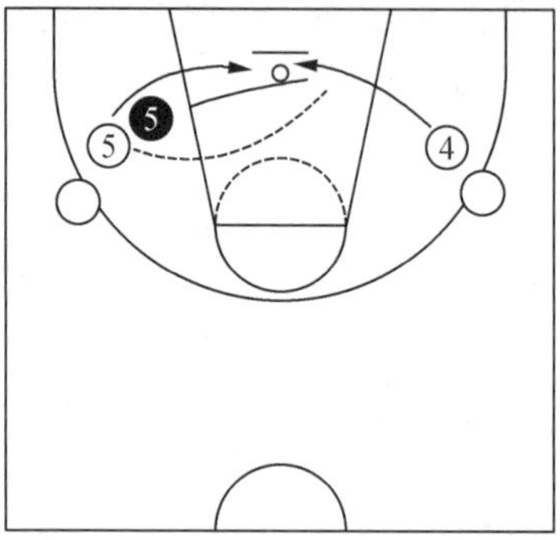

图 5-23

3. 掩护配合。

掩护配合是掩护队员采用的行动，用身体阻挡同伴的防守者的移动路线，使同伴借以摆脱防守，或利用同伴的身体摆脱防守，从而接球进攻的一种配合方法。

示例，如图 5-24 所示：⑤传球给④后，跑到④的侧后方做掩护，④接球后利用投篮或突破假动作吸引住❺，当⑤到达掩护位置时，④迅速摆脱防守，突破投篮，⑤掩护后要及时转身跟进。

练习方法：

三人一组，如图 5-25 所示，⑥传球给⑤后给④掩护，④利用掩护摆脱防守，切入篮下接⑤的传球投篮。切入前要做切入假动作，⑥掩护后转身跟进抢篮板球。按顺时针方向换位练习。

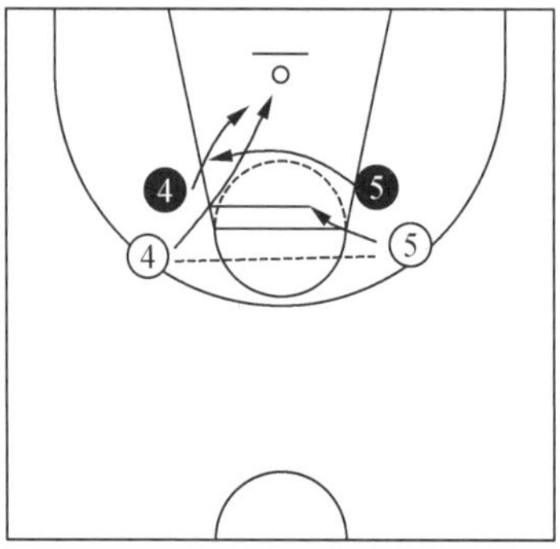

图 5-24

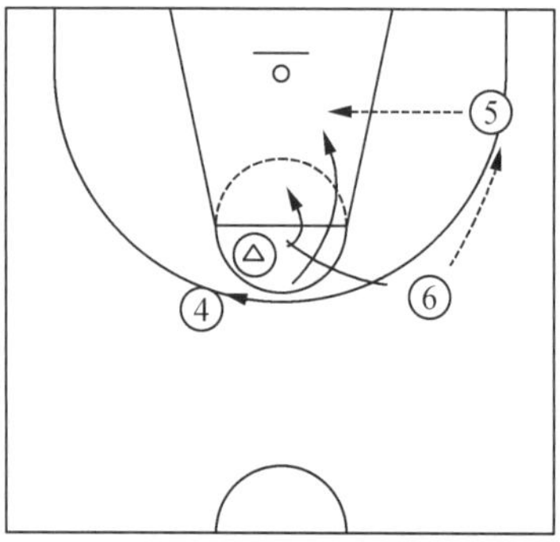

图 5-25

示例，如图 5-26 所示：⑤传球给④后，利用假动作摆脱防守，跑到外策应位置接④的传球做策应，④传球后摆脱防守，然后接球投篮或突破上篮。

练习方法：

学生分成两组，⑤传球给④后摆脱防守，插到罚球线外策应，④传球给⑤，然后摆脱，切入接⑤的传球投篮。⑤也可以做传球假动作，然后自己转身投篮或运球上篮。做完后，二人交换位置，其他人继续练习，如图 5-27 所示。

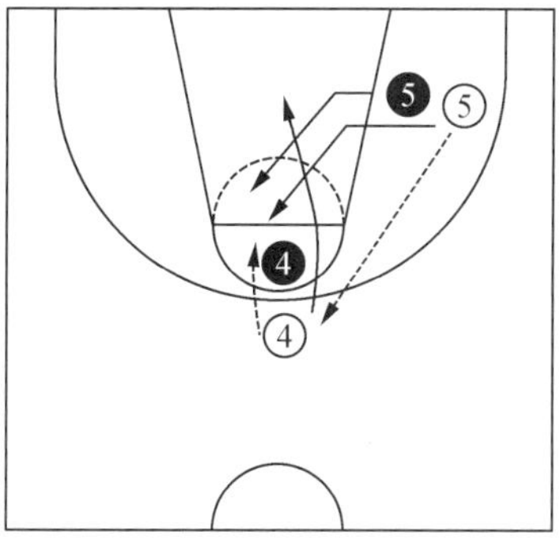

图 5-26

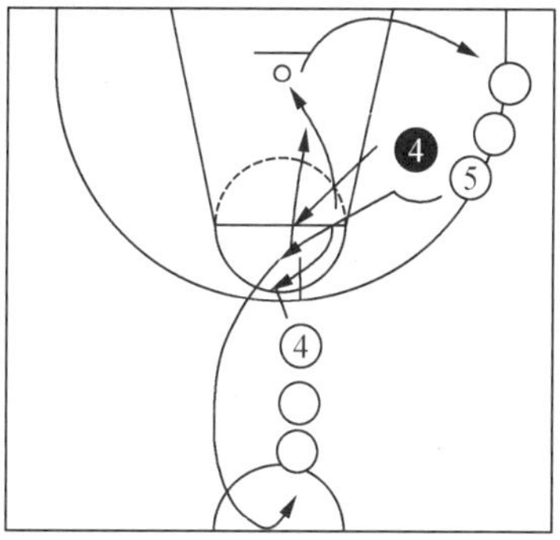

图 5-27

（三）快攻与防守快攻

快攻是由防守转入进攻时，以最快的速度、最短的时间把球推进到前场，在对方尚未部署好防守之前造成人数和位置上的优势，果断而合理地进行攻击的一种进攻战术。

1. 快攻的方法

示例一，如图 5-28 所示：⑤抢到篮板球后，首先应观察全场情况，掌握发动快攻的时机，⑥和⑧及时快下，超越防守，⑤根据情况，长传球给⑥或⑧进行投篮，④⑤⑦应随后跟进。

示例二，如图 5-29 所示：④抢篮板球后，将球传给机动接应的⑤，⑤又把球传给⑥从中路运球推进，⑦和⑧沿边线快下，争取以多打少，④和⑤应迅速插空跟进。

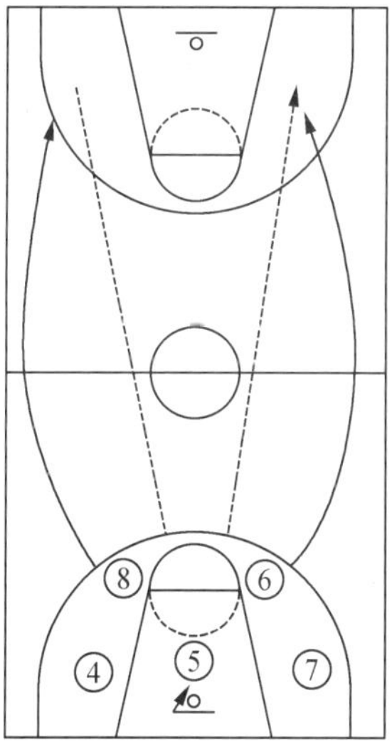

图 5-28

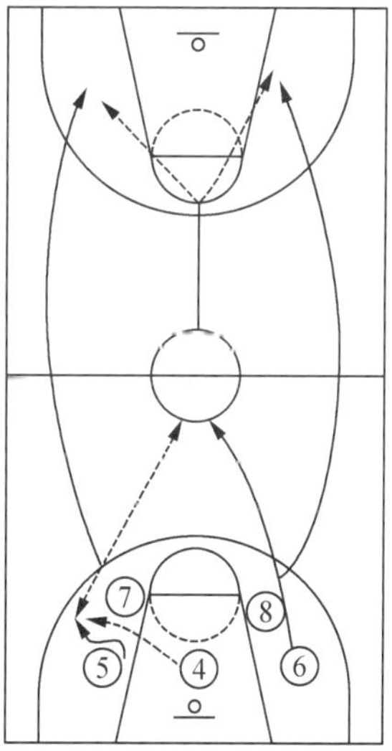

图 5-29

2. 防守快攻的方法

（1）拼抢前场篮板球，减少对方获球机会；

（2）破坏对方快攻的一传和接应；

（3）紧防快下队员，切断长传路线；

（4）降低对方推进的速度，以利及时组织防守。

(四)人盯人防守

人盯人防守战术是指每名防守队员有针对性地、较牢固地防守一名进攻队员,在防守自己对手的前提下,进行相互协作的全队防守战术。

1. 人盯人防守的方法

(1)半场人盯人防守战术方法:防守有球队员的位置应该站在对手与篮筐之间,以伸手能触到对方的球为宜。防守队员两脚斜前或平行站立,一手臂伸向对方的持球部位,另一手臂侧举,干扰对方的投篮,堵截对手的运球突破路线,并伺机打球、抢球,当进攻队员运球停止时,防守队员要立即上前紧贴对手并挥动双臂封堵其传球路线。

防守无球队员应该在对手和球之间,选择有适当角度的位置,做到人、球兼顾,离球越近,防守距离越近,离球越远,防守距离越远,如图 5-30 所示。

练习方法:

进攻队员在原地相互接球,防守队员随着进攻队员的传球,选择防守位置,防守持球队员要紧逼,防守无球队员则要保持离球近则近、离球远则远的防守位置,如图 5-31 所示。

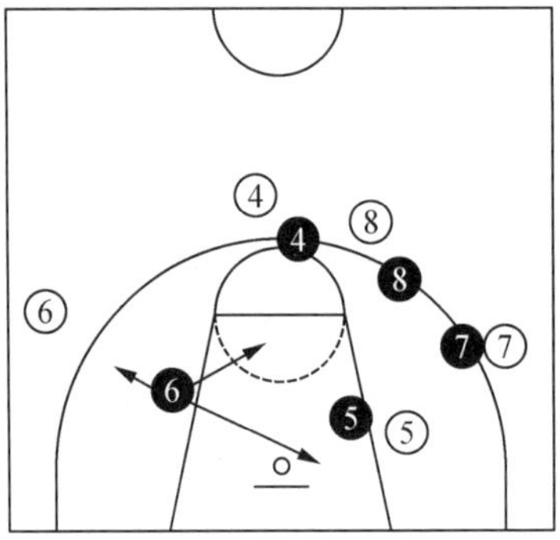

图 5-30

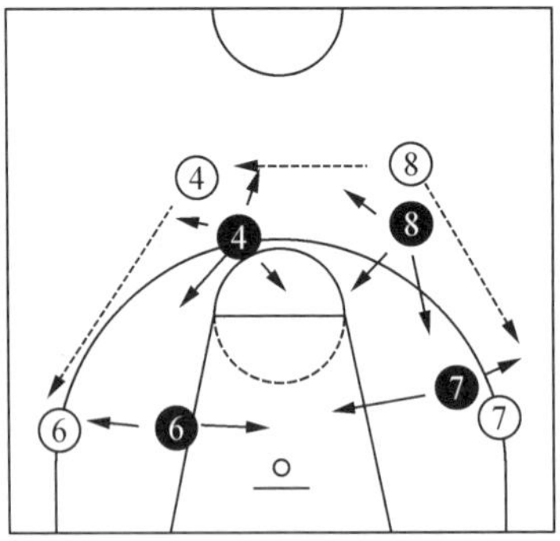

图 5-31

(2)全场紧逼人盯人方法:当④掷界外球时,❹应迅速上前紧逼防守④,积极挥动双臂,封堵传球角度,争取断球,同时❺❻要选择在⑤⑥的侧前方位置,积极堵截其向球移动的路线,阻止其接球,❼❽与对手保持一定的距离和角度,在防守住自己对手的同时,随时准备补防和断球,争取造成对手传球失误或掷界外球 5 秒违例,如图 5-32 所示。

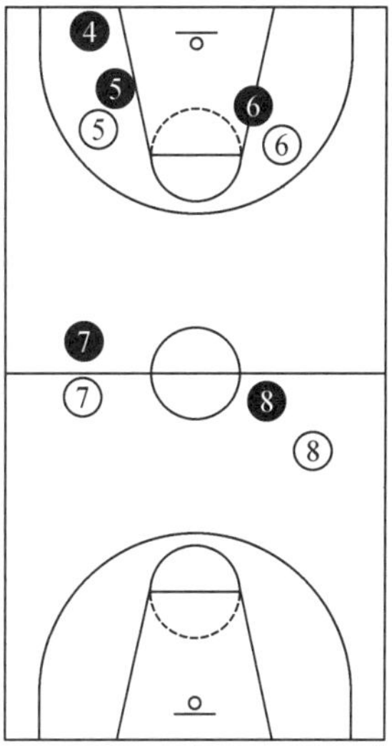

图 5-32

(五)对付全场紧逼人盯人防守的进攻

对付全场紧逼人盯人防守的进攻方法有两类:

(1)进攻队形:进攻队形一般有两种:一种是由防守转入进攻时,五名队员集中在后场,拉空前场,在后场组织固定进攻配合;另一种是五名队员分散在全场,利用防守薄弱环节进攻,各个击破。

(2)进攻战术方法:一种是后场进攻方法,后场进攻的关键是掷界外球和接应掷界外球的进攻配合。当对方采用一对一紧逼防守时,如图 5-33 所示,④掷界外球,⑦⑧分别给⑥⑤做掩护,⑤⑥利用掩护摆脱防守,接④的传球进行快速反击。

另一种是中场进攻方法:④传球给接应的⑥⑧后立即摆脱防守,插中接⑥的球,与此同时,⑦在前场摆脱防守,准备插中接⑧的球,通过插中策应配合把球推进到前场,如图 5-34 所示。

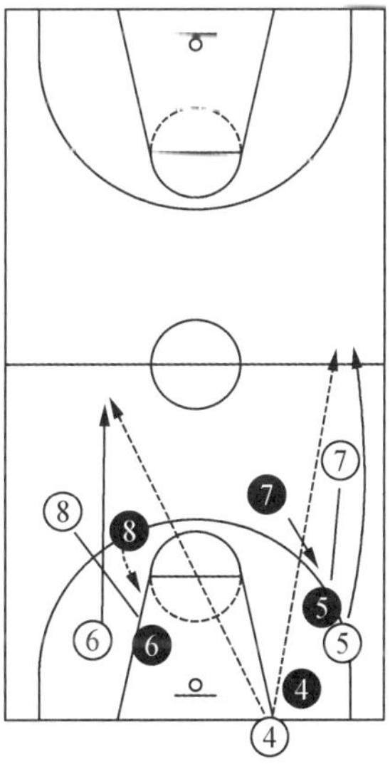

图 5-33

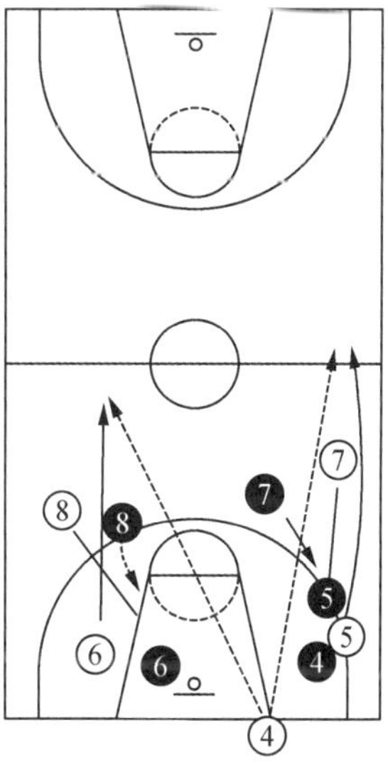

图 5-34

（六）区域联防

1. 区域联防形式

有“2-1-2”“2-3”“3-2”“1-3-1”等。

2. 区域联防的方法

以“2-3”为例说明。“2-3”区域联防的优点在于加强了篮下和底线防守，有利于抢篮板球。

示例，如图 5-35 所示：当⑥接④传球时，❻上前防守⑥，⑦向限制区移动，防止④空切，❽抢位⑧的前面，切断⑥与⑧的传球路线，❺站在⑧的侧后方，防止⑥传高吊球给⑧。❹站在⑤的内侧，防止⑤向限制区空切。

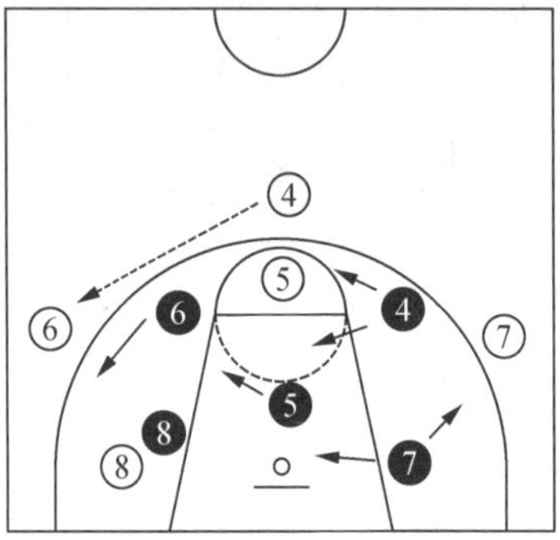

图 5-35

练习方法：五人一组，三攻二防，⑤④⑥在外围相互传球接球，❺❹积极移动补位练习，如图 5-36 所示。

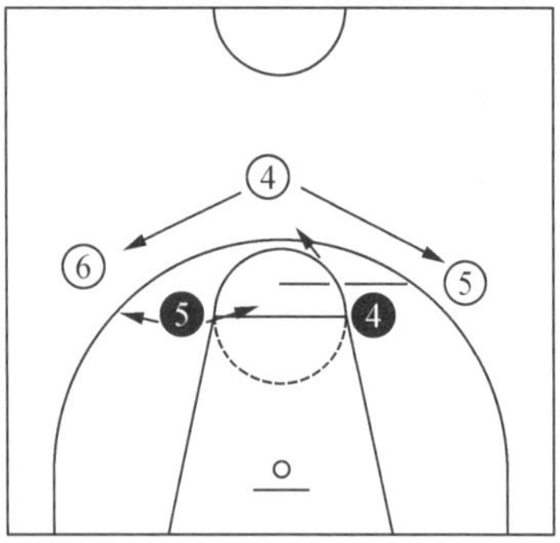

图 5-36

（七）进攻区域联防

1. 进攻区域联防的形式

常用的有“1-3-1”“1-2-2”“2-2-1”“2-3”等。

2. 进攻区域联防的方法

以“1-3-1”为例说明，④⑤⑥⑦相互传球，调动对方，使❻❹不能及时防守，④⑥⑦可抓住时机果断进行中距离投篮，如图 5-37 所示。

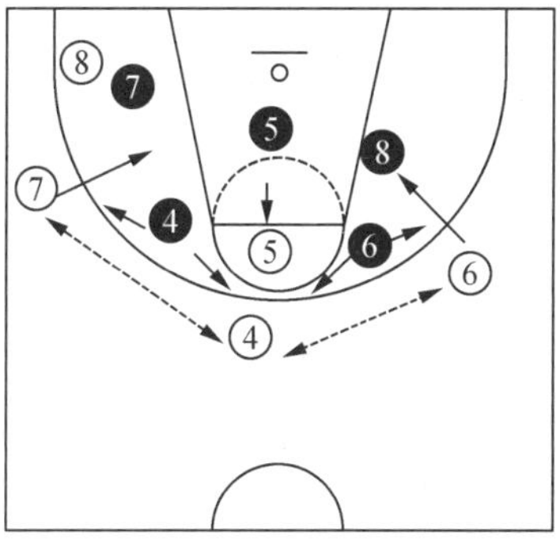

图 5-37

练习方法：五人一组，三攻二守，④⑥⑦利用相互传球调动防守，利用❹❻的位置量差，果断投篮，如图 5-38 所示。

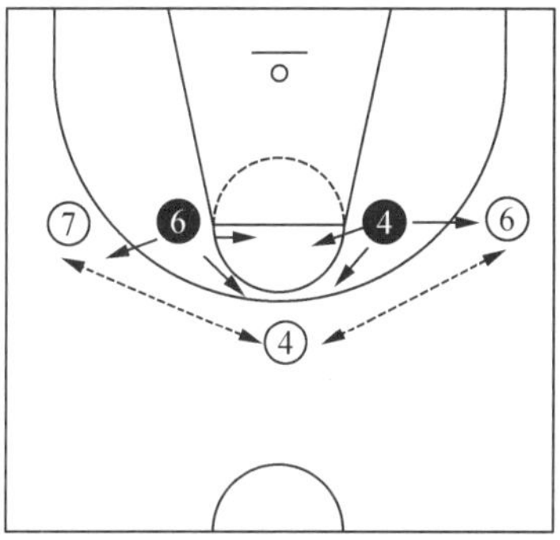

图 5-38

三、篮球竞赛规则简介

（一）场地与设备

1. 场地

标准篮球场是长 28 米、宽 15 米的长方形，球场各线的宽度为 5 厘米。球场的大小从端线和边线的内沿算起。球场内有三分投篮区、限制区和罚球区。

2. 设备

于篮球场纵轴延长线上，端线外至少 2 米的地方各安置一篮球架，架上安装篮板，篮板的投影垂直于地面，平行于端线，并距离端线 1. 2 米。它的下沿离地面 2. 75 米。篮板中安装牢固的篮圈，篮圈距离地面 3. 05 米，平行于地面。

（二）违例、犯规及罚则

1. 违例及其罚则

违反规则的行为而未构成犯规统称违例。其罚则是违例队失去控制球权，由对方在最靠近发生违例的地点掷界外球。

（1）跳球违例：跳球时，两名跳球队员的脚要站在靠近本队球篮一边的半圆，一只脚靠近两人之间的线的中心，球达到最高点后必须被一名双方跳球队员合法地拍击。超出以上规定为跳球违例。

(2)队员出界和球出界:当队员身体的任何部分与界线或界线外的地面接触时,即为队员出界;当球触及界外队员或任何其他人员、界线上或界线外的地面或任何物体、篮板的支柱或背面时即为球出界。

(3)非法运球:队员第一次运球结束后,不得再次运球,否则为非法运球。

(4)带球走:不按规则规定的持球移动叫带球走。持球时,球未离手而中枢脚已离开地面再运球或中枢脚提起又落地后再传球、投篮等,均判违例。

(5)3 秒违例:某队控制球时,持球队员或其同伴在对方限制区内停留时间不得超过 3 秒。否则为违例。

(6)5 秒违例:有三种情况:罚球队员在裁判员递交球后 5 秒没有投篮出手;掷界外球的队员在裁判员递交球后或已将球放在他可处理球的地点后 5 秒,没有将球掷入场内;持球队员被严密防守,在 5 秒内没有传、投、滚或运球时。

(7)8 秒违例:进攻队在后场控制球后,未能在 8 秒内使球进入前场。

(8)24 秒违例:一个队在场上控制活球时,未能在 24 秒内投篮出手。

(9)掷界外球违例:掷界外球时,掷球队员未站在裁判员指定的距违例地点最近的界外掷球入场(但直接位于篮板后面的地方除外)。

(10)拳击球、脚踢球违例:队员用拳击球为违例,故意踢球或用腿的任何部分拦阻球为违例,脚或腿偶然碰球不算违例。

(11)球回后场违例:某队控制前场活球,该队的队员不得使球回到他的后场(中线属于后场),否则为违例。

(12)干扰球违例:在投篮的时候,当球在飞行中下落,并完全在篮圈水平面上时,进攻或防守的队员都不能触球,但球触及篮圈后或明显不会触及篮圈时除外。

2. 犯规及其罚则

犯规是违反规则的行为,含有与对方队员的身体接触和违反体育道德的举止。对犯规队员应予以登记,并按照规则的有关条款予以处罚。

(1)侵人犯规:是一种违反规则且造成与对方发生不合理的身体接触,如队员通过伸展臂、肩、髋、膝或过分地弯曲身体成不正常姿势以阻挡、推拉、撞绊来阻碍对方行进或使用粗野动作以及用手触及对方等。

(2)技术犯规:有意的、不道德的或有投机取巧性质的行为,虽未发生身体接触,但应判技术犯规。技术犯规在比赛期间包括临场队员、替补队员、教练员、助理教练员和随从人员。

(3)双方犯规:双方队员同时相互犯规即为双方犯规。

(4)违反体育道德的犯规:裁判员认为队员不是在规则的精神和意图的范围内合法地直接地试图抢球,造成的侵人犯规是违反体育道德的犯规。

(5)取消比赛资格的犯规:任何技术犯规、侵人犯规都是十分恶劣的不道德行为,均为取消比赛资格的犯规,并令其离开球场附近。

(6)打架:在打架或可能导致打架的任何情况下,任何座席人员离开球队席区域的界限应被取消比赛资格,并令其离开球场附近,包括球队席区域和球场附近,并不得以任何方式再和他的球队联系。

(三)一般规定

1. 队员 5 次犯规:一名队员已发生 5 次侵人犯规或技术犯规,他必须在 30 秒内被替换。

2. 全队犯规:在一节中某队已累计发生了 4 次队员犯规时,该队处于全队犯规处罚状态。所有随后发生的对未做投篮动作的队员的侵人犯规应被判 2 次罚球(代替掷球入界)。

3. 可纠正的失误:如果裁判员无意地忽略了某条规则,并仅仅是导致了以下 5 种情况时,允许裁判员纠正这个失误:没有判给应得的罚球;判给不应得的罚球;允许不该罚球的队员执行罚球;在错误的球篮,包括执行罚球;不正确地判给了得分或取消得分。

四、比赛通则

1. 比赛时间:比赛时间分为 4 节,每节 10 分钟。在第 1、2 节(第一半时)和第 3、4 节(第二半时)之间以及每一决胜期的前面有 2 分钟的比赛休息时间。半时之间的休息时间为 15 分钟。

2. 比赛开始:比赛由中圈内跳球开始。

3. 暂停:每队第一半时有 2 次暂停,第二半时有 3 次暂停,决胜期有 1 次暂停。暂停机会可以不用,但不准挪到第二半时或决胜期内使用。每次暂停时间为 1 分钟。

4. 替换:替换队员必须亲自到记录台前报告被替换队员号码,然后坐在替换席上,经临场裁判准许后,方可进入场地替换。只有在替换机会期间,球队才可以替换队员。

5. 比赛结束:当结束比赛时间的比赛计时钟信号响时,一节、决胜期比赛应结束。

6. 比分相等和决胜期:如果在第 4 节比赛时间终了时两队比分相等,为打破平局,需要一个或多个 5 分钟的决胜期来继续比赛,直到分出胜负为止。

五、《篮球》课程的地位和作用

1. 地位

《篮球》是体育的核心课程,是所开设项目中学生学习人数较多的一门,是学生能够有效锻炼到身体各方面的素质以及学生的思维、沟通、表达和创造能力的一门课程,是学生锻炼职业(从事专业)身体素质效果较好的一门课程,是混合课程改革和体育选项课程改革中重点建设的一门课程。

2. 作用

《篮球》课程是在"健康第一""素质教育"思想指导下,遵循"以人为本"的原则,全面贯彻《全国普通高等学校体育课程教学指导纲要》精神,结合学院场馆特点和学生身心发展规律的需要开展的。以篮球项目为依托,通过篮球专项素质、专项技能及技战术的教学与实践,使学生的身心得以发展;其次通过与专业相关的职业体能训练,使高职学生能够了解不同职业所需的体能要求以及养成良好的锻炼习惯,社会适应能力也得以提高,最终将篮球项目作为终身体育的主要手段,达到终身受益之目的。

六、《篮球》课程教学内容设计

1. 课时分配

理论课 4 学时,技能课 40 学时,体能课 16 学时,拓展课 12 学时。

2. 教学策略

在教学过程中贯彻“因材施教”“区别对待”的原则,如高个子学生在练习基本技术的基础上可突出其身高的优势着重进行篮下攻防的练习、小个学生重点练习运球、传球及外围投篮等。

教学过程中,以学生为主体,在教学内容设计、教学手段与方法的采用应充分考虑学生的身心特点及所承受能力。在实际教学中,主要以男生基础班为主,因此,教师应充分考虑其身体素质以及协调性。其次,尊重学生的先天条件、个性差异以及兴趣爱好等。

在教学中,除传授基本的技能、体育锻炼方法外,还应灌输体育文化的价值,尤其以培养学生体育锻炼的兴趣,激发学生参与运动的热情,使学生养成长期锻炼的习惯,可采用视频、欣赏等手段为学生展示篮球运动的魅力以及受欢迎程度,通过一些 NBA 及国内知名球员的训练、比赛过程中的积极向上因素激励学生,使学生爱上并参与这项运动。

七、《篮球》课程具体组织形式

1. 理论课采用集中授课的形式。

2. 实践课程采用集中加分组形式,每组 8 人,给每组学生发放教具,然后进行分组训练。

3. 采用课前课中课后,线上线下教学做一体化的教学模式。

①课前:学生登录网络教学平台进行课程的预习(见图 5-39)。

图 5-39

②课中:在篮球场地,采用集中教学,利用混合教学技术,结合多媒体网络教学平台进行(见图 5-40)。

③课后:利用网络教学平台,学生进行复习,完成作业,讨论,知识拓展,并预习下次课的内容(见图 5-41)。

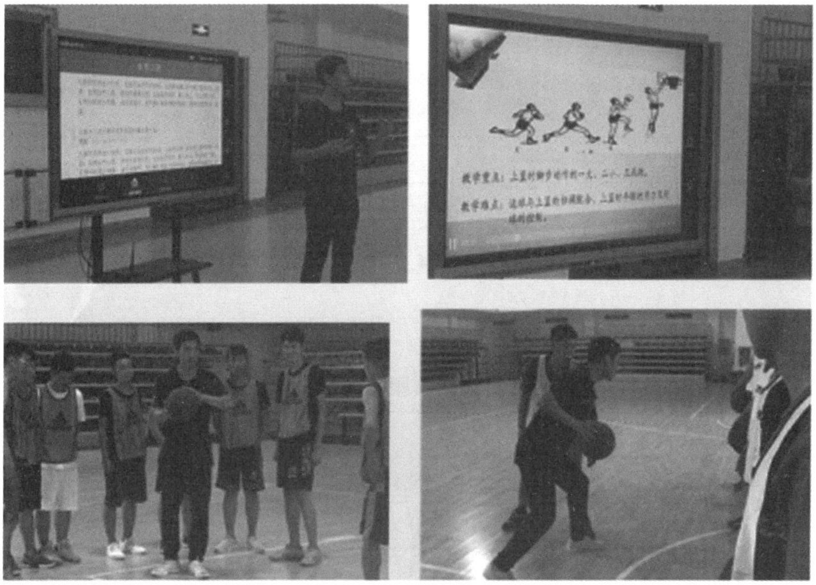

图 5-40

图 5-41

八、《篮球》课程评价考核方式

本课程考核采取线上和线下成绩相结合的考核办法，成绩构成及比例见表 5-1，身体素质成绩构成及比例见表 5-2，在线考核成绩标准见表 5-3，期末成绩考核标准见表 5-4。

表 5-1　成绩构成及比例

序号	考核项目	考核内容	成绩比例(%)
1	表现成绩	学生课堂练习的出勤、积极性、主动性；对知识点、技能点的理解程度	15
3	身体素质成绩	认知及身体素质考核测验	30
2	线上成绩	参与在线课程学习活动的成绩	15
4	期末成绩	专项测试考核成绩	40
合计			100

表 5-2　身体素质测试成绩考核标准

序号	考核项目	考核内容	成绩比例(%)
1	体测成绩	国家学生体质健康标准	60
2	职业体能鉴定	10 米×4 往返跑、俯卧撑	40
合计			100

表 5-3　在线成绩考核标准

序号	考核的知识点及要求	考核比例(%)
1	在线作业 16 次(迟交加权系数 0.8)	40
2	在线测试 6 次(不参与没分)	30
3	调查问卷 3 次(不参与没分)	5
4	在线时长(按排名加权系数确定)	10
5	发帖及回帖次数(按排名加权系数确定)	15

表 5-4　期末成绩考核标准

序号	考核的知识点	考核比例(%)
1	项目一　篮球理论	20
2	项目二　运球、传球	30
3	项目三　投篮、脚步	30
4	项目四　技术运用	20

1. 理论考试(20%)

鉴定方法:开卷笔试

鉴定范围:篮球运动的特点、健身价值;基本技术;竞赛规则、裁判法;职业体能的分类;拓展知识;运动处方。

鉴定标准:按试卷得分进行成绩评定。

2. 运动技能鉴定

(1)一分钟定点投篮(男生)

鉴定方法:学生手持一球,以罚球线为基准,教师喊开始一分钟计时,学生出手投篮,自投自抢,一分钟时间到喊停。

(2)半场 V 型运球上篮(60 ″)应会鉴定(男生)

鉴定方法:学生进行一分钟的半场 V 型运球上篮,手持一球从半场的 45 度角开始运球上篮,抢到篮板后再运球至对角,一分钟时间来回运球上篮。

(3)移动接球急停跳投应会鉴定(男生)

鉴定方法:在指定 5 个点,(两个 0 度角,两个 45 度角,一个 90 度角)教师喊开始,一分钟。学生持球从第一个点开始急停跳投,投完篮后跑动至第二个点接球继续跳投,再是第三,第四,第五,以此类推五个点轮流跑动接球投篮一分钟。

(4)专项脚步(4 次)(女生)

鉴定方法:以篮球场宽为单位,进行滑步、交叉步、加速跑的脚步移动考核,重复四次。

(5)定位投篮(10 球)(女生)

鉴定方法:学生在分别位于罚球圈 4 球,禁区线外左右 45 度角各 3 球的位置进行投篮。

(6)传接球技术(女生)

鉴定方法:两人一组相隔 4~6 米进行双手胸前传接球、双手基地传接球、体侧传接球,通过传接球过程中的技术动作进行打分。

(7)半场运球上篮(60″)(女生)

鉴定方法:由篮球场中线和边线夹角开始,进行运球上篮,抢下篮板后再运至另一侧夹角处,重复进行一次,未投进可补篮。

(8)技术运用能力鉴定

鉴定方法:根据教学比赛中,每个同学技术运用与意识分别给予评分;每个同学需 2- 3 局的比赛过程。

3. 职业体能鉴定

(1) 10 米×4 往返跑

鉴定方法:受测试者在两条相距 10 米的端线一端,听到动令(开表)后迅速跑到另一端碰线,然后再跑回刚起跑的一端触线,如此反复 4 次,计时。

(2) 俯卧撑

鉴定方法:两手支撑地面,两手的距离稍宽于肩,两脚并拢,手臂做屈伸动作,以手臂屈 90 度为标准。

(3)体质健康测试

鉴定方法:分项目统一测试。

鉴定标准:按《国家学生体质健康标准》评价等级。

(4)拓展项目鉴定

鉴定方法:根据学生的学习态度、完成拓展项目任务情况,学习兴趣高低;交流与合作意识;团队合作精神等方面评定。

4. 学习态度评价

评价方法:根据学生上课考勤记录;学习的认真程度;团结、互学互助学风;以及各种优良品质的体现,进行量化评价。

第三节 排　球

一、排球运动简介

排球运动是以排球为运动工具,以中间球网为界,在规定的场地上,按一定规则,双方队员运用排球技术和战术相互攻守,将球击入对方场内以决定胜负的运动。它包括以竞技为目的的排球运动和以健身为目的的排球活动。

排球运动始于1895年,1905年传入中国。20世纪60年代,排球技、战术有了较快发展,20世纪80年代,中国女排在世界大赛中曾写下"五连冠"的光辉成绩。

排球运动趣味性强,场地设备简单,主要规则容易掌握,运动量可大可小,不同年龄、性别、不同技术水平的人均可参加,很受人们的喜爱。目前在我国和世界其他国家,相继出现了沙滩排球、软式排球等活动,丰富了排球运动的内容。

经常参加排球运动能改善身体各器官和系统的机能情况,增强体质,增进健康。还能培养积极主动、果断沉着、勇猛顽强的意志品质,使人的身心得到和谐发展。

二、排球锻炼方法

(一)排球基本技术及其锻炼方法

1. 发球

发球是比赛的开始,也是进攻的手段。

发球技术是排球比赛规则中唯一不需要同伴配合,不受对方干扰的自我完成的动作。

发球技术从站位方式来区分有正面发球、侧面发球;从球的性能来区分有飘球、旋转球;从击球挥臂动作来区分有上手发球、下手发球。其主要常用的发球技术有上手飘球、勾手发球、上手大力发球和跳发球。

(1)发球技术要领

不论采用哪种发球,其技术动作过程都是相同的;站位和持球准备—抛球和击球前的摆臂—全身发力和挥臂轨迹—击球手型、击球点、击球部位—击球后的动作。这些动作是在瞬间连贯完成的,需要注意以下几点:

①抛球要稳。将球平稳地向上抛起,每次抛球高度应基本固定;

②击球要准。要以正确的手形击中球体的相应部位,使作用力方向和所要发球的飞行方向相一致;

③手法要正确。击球手法不同、发球性能就不一样。

发球技术动作必须做到:站位距离固定,抛球动作固定,挥臂轨迹固定,击球手型固定,击球部位固定。

总之,要想发好球,必须注意上述"五固定"的要求,并考虑力量、速度、飘度、落点、变化等因素,同时将之与准确性、灵活性、多样性和独特性结合起来。

(2)发球技术常犯错误与纠正方法

见表5-5。

表 5-5　排球发球技术常犯错误与纠正方法

常犯错误	纠正方法
抛球不稳、高低不当	练习平稳向上抛球
挥臂太慢	练习徒手快速挥臂
抛击配合不协调	听口令按节奏练习抛击配合
击球用不上全身力量	做抛球动作,体会全身用力

(3)发球的练习方法

①对墙发球。规定一点,用一定力量和速度;

②二发二接对抗;

③规定性能发球,发 10 次要求有 5 次以上达到标准;

④划区域发球;

⑤增加分数的发球,发球直接得分增加 1 分。

(4)几种常用发球介绍

①正面下手发球

面对球网,左脚在前,右脚在后,两膝微屈,上体前倾,左手持球于腹前,右臂自然下垂,两眼注视球。左手将球在体前右侧抛起,高于手 20~30 厘米,在抛球的同时,右臂后摆右脚蹬地,身体重心前移,右臂伸直。以肩为轴,向前摆至腹前,用虎口、掌根或手掌击球的后下部,随着击球动作身体重心前移,顺势进场,如图 5-42 所示。

图 5-42

②侧面下手发球

左肩对网,两脚左右开立约与肩宽,两膝稍屈,上体稍前倾,重心落在两脚之间,左手于腹前将球平稳上抛,距离身体约一臂远,球离手高度约一个半球。抛球同时,右臂后摆至右侧后下方。利用右脚蹬地向左转体的力量,带动右臂向前上方摆动,用虎口、掌根或手掌的后下方。击球后,身体转向球网,顺势进场,如图 5-43 所示。

图 5-43

③正面上手发球

面对球网,左脚在前,左手于体前将球平稳地抛至右肩的前上方;同时右臂抬起,屈肘后引,肘与肩平,上体稍向右侧转动,抬头、挺胸、展腹,手掌自然张开。利用蹬地,使上体向左转动,同时收腹,带动手臂向前上方快速挥动。在右肩前上方伸直手臂至最高点,用全掌击球的后中下部。击球时,手张开与球吻合,手腕迅速做推压动作,使击出的球呈上旋飞行。击球后,随着重心前移,顺势入场,如图5-44所示。

图5-44

2. 垫球

垫球技术动作按动作方法可划分为:正面双手垫球、跨步垫球、体侧垫球、低姿垫球、背垫、单手垫球、前扑垫球、侧卧垫球、翻滚垫球、鱼跃垫球以及挡球等。垫球技术按运用分类可分为垫球发球、垫球扣球、垫球拦回球和垫接其他球等。

(1)正面双手垫球。移动对正来球后,双手在腹前垫击叫正面双手垫球。正面双手垫球是最常用最基本的垫球方法,是垫球技术的基础,适合于垫接各种发球、扣球和拦回球。比赛中有些困难球不能用上手做二传时,也可利用正面双手垫球组织进攻,如图5-45所示。

图5-45

①准备姿势:双脚开立,稍比肩宽。两脚提踵,双膝屈曲,上体自然前倾,全身放松,随时准备移动。

②垫球手型:两手掌根紧靠,两手手指重叠合掌互握,两拇指平行,手腕稍下压,两臂外翻形成一个平面。

③击球部位:看准来球,两臂夹紧前伸,插到球下,用前臂腕关节上方约10厘米的地方两臂桡骨内侧形成的一个近似的平面击球下部。

④击球动作:向前上方蹬地抬臂,迎击来球,使插、夹、抬、蹬连贯完成,灵活控制球的方向和力量。

⑤手臂角度:垫球手臂与地面所成的夹角,对控制球的方向、弧度、落点影响很大。另外,垫球用力的大小与来球的力量成反比,与垫击的目标距离成正比。

垫球时手臂角度要领口诀:两臂夹紧插球下,抬臂送体腕下压;蹬腿跟腰前臂垫,轻球重球要变化。

(2)体侧垫球

体侧垫球的特点是控制面宽,但较难把握垫击的方向、弧度和落点。

以左侧垫球为例,右脚前脚掌内侧蹬地,左脚向左跨出一步,身体重心随即移至左脚并保持左膝弯曲,两臂夹紧向侧伸出,左臂高于右臂,右肩向下倾斜,再用向右转腰和收腹的力量,配合两臂在体侧截击球的后下部。切忌随球摆臂。

(3)背垫

背垫大多用于接应同伴垫飞的球或将球处理过网。背垫时,首先判断来球的落点、方向和离网的距离,然后迅速移动到球的落点处,背球方向,两臂夹紧伸直,插到球下。击球时,蹬地、抬头挺胸、展腹,直臂向后上方摆击球。在垫低球时,也可利用屈肘、翘腕动作,以虎口处将球向后上方垫起。

(4)垫球技术常犯错误与纠正方法

见表 5-6。

表 5-6　排球垫球常犯错误与纠正方法

常犯错误	纠正方法
两臂与身体夹角太小	做向上自垫练习手臂抬至与地面平行
不能协调用力、两臂撩球	对墙用身体蹬地伴送力量垫球
垫击部位不准确	多做移动后插入球下练习,体会前臂垫击部位
两臂垫击角度不佳	练习根据不同来球采用不同垫击角度

(5)垫球的训练方法

①三人一组,站成纵队,分别在 1,5,6 号位区域,轮流垫对方发球;

②采用一对一、二对二、三对三垫球;

③完成指标的对抗练习。

3. 传球

传球时排球比赛中的防守和反攻的衔接技术。它的好坏直接影响战术配合的质量,关系到扣球效果。传球技术动作分为正传、背传、侧传和跳传四种。四种传球主要用于二传,也可用于其他传球。

(1)双手正面传球要领如图 5-46 所示。双手正面传球是传球中最基本的传球方法,它接触球的面积大,手和全身动作容易协调配合,传球的准确性和稳定性也高,是其他各种传球方法的基础。传球技术动作是个完整的连续过程,可以从以下五个方面加以分析:

图 5-46

①准备姿势：双脚左右开立，略比肩宽，一脚在前，两脚尖适当内收，脚跟稍提起，膝关节稍屈曲，上体伸直，重心靠前，身体要稳定，抬头看球，双手自然抬起，放松，置于脸前。

②迎球：当球下降近额前时，蹬地伸膝，伸臂，两手向前上方迎击来球。

③击球：击球点在额前上方约一个球的距离处，这样便于看清传球的目标，有利于对准球和控制传球的方向。

④手型：当手触球时，两手自然张开成半球形，手指与球吻合，手腕稍后仰，以拇指、食指、中指托住球的后下部，手指、手腕保持适当的紧张，以承接球的压力。

⑤用力：传球的动作要全身协调用力。其要领是额前迎击球，触球手张开，蹬地伸臂送，指腕缓冲弹。

(2)传球技术常犯错误与纠正方法

见表5-7。

表5-7　排球传球技术常犯错误与纠正方法

常犯错误	纠正方法
找位不及时，对不准来球	多练习移动，保持在脸前接球
手型不正确	1. 用传球手型接球，体会手型 2. 用一定距离对墙轻传球，体会手指触球 3. 用篮球传球，强迫将手张开
用力不协调	1. 一抛一传，传球后重心移向前脚 2. 用蹬地抻臂向前自抛自传远距离球

(3)传球练习方法

①对篮板或墙固定位置传球；

②自传高度2~3米的球；

③自传高低结合的球(高3米以上，低刚刚离手)；

④沿排球场线边移动，边传球；

⑤两人对传，传球弧度一高一平；

⑥两人对传，自传一次，然后再传给对方。

4. 扣球

扣球是排球比赛重要的基本技术之一。由于扣球能充分利用全身力量并快速挥臂，使扣出的球又快又猛，给对方接球造成困难，所以扣球是排球比赛中得分、得权最积极和有效的进攻手段之一。

(1)正面扣球技术要领如图5-47所示。正面扣球由于面对球网，便于观察，能根据对方拦防情况，随时改变扣球线路和力量。同时挥臂动作灵活协调，准确性高，又便于控制球的落点，因此，正面扣球是最基本和最有效的进攻方法，也是各种扣球技术的基础。

①准备姿势：一般站在距离球网3米左右处，两臂自然下垂，稍蹲，脚步不要站死，眼睛观察来球，做好助跑启动的准备。

②助跑：助跑最后一步脚的落地就是起跳开始，常用的起跳方法有两种：一是并步法；二是跳步法。不论哪种方法起跳，当踏跳脚着地瞬间，臂摆至身体侧后方并开始向前摆动，

当两腿弯曲至最深时，手臂摆至体侧，而后随蹬直两腿开始上摆，两脚迅速扒地，双膝猛伸，向上跳起。

图 5-47

③空中击球：起跳后，挺胸展腹，上体稍后右转，右臂向上方抬起，身体成反弓形。挥臂时迅速转体、收腹动作发力，依次带动肩、肘、腕各关节成鞭甩动作向前上方弧形挥动，在右肩上方最高点击球。

④落地：空中完成击球动作后，身体自然下落，用双脚的前脚掌先着地，以缓冲冲击力，落下时保持平衡，以利于及时完成下一个动作。

(2)扣球技术常犯错误与纠正方法

见表 5-8。

表 5-8　排球扣球技术常犯错误与纠正方法

常犯错误	纠正方法
助跑起跳前冲，起跳点选择不好	1. 在场地上画出起跳点和落地点 2. 助跑起跳掷小皮球或其他球，体会制动与起跳
助跑起跳时机不当	1. 以口令、信号限制起跳时间 2. 固定传球高度，减少判断的难度
击球点保持不好	1. 改进助跑起跳，把握起跳时机和起跳点 2. 扣固定球，体会起跳后击球点的正确位置
挥臂没有鞭甩的动作	1. 矮网练习挥臂扣击，体会正确挥臂动作 2. 挥臂抽打树叶，体会向上伸臂动作

(3)扣球的练习方法

扣球练习方法有以下两种：

①助跑起跳练习：助跑起跳挥臂击打树叶。

②挥臂和甩腕动作练习：徒手挥臂甩臂练习或挥臂甩臂触一定高度树叶；设置合适高度的固定球，挥臂抽击；对墙连续扣球练习。

5. 拦网

拦网是防反的第一道防线和得分的重要手段。拦网不仅可以拦死、拦回、拦起对方的扣球,还能削弱对方进攻锐气,动摇扣球信心。

(1)拦网动作方法分析

拦网动作包括准备姿势、移动、起跳、空中动作和落地五个互相衔接的部分。

①准备姿势:面对球网,密切注视对方动向,两脚平行开立,两膝稍屈,两手自然屈曲置于胸前。

②移动:根据不同情况可灵活运用并步、跨步、滑步、交叉步、跑步等各种移动步法,将身体重心移动到拦网位置,准备起跳。

③起跳:移动后立即制动,使身体正对球网后起跳,或在起跳过程中在空中使身体转向球网。

④空中击球:起跳后稍收腹,控制平衡。同时,两手从额前贴近并向网的上沿的前上方伸出,两臂伸直,尽量上提。拦击时,双手伸向对方上空,自然张开,屈指屈腕成勺形。

⑤落地:拦网后自然地落回地面,落地时屈膝缓冲,落地后准备做下一个动作。

(2)拦网技术常犯错误与纠正方法

见表 5-9。

表 5-9 排球拦网技术常犯错误与纠正方法

常犯错误	纠正方法
起跳时机不当	按信号刺激进行起跳练习
起跳后身体碰网	多练习起跳后的收腹、含胸动作
拦网时双手扑网	徒手练习提肩直臂屈腕拦击动作
手离拦网太远	多做原地、移动跳起后双手伸过网的练习

(3)拦网的练习方法

①摸树梢或篮板练习;

②主动与被动移动起跳练习;

③两人一组隔网站立,同时向另一侧移动起跳,在空中双手击掌;

④两人一组,一人抛球,另一人跳起拦网;

⑤一对一扣球拦网。

(二)沙滩排球简介

沙滩排球是从排球派生出来的一项球类运动。20 世纪 40 年代,沙滩排球起源于美国。1987 年在巴西举行了首届世界沙滩排球锦标赛。1996 年被列为奥运会比赛项目。

沙滩排球的比赛场地长 18 米,宽 9 米,由至少 40 厘米厚的细颗粒沙铺成。球网长 9.50 米、网宽 1 米,男子网高 2.43 米,女子网高 2.24 米。球可用浅黄色或其他颜色,重 260 ~280 克。比赛由两队参加,每队两名运动员,必须赤足参赛。每队可击球 3 次,将球击回对方场区。一名运动员不得连续击球两次。只有发球方可得分(决胜局除外),接发球方胜一球时,获发球权(决胜局则得分)。运动员必须轮流发球。每场比赛可采用一局制,胜一局即胜一场;也可采用三局两胜制,胜两局为胜一场。一局制比赛以先得 15 分并同时超过对方 2 分为胜,当比分 14 : 14 时,要继续比赛至领先 2 分,如 16 : 14 或 17 : 15 才能取胜(最高分限为 17 分,当比分 16 : 16 时,先行得 17 分的队为胜)。采用三局两胜制时,前两局以先得 12 分同时至少超过对方 2 分方为胜,若当比分 11 ∶ 11 时,比赛继续进行,直至一方领先 2 分时才判获胜,没有最高分限。

(三)软式排球简介

软式排球是一种手感柔软又有一定弹性、使用中不会造成伤害、能够用于练习和比赛的排球。它适用于从青少年到中老年各年龄层次的人进行娱乐健身和竞技比赛。

软式排球运动是指用软排球有组织地进行的各种丰富多彩的活动,它包括各种竞技活动,如家庭制、三人制、四人制、六人制、混合制等多种形式的比赛,还可作为青少年学习排球各种技术动作的基本练习。

1. 软式排球的特点

概括起来,软式排球活动的特点是:老少皆宜,场地随意,规则可变,安全性好,趣味性高。

软式排球是继沙滩排球之后排球家族的新成员,它和排球运动的区别显而易见:排球是竞技性很强的体育活动,而软式排球则是大众化的竞技健身活动,在开展软式排球的过程中,会培养出一批掌握排球技术的运动员,排球的发展将得益于软式排球的普及。

2. 软式排球的常用技术及特点

(1)常用技术

有下手发球、双手垫球、单手垫球、双手传球、单手传球、双手挡球、单手挡球、单手扣球、拦网、脚击球等。

(2)技术特点

可归纳以下六点:

①身体重心不宜太低,膝关节要稍屈;

②击球方法多种多样;

③要有用脚击球意识;

④学会控制击球力量;

⑤举手击球动作运用较多;

⑥与排球技术动作共性较多。

3. 软式排球常用技术动作要领

(1)发球

软式排球比赛中规定只允许下手发球,即发球的击球点不能与肩平等或超过肩关节的高度。下手发球主要有正面下手发球和侧面下手发球两种。以正面下手发球为例:左手持球于腹前,将球轻轻抛起在体前右侧,高约 20 厘米,在抛球的同时右臂伸直以肩为轴向后摆动,借右腿蹬地力量,身体重心随着右手向前摆而移至前脚上,用掌根或手的虎口部位击球下部。因软式排球较软,挥臂速度应快些。

(2)垫球

正面双手垫球是软式排球的常用技术之一,即用双手在腹前垫击来球的一种击球方法。软式排球比排球飞行速度慢,而且球在长距离飞行后会出现突然下沉,所以判断来球时,应比排球的落点距离适当向前,垫球时身体重心前移,双臂正对来球方向,击球的用力方法和大小应根据来球的力量、弧度的不同而有所变化。因软式排球的球体软,垫击球时手臂上抬力量应稍大,以增加其反弹力。

软式排球比赛中,单手垫球运用较多。因为单手垫球动作快,垫击范围大,当来球较远,来不及或不便用双手垫球时,均可采用单手垫球。单手垫球可采用各种步法接近球,可采用手的虎口、半握拳、掌根、手臂及前臂内侧等部位去击球。

(3)挡球

挡球主要有双手挡球和单手挡球两种。在软式排球比赛中来球较高、不便垫击时,可采用此方法。挡球时手臂屈肘上举,手腕后仰,用手掌侧面或掌根挡击球的后下部,击球瞬间手腕紧张,用力适度,如球较高时,还可以跳起挡球。

(4)传球

软式排球的传球对初学者来讲难度不大,只要将两手自然张开成半球形置于额前,当手触球时手指、手腕保持适度紧张时,即可将球柔软地传出。另外,还可以适当地运用单手传球。单手传球时肘部屈曲上举,手腕后仰,掌心向上,五指微屈,形成一个小的半球形手型,用前臂动作及手指、手腕力量一“点”即可,单手传球时手指、手腕的紧张程度应大一些。

(5)扣球

软式排球的扣球与排球有一定区别,击球时更应注意用力的把握,控制好力量是关键。手指张开并保持紧张,以全手掌包满球,击球的后中上部并主动用力屈腕向前推压。如运用吊球时,手指要适当加力。

(6)拦网

软式排球拦网时应注意两手或两臂之间的距离要适当缩小,不要让球从中挤出来。拦网击球时,两臂要伸直,前臂靠近球,主动提肩屈腕用力捂球。

(7)脚击球

软式排球比赛中,采用脚击球的机会较多。一般当来球离身体较远,手无法触及时使用。用脚面以适当的力量和角度触及球,使球弹起一定的高度。

4. 竞赛规则简介

软式排球在中国开展的时间不长,比赛规则的设计原则应该是简单易行、公平竞争、方便参与。简介如下:

(1)分组

共分三组:

①青少年组:小学甲组、乙组、初中组、高中组、大学生组。

②中老年组:铜组30~40岁,银组41~50岁,金组51岁以上。

③家庭组:甲组由一个家庭组成,以儿童年龄为准,父母参与,3人组成一组,乙组由两个家庭组成,以儿童年龄为准,共6个人组成一组。

(2)规则

规则有共有四条:

①击球时不允许持球、连击,但尺度可适度放宽。

②发球顺序是从1号位队员开始,按顺时针旋转。

③四人制不分前后排,均允许在网前进攻和拦网。6人制按6人制规则,9人制按9人制规则。

④每球得分阶段每局限17分(决胜局除外),三局两胜,可以一局定胜负。

三、排球实战攻略指导

在比赛中,双方应根据本队队员的技术特点、身体素质和比赛经验等情况,有针对性地选择战术。在运用战术时,为了掌握比赛的主动权,要善于根据双方技战术的优劣及临场情况的变化采取灵活多变的行动,通过技术的抗衡和战术的对垒,达到战胜对方的目的。

(一)进攻战术攻略和基本原则

进攻战术是指在接对方发过来、扣过来、拦过来和传、垫过来的球后,全队采取的有目的、有组织的配合进攻行动。进攻战术又可分为进攻阵形和进攻打法两方面。进攻阵形即进攻时采取的队形,有中一二、边一二、插上等阵形。主要进攻打法包括以下几方面:

1. 发球的基本原则

发球是排球比赛中一项重要的进攻战术。发球队员可在发球前比较从容地观察对方的站位情况,选用自己最擅长的发球方法将球自抛自击过网。发球的成败主要决定于个人对发球技术的熟练程度和临场比赛时心理状态的稳定程度。要发好球,首先抛球要稳,球不能左右偏移,保持在身体正中稍偏右的位置,并注意托腕出球。发球时,可有意识地控制抛球力度,用相同的力度抛球,这样就可对球下落的时间有一个预估。

2. 位置差的基本原则

扣球队员佯作起跳,以吸引对方拦网。待对方拦网者起跳拦网时,扣球队员突然向侧方跨跳一步,起跳扣杀。

注意:扣球队员的佯攻要逼真,错位的移动要迅速连贯,并与快攻实扣交替使用。

3. 时间差的基本原则

扣球队员佯作助跑起跳,诱使对方起跳拦网,自己则急停制动。当对方下落时,再突然从原地起跳进行实扣。采用该战术时,尽量避开对方的拦网,以提高扣球的成功率。

4. 空间差的基本原则

空间差即空中移动进攻,因起跳点和实扣点在空间上的差距而得名,又简称为“飞”,指扣球队员起跳后,利用身体在空中的位移,避开对方的拦网,达到进攻的目的。扣球队员在二传手前扣球称为“前飞”;在二传队员背后扣球称为“背飞”。

5. 插上的基本原则

插上是指后排队员插到前排做二传,把球传给前排三名队员扣球的进攻形式。一般以1号位插上为多。插上进攻能保持前排三点进攻,可以充分利用球网的全长,有利于突破对方的防线。插上战术变化较多,可以打出交叉、梯次、夹塞、立体进攻、双快一游动等战术进攻。

6. 两次球的基本原则

当一传来球较高、落点又在网前适当位置,前排队员可以起跳扣球。如遇对方严密拦网,可在空中改扣为传,转移给其他前排队员进攻。这种打法有两次扣球进攻机会,并有较大的突然性,进攻效果较好。但由于对一传要求较高,并有一定的难度,这种打法在实战中运用较少。

(二)防守战术攻略和基本原则

排球的防守战术是组织进攻或反攻的基础,没有严密的防守,进攻就无从组织。而一切防守战术都应从积极为进攻和反攻创造条件的角度进行设计和考虑。

1. 接发球的基本原则

当对方发球时,本方处于防守地位,也是组织第一次进攻的开始。事先站好位置,摆好阵形,是接好发球的基础。站位的阵形,不仅应有利于接球,也要有利于本方所采用的进攻战术。同时,还要根据对方发球的特点,采取不同的阵形。通常多采用5人接发球和4人接发球的方式。

(1)5人接发球站位阵形

采用这一阵形,除1名二传队员站在网前或从后排插上准备二传不接发球外,其余5名队员都担负着一传的任务。其优点是队员均衡分布,每人接发球的范围相对减小;接发球时,已站成了基本的进攻阵形,组织进攻比较方便。这种站位阵形适合接发球水平不太高的球队。

(2)4人接发球站位阵形

指插上二传队员与同列的前排队员均站在网前不接发球,其他4人站成弧形接发球的站位阵形。其特点是便于后排插上和不接发球的前排队员及时换位。

2. 接拦回球的基本原则

本方扣球时必须加强保护,积极防起被拦回来的球,并及时组织继续进攻。由于拦网队员可以将手伸过网拦网,拦回的球通常速度快、角度小,因而接拦回球的保护阵形应形成多道防线的弧形状,且第一道防线紧跟在扣球队员身后。

3. 接传、垫球的基本原则

当对方无法组织进攻,被迫用传、垫球将球击入本方时,本方的防守便称为接传、垫球的防守。这种情况在初学者中出现较多。由于来球的攻击性小,本方的防守阵形与不拦网情况下的防守阵形相同,即前排除二传队员外,其他的队员都迅速后撤到各自的位置,准备接球后组织进攻。

注意:在后撤和换位的过程中,动作要迅速,并随时做好接球的准备。

(三)反攻战术攻略和基本原则

反攻时,前排队员往往是在拦网或不拦网后撤之后迅速转入进攻的,大多是从后排向前排传球的情况下进行扣球,往往需要原地起跳、短距离助跑起跳或变步起跳去扣球,较难运用行进间插上组织进攻,在多数情况下采用强攻突破。反攻的战术变化不如一攻那样多种多样。当前,在防守水平不断提高的情况下,要充分利用新规则允许拦网触手后仍可击球三次的机会,不失时机地组织快速多变的战术进行反攻,力争比赛的主动权。

(四)交叉扣球战术攻略和基本原则

1. 前交叉

前交叉就是二传手面向4号位传球时,4号位队员上步做打近体快球动作或掩护以吸引对方拦网;同时3号位队员与4号位队员做交叉跑动,3号位队员在4号位或者3号位、4号位之间扣远网快球或半高球。从该定义可以看出,前交叉的队员两个人的换位和交叉跑动都是在二传手身前完成的。所以,前交叉战术需要4号位的进攻队员在网前具备比较好的掩护意识和跑动能力,而3号位队员则是真正进攻点,需要其有比较好的进攻意识和能力,尤其是在交叉跑动的时候需要头脑清醒,与掩护队员密切配合,上步节奏的控制比较清楚。

2. 后交叉

后交叉是实战中运用最多的多人跑动和掩护的突击战术之一。所谓后交叉,是指二传手面向4号位传球时,3号位队员做打近体快球动作掩护,同时位于二传手背后的2号位队员与3号位队员做交叉跑动,绕至二传手前面扣远网快球或半高球。从该定义可以看出,在做后交叉战术配合时,无论3号位的掩护队员在二传手身前还是身后做掩护,真正进攻点是从二传手身后跑到二传手身前扣球,这是后交叉的关键。

(五)运动员比赛心理的基本原则

在排球运动员竞技能力的构成因素中,心理素质和身体素质起着举足轻重的作用:纵观世界排球的发展史,一支球队要想获得优异的运动成绩,必须做到心理素质、身体素质及技战术三者的高度统一和协调发展。其中,心理素质是一切的基础。

1. 运动员的比赛心理水平

(1)提高心理活动水平

有心理学家研究认为,比赛的成功率30%归功于心理训练,70%归功于其他训练。在排球实战中,当队员心理活动水平很低时,很难对生理活动和技术动作进行有效的调节和控制。尽管有良好的身体素质和较高的技战术水平,也不能得到充分发挥;而心理活动水平过度时,也会导致心理紧张,肌肉收缩失调,动作变形,造成过多的失误。为此必须进行心理训练,提高队员的心理活动适宜强度,使其达到能进行良好的自我控制、调节的水平,以适应排球比赛的需要。

(2)控制心理活动水平

运动员在比赛过程中,不仅要付出巨大的体力消耗,同时也会消耗大量的心理能量。研究表明,在相同时间同等强度的活动中,心理能量的消耗为体力能量消耗的4~5倍。因此,控制运动员适宜的心理活动水平,保持身心力量的平衡,是身体素质、技战术水平得到充分发挥的基础。

2. 运动员心理训练的方法

在比赛中,心理控制和调节是十分重要的。心理训练的方法有以下几种:

(1)放松训练法

以一定的"暗语"进行自我暗示,使肌肉放松,从而进一步实现对植物性机能的控制。放松之后,运动员借助默念包括一定愿望的"暗语",又能对以后的行为起作用。

(2)控制训练法

运用想象力,通过内心的图像,帮助把一种成功的机制编入大脑和神经系统,然后去实现它,直到成为习惯为止。进行控制训练就是要学会形成集中注意力、想象、体会以及做起来"就像那样"等习惯。进行这种训练至少需要三周的时间,每天15~20分钟。

(3)模拟训练法

主要用于短期的心理训练,为运动员参加竞赛做好准备。运用这一训练方法,必须要对比赛的对手、环境、条件等方面进行详细的了解与分析。根据分析研究的结果来安排训练,使运动员习惯于比赛的特殊情况,同时训练的内容应可能与面临的比赛过程中可能发生的情况相似。

四、排球竞赛规则简介

(一)场地器材

排球比赛场区为长18米、宽9米的长方形。场地的地面必须平坦、水平。

比赛场地界线的长线称边线,短线称端线。在网下连接两条边线中点的线称为中线。中线将场地分为长9米、宽9米的两个相等的场区,每个场区各有一条离中心线3米、长

12.5 米的平行线称进攻线。进攻线前为前场区,进攻线后为后场区。两条边线有两条长约 15 厘米的短线延长线,置于距端线外 20 厘米处,与端线构成了 9 米宽的地区为发球区。

球网为黑色,长 9.5 米、宽 1 米。在 9 米处球网的两边各有两条标志带和两根标志杆,杆长 1.8 米。球网高度成年男子为 2.43 米,成年女子为 2.24 米。

正式排球比赛的用球,是用柔软的皮革制成外壳,内装橡皮或同类质量制成的球胆。球应是一色的浅色或国际排球联合会批准的多色球。在一次比赛中所用的球的圆周、重量、气压等都必须是统一的。

（二）胜一分、胜一局和胜一场

胜一分:比赛采用每球得分制,胜一球即得一分。如果是发球方则得一分并继续发球;如果是接发球方则得一分同时获得发球权;如果双方犯规,则判“双方犯规”,不得分,由原发球方重新发球。

胜一局:比赛的前四局以先得 25 分,并同时超出对方 2 分的队为胜一局。当比分为 24∶24 时,比赛继续进行至某队领先 2 分为胜一局(如 26∶24,27∶25)。决胜局以先得 15 分,并同时超出对方 2 分的队获胜。当比分为 14∶14 时,比赛继续进行至某队领先 2 分为止(如 16∶14,17∶15)。

胜一场:正式比赛采用五局三胜制,最多比赛五局,先胜三局的队为胜一场。

（三）比赛方法

1. 双方上场队员各 6 名,自左向右排列,前排为 4 号位、3 号位、2 号位,后排为 5 号位、6 号位、1 号位。比赛开始前,教练员将上场队员号码站位表交给记录台登记,由第二裁判员检查站位次序,当第一裁判员鸣笛后,不得更改。

2. 比赛开始,由发球方 1 号位队员在发球区内发球,发出的球通过有效过网区直接落于对方场地上或对方接发球失误则发球方进攻有效,发球方得一分,并继续发球。如果发球失误、违例、犯规或对方进攻有效,对方得一分并获得发球权,由 2 号位队员发球。

3. 比赛过程中,队员可以用身体任何部分触球,每队允许击球三次(拦网除外),将球通过网的有效区域击入对方场区,每人不能连续触球两次(拦网除外)。比赛应不间断地进行,直至球落地、触击障碍物或某一队员犯规。决胜局重新挑边,比赛中任何一方先得到 8 分时双方应交换场地,位置不变,比赛继续进行,直至决出胜负。

（四）暂停

成死球(球着地)时,教练员或场上队长可向裁判员请求暂停,每局每队可有两次暂停,每次暂停时间为 30 秒钟,教练员可在场外指导。请求暂停的队可以要求提前恢复比赛。除教练员请求暂停外,每局中任何一方得分达到 8 分和 16 分时,规定技术暂停,时间为 60 秒。

（五）换人

只有在死球时,由教练员或场上队长请求,经裁判员允许才准予换人。每局比赛中,每队最多可替换 6 人次,可同时换,也可分开换。每局开始上场的队员只能退出比赛一次,在同一局中,若他再次上场比赛,只能替换替他上场的那个队员。替补队员每局只能上场比赛一次,他可以替换任何一位队员,在同一局中,他只能被他换下的队员来替换。

（六）持球、连击、借助击球

所谓持球是队员没有将球清晰地击出,或触球时有较长的停留造成的犯规。

连击是指一名队员明显地连续两次触球(拦网除外)所造成的犯规。

借助击球是指队员在比赛场地内借助同伴或任何物体的支持进行击球。

(七)界内外球

球触及比赛场区的地面(包括界线)为界内球。

球接触地面的部分完全在界线以外,触及场外物体、天花板或非比赛成员,触及标志杆、网绳、网柱或球网标志杆以外部分,球的整体或部分从过网区以外过网等均为界外球。

(八)在球网附近犯规

在比赛过程中,任何队员都不得触及球网。

队员的一只(两只)脚或一只(两只)手越过中线触及对方场区的同时,其余部分还接触中线或置于中线上空是允许的,在不妨碍对方比赛的情况下,不判为犯规。队员身体的任何其他部分都不允许接触对方场区。在不妨碍对方比赛的情况下,允许队员在网下穿越进入对方空间。

(九)自由人(后排自由防守队员)

规则规定每队有一名身穿不同颜色比赛服的后排自由防守队员。他可以不经过裁判同意,替换后排任何一名队员,但不得在前场区传球组织进攻,不得发球、拦网和进攻。

(十)后排队员进攻性击球犯规

后排队员在前场区或踏及进攻线,击高于球网上沿的球,并使球的整体由过网区通过球网垂直面进入对方场区或触及对方队员,则为后排队员进攻性击球犯规。

第六章　小 球 运 动

第一节　网　　球

一、网球运动简介

网球运动属隔网对抗性球类项目。网球运动老少皆宜,尤其深受大学生的喜欢,也是大学生终身体育的一项有益活动内容,不仅能有效地增进健康,提高身体素质,而且能培养自己成为一个有修养、讲文明、气质高雅的现代人。

网球是奥运会的正式比赛项目。

二、网球锻炼方法

(一)网球的基本技术

1.握拍的方法

(1)东方式正手握拍法

右手掌根与拍柄右上斜面贴紧,拇指垫握住拍柄的左垂直面,食指微离中指,食指下关节压住拍柄右垂直面。"V"对准拍柄的右上斜面和左上斜面的上端中间,如图 6-1 所示。

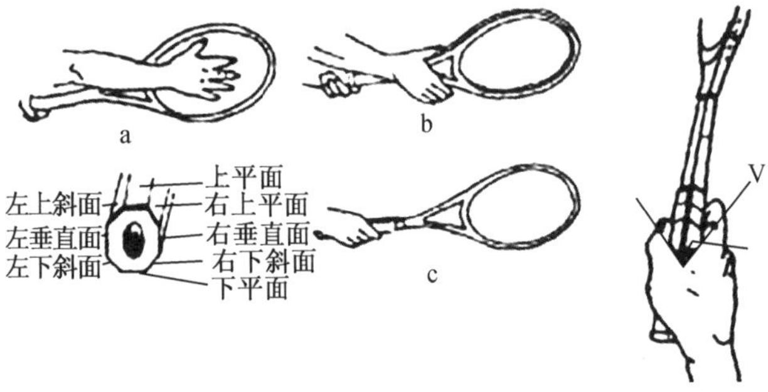

图 6-1

(2)大陆式握拍法

握拍时用手掌根贴住拍柄上部的平面,食指与其余三指稍微分开,食指上关节紧贴在右上斜面上,拇指垫贴在拍柄的左垂直面上,如图 6-2 所示。

(3)西方式握拍法

手掌大部分放在拍柄的底部,掌根贴在拍柄的右下斜面上,拇指压在拍柄的上部侧面,食指下关节握拍柄的右下斜面。

2. 步法练习

(1)步法移动中的基本要领和基本步法包括滑步、跑步、跨步、踮步、交叉步等;

(2)徒手练习前后、左右盈动脚步动作;

(3)结合挥拍动作练习步法;

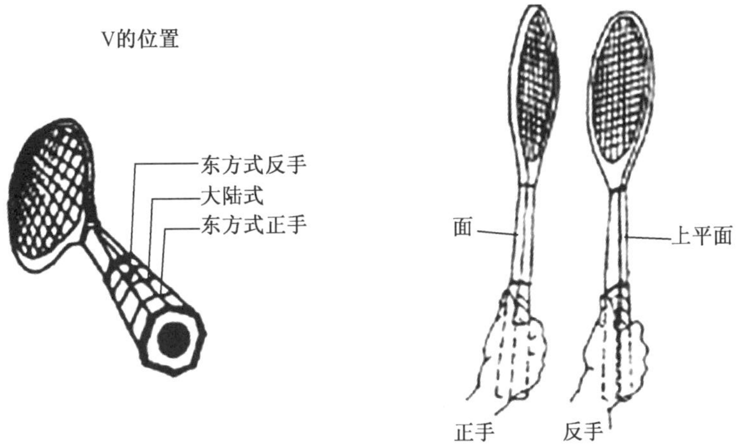

图 6-2

(4)利用多球进行步法练习;

(5)把技术训练与步法练习有机地结合起来;

(6)把步法练习与专项身体练习结合起来;

(7)在练习某一项步法时,可以规定组数和次数,或要求在规定时间内完成一定的组数和次数。

3. 底线抽击球练习

(1)根据底线正、反拍抽击球技术和步法要求,可先进行徒手或持拍挥拍练习,体会挥拍时向后拉拍、转肩及腰部扭转和重心交换等动作要领;

(2)挥拍时可先进行单个动作的分解练习;

(3)在原地练习挥拍的基础上,结合步法做挥拍练习;

(4)对球进行底线正、反拍击球练习;

(5)由教师送多球,进行单个动作的击球练习。

4. 发球与接发球

(1)发球练习

包括以下六种:

①掌握正确的发球握拍法,即大陆式或东方式反拍握拍法;

②反复进行抛球练习;

③徒手做发球前的准备姿势,模仿抛球及发球的完整动作;

④在场地上用多球进行抛球与击球相结合的练习,边模仿、边练习、边体会;

⑤先练习不定点发球,后练习发定点球,逐步提高难度;

⑥可规定在一定时间内发一定数量的球,并固定命中率。

(2)接发球练习

包括以下四种：

①多球式练习：用多球发球进行专门的接发球练习；

②与发球员配合的接发球练习；

③提高接发球准确性的练习：多人轮流发球，要求把球回击到指定区域内；

④提高接发球实践能力的练习：在实践练习中互相对抗，提高接发球的能力。

5. 网球高级技术

(1)截击球练习

有以下五种：

①先做徒手模仿挥拍练习，然后再拿拍模仿挥拍练习，并逐渐结合步法做挥拍练习；

②用多球进行单个动作的网前截击练习；

③可在场上发球线附近进行拦凌空球的练习；

④在网前中场或近网底线处进行截击球练习；

⑤通过技术组合练习截击球。

(2)高压球练习

有以下四种：

①持拍做模仿练习；

②结合后脚跳起步法做挥拍练习；

③用多球进行各种高压球练习，逐渐加大难度；

④一人或两人在网前专门练习高压球。

(3)挑高球练习

挑高球练习有以下四种：

①在掌握底线正反拍上、下旋抽击技术后，练习上旋或下旋挑高球；

②利用多球进行专门的挑高球练习，先定点练习，然后再进行跑动中不定点练习，逐渐加大难度；

③网前一人进行高压，一人在底线练习挑高球；

④按照双打要求，一方两人在网前截击或高压，另一方练习挑高球及防守反击技术。

(4)放轻球练习

放轻球练习有以下两种：

①用多球进行练习，先定点练习，然后再跑动中练习；

②在底线正、反拍抽击球对练中，练习突然放轻球。

(二)比赛规则简介

(1)发球前的规定

发球员在发球前应先站在端线后，在点和边线的假定延长线之间的区域里，用手将球向空中抛起，在球接触地面前用拍击打。

(2)发球时的规定

发球员在整个发球动作中不得通过行走或跑动改变原来位置；两脚只准站在规定位置，不得触及其他区域。

(3)发球员的位置

有以下两种情况：

①每局开始先从右区端线后发球，得或失 1 分后，换到左区发球；

②发出的球应从网上越过，落到对角的对方发球区内或其周围的线上。

(4)发球失误

有两种情况：

①发出的球，在落地前触及固定物(球网、中心带边的布除外)，以及违反上述发球站位的规定；

②发球员第一次发球失误后，应在原发球位置进行第二次发球。

(5)发球失效

有两种情况：

①发球触网后仍然落至对方发球区内；

②接发球员未做好接球准备。

以上情况均应重发球。

(6)交换发球

第一局比赛终了，接球员成为发球员，发球员变为接球员。以后每局终了，均依次互相交换直至比赛结束。

(7)交换场地

双方应在每盘的第一、三、五等单数局结束后，以及每盘结束双方局数之和为单数时，交换场地。

(8)发生下列任何一种情况，均判失分：

①在球第二次着地前未能还击过网；

②还击的球触及对方场区界线以外的地面、固定场或其他物体；

③还击空或球失误；

④故意用球拍触球超过一次，或在比赛中故意用球拍接带或接住球；

⑤过网击球；

⑥抛拍击球；

⑦“活球”期间运动员身体、球拍或穿戴的其他物件触及球网、网柱、单打支柱、绳或钢丝绳、中心带、网边的布或对方场区内的地面。

(9)居线球

落在线上的球都算界内球。

(10)阻碍击球

甲方的举动妨碍乙方击球时，该举动若系故意，判甲方失分；若系无意则判决重赛。

(11)有效还击

下列任何一种情况，都是有效还击：

①球触球场固定物后，从网上越过落入对方场区内；

②对方发出或还击的球，落至本方有效场区内又反弹回去或被风吹回对方场区上空时，本方运动员挥拍过网击球，球落到对方场区内，其身体、衣服或球拍未触及其球场固定物或对方场区的地面；

③击球后，球拍随球过网；

④对方发出的球或击出的球,碰到本场区内的另一球,而还击的运动员仍能回球到对方场区内。还击的球,如果从单打和双打支柱间钢丝绳下穿过,并且没有触及钢丝绳、球网或双打杆,而落到有效场区内,算有效还击。

(12)双打发球次序

每盘第一局开始时,由发球方决定由何人首先发球,对方则同样在第二局开始时决定由何人首先发球。第三局由第一局发球方的另一球员发球。

(13)双打接球次序

先接球的一方,应在第一局开始时,决定何人在接发球,并在这盘单数局继续先接发球。对方同样在第二局开始时,决定何人先接发球,并在这盘的双数局继续先接发球。

(14)双打还击

接发球后,双方应轮流由其中任何一名队员还击,如运动员在其同队队员击球后,再以球拍触球,则判失分。

三、网球实战攻略指导

从竞技运动的要求看,网球比赛的目的是在规则的限制下,通过多得分,少失分,争取最后的胜利。因此,比赛双方应根据本队队员的技术特点、身体素质和比赛经验等情况,有针对性地选择战术。需要注意的是,战术原则和攻略必须通过在比赛实践中不断摸索和思考,根据各种实际情况来制定和完善。

(一)底线球战术攻略和基本原则

1. 回球落点深,不给对手机会。在底线打法中,最重要的一条原则就是回球落点要深。将球打得越深,对手就越要在底线后面接球,往往很难回击出非常有角度的球,从而有利于掌握比赛主动权。

2. 打对角线,破坏对手的身体姿势。在连续对抽过程中,如果遇到对方来球落点较浅的情况,就一定要抓住机会,通过快速抽击对角线,把对手逼出场外去追球。而当对手未及时调整身体姿势时,可以轻松地将球打到对手的空当上。

3. 抽球时,要根据情况增减力量。底线抽球一般可以用平时练习时70%的力量,而且要充分放松地去打球,没必要对所有的球都用全力去击打。当双方对拉的回合一多,就会不由自主地加大力量,反复地猛抽猛打才是产生失误的原因。根据场上的具体情况,抓住机会适时增减击球力量才是最佳选择。

4. 底线抽球以正手为主。一般选手都是正手技术比较好,即使是职业比赛中速度很快的球,也可以让到正手位来打。一般而言,底线抽球正手占70%~80%,反手占20%~30%。在比赛中,尽可能使用自己最擅长的技术是网球比赛最基本的原则。

(二)发球战术攻略和基本原则

1. 攻击对手的反手侧:一般的球员都存在着反手球技术较差、容易出现失误的弱点。如果将球发到对方正手上,对手接过来的球可能攻击性较大,若将球发到对方的反手位,对方回接球一般攻击性较弱。

2. 瞄准场区的边角发球:对手接这种边角球时,必须向边线方向快速移动,还有可能跑出场外。此时,对方场区就会出现很大的空当,可以为进攻创造有利的条件。

3. 发球落点要深:把对手逼到端线外去接发球,这样,回球不太可能有很强的攻击力。

4. 加大球速的同时尽量避免回球落点过浅：如果发球发得浅，即使球速很快也难有威胁，因为对方可以从容还击。

5. 对准对手的正面发球：如果将球对准对方身体的正面发过去，对手会一时难以决定是用正手接好还是用反手接好，这时的犹豫很容易导致失误。

6. 变换发球路线：发球战术的基本原则是发对方的反手位，但如果每次发球落点都相同，在对方习惯你的发球线路后，可以通过突然改变发球线路和方式从而取得比赛的主动权。

7. 增加发球的旋转：发强烈的旋转球，球的滞空时间较长，可为自己向网前靠近争取时间，因此，对于发球上网者而言，增强发球旋转是十分有效的战术。

8. 一发减小旋转，以速度施压：发球的速度要比旋转更有威力，然而，如果因速度过快造成发球失误则得不偿失。在强调速度的同时，更应注意稳定性。

9. 二发增加旋转，提高准确性：飞行轨迹较高的旋转球比直线的发球失误率要低，二发时可果断挥拍加大旋转。

10. 左手者可多发削球："左撇子"球员之所以让对方感到头痛，是因为他所击出球的旋转方向与右手球员完全相反，特别是其发出的削球，其旋转对右手击球者更有威胁。

（三）接发球战术攻略和基本原则

1. 对没有威力的第二发球，可采取向网靠近的原则。在网球比赛中，即使是发球很好的选手，当一发失误而不得不进行二发的时候，首先要考虑发球的稳定性，而不是尝试发出非常有力的球。因此，在这种情况下，接发球的站位可以稍向网前靠近一些。

2. 站位灵活，迷惑对手。对于擅长发有威胁的切削球的选手，可以故意离开接球位置向球拐弯的方向取位，制造假象。与此相反，也可故意站到对方所瞄准的区域之外的位置上。

3. 预先考虑几种接发球方式，做好充分准备。

4. 接发球不要企图直接得分，应把稳定性放在首位。

5. 回球应迫使对手不能攻击，击球落点要深或将球击至对方反手位。

6. 当对方发球较软弱时，应果断攻击，瞄准对手反手位进攻。

7. 若对方发球质量较差，可直接攻击，将球打到对方反手位并果断上网。

8. 当对方发完球上网截击时，要争取将球落点打到其脚下。

（四）双打战术攻略和基本原则（单打与双打的区别）

从整体上而言，双打以网上截击为主，而单打则以打落地反弹球为主，两者在打法、形式等方面存在着很多区别。双打是由两人组成以截击为主的阵形，而单打则依靠在底线打落地反弹球来完成比赛。单打上网时防守范围比双打要大，因此，防守相对双打比较困难，对手有机会把球打到脚下或者打出穿越球。

1. 双打时，两人的优缺点可以相互补充，而单打则必须靠一己之力来克服本身的弱点。

2. 双打可以发挥出高于配对双方自身的潜力和能量，单打则只能发挥一个人真实的、最高的水平。

3. 双打易上网打出有角度的球，故以网前打法为主，以截击、高压扣球等手段得分为特征；而单打难以打出有角度的球，故以打深度球为主，底线的对抗能力是影响胜负的主要因素。

4. 双打依靠两人之间的默契配合，单打依靠个人的自控能力。

第二节　羽　毛　球

一、羽毛球运动简介

羽毛球运动是比赛双方在中间隔着一网的特定场地上用球拍轮流击打一个羽毛球，以把球击落在对方场区内或使对方击球失误为胜的一项球类运动。羽毛球器材简单，所需场地较小，运动量可大可小，趣味性强，深受大学生喜爱。经常参加羽毛球运动，可增强体质，发展人体灵活性和协调性，培养勇敢顽强的优良品质。

二、羽毛球锻炼方法

（一）羽毛球的基本技术

1. 握拍法

羽毛球技术中的握拍法归纳起来可分为正手握拍法和反手握拍法。

（1）正手握拍法：虎口对着拍柄窄面内侧的小棱边，拇指和食指贴在拍柄的两个宽面上，食指和中指稍分开，中指、无名指和小指并拢握住拍柄，掌心不要紧贴拍柄，要留有一定空隙，拍柄端与近腕部的小鱼际肌齐平。握拍自然状态下，拍面基本与地面垂直，如图 6-3 所示。

（2）反手握拍法：在正手握拍的基础上，拇指和食指将拍柄向外转，拇指自然贴在拍柄内侧的宽面上，中指、无名指和小指并拢握住拍柄，柄端靠近小指根部，使掌心留出空隙，有利于击球发力，如图 6-4 所示。

图 6-3

图 6-4

一般说来，击身体左侧的来球，采用反手握拍法。

2. 发球与接发球

（1）正手发球（以右手握拍为例）

身体左肩侧对球网，两脚分立，与肩同宽。左脚在前，脚尖向网；右脚在后，脚尖稍向右侧，重心放在右脚上。准备发球时，右手握拍向右后侧起，肘部微屈；左手拇指、食指和中指夹住球，举在腹部右前方。准备发力击球时，先放开球，然后挥拍击球。击球时，身体重心由右脚移至左脚上，如图 6-5 所示。

图 6-5

(2)反手发球

发球站位可在前发球线后 10~15 厘米或中线附近,面向球网,两脚前后开立(右脚或左脚在前均可),上体稍前倾,身体重心在前脚上。右手臂屈肘,用反手握拍将拍头向下,拍面在身体左侧腰下。左手拇指与食指、中指控制球的两三根羽毛,球托朝下,球体或球托在球拍前对准拍面。击球时,前臂带动手腕朝前推送或横切,如图 6-6 所示。

图 6-6

(3)接发球

接发球首先选择合适的站位。一般情况下,单打的接发球站位离前发球线约 1.5 米处。双打接发球,站位可靠近前发球线。

单、双打接发球的准备姿势大体相同。单打接发球时,左脚在前,右脚在后,重心落在前脚,后脚跟稍提起,含胸收腹,持拍手在身前部位,两眼注视对方及其发球动作。双打接发球时,重心可随意放在任何一脚上,球拍高举过头,注意力集中,以便快速做出反应。

3. 后场击球技术

(1)正手高球

首先判断准确来球的方向和落点,向右后方转体侧身后退,使球处在自己的头部的前上方位置,左肩对网,左脚在前,右脚在后,重心在右脚上,左臂屈肘,左手自然高举,右手挥拍,手臂自然屈曲,将球拍举在右肩上方,手腕、拍面稍内旋,两眼注视来球。

击球时,由准备动作开始,上臂后引,随之肘关节上提,明显高于肩部,将球拍后引至头部,自然伸腕(掌心朝上),然后再后脚蹬地、转体收腹协调用力下以肩为轴,上臂带动前臂快速向前上方甩腕,在手臂伸直的最高点击球。击球后,持拍手臂顺惯性往前下方挥动并收拍至体前。与此同时,左脚后撤,右脚向前迈出,身体重心由后脚移到前脚上,如图 6-7 所示。

图 6-7

(2)反手高球

首先判断好对方来球的方向和落点,迅速将身体转向左后方,移动步伐,最后一步用右脚前叉跨到左侧底线,背对网,身体重心在右脚上。击球时,以上臂带动前臂,产生初速度,在肘部上抬至与肩平行时,转为前臂带动腕部,通过手腕的闪动,自下而上地甩臂将球击出。在最后用力时,要注意拇指的侧压力与甩腕的配合,以及两腿蹬地转体的全身协调用力,如图 6-8 所示。

图 6-8

(3)正手吊球

击球准备和前期动作同正手高球,只是击球时击球点比击高远球稍前,拍面向内倾斜,手指、手腕发力,做快速切削压动作,击球托的后部和侧后部。若吊斜线则球拍切削球托的右侧并向左下方发力。若吊直线,则拍面正对前方向前下方切削,如图 6-9 所示。

图 6-9

(4)反手吊球

击球准备和前期动作同反手高球,不同点在于击球时拍面的掌握和力量的运用,以及握拍的方法。吊直线时,用球拍反面切削球托的后中部,向对方的右半场网前发力。吊斜线时,用球拍反面切削球托的左侧,朝对方左半场网前发力。

(5)正手杀球

步子到位后,屈膝下降重心,做好起跳击球准备。起跳后,身体左转同时后仰,挺胸腹成反“弓”形,以便发挥腰腹力量。接着右上臂往右后上方摆起,前臂自然后摆,手腕后伸,前臂带动球拍由上往后下挥动,这时握拍要松。随后腾空转体,收腹带动右上臂往后摆起,肘部领先前臂全速网前上挥动,手腕充分后伸,带动球拍由后下稍往右后下挥动。当击球点在肩的前上方时,前臂内旋,腕前屈微收,闪腕发力杀球,这时手指突然抓紧拍柄,球拍和击球方向水平间夹角小于90°,球拍正面击球托的后部,使球直线下行。杀球后,前臂带动球拍随惯性往体前收,如图6-10所示。

图 6-10

(6)反手杀球

在移动过程中,由正手握拍改成反手握拍,动作要领基本等同于反手高球,只是在最后发力时,握紧拍子快速闪腕,挥拍杀球击球托的后部。

4. 前场击球技术

(1)正手搓球

站在网前,正手握拍,球拍随着前臂伸向右前方斜举,当球拍举至最高点时,前臂开始向外旋转,手腕稍后伸,握拍手的食指和拇指夹住拍,中指、无名指和小指轻握拍柄,使球拍在手腕和手指的挥摆用力下搓击来球的右下底部,挥拍力量、速度和拍面角度的大小主要取决于来球时离网的远近和速度的快慢。

(2)反手搓球

前臂稍往上举,手腕前屈,手背约与网同高,而拍面低于网顶,反拍迎球,搓球时主要靠前臂的前伸外旋和手腕由内收并外展的合力,搓球的右侧后底部使球侧旋滚动过网,如图6-11所示。

(3)正手放网前球

侧身对右边网前,右脚前跨成弓箭步,重心在右脚上;右手持拍于右侧体前约与肩高,拍面右边稍高斜对网;左臂自然后伸,起平衡作用。击球前前臂稍外旋,手腕外展引拍至右侧前;击球时手腕稍内收,食指和拇指控制拍面和用力大小,轻托球托把球送过网。击球后,在身体重心复原的同时,收拍至胸前。

(4)反手放网前球

侧身对左边网前,右脚前跨成弓箭步,重心在右脚上;右手反手握拍,持拍于身侧前约同肩高,拍面左边稍高,斜对网;左臂自然后伸。击球前前臂稍内旋,手腕外展引拍。击球时手腕内收,拇指和食指分别贴在拍柄内、外侧的小棱边上,用拇指的推力轻托球托把球送过网。击球后,随重心的复原收拍至胸前。

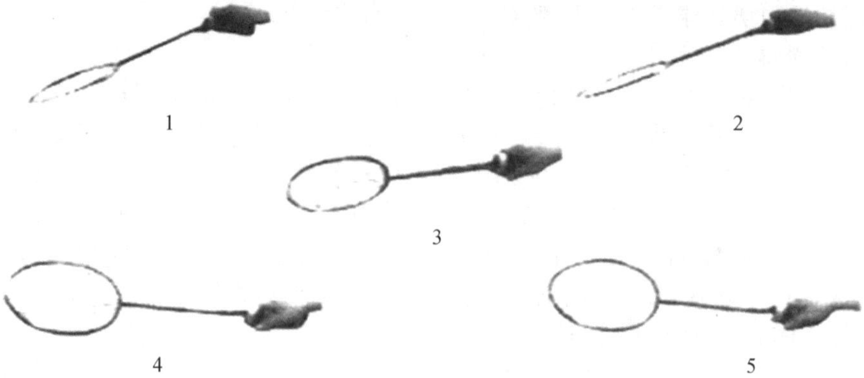

图 6-11

(5)正手勾球

勾球一般采用并步上网的步法。在步法移动的同时,球拍随着前臂往右前上方举起;前臂前伸的同时,稍有外旋,手腕微后伸,这时的握拍稍有变化,即将拍柄稍向外捻动,使拇指贴在拍柄的宽面上,食指的第二指节贴在与其相对的另一个宽面上,拍柄不触及掌心。击球时,靠前臂稍有内旋往左拉收,手腕由稍后伸至内收,球拍拨击球托的右侧下部,由手腕和手指控制拍面角度,如图 6-12 所示,将球沿对角线飞越过网。击球后,球拍回收至胸前,准备迎接下次来球。

图 6-12

(6)正手推球

准备动作同搓球。推球时身体稍往前移,右前臂往前伸,并带动内旋,手腕和手指控制拍面角度,手腕由后伸至伸直并闪腕,食指向前压,小指、无名指突然握紧拍柄,拍子急速由右往前至左挥动推球,使球沿边线飞向对方后场底角,如图 6-13 所示。

图 6-13

(7)反手推球

准备动作同搓球的准备动作。击球时,前臂往前伸,稍带外旋,手腕由外展到伸直,中指、无名指、小指突然握紧拍柄,拇、中、食指捻动发力。

(8)正手扑球

身体腾空跃起或右脚蹬跨的同时,前臂往前上方举起,球拍正对来球方向。击球时,随着手臂由屈至伸,手腕由后伸向前闪动及手指的顶压,将球扑下。其中手腕是控制力量的关键,挥拍距离短,动作小,爆发力强,扑击的球才会具有一定威胁。如果球离网顶较近,就采用“滑动式”扑球方法,用手腕从右向左将球拍压下去,这样可以避免球拍触网犯规。扑球后,注意腿的缓冲、控制重心,以免身体触网,如图 6-14 所示。

图 6-14

(9)反手扑球

反手握拍,持于左侧前。当身体跃起或蹬跨上网时,球拍随着臂前伸而举起,手腕微屈,拇指顶压在拍柄宽面上,其他四指自然并拢,拍面正对来球。击球时,手由屈至伸,手腕由微屈至后伸并用力闪动,拇指顶压,加速挥拍扑击。击球后,球拍随手臂回收至体前。

(10)正手网前挑球

准备动作同正手放网动作。击球前前臂充分外旋,手腕尽量后伸。击球时,从右下向右前方至左上方挥拍击球。在此基础上,若球拍向右前上方挥动,挑出的是直线高球;若球拍向左前方挥动,挑出的则是对角高球。

(11)反手网前挑球

准备动作同反手放网动作。击球前右臂往后拉抬肘引拍。击球时前臂充分内旋,手腕由屈至后伸闪动挥拍击球。若球拍由左下向左前上方挥动,则球向直线方向飞行;若球拍由左下向右前上方挥动,则球向对角线方向飞行。

5. 中场击球技术

(1)正手接杀球技术

用接杀球的步法移至右场近边线,身体右倾,手臂右伸,前臂外旋,手腕外展,持拍准备接球。击球时,前臂内旋稍翻腕,带动球拍由右下向前上方推送击球,把球推向直线网前。

另一种是击球时前臂由外旋到内收,带动球拍由右向前切送挡直线网前。击球后,身体左转成正面对网,然后右脚上前一步,球拍随身体向左转收至体前。

(2)反手接杀球技术

用接杀球的步法移至左场区边线,身体左转前倾,右肩对网,右肘屈曲,手腕外展,引拍于左肩前上方。击球时,借对方来球的冲力,以前臂带动球拍由左上方向左前方用拇指的顶力挥拍轻击球托,把球直线挡回网前。击球后,身体右转成正面对网,球拍随身体的移动收至体前。

(二)羽毛球竞赛规则

1. 团体比赛

团体比赛分为男子团体、女子团体、男女混合团体赛。团体比赛常用以下两种比赛方法:

(1)三场制

每队 2~4 人参加比赛,两名单打,一对双打(可由单打运动员兼),共进行 3 场比赛,比赛场序为:单、双、单(或单、单、双),采用三场两胜制,亦可赛完 3 场后以获胜场数多者为胜队。

(2)五场制

每队 4~9 人参加比赛,男女团体由 3 名单打,两对双打(可由单打运动员兼),共进行 5 场比赛,比赛场序为:单、单、双、双、单(或单、单、单、双、双)。混合团体赛场序为:男单、女单、男双、女双、混双(也可以根据双方出场队员的兼项情况商定)。比赛完 5 场后获胜场数多者为胜队,男女团体亦可采用五场三胜制。

2. 单项比赛

羽毛球比赛共设有男子单打、女子单打、男子双打、女子双打和混合双打共 5 个单项的比赛。

3. 羽毛球比赛规则

(1)计分

①21 分制,3 局 2 胜为佳;

②每球得分制;

③每回合中,取胜的一方加 1 分;

④当双方均为 20 分时,领先对方 2 分的一方赢得该局;

⑤当双方均为 29 分时,先取得 30 分的一方赢得该局比赛;

⑥一局比赛的获胜方在下一局率先发球。

(2)赛间休息与换边规则

①在一局比赛中,当领先的一方达到 11 分时,双方有 60 秒休息时间;

②在两局比赛间，双方有 2 分钟的休息时间；

③在决胜局的中，当领先的一方达到 11 分时，双方交换场地。

(3) 羽毛球比赛规则(单打)

①在一局比赛开始时(比分 0：0)或发球方得分为偶数时，发球方在右半场进行发球。当发球方得分为奇数时，在左半场进行发球；

②如果发球方取得一分，那么下一回合其继续发球；

③如果接发球方取得一分，那么下一回合其成为发球方。

(4) 羽毛球比赛规则(双打)

①与单打一样，发球方得分为偶数时，发球方在右半场进行发球。当发球方得分为奇数时，在左半场进行发球；

②如果发球方取得一分，那么下一回合其继续发球，且发球人不变；

③如果接发球方取得一分，那么下一回合其成为发球方；

④当且仅当发球方得分时，发球方的两位选手交换左右半场。

(5) 羽毛球双打比赛规则图解

表 6-1 描述一场羽毛球双打比赛，A&B vs C&D，比赛开始时，由 A 率先发球，C 接发球。

表 6-1

比赛进程的说明	比分	发球区	发球人与接发球人	该比赛回合的获胜方	图解
比赛开始	0-0	右侧半场发球	A发球，C接发球	A & B	
A&B 得一分，A&B 将换边，A在左侧半场继续发球，C&D 保持各自所在半场不变	1-0	左侧半场发球	A发球，D接发球	C & D	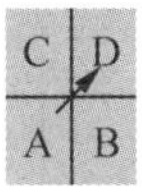
C&D 得一分，ABCD均保持各自所在半场不变	1-1	左侧半场发球	D发球，A接发球	A & B	
A&D 得 分，在右半场发球，ABCD均保持各自所在半场不变	2-1	右侧半场发球	B发球，C接发球	C & D	
C&D 得一分，在右半场发球，ABCD均保持各自所在半场不变	2-2	右侧半场发球	C发球，B接发球	C & D	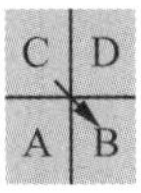
C&D 得一分，C&D 将换边，C在左侧半场继续发球，A&B 保持各自所在半场不安	2-3	左侧半场发球	C发球，A接发球	A & B	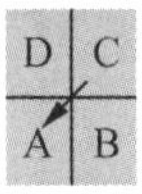
A&B 得一分，在右半场发球，ABCD均保持各自所在半场不变	3-3	左侧半场发球	A发球，C接发球	A & B	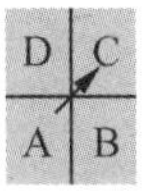
A&B 得一分，A&B 将换边，A在左侧半场继续发球，C&D 保持各自所在半场不变	4-3	右侧半场发球	A发球，D接发球	A & B	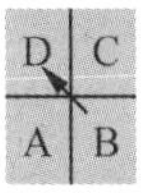

(6)羽毛球比赛规则(三打三)

所谓三对三,顾名思义就是三个人对三个人,因此在发球、站位以及一些打法等方面有特别的规定和要求:

发球接发球的站位等基本原则仍要遵循羽毛球的双打规则,如得分为偶数时发球一方站在右半区发球,得分为奇数时发球一方站在左半区发球。

①比赛前每队确定第一、第二、第三发球队员和接发球队员,分别为 A 队(A1,A2,A3)和 B 队(B1,B2,B3);

②A1 发球,B1 则接发球;

③B1 发球,A1 则接发球,以此类推;

④A1 发球得分后,换由本方 A2 发下一个球,即若为 A 方发球,则 A1,A2,A3 依次发球;

⑤B1 发球得分后,换由本方 B2 发下一个球,即若为 B 方发球,则 B1,B2,B3 依次发球。

(7)羽毛球场地标准

标准场地如图 6-15 所示:

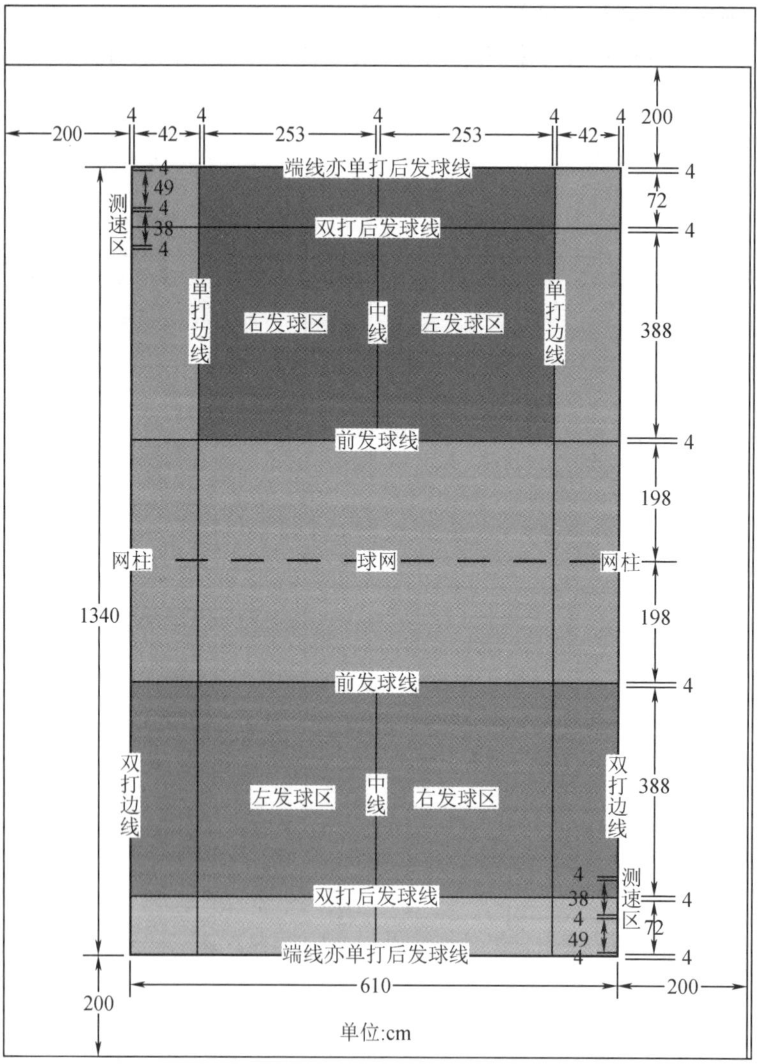

图 6-15

①羽毛球球场应是一个长方形,用宽 40 毫米的线画出;
②场地线的颜色最好是白色、黄色或其他容易辨别的颜色;
③所有的线都是它所界定区域的组成部分;
④从球场地面起,网柱高 1.55 米;
⑤网柱必须稳固地同地面垂直,并使球网保持紧拉状态;
⑥网柱应放置在双打的边线上;
⑦羽毛球球网应由深色优质的细绳编织成,网孔为均匀分布的方形,边长 15~20 毫米;
⑧羽毛球球网上下宽 760 毫米;
⑨绳索或钢丝须有足够的长度和强度,能牢固地拉紧并与网柱顶部取平;
⑩场地中央网高 1.524 米,双打边线处网高 1.55 米;
⑪球网的两端必须与网柱系紧,它们之间不应有空隙。

(8)发球违例

①未将球发在相应的区域内;
②球挂在网上或停在网顶;
③球过网后挂在网上;
④双打时,接发球员的同伴接到球或被球触及。

(9)比赛进行中违例

①球落在场地界线外;
②球从网孔或网下穿过;
③球未从网上方越过;
④球触及天花板或四周墙壁;
⑤球触及运动员的身体或衣服;
⑥球触及场地外其他物体或人;
⑦球被击时停滞在球拍上,紧接着被拖带抛出;
⑧球在一个回合中被同一方队员多次击中;
⑨运动员的球拍、身体或衣服,触及球网或球网的支撑物;
⑩过网击球(击球时,球拍与球的最初接触点在击球者这一方,而后球拍随球过网的情况除外)。

(10)羽毛球发球区域

单打发球有效区域为图 6-16 中的斜线区域。

双打发球有效区域为图 6-16 中的灰色区域。

(11)羽毛球比赛规则、定义

①运动员:参加羽毛球比赛的人。
②一场比赛:双方各一名或两名运动员是决定胜负的最基本的单位。
③单打:双方各一名运动员进行的一场比赛。
④双打:双方各两名运动员进行的一场比赛。
⑤发球方:有发球权的一方。
⑥接发球方:发球的对方。

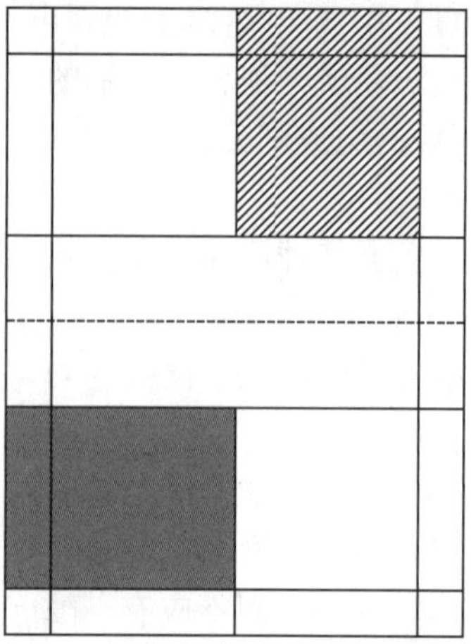

图 6-16

三、羽毛球的基本战术

（一）单打战术

1. 逼反手

（1）调开对方位置：使对方反手区露出空当，然后把球打到反手区，迫使对方使用反拍击球。

（2）对反手较差的对手：重复攻击对方的反手区，使其身体位置远离中心。这样就会使得原本是对方优点的正手区出现大片空当，成了被攻击的目标。

2. 平高球压底线

将快速、准确的平高球打到对方后场两角，在对方不能拦截的前提下尽量降低球的飞行弧线，把对方紧压在底线，当对方同击半场高球时，就可以扣杀进攻。使用平高球压底线时，如配合劈吊和劈杀可增加平高球的战术效果。一般情况下，平高球的落点和杀、吊的落点拉得越开，效果越好。

3. 拉、吊结合杀球

此战术是把球准确地打到对方场区的四个角上，使对方每次击球都要在场上来回奔跑。使用这种战术时，对不同特点的对手要采用不同的拉、吊方法。对后退步法慢的对手可以多打前、后场；对盲目跑动满场飞的对手可使用重复球和假动作；对灵活性差的对手应多打对角线，尽量使对方多转身；对后场反手差的对手可以通过拉开后攻反手；对体力不好的对手可用多拍拉、吊来消耗其体力。

4. 吊、杀上网

先在后场以轻杀、点杀、劈杀配合吊球把球下压，落点要选择在场地两边，使对方被动回球。对方还击网前球时，迅速上网以贴网的搓球，或勾对角，或快速平推创造半场扣杀机会；若对方在网前挑高球，可在其向后退的过程中把球直接杀向他的身上。

练习方法：

（1）发球、接发球练习；

（2）做规定球路练习；

(3)“吊上网”“杀上网”练习；

(4)攻守练习；

(5)两点打一点、一点打两点、一点打多点练习；

(6)单打计分的战术练习。

(二)双打战术

1. 攻人

这是双打中常用的一种战术,即以人为攻击目标。对付两名技术水平高低不一的对手时一般都采用这种战术。对付两名实力相当的队员时,也可采用这一战术。这种战术集中几种攻势于对方一名队员,常能起到“集中优势兵力打歼灭战”的作用;在另一队员过来协助时,又会暴露出空当,可在其仓促接应、立足不稳时偷袭他。

2. 攻中路

(1)守方左右站位时把球打在两人的中间:这种战术可以造成守方两人抢接一球或同时让球,彼此难以协调;可以限制对手在接杀球时挑大角度高球调动攻方;有利于攻方的封网,由于打对方中路,对方回球的角度也小,网前队员封网的难度就小了。

(2)守方前后站位时把球下压或轻推在边线半场处:这种战术多半是在接发网前球和守中反攻抢网时运用。这种球守方前场队员拦截不到,后场队员又只能以下手击球放网或挑高球,后场两角便会露出很大空当,因而有隙可乘,可攻击他的空当或身体位。

3. 攻后场

这种战术常用来对付后场扣杀能力较差的对手,把对方弱者调动到后场后也可以使用这种战术。此战术多采用平高球、平推球、挑底线把对方一人紧逼在底线,使其在底线两角移动击球,在其还击出半场高球或网前高球时即可大力扣杀,取得该球的胜利或主动。如在逼底线两角时,对方同伴要后退支援,则可攻击网前空当或打后退者的追身球。

4. 后攻前封

后场队员积极大力扣杀创造机会,在对方接杀放网、挑高球或企图反击抽球时,前场队员以扑、搓、勾、推控制网前,或拦截吊、点封住前半场,使整个进攻连贯而又有节奏变化,使对方防不胜防。

练习方法:

(1)加强双打技术的练习;

(2)“压网”练习;

(3)跑位配合练习;

(4)双打比赛。

四、羽毛球实战攻略指导

在实战中,通常可以采用扑球、放网前球、搓球、推球、勾对角球以及挑球等方法进行还击。其中,扑球一般在对方发球质量较差、球过网明显偏高时运用;挑球是在自己难以争得主动时的权宜之计,一般不宜多用,尤其是在双打比赛中。

在接发网前球时,关键是要做到以下几点:抢高点击球、动作一致、出手迅速、保持与下一拍击球的连贯性。

(一)如何发好平快球

羽毛球虽然击球的方法多种多样且非常复杂,但出于竞赛规则的限制,在发球的方法上主要是正手发球与反手发球两种。因此,发球的变化主要体现在发球的弧线和落点的变化上。

所谓发平快球(亦称发平高球),是指球发出后的飞行弧线比发高远球低,但对方又不易进行中途拦截的一种发球技术。

不同的发球弧线和落点,其关键在于击球瞬间球拍与地面形成的角度和用力的大小。因此,发好平快球的关键在于在挥拍击球的瞬间,突然握紧球拍,调整好拍面,抖动手腕发力,将球向前上方击出。

(二)如何抢占主动

要想在发球后抢占主动,关键是发球的质量要高,同时还要注重提高技术动作的连贯性。发球不仅是羽毛球比赛中每一分的开始,也是羽毛球技术中唯一不受对方击球方法的制约、可自己随意运用的一项技术。发球质量的高低体现在发球的准确性与变化两个方面。准确性是指对发球的弧度落点和对方球员接发球意图的判断等方面准确;变化是指发球时的节奏、方法、弧度和落点等方面的变化。为提高发球的准确性和变化,平时可进行一些如发网前球后抢网推后场、发网前球后突击扣杀、发后场平快球后接杀勾对角球等练习。另外,发球时,要抓住对方的接发球弱点,譬如对方接网前球较差,就可以针对其弱点,采用以发网前球为主结合发后场平快球抢攻的战术。

要想通过接发球抢攻,必须要判断准、启动快、抢高击球点,接发球的击球点低,容易受对方制约。接发球的动作要力求一致,因为此时对方准备充分,动作不一致,必然使对方提前知道自己的进攻意图和出球方向,不仅会降低进攻的效果,甚至会令自己直接陷入被动导致失分。此外,还要明确对方的意图和抓得住对方的弱点,根据对方特点灵活运用接发球技术,同时,提高与下一拍击球动作的连贯性。

(三)接杀球的种类及要领

接杀球是指击球者将对方扣杀过来的球还击到对方场区的技术方法。

根据击球点与击球者身体位置所处的关系,可将接杀球分为正手接杀球、反手接杀球和接杀追身球。按照接杀时所使用的技术方法不同,又可将接杀球分为接杀球放网、接杀球勾对角、接杀球挑后场、接杀球平抽和接杀球平挡等。由于杀球的球速较快,要想接好杀球,应做到反应敏捷、启动快速,引拍迅速、动作幅度小。击球时,主要依靠前臂、手腕和手指发力,以达到抢时间、争速度的目的。

接杀球时,要善于根据对方杀球的力量大小和自己回球的方法、落点,控制好击球的拍面角度和还击的力量。例如,在用放网和勾对角球接杀球时,应松握球拍,用力要小,借用对方杀球的力量予以回击。当对方来球力量较大、球拍触球时,还应做适当的后撤动作以进行必要的缓冲。在需用挑、抽等方法将球还击到对方后场时,击球瞬间则应紧握球拍,同时利用前臂、手腕和手指抖动发力。另外,还需根据击球点的高度对拍面进行调整,击球点越低,拍面后仰的幅度要越大。接杀球时,为了能自如地运用手腕和手指的力量来变换击球的拍面角度和用力的大小,应尽可能在自己的身体前方击球。在接对方杀来的追身球时,应尽可能用反手方式还击。

(四)赛前热身和赛后热身

运动前不重视做准备活动或准备活动做得不充分、不科学,是导致运动损伤的重要原因。若准备活动不充分,则肌肉、内脏和神经系统机能不兴奋,肌肉供血量不足,在此身体状态下进行活动,会出现动作僵硬、不协调,极易造成损伤。

开始运动前,首先应进行全面的准备活动,如绕环、拉韧带、慢跑等。然后要进行一些专项准备活动,如挥拍活动、启动步法及前后左右各方向的步法跑动练习等。准备活动的量与时间要控制好,以身体发热、微微出汗为宜。特别是在寒冷的冬天,准备活动尤为重要,可以避免因肌肉、韧带僵硬而造成运动损伤。

运动后,要进行积极的整理放松活动,以促进肌肉的恢复。运动后及时做一些拉长肌肉、韧带的静力牵拉练习和按摩放松活动,能促进肌肉的乳酸代谢,缓解肌肉和关节的酸痛感,加速肌肉疲劳的恢复,减少再次运动时由于肌肉疲劳而造成的伤害。可以采用揉捏、敲打、抖动等方法对负荷量较大的肌肉部位进行放松。运动过程中或运动后都应做好放松整理活动。常用的牵拉方法有以下几种:

1. 拉压左右脚跟腱,开始时,用力轻、活动范围较小,然后逐渐加大力量,拉至最大限度时静止 30 秒左右,然后双手揉捏、抖动小腿;

2. 单足站立,静力拉伸肌肉至最大限度时静止 10 秒左右;坐姿压腿至最大限度时静止 20 秒左右,然后站立,放松大腿;

3. 放松腰背,敲打背部;

4. 右手牵拉手臂肌肉至最大限度时静止 30 秒,然后做同侧臂抖动放松动作。左右手交换揉捏,抖动前臂、手腕,做全身整理放松活动。

(五)运动员伤害的防范

1. 合理掌握运动量,防止运动量过大

若运动量或训练内容的安排不合理,导致某一局部负担过重,就极易造成局部损伤。如多次进行大力杀球,会导致肩关节局部肌肉负担过重;多次进行上网步法练习,会导致膝关节局部负担过重。因此,在运动中上下肢的负荷安排要适当,训练密度大和训练密度小的内容要交替进行,并留意运动后身体各部位的反应,如感到某一部位负担过重,应停止相应的练习。

2. 掌握正确的技术动作

运动中技术动作不规范、不符合人体生理特点,是造成运动损伤的一个重要原因。若上肢击球动作僵硬、用力不合理、不符合生理特点,易造成肩关节受伤;做上网步法时,若前脚掌着地、重心前冲,则易导致髌骨受伤。

3. 加强力量素质的训练

力量素质是一切运动的基础,力量素质好,特别是小肌肉群力量好,能有效预防损伤。相反,肌肉力量差、伸展性不好是导致运动损伤的另一大原因。对于运动时易出现损伤、力量相对较弱的身体部位,应特别注意改善其肌肉力量和肌肉的伸展性。

4. 运动时保持良好的身体状态

当身体疲劳时,身体各部位运动机能下降,易出现反应迟钝、动作不协调、运动能力下降等现象,此时若勉强参加运动,身体极易出现损伤。在进行羽毛球运动前和运动过程中,应随时注意观察身体各部位肌肉的反应,当出现肌肉发硬、酸痛或有“不愿运动”的感觉时,不应勉强进行比赛或训练。

5. 注意环境因素对损伤的影响

如场地湿滑、过硬、不平、有异物，鞋子过大、过小或鞋底过硬、袜子较薄以及球拍太重等，都不利于进行羽毛球活动。

第三节　乒　乓　球

一、乒乓球运动简介

19 世纪 70 年代，乒乓球首先出现在英国，最初只是作为一种休闲运动的体育项目来代替草地网球。现如今，如果单从参与这项运动的人口来看，乒乓球已能算是世界第一运动——全世界有近 4 000 万人从事该运动。1900 年 12 月，在英国伦敦举行了第一次大型乒乓球比赛。1926 年，国际乒乓球联合会正式成立，并决定举行第一届世界乒乓球锦标赛。

1904 年，上海四马路一家文具店的经理王道平，从日本买来 10 套乒乓球器材，之后乒乓球运动开始在我国出现。1953 年春，中国运动员容国团获得了第 25 届世界乒乓球锦标赛男子单打冠军。从那时起，中国运动员开始登上国际乒坛。迄今为止，中国乒乓球运动员获得了 120 多个世界冠军，3 次包揽世乒赛、两次包揽奥运会的全部金牌，半个世纪来，中国乒乓球运动始终处在世界前列。

乒乓球运动具有球小、速度快、变化多、技巧性强、趣味性高等特点，设备比较简单，没有年龄、性别和身体条件的限制，在室内外都可进行，运动量可大可小，具有广泛的适应性和较高的锻炼价值。

经常参加乒乓球运动，可以很好地锻炼神经系统的灵活性、敏锐性及判断能力，使人心情舒畅，具有丰富的想象力，有利于提高学习和工作效率；能改善人的心血管、脑血管系统的技能，使人的反应加快，身手敏捷，动作协调，四肢灵活、柔韧，形体健美；能提高控制情绪的能力及培养机智果断、勇敢顽强、勇于进取和敢于拼搏的优良品质与作风；能增强人的快速反应能力和身体的爆发力，加速全身的血液循环，改善内脏器官的功能，促进身心全面发展。

乒乓球运动男女老少皆宜，能活跃文化体育生活，实为强身健体的一项妙趣无穷的体育运动。

二、乒乓球基本技术

（一）握拍法

握拍法即指单手持球拍的方法。乒乓球有直拍握法和横拍握法两种握拍法，不同的握法其优点也各不相同，从而产生各种不同的打法。

1. 直拍握法

以食指第二指节和拇指第一指节扣拍，拍柄压住虎口，拇指与食指之间的距离要适中。背面中指、无名指和小指自然弯曲斜形重叠，中指第一指节贴于拍的背面保持球拍平稳。

直拍握法的特点是正反手都用球拍的同一拍面击球，出手快，正手攻球快速有力，攻斜、直线球时，拍面变化很小，对手难以判断，但因受身体阻碍，反身攻球较难掌握，防守时照顾面积较小，如图 6-17 所示。

图 6-17

2. 横拍握法

虎口正对着球拍拍肩的正中间，拇指和食指在球拍的两面夹住球拍，小指握住球拍柄，中指和食指轻握球拍柄，如图 6-18 所示。

图 6-18

横拍握法又称“大刀”。横拍握法拍柄延伸较长，左右兼顾范围大，反手进攻不受身体阻挡，便于发力；但正反手交替击球时，需变换击球拍面，攻斜、直线时调节拍形的幅度大，很容易被对方识破。

（二）准备姿势

准备姿势是指击球员准备击球或还击球时的身体各部位姿势。合理的姿势，有利于脚、腿蹬地用力和腰、躯干各部位的协调。

动作要领：两脚开立与肩同宽或比肩稍宽，两膝微屈，前脚掌内侧着地，重心置落在两脚之间，上体略前倾、收腹、下颌微收，两眼注视来球，球拍自然后倾置于腹部右前方，拍头指向右斜前方，横握拍的肘部向下，前臂自然平举，非持拍手臂自然弯曲于身体左侧，抬起高于台面。

准备姿势要两脚前脚掌内侧着地，屈膝提踵放松微动。

准备姿势的针对练习：

（1）学生分 2~4 排在教师的示范领做下练习准备姿势。

（2）将学生分成偶数列，单数列准备姿势，双数列纠正，交换进行。

（三）基本站位与基本步法

1. 基本站位

乒乓球运动的站位指的是运动员与球台之间所处的位置，正确的站位有利于保持稳定的击球姿势和迅速移动。

（1）近台站位：一般是左脚稍前于右脚，左脚位置基本处于球台左边线的延长线上。身体与球台端线相距 40 厘米左右；

（2）中台站位：左脚略前于右脚，左脚位置基本处于球台左边线的延长线上，身体与球台端线相距 65 厘米左右；

（3）远台站位：两脚基本平行，左脚位置处于球台左边线的延长线上。身体与球台端线相距 1 米左右。

2 基本步法

灵活的步法是抢占合理位置、运用各种技术击球的前提。

(1)单步

动作要领:以一脚为轴,另一个脚向前、后、左、右不同方向移动,重心随之跟上。单步移动简单灵活,通常在接近网削球、削追身球等情况下使用,如图 6-19 所示。

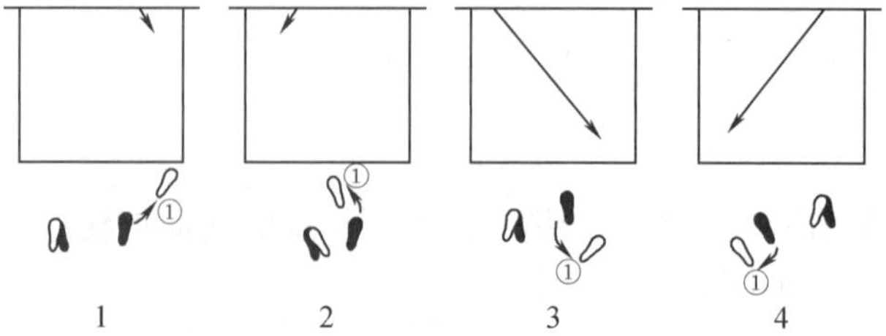

图 6-19

(2)跨步

动作要领:一脚蹬地,另一只脚向移动方向跨一大步,前脚再跟着移动一步。跨步移动幅度比较大,进攻型选手左右移动击球时多使用此种步法。

(3)跳步

动作要领:以一脚蹬地,两脚同时离地向前后左右跳动,双足有瞬间的腾空。

(4)侧身步

动作要领:以左脚为轴,右脚向左移动一步,或左脚先向左跨一步,右脚向左后移动一步。侧身步身体不腾空,重心起伏小,很稳定。通常在进攻型选手或削球选手在左右移动时运用。

(5)交叉步

动作要领:近来球方向的脚尖先由向前转向移动方向,并略移半步或原地调动一下重心;远来球方向的脚在向来球方向跨一大步,在身体前(侧)瞬间呈交叉状态。交叉步移动范围大,多用于快攻或弧圈打法在侧身攻、拉后扑打有角空当等情况,如图 6-20 所示。

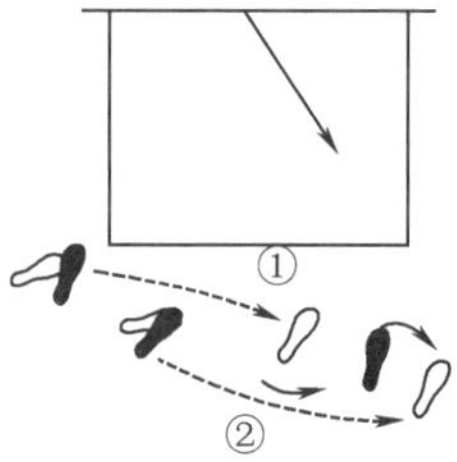

图 6-20

3. 步法的针对练习

(1)将学生分成若干组,听教师口令或看教师手势进行步法练习。

(2)3~4 人一组,一人供球,其余人顺序在移动中做托球练习。

(四)发球技术

1. 正手发奔球

动作要领:发球时,站位近台左脚稍前,两膝微屈,身体略向右转前倾,持拍手自然放于身前。抛球同时拍手向右后上方引拍,手腕保持放松,拍面较垂直,待球下落至与网同高时,上臂带动前臂由右后方向左前方挥摆,腰同时向左扭转。击球刹那拇指压拍的左侧,手腕同时从后向前使劲抖动,球拍沿球的右侧中部向侧上摩擦,第一落点本方端线,第二落点对方右角,如图 6-21 所示。

正手发奔球球速急、落点长、冲力大,发至对方右大角或中左位置,对对方右侧有较大威胁。

图 6-21

2. 正手发左侧上(下)旋球

动作要领:发球时,站位左半台,抛球同时持拍手迅速向右上方引拍,身体迅速向右转,手臂自右上方向左下方挥摆,球拍从球的右侧中下部向左侧面摩擦,若发左侧下旋球时,手臂自右上方向左前下方挥摆,拍从球的右侧中部向左侧下部摩擦,第一落点在本方端线附近,如图 6-22 所示。

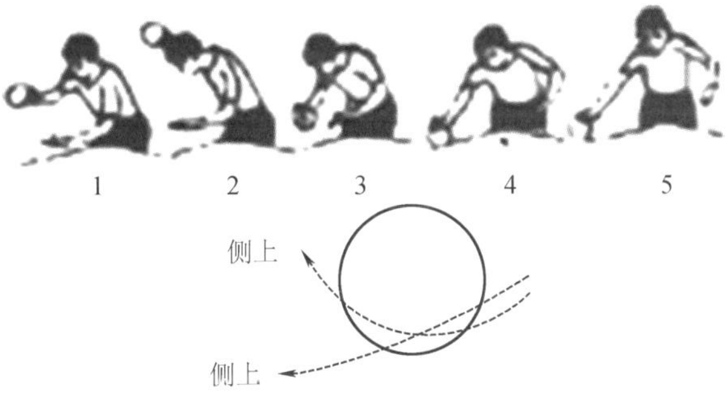

图 6-22

正手发左侧上(下)旋球旋转力较强,对方挡球时向其右侧上(下)方反弹,通常站在中线偏左或侧身发球。

3. 正手发短球

动作要领:基本与发奔球相同,其区别是出球瞬间突然减力并向左下切球,第一落点本方中区,第二落点对方近网处。

正手发短球击球动作小,出手快,球落到对方台面后的第二跳下不出台,使对方很难发力强拉、冲或抢攻。

4. 反手发急球

动作要领:发球时,站位左半台,离台 60 厘米,右脚稍前身体略向左转,左手掌心托球,右手持拍于身体左侧,抛球同时持拍手向左后方引拍,待球下落到网高时,持拍手由左后向右前加速挥拍,拍面稍前倾,以前臂和手腕发力为主击球中上部,第一落点靠近本方端线,第二落点在对方端线附近。

反手发急球球速快、弧线低、前冲大,迫使对方后退接球,有利于抢攻,常配合发急下旋球使用,如图 6-23 所示。

图 6-23

5. 反手发右侧上(下)旋球

动作要领:站位和准备姿势基本同于反手发急球。抛球同时持拍手向左后引拍,用前臂带动手腕向右前上方挥动,拍面逐渐向左稍前倾,拇指压拍,手腕内转从球的中部向右侧上摩擦,第一落点在本方端线,第二落点在对方左角。如果发落点短的球,前臂向前力量减小而增强手腕摩擦力量,第一落点本方中区;如果发下旋球,击球时拇指加力压拍,使拍面略后仰从球的中部向侧下摩擦。

反手发右侧上(下)旋球力强,对方挡住后,向其左侧上(下)反弹。发球落点以左方斜线长球配合中右近网短球为佳。

发球的针对练习:

(1)徒手模仿各发球动作,体会抛、引、挥等动作;

(2)在台上重点做第一落点的各种发球练习;

(3)两人台上练习,一人做规定线路的各种发球练习,另一人做接发球练习,规定任选攻、搓、削中的任何一种技术接对方的单一发球。

(五)挡球与推挡球

初学者首先应学习的一项基本技术就是挡球,推挡球是我国近台快攻传统打法的独特技术。

1. 挡球

动作要领:近台中偏左站位,左脚稍前,屈膝提踵含胸收腹,重心在前脚掌上,引拍时,上臂应靠近身体,球拍半横状。前臂前伸近球,手腕手指调节拍形,食指用力,拇指放松,顺来球路线向前伸出主动迎球,上升期击球中部,拍面与台面几乎垂直,拍触球后立即停止,迅速还原成准备姿势,如图 6-24 所示。

图 6-24

挡球球速慢,力量轻,动作较简单。

2. 推挡球

动作要领：近台中偏左站位，右脚稍前，击球前靠近身体，前臂适当后撤引起；击球时提起前臂上臂后收肘部贴近身体，在上升时期或高点期击球中上部。击球时适当用伸髋转腰动作加大手腕发力，并用中指顶住拍背向前用力。

推挡球站位近，动作小，借力还击，速度快，线路变化多。

3. 挡球与推挡球的针对练习：

（1）离墙 2 米用左手、反手对墙推挡练习。

（2）两人台上对挡、对推练习，不限落点，但要保证动作正确并能击球过网。

（六）攻球

从大的动作结构来讲，攻球可分为正手和反手攻球两大类。攻球是快速进攻中一项最重要的技术。

1. 正手攻球（右手为例）

动作要领：近台中偏右站位，左脚稍前，身体斜对球台，持拍手自然放松置于腹前，拍半横状。顺来球路线略向右侧引拍，约与台面齐高，拍面与台面成 80 度左右，前臂基本平行于台面。当球从台上弹起，持拍手由右侧向左前上方挥动，以前臂快速内收发力配合手腕内转沿球体做弧线挥动，在上升期击球的中上部，击球位置在身体右前方一前臂距离处，如图 6-25 所示。

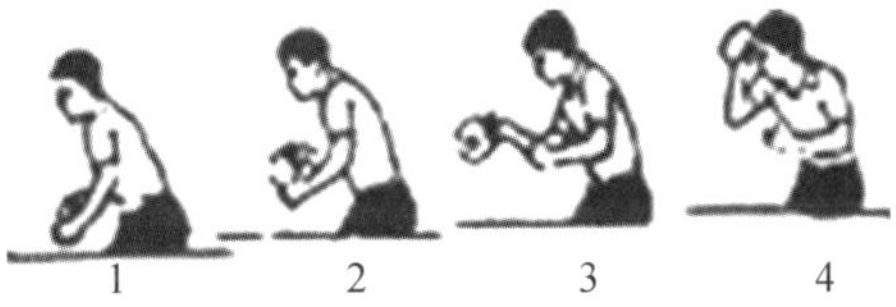

正平近台攻球

图 6-25

2. 反手攻球（右手为例）

动作要领：站位近台右脚稍前，持拍手自然弯曲置于腹前偏左，重心偏于左脚。顺来球线路向后引拍。当球从台上弹起，持拍手由左后向右前上加速挥拍，前臂发力为主，手腕外转，拍面前倾，重心移至右脚，左胸前击球上升时期的中上部，如图 6-26 所示。

图 6-26

3. 攻球的针对练习:

(1)练习者站位近台中偏右(左),在右(左)角端线附近自抛自攻对方右(左)边斜线。体会前臂内收发力和手腕内(外)旋及击球点;

(2)两人对角,一人正(反)手攻球,一人推挡回击,互换练习。

(七)搓球

搓球是近台还击下旋球的一种基本技术。

动作要领:近台站位右脚稍前,持拍手臂自然弯曲。击球时用前臂和手腕向前下方用力,拍面后仰,在下降期击球中下部,如图 6-27 所示。

1　　2　　3　　4

图 6-27

搓球站位近动作小,回球一般在台内进行。

搓球的针对练习:

(1)自己在台上抛球,将球搓过球网;

(2)两人对搓中路直线,再对搓斜线。

(八)削球

削球是我国乒乓球传统手法之一,也是乒乓球防守技术之一。

动作要领:站位中台左脚稍前,上体稍向右转重心落于右脚,持拍手臂自然弯曲于腹前。顺来球方向向右上方引拍与肩同高,拍面后仰。当球从台上弹起时,持拍手上臂带动前臂由右上向左前下方加速切削,手腕向下转动用力,在右侧离身体 40 厘米处击准下降期球的中下部,并顺势前送。

削球的针对练习:

(1)一人发平击球,另一人用正、反手削球,互换练习;

(2)一人正手攻球,另一人用正、反手削球,互换练习。

三、乒乓球基本战术

(一)发球抢攻战术

我国乒乓球运动员的重要战术之一就是发球抢攻,此种战术是力争主动、先发制人的主要战术。发球的质量和第三板进攻的能力很大程度上决定了发球战术运用的效果。

发球抢攻战术因打法的类型不同而有所差异,但常用的发球抢攻战术,主要有以下几种:

1. 正手发转与不转球后抢攻

一般以发至对方中路或右方短球为主,配合左方长球。

2. 侧身正手(高抛或低抛)发左侧上(下)旋球后抢攻

一般发至对方中左短、左大角、中左长、中右(向侧拐弯飞行正好至对方怀中)和右短,配合一个直线奔球。

3. 反手发右侧上(下)旋球后抢攻

一般发至对方中右近网或半出台落点,然后用正、反手抢攻对方反手。

4. 反手发急球或急下旋球后抢攻

反手发急上旋球至对方反手后,侧身抢攻。

5. 反手发高抛右侧上、下旋球后抢攻

一般以发至对方正手位或中右近网为主,配合发两大角长球,伺机抢攻。

6. 下蹲式发球后抢攻

可以将左侧上、下旋与右侧上、下旋球结合起来运用。

(二)接发球战术

接发球战术由某一单项攻球技术所形成,具有很强的进攻性,可变接发球的不利地位为主动地位,也可直接得分,是乒乓球运动各种打法特别是进攻型打法的主要战术。从某种意义上说,运动员的实战能力以及各项基本技术的应用程度可以从接发球水平的高低中反映出来。

1. 稳健保守法

接发球抢攻是在对方主动发球,自己处于被动的接发球地位时所采取的进攻型打法,所以有较大难度。接发球抢攻一般不可过凶,要看准来球的旋转方向、旋转强度和高度,采用适当的方法进攻。

2. 接发球抢攻

动作结束后,要立即做好对攻或连续攻的准备,以便继续处于主动地位。

3. 控制接发球的落点,盯住对方的弱点处,寻找突破口

一般多打在对方反手;若对方反手强而正手弱,则可多打在对方正手。

4. 正手侧身接发球

用快点、快攻或中等力量突击进行接发球抢攻。

(三)搓攻战术

搓攻战术是进攻型打法的辅助战术之一,主要利用搓球旋转的变化和落点的变化为抢攻创造机会。搓攻战术也是削球型打法争取主动的主要战术之一。

1. 慢搓与快搓结合

以快搓(或摆短)短球为主,配合臂两大角长球,伺机进攻。

2. 转与不转结合

搓转与不转球后,伺机反攻,一般以先搓加转球为主,然后用相仿的动作搓不转球,在运用旋转变化时,最好能与落点相结合,二者相辅相成。

3. 搓球变线

先搓反手大角,再变直线,伺机进攻,主要用来对付不善于用反手进攻的选手。

4. 搓中突击

直拍正胶快攻选手,在遇到旋转不特别强烈或位置比较合适的搓球时,应大胆运用搓中突击或快点的技术,由此而转入连续进攻。

5. 搓中变推或抢攻

遇对方搓过来的不转球(包括长胶、防弧圈球拍搓过来的球),直拍进攻型选手可用推挡,由搓变推,转为进攻。

(四)推攻战术

主要运用正手攻球和反手推挡的速度和力量,并结合落点变化和节奏变化来压制和调动对方,从而争取主动或得分。推攻战术是左推右攻打法对付攻击型打法的主要战术。

1. 利用线路变化、落点变化和节奏变化,争取主动和创造扣杀机会;
2. 压对手反手,然后突变正手,以创造进攻机会;
3. 突然加力推对方中路,使对方难以用力回击,然后用正手或侧身扣杀;
4. 一旦有机会要果断扣杀;
5. 推攻战术要学会近台和中台的转换,掌握对方节奏;
6. 对付弧圈类打法应坚持近台为主,并控制落点,伺机进攻。

(五)拉攻战术

连续运用正手快拉创造进攻机会,然后采用突击和扣杀来作为得分手段。拉攻战术是快攻打法对付削球类打法的主要战术。

1. 拉反手后,侧身突击斜线或中路追身球;
2. 拉中路、杀两角或拉两角杀中路;
3. 拉一角或杀另一角;
4. 拉吊结合,伺机突击;
5. 拉搓结合;
6. 稳拉为主,伺机突击。

(六)削中反攻战术

此战术主要凭借稳健的削球,限制对方的进攻能力,为自己的反攻创造有利条件。这种战术的特点是"逼、变、凶、攻",是攻、削结合打法的主要技术。

1. 削转与不转球,伺机反攻;
2. 削长短球,伺机反攻;
3. 逼两大角,伺机反攻;
4. 交叉削两大角,突击对方弱点;
5. 削、挡、攻结合,伺机强攻。

(七)弧圈战术

弧圈球战术把速度和旋转有效地结合起来,具有较强的稳健性和适应性。

1. 发球强攻;
2. 接发球果断上手;
3. 相持中的战术运用。

四、乒乓球规则简介

(一)球台

1. 球台的上层表面叫作比赛台面,应为平行于水平面的长方形,长 2.74 米,宽 1.525

米，高 76 厘米。

2. 比赛台面部包括球台台面的侧面。

3. 比赛台面可用任何材料制成，应具有一致的弹性，即当标准球从离台面 30 厘米高处落至台面时，弹起高度应为 23 厘米左右。

4. 比赛台面应呈均匀的暗色，无光泽，沿每个 2. 74 米的比赛台面边缘各有一条 2 厘米宽的白色边线，沿每个 1. 525 米的比赛台面边缘各有一条 2 厘米宽的白色端线。

5. 一个与端线平行且垂直的球网将比赛台面划分为两个相等的台区，各台区的整个面积应是一个整体。

6. 双打时，各台区应由一条 3 毫米宽的白色中线划分为两个相等的“半区”。中线平行于边线，并应视为右半区的一部分。

(二)球网装置

1. 球网装置包括球网、悬网绳、网柱及将它们固定在球台上的夹钳部分。

2. 球网应悬挂在一根绳子上，绳子两端系在高 15. 25 厘米的直立网柱上，网柱外缘离开边线外缘的距离为 15. 25 厘米。

3. 整个球网的顶端与比赛台面相距 15. 25 厘米。

4. 整个球网的底边应尽量贴近比赛台面，其两端应尽量贴近网柱。

(三)球

1. 球应为直径 38 毫米的圆球体。

2. 球的重量为 2. 5 克。

3. 球应用赛璐珞或类似的材料制成，呈白色、黄色或橙色，且无光泽。

(四)球拍

1. 球拍的大小，形状和重量不限，但底板应平整、坚硬。

2. 底板厚度至少应有 85%的天然木料，加强底板的黏合层可用诸如碳纤维，玻璃纤维或压缩纸等纤维材料，每层黏合层不超过底板总厚度的 7. 5%或 0. 35 毫米。

3. 用来击球的拍面应覆盖一层颗粒向外的普通颗粒胶，连同黏合剂厚度不超过 2 毫米；或覆盖一层颗粒向内或向外的海绵胶，连同黏合剂，厚度不超过 4 毫米。

(1)“普通颗粒胶”是一层无泡沫的天然橡胶或合成橡胶，其颗粒必须以每平方厘米不少于 10 颗，不多于 50 颗的平均密度分布整个表面；

(2)“海绵胶”即在一层泡沫橡胶上覆盖一层普通颗粒胶，普遍颗粒胶的厚度小于 2 毫米。

4. 覆盖物应覆盖整个拍面，但不得超过其边缘。靠近拍柄部分以及手指执握部分可不予以覆盖，也可用任何材料覆盖。

5. 底板，底板中的任何夹层、覆盖物以及黏合层均应为厚度均匀的一个整体。

6. 不论球拍两面是否有覆盖物，必须无光泽，且一面为鲜红色，另一面为黑色，拍身边缘上的包边应无光泽，不得呈白色。

7. 由于意外的损坏、磨损或褪色，造成拍面的整体性和颜色上的一致性出现轻微的差异，只要未明显改变拍面的性能，可以允许使用。

8. 比赛开始时及比赛过程中运动员需要更换球拍时，必须向对方和裁判员展示他将要使用的球拍，并允许他们检查。

(五)名词定义

1. 回合:球处于比赛状态的一段时间。

2. 球处于比赛状态:从发球时,球被有意向上抛起前,静止在不执拍手掌上的一瞬间,到该回合被判得分或重发球。

3. 重发球:不予判分的回合。

4. 一分:判分的回合。

5. 执拍手:正握着球拍的手。

6. 不执拍手:未握着球拍的手。

7. 击球:用握在手中的球拍或执拍手手腕以下部分触球。

8. 阻挡:对方击球后,处于比赛状态的球尚未触及本方台区也未超过比赛台面或其端线,即触及本方运动员或其穿戴的任何物品。

9. 发球员:在一个回合中,首先击球的运动员。

10. 接发球员:在一个回合中,第二个击球的运动员。

11. 裁判员:被指定管理一场比赛的人。

12. 裁判助理:被指定在某些方面协助裁判员工作的人。

13. 运动员"穿或戴"的任何物品,包括他在一个回合开始时穿或戴的任何物品。

14. 超过或绕过:球从突出台外的球网装置之下或之外经过,或回击的球越过球网后又回弹过网,均应视作已"超过或绕过"球网装置。

15. 端线:球台的"端线"包括端线两端的无限延长线。

(六)合法发球

1. 发球时,球应放在不执拍手的手掌上,手掌张开并伸平。球应保持静止,在发球方的端线之后和比赛台面的水平面之上。

2. 发球员须用手几乎垂直地把球向上抛起,不得使球旋转,并使球在离开不执拍手的手掌之后上升不少于16厘米。

3. 当球从抛至的最高点落下时,发球员方可击球,使球首先触及本方台区,然后越过或绕过球网装置,再触及接发球员的台区。在双打中,球应先后触及发球员和接发球员的右半区。

4. 从抛球前球静止的最后一瞬间到击球时,球和球拍应在比赛台面的水平面之上。

5. 击球时,球应在发球方的端线之后,但不能超过发球员身体(手臂、头或腿除外)离端线最远的部分。

6. 运动员发球时,有责任让裁判员或副裁判员看清他是否按照合法发球的规定发球。

(1)如果裁判员怀疑发球员某个发球动作的正确性,并且他和副裁判员都不能确信该发球动作不合法,一场比赛中此现象首次出现时,裁判员可以警告发球员而不予判分;

(2)在同一场比赛中,如果运动员发球动作的正确性第二次受到怀疑,无论是否出于相同的原因,不再警告而判失一分;

(3)不管是第一次还是任何时候,只要发球员明显没有按照合法发球的规定发球,他将被判失一分,无须警告。

7. 运动员因身体伤病而不能严格遵守合法发球的某些规定时,可由裁判员做出免予执行的决定,但须在比赛开始之前向裁判员说明。

（七）合法还击

对方发球或还击后，本方运动员必须击球，使球直接越过或绕过球网装置，或触及球网装置后，再触及对方台区。

（八）比赛次序

1. 在单打中，首先由发球员合法发球，再由接发球员合法还击，然后两者交替合法还击。

2. 在双打中，首先由发球员合法发球，再由接发球员合法还击，然后由发球员的同伴合法还击，再由接发球员的同伴合法还击，此后，运动员按此次序轮流合法还击。

（九）重发球

1. 判重发球

（1）若发球员发出的球再越过或绕过球网装置时，触及球网装置，此后成为合法发球或被接发球员或其同伴阻挡；

（2）接发球员或同伴未准备好时球已发出，而且接发球员或其同伴均没有企图击球；

（3）由于发生了运动员无法控制的干扰，而使运动员未能合法发球；

（4）比赛被裁判员或副裁判员暂停；

（5）在双打时，运动员错发、错接。

2. 暂停比赛

（1）要纠正发球、接发球次序或方位错误；

（2）要实行轮换发球法；

（3）警告或处罚运动员；

（4）比赛环境受到干扰，以致有可能影响到该回合结果。

（十）一分

除被判重发球的回合，下列情况运动员得一分：

1. 对方运动员未能合法发球；

2. 对方运动员未能合法还击；

3. 运动员在发球或还击后，对方运动员在击球前，球触及了球网装置以外的任何东西；

4. 对方击球后，该球越过本方端线而没有触及本方台区；

5. 对方阻挡；

6. 对方连击；

7. 对方运动员或他穿戴的任何东西使球台移动；

8. 对方运动员或他穿戴的任何东西触及球网装置；

9. 对方运动员不执拍手触及比赛台面；

10. 双打时，对方运动员击球次序错误；

11. 执行轮换发球法时，接发球运动员或其双打同伴，包括接发球一击，完成了 13 次合法还击。

（十一）一局比赛

在一局比赛中，先得 11 分的一方为胜方，10 平后，先多得 2 分的一方为胜方。

（十二）一场比赛

1. 一场比赛应采用三局两胜制或五局三胜制。

2. 一场比赛应连续进行。但在局与局之间，任何一名运动员都有权要求少于两分钟的休息时间。

交换方位：

1. 裁判员一旦发现发球、接发球次序错误，应立即暂停比赛，并按该场比赛开始时确立的次序，按场上比分由应该发球或接发球的运动员发球或接发球；在双打中，则按发现错误时那一局中首先有发球权的一方确立的次序进行纠正，比赛继续进行。

2. 裁判员一旦发现运动员应交换方位而未交换时，应立即暂停比赛，并按该场比赛开始时确立的次序按场上比赛运动员应站的正确方位进行纠正，再继续比赛。

3. 在任何情况下，发现错误之前的所有得分均有效。

五、乒乓球基本战术

（一）发球抢攻战术

发球抢攻是我国乒乓球运动员的重要战术之一。近年来，世界各种类型打法的运动员都越来越重视这一战术，并使之有了很大的发展。

发球抢攻的注意事项：

运用发球抢攻应注意下几点：

（1）注意发球与抢攻的配合。发球时，应明确对方可能怎样接、接到什么位置、自己怎样抢攻等。

（2）注意发球抢攻与其他战术的配合。有时接过来的球很难抢攻。此时，可先控制一板，争取下一板抢攻。不能一心只想发球后就抢攻，一旦无机会，或盲目抢攻，或无计可施，都会形成相持球的被动。

（3）注意提高发球的质量，将速度、旋转和落点的变化结合起来。同时，应特别强调发球花样的创新，为抢攻制造更多的机会。

（4）抢攻应大胆果断，不论对方用什么技术接发球，自己都应调整位置伺机抢攻。抢攻的技术好，可以增加发球的威力。

（5）每个运动员应有两套特别突出的发球抢攻的战术。

具体的发球抢攻战术，主要有下面几套：

①正手发转与不转球后抢攻。一般以发至对方中路或右方短球为主，配合左方长球。开始先发短的下旋球为好，以控制对方不能抢攻或抢拍，然后再发不转球抢攻。不转球，一般也先发短的，或发至对方攻势较弱的一面；如果对方接，还可以适当发些长的球到其正手。若能发到似出台又未出台的落点，则效果更好。

②侧身用正手发高、低抛左侧上、下旋球后抢攻。侧身用正手发高、低抛左侧上、下旋球的落点为：发至对方中左短、左大角、中左长、中右（向侧拐弯飞行正好至对方怀中）和右短，配合一个直线奔球。

③反手右侧旋后抢攻。此战术尤其适合擅长反手进攻的选手运用。一般可发至对方中右近网或半出台落点，然后用正、反手抢攻对方反手。

④反手发急球后抢推、抢攻。

⑤反手发高抛右侧上、下旋球后抢攻。一般以发至对方正手位或中右近网为主,配合发两大角长球,伺机抢攻。

(二)对攻战术

对攻战术是两名进攻型选手相遇,形成攻对攻的局面时,常采用下列战术。

1. 压对方反手,伺机正手攻或侧身攻一般用于对付反手较弱或进攻能力不强的对手。压反手时,可用推挡、反手攻或弧圈球。

2. 压左调右(亦称压反手变正手),适用范围如下:

①自己反手不如对方反手时,主动变线,避实就虚;

②对方侧身攻的意识极强,用变其正手的方法,既可偷袭空当,又可牵制对方的侧身攻;

③对付正手位攻力不强的选手;

④自己正手好,主动变对方正手后伺机正手攻;

⑤自己反手攻击力很强,可在变对方正手位时直接得分或取得主动;

⑥左手持拍的选手用此战术较多,因变线的角度大,右手持拍的选手往往被动。

3. 压左等右(紧压对方反手,等着对方变线,自己用正手抢攻),多在对方采用压左调右的战术时使用。运用此战术时,压对方反手要凶些,否则对方变线较狠,自己往往被动。

4. 调右压左先打对方正手,将其调到正手位并被迫离台后,再打其反手位。

5. 用加减力量压对方反手、中路后迅速抢攻,用于对付站位中台的两面拉(攻)选手,一般先用加力推(攻)将对方压下去,再用减力挡将其诱上来,然后伺机加力扣杀。

(三)拉攻战术

拉攻是进攻型选手对付削球打法的主要战术,即用拉球找机会,然后伺机突击。主要有以下几种方法:

1. 拉一角为主,伺机突击自己的特长线路追身;

2. 拉中路、杀两角、或拉两角杀中路;

3. 拉左杀右或拉右杀左;

4. 拉直杀斜线或拉斜杀直;

5. 拉长球配合拉将出台的球,伺机突击;

6. 变化拉球的旋转,伺机突击;

7. 拉搓、拉吊结合,伺机突击;

8. 拉、搓、拱结合,伺机突击;

9. 稳拉为主,伺机突击。

(四)搓攻战术

搓攻战术既是进攻型打法的辅助手段之一,又是削球打法相互交锋时的主要战术。

1. 先搓反手大角,再变直线,伺机进攻,主要用来对付反手不擅进攻的选手。逼住对方反手大角,视其准备侧身攻或将注意力都放到了反手后,将球拉起攻其正手,伺机抢攻;

2. 搓转与不转后,伺机反攻;

3. 以快搓短球为主,配合劈两大角长球,伺机进攻;

4. 搓右转快攻。

（五）接发球战术

1. 接发球抢攻，这是最积极主动的接发球方法；

2. 用拉（包括小上旋和弧圈球）、拨或推的方法将球接至对方弱点处；

3. 以摆短为主，结合劈两大角长球，争取下一板主动，先上手或抢攻；

4. 稳健控制法：一般在攻对削、削对攻或削对削时采用。

5. 接发球战术的指导思想：

（1）力争积极主动，克服单纯求稳的思想，能攻的要攻，能撇的要撇，尽量少用搓球，应增加用正手侧身接发球的意识；

（2）最大限度地控制对方的发球抢攻，在此基础上，争取为下一板球的进攻制造机会；

（3）接发球后，要有防御的准备，一旦被对方抢攻，应具备从被动转主动的意识和能力。

六、乒乓球实战攻略指导

（一）充分了解对手

比赛前，不但要对自己的技术情况心中有数，还要通过观察、了解和分析对手的整体情况，摸清对手的球拍性能、基本打法、技战术运用特点、主要弱点、精神状态、心理素质以及身体状况等，进而有针对性地制订出切实可行的作战方案，真正做到知己知彼，力争在比赛中取得好成绩。

（二）战术力求多变

在乒乓球实战过程中，战术必须灵活多变，不能采取单一刻板的战术。某种打法或某种战术在开始的时候对方可能不适应，但随着比赛的进行，当对方逐渐适应后，应及时调整打法，使球的旋转、力量、速度、落点等灵活变化，从而给对方回球制造困难，达到制胜的目的。

（三）扬长避短，争取主动

每个运动员都有自己的打法和风格，都有自己的长处与不足。比赛时要根据自己和对方的特点扬长避短，抓住对方的弱点，以我为主，积极进攻，力求掌握比赛的主动权，争取比赛的胜利。

（四）把握对方心理，争取心理优势

乒乓球比赛时，运动员要及时观察场上战局的变化，特别要注意分析对方的心理，及时调整和改变自己的对策。果断地给对手以出其不意的攻击，破坏其意图，从心理上给对方造成压力，从而达到取胜的目的。

（五）实战中力求积极、主动、快速

制订实战攻略时，必须体现积极、主动、快速的思想。具体实施时要有果断大胆、勇猛顽强、敢打敢拼的精神，比分领先时，乘胜前进；相持时不手软，主动进攻；落后时不气馁，奋起直追；这样才能使比赛中各种战术的运用取得明显效果，达到预期目的。

第四节　荷　　球

一、荷球的发展史

荷球(Korf ball)的起源是来自一位荷兰籍教师 Nico Broekhuysen，他在瑞典小镇 Naas 参与夏季课程时，从一项游戏中萌发出荷球运动的概念。在 1902 年，他最终在阿姆斯特丹发明了荷球这一崭新的球类运动。

过去，荷兰荷球联会一直集中改善内部架构运作，而忽略把荷球国际化。但自国际荷球联盟于 1933 年成立后，荷球的发展便被迅猛发展起来。而且，荷球亦被安排在 1920 年及 1928 年的奥林匹克运动会中进行演示。

荷球本身的哲学原理是追求改革，即主张两性共同拥有平等机会、条件参与荷球，但随时间的改变，当踏入 20 世纪，荷球已进入一个更能代表两性平等的新时代，因为荷球这项队际组合运动已能满足和肯定这理念。

因此，荷球便开始迅速地扩展，从荷兰至美国、东欧及东南亚等地区。在短短的一个世纪内，荷球已由一项校园活动，演变为真正的国际化运动，逐渐受大众注目。特别是在中欧及东南亚地区，除发展迅速外，其技术亦改善不少。

自 1985 年起，荷球已被列入世界认可的运动项目之一。世界锦标赛于 1978 年开始举办。四年后，世界锦标赛更是首次在欧洲外的印度举行。

为了坚守两个基本原则——男女共同学习和合作，荷球逐渐在世界各地发展起来。

二、什么是荷球

荷球欢迎任何年龄的男女参与，它可在室内或室外进行，不需要昂贵的装备。只需要一个球场（划分为两个区域：进攻及防守）；两个荷球篮（柱高 3.5 米），一个荷球，两队由 8 人组成的参赛队伍（进攻及防守需分别有四男四女同时作赛）及一名球证。比赛的目的是要将球投入进攻区域的篮内便可直接得分，若在防守区取得球时，你必须把球传至进攻区的队员手上。在取得两分后（两队分数一同计算），攻守区域对调，半场后换边。

荷球的原理浅显直接：

1. 它是一项队际运动——讲求合作性，不可持球跑及运球。

2. 它是一项混合性运动——男女各自在所属区域比赛，由于荷球讲求平等，其比赛规则亦一样。运用盯人防守策略时，男队员只可防守对方的男队员，而女队员亦只可防守对方的女队员。两人不能同时防守对方的一个队员，加上男女队员不可防守异性队员，所以比赛便更紧凑、公平。

3. 它是一项策略性运动——各队伍需运用他们的策略性技术去争取最多的得分，荷球不容许一切身体接触和碰撞，如阻挡、抢球、踢球和打球等动作。而且，在比赛进行时，你亦不可用手把持荷球的篮柱来影响对方进攻，所以，技术才是最重要的部分。

三、荷球的变化

荷球不受地面的限制,甚至可以在撒哈拉沙漠中进行比赛。

沙滩荷球较正式的荷球更为简单,两队参赛队伍(两男两女)在一个区域比赛。所以它只需要有一个沙地球场、一个篮及一个球便可以比赛了。

四、场地设施

1. 荷球场:一个室内的荷球场周界应为 40 米×20 米(室内场高度最少为 7 米);而一个室外的荷球场周界应为 60 米×30 米。球场划分为两个面积相同的区域。球场长度与阔度的比例应为 2∶1。

2. 后备席:两边的后备席应放在距离边线最少 2 米处。

(一)标分场地方法

整个荷球场由明显的线或带子清楚标识。球场的边线要保持平直,线的颜色要与场地的颜色成对比。整个场地形状如图 6-28 所示。

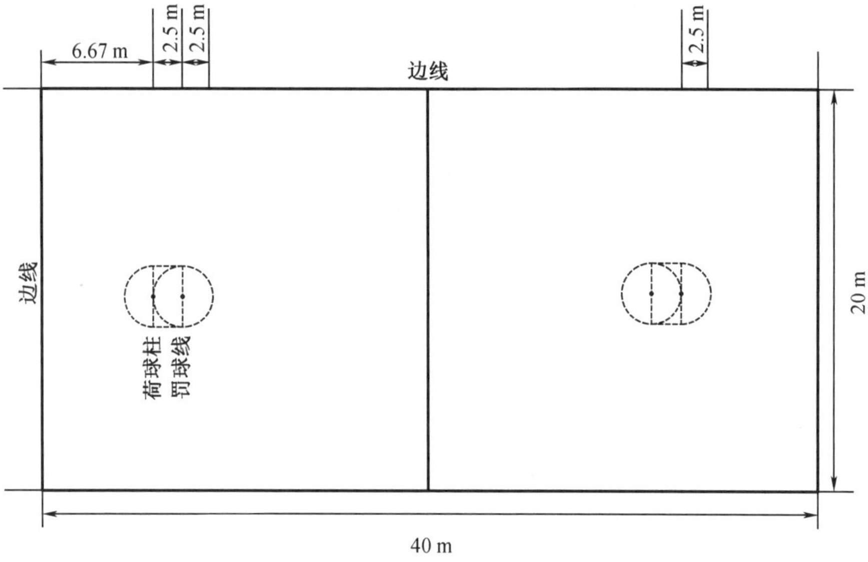

图 6-28

(二)荷球柱

荷球柱应放在球场的经度轴心,距离底线的长度应为球场长度的$\frac{1}{6}$。球柱是实心木或金属管制成的圆柱体,其外围直径大约为 4.5 厘米至 8 厘米。球柱应直嵌入地中或固定在地上,其长度不可高过荷球篮。

具体情况如图 6-29 和图 6-30 所示。

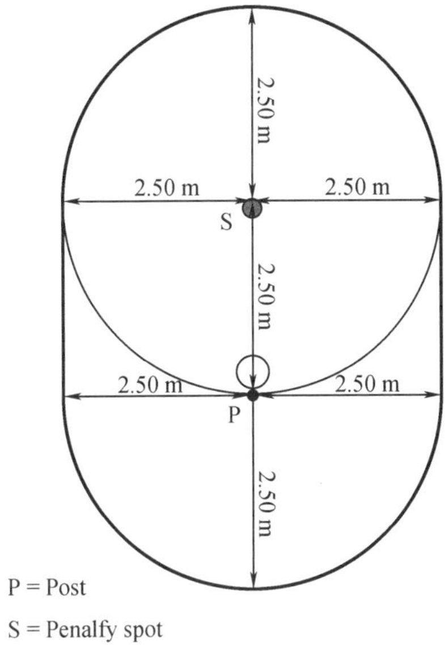

图 6-29

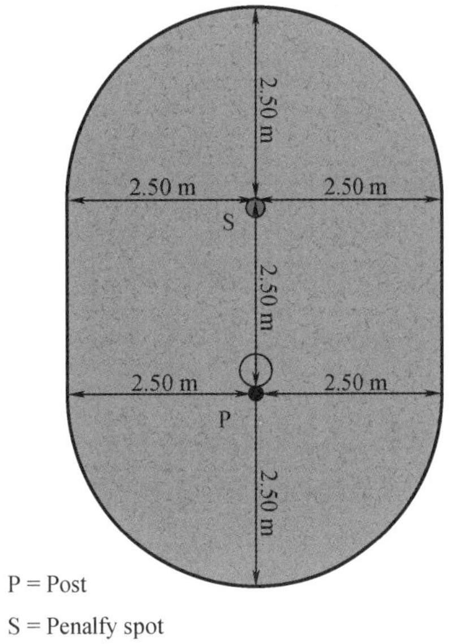

图 6-30

(三)荷球篮

所有荷球柱上的荷球篮都是无底圆筒形的。球篮应面向球场中心,其最高边界应与地面相距至少 3.5 米。球篮的高度应有 25 厘米,其内围直径为 39~41 厘米。而其最高边界的围边阔度应有 2~3 厘米。所有球篮的大小形状应相同,颜色亦应与球场的颜色成对比。而球篮大多由藤制成(合成纤维制的球篮也可以,因其性质与藤相似),球篮要被紧固在球柱上以防止它会跌下。用来固定球篮的金属支架被镶在球篮下面,支架只可覆盖球篮圆周的四分之一长度(由近球柱的边界开始量度);若支架是镶在球篮的外围,就只可覆盖球篮的三分之一长度。

(四)荷球

荷球是一个体积为五号的球体,用皮或合成纤维皮做成的。荷球应被涂上两种颜色(最好是白色和黑色,用作室内比赛的荷球则可以是单色的)。荷球的表面不应过于光滑,以保持球员的手感,如利用荷球的纹理保持球体的质感。荷球的重量应在 400~475 克之间,其圆周应在 68~70.5 厘米。而当一个充满气的荷球从 1.8 米高空跌到地面,它理应可以弹回 1 米或 1.3 米。

五、规则介绍

(一)球员装备

男生装备:篮球鞋、穿裤子。

女生装备:篮球鞋、穿片裙。

服装一般选择颜色鲜艳,让人亮眼的。在正式比赛中要穿短袖,可有领子或是圆领。

(二)比赛所需时间和暂停

1. 一场比赛分为上下半场各 30 分钟,之间有 10 分钟半场休息时间(室外比赛则上下半场各 35 分钟)。

2. 暂停时间为 1 分钟,并不包括在比赛所需的时间当中。每队可在每场要求最多两次暂停。

(三)投掷得分

当荷球完全进入球篮后,投掷球员的球队便会获得分数。当投掷的进攻球员在裁判吹哨子判决防守者违例的时间内把球投中荷球篮,球的分数就是依然有效。获得较多分数的队伍便获得胜利。

(四)出场阵容

1. 选择出场阵容和进攻的区域

主队有权选择在上半场投掷哪一个荷球篮。球队会安排球员分别到两个区域,而客队也会同样这样做。

2. 出场阵容的调动

若比赛的情况有所改变,如有球员退出或被迫离场,裁判可以准许球队做出调动。如当第六项的情况发生或球员人数和对手不相等时,裁判会命令球队调动球员。

(五)攻守和半场的对调

每当两队进球数目为 2 的倍数时(一队取两分或两队各取一分),两队球员便会换区,亦会对调攻守身份——防守队成为进攻队或相反。而当球赛进行了一半后,球队须交换场地,但攻守身份不变。

(六)开球

在比赛的开始、半场开始和每次得分后都由进攻者在他的区域近球场的中心点开球。比赛开始由主队开球,而半场开始由客队开球;每次入球后则由刚被对手入球的队伍开球。这个规定在自由球的情况下也可以应用。

(七)违反比赛规例

在比赛进行时,禁止以下情况:

1. 用小腿或脚接触球

若球员不是故意用小腿或脚接触球,并对球赛没有构成严重影响,他是可以不被惩罚的。

2. 球员数目不完整

当其中一队或两队的球员数目不完整时,球赛只会在以下情况才开始或继续:每个区域有每队不少于三个球员参赛,但不会让一女两男与一男两女对赛。

3. 球员替换

每队最多可换四个球员。若有球员在球队已替换了四名球员后因受伤而不能继续比赛,在裁判许可下可替换这名球员。

4. 球员制服和鞋子

球员要穿着与对方球队不同(如颜色)的运动服装,还要穿上运动鞋。

在应用以上规则的同时要清楚区分以下三种情况:

(1)当球员持球站着时他可以移动一只脚,而另一只脚则要保持在原位,移动另一只脚是不容许的;

(2)当球员在跑和跳的状态中接球,他可以停下然后传球或投球。但所附的条件是,在球员接球后,他必须尽最大努力立即停下。当停下来后,他便应遵守(1)的规则;

(3)当球员在跑或跳时接球,或在还没有完全停下时传球或投球,在此情况下,球员不允许在接球走了三步后仍然持球。

5. 球队没有合作打法(一人打法)

在此情况下,球队会失去合作打法:

(1)当球员没有明显目标地抛出球,然后有意追赶拿回;

(2)沿路持球(运球)。

在以下情况,一人打法是不会被惩罚的:

(1)当球员没有明显的位置移动(例如当球员持球站着,把球由一只手传到另一只手,或把球拍到地上而接回);

(2)不是故意令球队失去合作打法(如当一球员传球给另一球员时,后者不能接住;或与对手争球时,球员不能成功捉住球)。

6. 以手递手的形式传球队员。

7. 延误赛事进行

这包括不去尝试制造或争取入球机会;持球过久,不肯传球或在开自由球时准备时间过长;拖长调场和暂停后返回球场的时间。

8. 从对方手中拍掉、拿取或偷走球。

9. 推开、紧紧抓着或阻止对手前进

无论对手有没有持球在手,不合法地阻止对手前进都是要被惩罚的。任何有意或无意阻碍对手移动的行为都是被禁止的。

10. 阻碍对手准确地接球

防守球员准许用手或手臂去阻止球在传送中的方向,他也可以把手放在球传送的路线去阻碍对手接球。但一定不可:

(1)用身体阻碍对手的手部去接球;

(2)击打对方手中的球或在对方传送球时打他的手,即防守球员的手或手臂不可放得与对手太近(不得过分妨碍传球)。

11. 阻止不同性别的球员传球或投球。

12. 两名球员在同一时间防守同一对手。

13. 走出比赛区域。

14. 在对手防守时投球。

当防守球员做到以下三个情况时,即使在对手防守时投球,投掷球员也会被判违规:

(1)防守球员处于进攻球员手臂长度的范围内,而面向着进攻球员。两人的距离应是防守者最能靠近接触进攻者,而同时没有阻碍他前进。

(2)防守球员曾尝试封阻对方手中的球。

(3)防守球员要较进攻球员接近球柱。

15. 在同队球员身边切入投球。

这里所指的切入,是指当防守球员在进攻球员手臂长度的范围内,因进攻者在同队其他球员的身边紧贴走过,以至于防守球员因碰撞或将会碰撞对手而跟不上进攻球员,最后被迫放弃防守。

16. 在防守区域或开自由球后投球。

17. 当一球员没有被人防守时投球。

这只会在只有三个球员防守四个球员的时候发生。在此情况下,进攻队伍的队长应通知裁判和对方队的队长,表示该名没有人防守的球员是不应投掷球的。球队可以在同一区域比赛时两次更换场中的没有对手防守的球员,但这名没有人防守的球员所投的罚球是会被计算的。

18. 球员移动球柱来影响投球。

19. 在走动、跳起和快速移动时捉住球柱。

20. 违反开自由球的规则。

21. 在比赛时做出危险的行为。例如进攻球员有意引导在他背后跟着且距离在手臂长度内的防守球员快速地撞向任一进攻球员。

(八)荷球出界

当球接触场地的边线或在场地以外的地面、任何人和物体时,都被判为出界。另外,若球接触到室内场的天花板或场地上半空的物体也属于出界。当球出界后,不是最后接触球的队伍便有权开自由球。

(九)球证球(抛球)

当两个敌对球员争球时,裁判会停止球赛,然后进行抛球。这时裁判可以挑选在该区域的两个同性球员跳球,最好是同样高度的。至于其他球员应站在距离跳球位置的2.5米,并只能在那两个跳球的球员其中一个接触球后或球接触了地面后才可接触球。

(十)自由球

1. 何时才有自由球

当裁判指出其中一方违反其中一项比赛规例(如第十六及十七项)时,另一方便会得到自由球。

2. 在什么地方开自由球

开自由球的地点是在犯规的位置进行。若在球出界或球员在球场边界的里面或外面违反第十六项的情况下,便可在界外接近球出界或犯规球员过界的位置开自由球。

3. 怎样开自由球

当球员持球在手准备开自由球时,球证会提起一只手成90度角,然后逐步举起该手的4只手指以计算时间。整个准备过程需要在4秒内完成,之后便吹哨子表示赛事再次开始。

而球证在举手后要注意两点:

第一点

(1)所有球员要距离开球者的位置最少2.5米;

(2)当开自由球是在进攻区域进行时,开球队伍中的球员也要相距最少2.5米。

一切只可在4秒准备时间内完成,之后裁判便会吹哨子表示赛事继续。当裁判吹哨子后,开球者必须在4秒内传球。但若开球者不能在4秒内传球,裁判有权再吹哨子,并把开自由球的权交给另一队。

对方的球员必须遵守的情况:

直至开球者传出球或其手部、脚部有明显移动。

而开球队伍的球员亦必须遵守情况(1)及(2)直至开球者把球传进球场。

何谓开球者把球传进球场：

①对方的队伍其中一名球员接触了球；

②当开球队伍一球员站在距离开球 2.5 米的位置接触了球；

③球被传送到球场最少 2.5 米的地点(根据地面量度)开球者是不准许直接投球的。

第二点：

球员不能在裁判举手后遵守情况(1)及(2)时：

裁判会连续吹两次哨子,第一次是指示赛事继续,而第二次则是指示赛事停止,并惩罚违反规则的开球队伍。

若两队的球员都站在距离开球点不足 2.5 米,裁判会惩罚最接近开球点的球员。

若裁判认为两队球员皆是站在错误的距离时,进攻的队伍在此情况下便会受罚。

当犯了规的队伍在进攻区域再次违反开自由球的规则时,裁判便会判另一队伍获得罚球。

(十一)罚球

1. 何时才有罚球

当一队伍犯规导致对手失去得分机会时,裁判便会给被侵犯球队一个罚球。另外,当一队伍反复不公平地阻碍进攻球员也会有被判罚球的可能性。

2. 在什么地方投掷罚球

罚球是在场地的罚球点进行的,大约是在球场中距离球柱 2.5 米的地方。

3. 如何投掷罚球

罚球是可以直接得分的。投掷罚球的球员不可在球未离开双手前,用身体任何部分接触罚球点和球柱之间的地面。在投掷者未投掷前,所有球员必须站在距离罚球点和球柱之间的虚拟线 2.5 米的任何位置上,并且不可做任何动作骚扰投掷的球员。至于第十九项所规定进攻球员之间距离 2.5 米和传球所需要的限制是不会应用在罚球的规则上。如有需要,上半场和下半场的比赛时间会因应罚球所用的时间而进行补时。

六、基本阵形

阵形按照距离篮筐的远近分为三种：

1. 4—0—0；
2. 3—0—1；
3. 2—1—1。

第一个数字表示准备投篮的人数,第二个表示助攻的人数,第三个表示卡位的人数。

第七章　游泳运动

第一节　游泳运动概述

游泳是深受男女老幼广泛欢迎的体育项目之一。英国是现代游泳运动的起源地，早在17世纪60年代，英国很多地区就已广泛地开展了游泳活动。

第一个室内游泳池在1828年由英国修建于利物浦乔治码头。英国于1837年在伦敦成立了第一个游泳组织，英国最早的游泳比赛也在同年举办。1869年1月，大城市游泳俱乐部联合会（现英国业余游泳协会前身）在伦敦成立，此后游泳被作为一个专门的运动项目正式固定下来。

从1896年雅典第一届奥运会开始，男子游泳就被列入了奥运会正式项目。国际业余游泳联合会在1908年伦敦第四届奥运会上成立，并制定了国际游泳规则。1912年第五届奥运会的时候，女子比赛项目正式设立。1952年，蛙泳和蝶泳正式被国际规则分成两个姿势进行比赛，从此竞技游泳形成了蝶泳、仰泳、蛙泳和自由泳4种姿势。现在，游泳运动已发展为奥运会上最令人瞩目的几个大项之一。

经常参加游泳运动不仅能使人心情愉悦，塑造流畅和优美的体形，还能够增强心血管系统的机能，增强体质，提高协调性。很多运动项目都容易造成机体劳损或损伤，不过游泳是劳损和损伤率最低的体育活动之一。因此，游泳是一项很好的健身运动，可以终身进行。

一、游泳运动的锻炼价值

（一）保障生命安全

人类生存的地球布满江、河、湖、海，生活中不可避免地要与水打交道。不论是主动下水游泳、玩耍、进行水上作业，还是失足落水、乘船发生意外，不会游泳都将威胁到自身生命安全。

（二）强身健体

据报道，人体在12 ℃的水中停留4分钟所散发的热量相当于人在陆地上1小时所散发的热量。由此可知，游泳时消耗热量较大，能有效地消耗身体的脂肪。长期游泳还可以健身塑形。

经常游泳，可以提高机体对水温、气温的适应能力，从而增强体质。很多哮喘病患者就是通过游泳锻炼，增强了体质和对寒冷的抵御能力，进而减少哮喘的发作次数。

游泳是周期性、动力性运动。长期坚持游泳锻炼，可以提高肌肉的力量、速度和耐力及关节的灵活性，使身体得到全面协调发展，使体形匀称健美，肌肉富有弹性。

（三）防病治病

游泳可以提高抵御寒冷的能力，尤其是冬泳，经常游泳者可以预防疾病，不易感冒。由于水的浮力作用,人体平卧水面时脊柱可以充分伸展,这对预防脊柱侧弯有良好的作用。水流和波浪可对人体产生特殊的按摩功效,所以游泳对瘫痪者和残疾人的康复具有重要意义。

此外,经常游泳,对于身体瘦弱者和许多慢性疾病患者(如慢性肠胃病、神经衰弱、习惯性便秘、慢性支气管炎和哮喘等患者)有明显疗效。很多康复中心都把游泳水疗作为治疗慢性病和恢复身体的重要医疗手段。

(四)锻炼意志,培养勇敢顽强的精神

初学者要克服怕水的心理,才能学好游泳技术,尤其是在江河等开放性水域中游泳时,更要具备勇敢顽强的精神和坚强的意志。长期游泳可以培养吃苦耐劳、不怕困难的品质。

二、游泳安全与卫生

(一)游泳的安全措施

游泳时,如果不熟悉水性,很容易呛水或者失去平衡,以致出现溺水而危及生命。因此在游泳时必须把安全放在第一位,并要采取以下安全措施:

1. 强化安全教育

(1)树立安全意识,克服麻痹思想;

(2)加强组织纪律教育,严格遵守纪律,一切行动听指挥,做到令行禁止。

2. 选择安全的游泳场所

不管是选择人工修建的游泳馆还是天然水域,都要充分考虑安全问题。

(二)游泳的卫生要求

保证身体健康,防止疾病传染。游泳者每年都必须进行一次全面的身体检查,以便清楚地了解自己的身体状况,确定能否参加游泳锻炼。凡患有严重高血压、心脏病、精神病、传染性疾病以及有开放性创伤的病人,都不宜游泳。此外,有腹泻、伤风感冒、咳嗽、严重沙眼、急性结膜炎等疾病的人也不宜游泳。

(三)游泳的时机

1. 饱食后不宜游泳

饱食后,消化器官活动增强。此时下水游泳,血液将首先满足肌肉活动的需要,会造成消化器官供血不足,影响食物的消化和吸收。此外,由于水的刺激,胃肠的蠕动受到限制,容易引起胃痉挛,易导致腹痛或呕吐。因此,饱食后30分钟之内不要下水游泳。

2. 饥饿时不宜游泳

饥饿时,体内血糖浓度下降,此时游泳容易出现头昏、四肢无力等症状,严重时甚至会发生晕厥。

3. 疲劳时不宜游泳

激烈运动或重体力劳动后,肌肉处于疲劳状态,此时游泳容易造成疲劳积累,易引起呛水、肌肉痉挛等情况,甚至发生溺水事故。

4. 酒后不宜游泳

酒中含有乙醇,对人体的神经系统有麻醉作用,会使人体机能下降,身体的反应能力减弱,动作协调性变差。此时下水游泳,无法清醒地处理可能发生的意外情况,很容易出现溺水事故。

第二节　水性练习

一、下水的准备运动

准备活动对任何一项运动来说都是非常重要的，主要目的在于提高人体神经系统的兴奋性，增加肌肉力量和弹性，提高身体灵活性，有利于身体更好更快地适应游泳运动的需要。此外，还可以有效地防止抽筋、拉伤。

针对练习：

1. 头部向前后左右弯曲以拉伸颈部肌肉，重复此动作10次；

2. 单臂轮流向后绕肩，然后双臂同时绕肩；

3. 双手分别从肩上和腰部向一侧移动直到在后背部互握，然后用力向一侧拉伸；

4. 双腿并脚向前伸直坐于地面，双手向前伸以触到脚趾，保持，然后重复；

5. 一腿向前伸直，一腿向后弯曲（大腿外侧向上）坐于地上，尽量向前伸展躯干，然后向后躺倒。重复几次，然后换另一条腿，同时按顺时针和逆时针两个方向绕转脚踝。

二、熟悉水性

初学者下水后的第一个练习便是熟悉水性，目的是体会水的阻力、压力和浮力，并初步学会如何在水中保持身体平衡。

1. 水中行走

一般情况下水中行走都是在齐腰深的水中进行。开始走时步子不宜太大，速度不宜太快，身体重心的移动要与腿的动作相协调。

水中行走的针对练习：

（1）侧对池壁，手扶池边，向前、向后迈步行走；或面向池壁，手扶池边，向左、右迈步行走；

（2）一手扶住池（岸）边或同伴的手，一手在体前侧做向外、向后划水，同时在水中行走；

（3）在不借助任何支撑物的情况下，两臂在胸前向外、向后对称划水，双脚在水里做向前、向侧、向后的行走。

2. 学会呼吸

不会呼吸的游泳不能叫作游泳，只能称为“憋气”。正确的游泳呼吸时用嘴吸气、用嘴或嘴鼻呼气。

游泳时，要用口在水面上吸气；吸气后脸浸入水中略微闭气；然后用口和鼻在水中缓慢呼气，直到呼出水面为止；立即把气吐尽，然后快速吸气。呼气要尽，吸气要深，呼与吸之间不能停顿。

呼吸的针对练习：

（1）站在齐肩深的水里，两手抓住池（岸）边；或者抓住同伴的手，用嘴深吸一口气，然后把头埋入水中，慢慢地用鼻呼气，直至将体内的废气呼尽，迅速抬头用嘴吸气。

(2)能够连续、连贯、自然地完成多个呼气、吸气的技术后,开始试着独立完成慢呼快吸的技术动作。

3. 水中漂浮

学习水中的漂浮技术,目的在于体会水对人体的浮力,并初步掌握人体在水中的平衡能力,克服对水的恐惧心理。

进行水中漂浮练习时,要吸足气使胸腔充分扩张并保持屏息;身体放松,保持伸展,俯卧在水面上。

4. 漂浮的针对练习

(1)抱膝漂浮

两脚立于水底,深吸气后,下蹲低头抱膝,两膝尽量靠近胸部,前脚掌蹬离水底,成低头抱膝团身姿势,身体要尽量放松,自然地漂浮于水中。站立时,两臂前伸,向下压水并抬头,同时两腿伸直,以脚触水底站立,两臂自然放于体侧。

(2)站立时,两臂前伸,向下压水并抬头,同时两腿伸直,以脚触水底站立,两臂自然放于体侧。要求全身放松,充分展开身体,站立时,收腹、收腿、两臂向下压水,然后抬头,两腿伸直,脚触水底站立。

(3)滑行漂浮

蹬池壁滑行漂浮:背向池壁站立,一手扶住池壁边缘,一臂前伸并上举手臂至贴住耳朵,同时单脚站立,一脚贴近池壁。深吸气后低头,上体在水中前倾成俯卧姿势,大小腿尽量收紧,臀部靠近池壁,两脚掌贴住池壁。与此同时,扶池壁的手臂向前摆出与前臂并拢,头夹于两臂之间,此时两脚用力蹬出,身体呈流线型向前滑行,如图 7-1 所示。

图 7-1

蹬池底滑行漂浮:两脚前后开立,两臂前上举。深吸气后上体前倾,当头、肩浸入水中时,前脚掌用力蹬池底,随后两脚并拢,使身体呈流线型向前滑行,如图 7-2 所示。

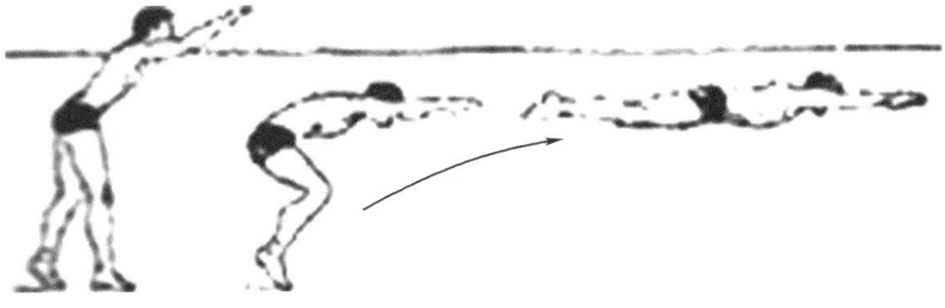

图 7-2

第三节 蛙 泳

蛙泳是模仿青蛙游泳的一种姿势。蛙泳时，呼吸较方便，省力持久，易观察周围环境，也能负重。

一、身体姿势

身体保持自然伸展，微收腹塌腰，稍抬头，眼视前方。身体纵轴与水面成 5～10°，如图 7-3 所示。

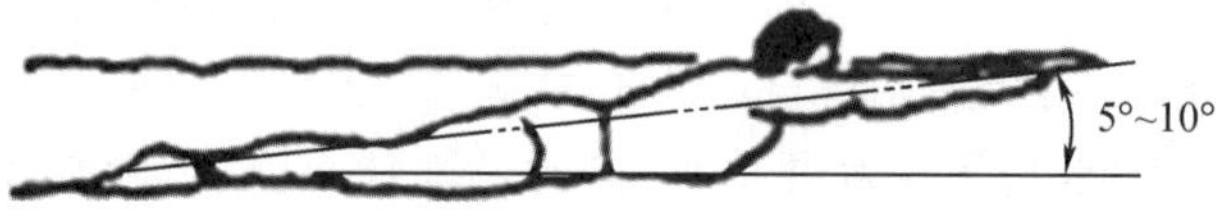

图 7-3

二、腿的技术

蛙泳腿的动作是身体前进的主要动力，现广泛采用窄蹬腿技术。动作可分为收腿、翻脚、蹬腿和滑行 4 个阶段。

1. 收腿：两腿随吸气动作自然向下，然后放松边收边分，小腿和脚尽量靠近臀部，小腿处于垂直部位并藏于大腿的投影面内，以减少小收腿的阻力。收腿结束时大腿与躯干成 130°～140°，屈膝角度为 40°～45°，两膝分开 10～30 厘米，如图 7-4、图 7-5、图 7-6 所示。

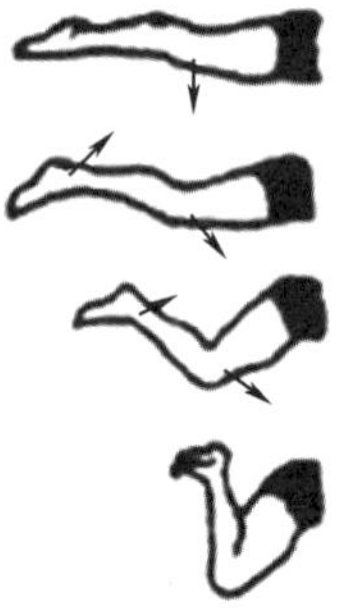

图 7-4

图 7-5

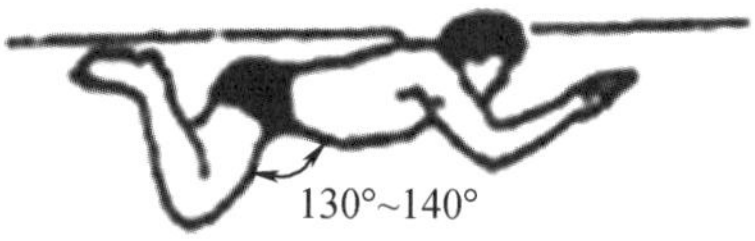

图 7-6

2. 翻脚：翻脚是腿部动作效果好坏的关键。收脚接近臀部，两膝内扣，两脚向外侧翻，使脚和小腿内侧正好对准蹬水方向，有利于增大对水面积，获得更大的推动力，如图 7-7 所示。

3. 蹬腿：翻脚后，以大腿发力向后蹬水，着力于伸髋、再伸膝。后蹬时，边后蹬、边内夹，两腿蹬直时要向下压，以形成鞭打的动作，如图 7-8 所示。

4. 滑行：蹬腿结束后，两腿迅速并拢伸直，保持在较高位置，身体适度紧张，呈流线型，做短暂滑行。

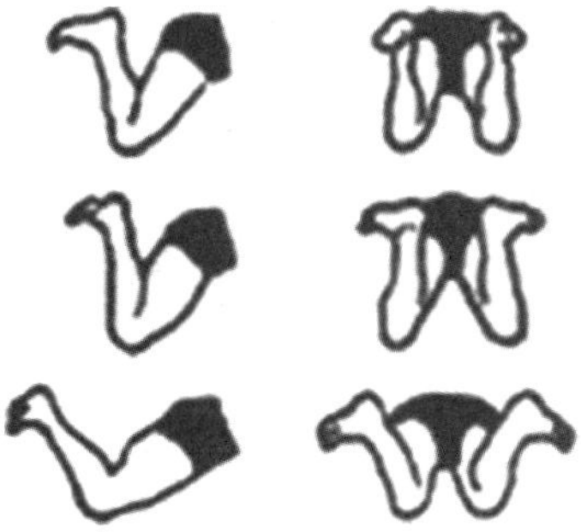

图 7-7

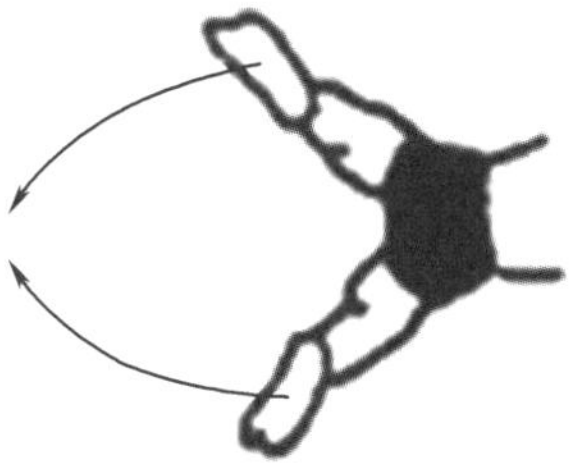

图 7-8

三、臂的技术

现代蛙泳臂技术广泛采用高肘、快频率。动作可分为抓水、划水、收手和向前伸臂 4 个动作。

1. 抓水：从两臂前伸的滑行开始，前臂、上臂立即内旋，掌心转向外斜上方，并稍勾手腕，两手分开向侧斜下方压水，当手掌和前臂感到有压力时，便开始划水。

2. 划水：当两臂分成约 45°时，手腕继续屈曲，屈肘向两侧下后积极划水，划水时肘的最大曲角为 90°左右。划水要用力，使上体上升到较高位置，为下段收手创造有利条件。

3. 收手：是划水段的继续，是手臂由划水到向前伸臂的过渡动作，能产生较大的上升力和一定的扒动力。动作时手臂由内到向前，手掌由向后继而成两手掌相对，肘低于手，收手于胸前。

4. 伸臂：向前伸直肘关节和肩关节，手心转向下方。

四、完整配合技术

一般是指一个动作周期呼吸一次的“晚吸气”配合。当划水结束时，抬头吸气，同时两膝开始屈曲，当收手并开始前伸臂时迅速收腿。翻脚和收腿时，整个动作要协调连贯，使游速更加均匀。

现代蛙泳的技术特点是：头部起伏大且位置高，高肘划水，快速窄蹬腿，整个动作频率快，如图 7-9、图 7-10 所示。

图 7-9

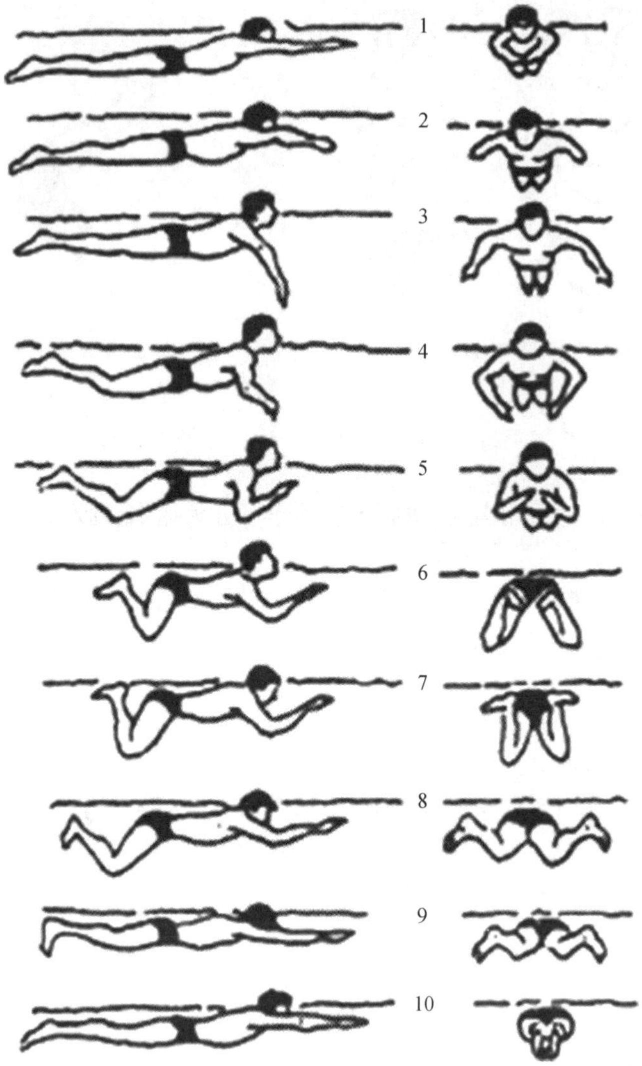

图 7-10

第四节　自　由　泳

自由泳也叫爬泳，是速度最快的一种泳姿。

一、身体姿势

自由泳时身体应伸展成流线型，接近水平地俯卧在水面。背部和臀部肌肉保持适当紧张。身体纵轴与水面成 3°～5°，头与身体纵轴成 20°～30°，前进时因划水和转头呼吸，身体自然转动，转动幅度是两肩横轴与水面构成的夹角为 35°～45°，如图 7-11、图 7-12 所示。

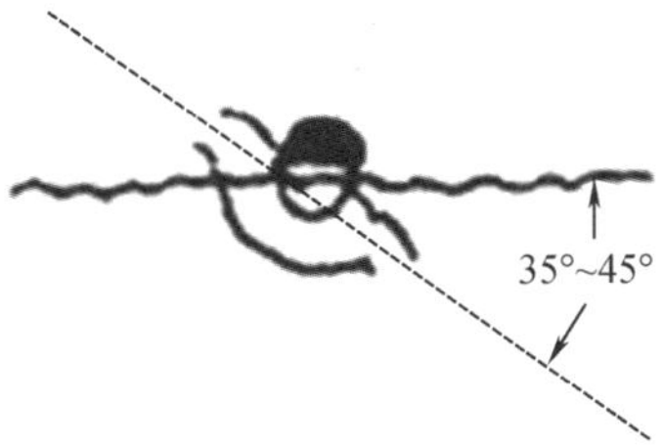

图 7-11

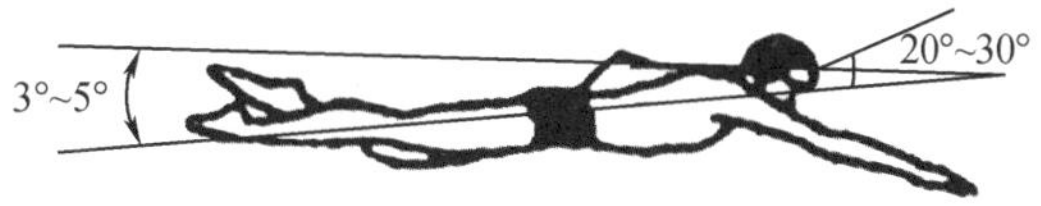

图 7-12

二、腿部动作

自由泳打腿的作用主要是维持身体平衡,使下肢不致下沉,并产生一定的推动力。打腿动作是以大腿发力,大腿带动小腿,以髋关节为支点,力量通过大腿、膝部、小腿、踝关节,最后到脚呈鞭状打水。打水时踝关节自然放松,脚稍向内转。向上打水时产生的前进作用力比向下打水效果小,所以向下打水应该以较大的力量和较快的速度进行。打水时上下两腿距离 30~40 厘米,屈膝约 160°,如图 7-13 所示。

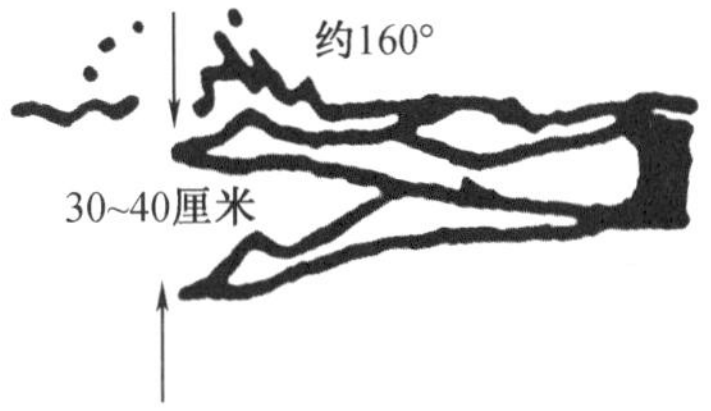

图 7-13

三、臂部动作

自由泳时两臂划水是推动身体前进的主要动作。现代自由泳广泛采用屈臂、高肘技术。臂部动作分为入水、抱水、划水、出水和空中移臂。

1. 入水:两肘高于手,屈臂,掌心稍向外,手指伸直并拢插入水中,入水点在肩关节的纵轴线与身体纵轴线之间。

2. 抱水:手臂入水后,积极插向前下方,并逐渐开始屈腕、屈肘划水,肘关节通过肩关节的内转而稍微外转,保持高肘,到划水时使手臂与水面成 40°,肘关节屈至 150°左右,整个手臂像抱着一个大圆球似的,充分拉开肩带肌肉,使手与前臂接近垂直水面,增大对水面积、为划水做好准备,如图 7-14 所示。

图 7-14

3. 划水：划水是指手臂在前与水面成 40°起，至向后与水平面成 15°～20°的这一动作过程。这一动作是获得身体前进推动力的主要阶段。这阶段以肩垂直为界，前段为拉水，过垂直面后称为推水。拉水时前臂的速度快于上臂，继续屈肘，当臂划至肩下方时，手在体下靠近身体中线，屈肘为 90°～120°，整个拉水要保持高肘姿势，以便使手和前臂更有效地向后划水。从拉水转入推水应该保持动作连贯的加速完成，特别是经过肩下垂直线时不要失掉手对水的支撑感觉。向后推水是通过屈臂到伸臂来完成的。为了使前臂、手掌能以最大面积对水，在推动过程中肘关节要向上、向体侧靠近，如图 7-15、图 7-16、图 7-17 所示。

图 7-15

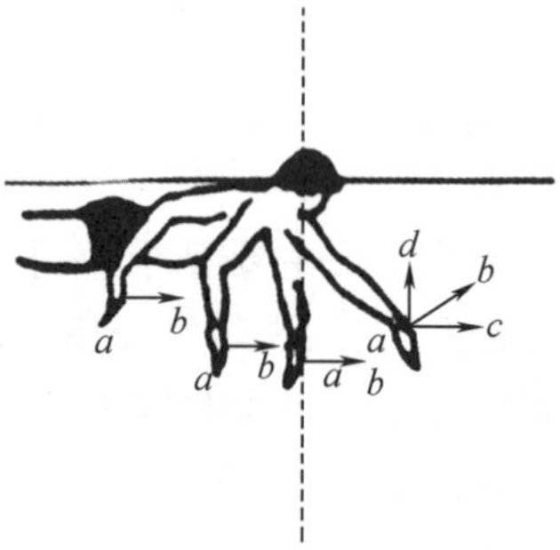

图 7-16

图 7-17

整个划水动作中，手的运动轨迹是向下、向后、向上的。在抱水和拉水的开始部分，手在肩前；划水的中间部分，手在胸腹下；推水后，手在大腿旁，整个轨迹呈“S”状。

4. 出水：划水结束后，臂由于惯性的作用很快接近水面，并立即将臂提出水面。出水时肩部和上臂几乎同时出水，由上臂带动、肘部向外上方做提拉动作，将前臂和手提出水面，掌心向后上方。整个动作应迅速而不停顿，同时还应柔和，前臂与手尽量放松。

5. 空中移臂：空中移臂是出水的继续，并不能停顿。移臂动作要放松，并尽量保持身体的流线型。移臂时，肩带肌肉应向上、向前拉开，肩部靠近身旁，使肩胛骨与锁骨转动，肩关节前移，这样有利于加大手臂动作的幅度和划水长度。整个移臂过程中，肘部应始终保持在比肩高的位置上，如图 7-18 所示。

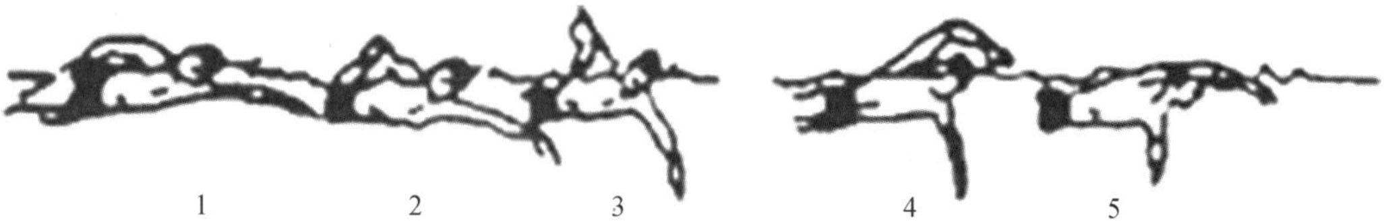

图 7-18

四、呼吸与臂、腿的完整配合

自由泳采用转头呼吸。在两臂各划一次的过程中做一次完整呼吸，即吸气、闭气、呼气和转头吸气，同时，同侧手臂在空中移动，利用头前浪的波谷吸气。自由泳呼吸时，臂和腿配合一般是6∶2∶1的配合。可根据游泳距离、个人特点和体力情况因人因时制宜。初学者用嘴用力呼气，右臂出水时张嘴吸气，移臂至一半时，吸气结束，开始转头复原，然后闭气，如图7-19所示。

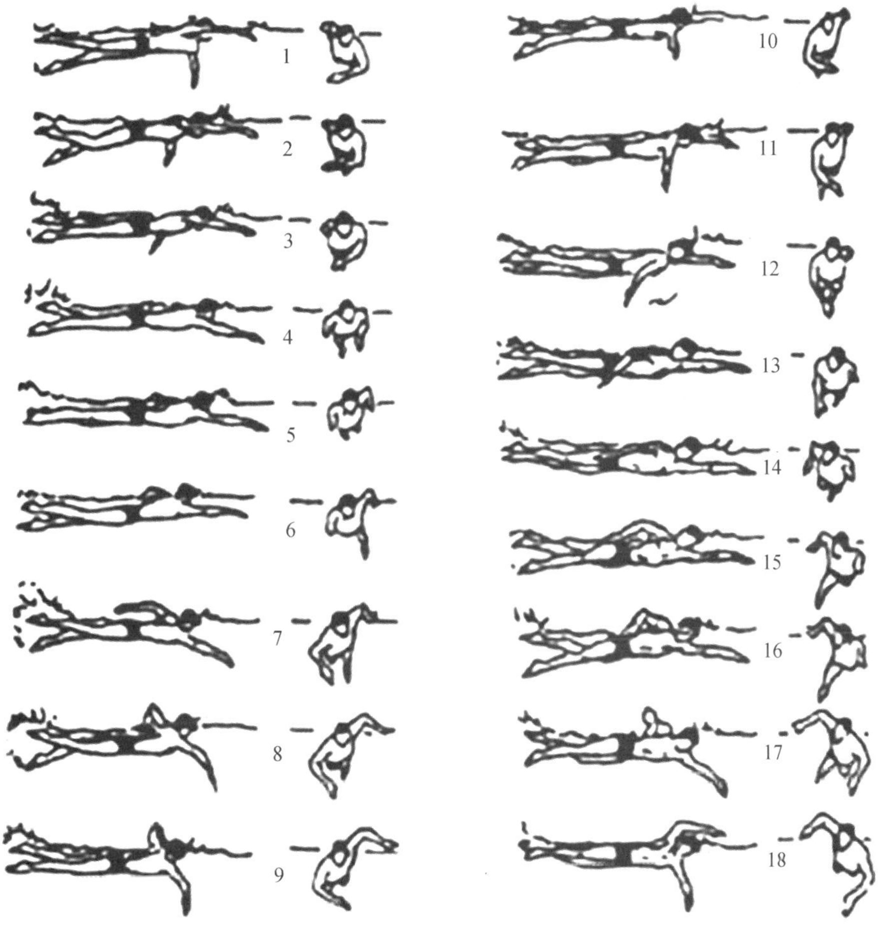

图7-19

第五节 蝶 泳

蝶泳的游速仅慢于自由泳，是由蛙泳动作演变而来的一种泳姿，因两臂经空中前移带着水帘颇似蝴蝶展翅而得名。之后，有人模仿海豚游水时上下打水动作，创造了“海豚泳”。于是，海豚泳又代替了蛙式蝶泳成为现代蝶泳的主要技术。

一、身体姿势

由两臂划水、头和上体向上抬起,至两臂前移又下沉至水中,加上两腿的打腿,使身体姿势处于不断变化的小波浪状态。

二、躯干和腿的动作

腿的打水动作是由腰部发力、大腿带动小腿做鞭状动作形成的。它和躯干动作紧密联系在一起。

打水时,两腿自然并拢,双脚分开成内八字形。当两脚处于最低点时,膝关节伸直,臀部上升至水面,髋关节约屈成 160°,如图 7-20 所示。然后两腿继续向上时,大腿开至最低点。屈膝成 110°~130°,紧接着两脚向下打水,踝关节放松,脚面对水,这是打水产生推力的最有力阶段。然后脚面、小腿随着大腿加速下压动作,加速向后推向下打水的动作结束。

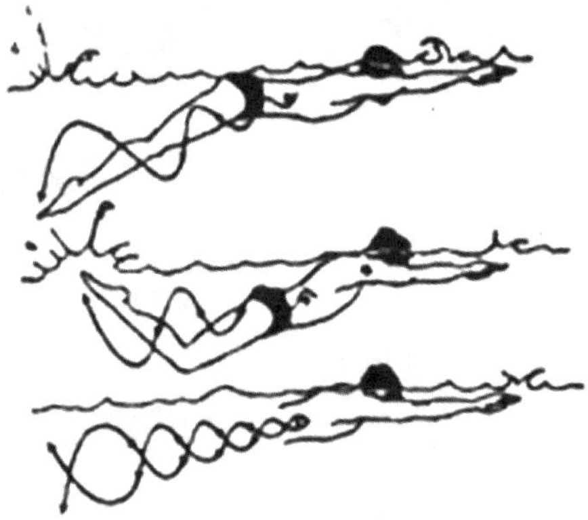

图 7-20

打水动作的完成是躯干和腿的动作协调一致完成的。为使打水动作连贯,当上一次打水腿尚未完全伸直时,大腿就应开始向上动作了。初学者应特别注意体会这个动作的连续性。初学者要着力向下打水,至腿伸直时稍提臀,直膝向上抬腿。节奏是向下快,向上慢。

一般采用两次打腿技术,两次的用力程序随个人习惯,常见的是第一次重打,第二次轻打。

三、臂部动作

臂部动作是产生推进力的主要来源。蝶泳臂划水与自由泳技术有很多共同点,均由前向后划水,经空中向前移臂,过程基本相同,均要求高肘划水。不同点是蝶泳划水是两臂同时进行,身体不转动,但有上下起伏。

1. 臂入水:有宽入水和窄入水之分,一般均采用宽入水,即同肩宽的肩前入水技术。入水点较近,手掌斜插入水(45°)。入水时,手掌领先,前臂、上臂依次入水。入水后要避免过分前伸和潜入过深。

2. 抱水和划水:臂入水后,手和前臂内旋并向外侧下方抱水。接着两臂逐渐向内、向后屈臂划水。进入划水段,应屈肘保持"高肘"姿势,即做加速划水。两臂划至肩下方时,前臂与上臂的角度为 90°~100°。此后,两手划至腹下时,两手距离最近,再做两手的弧形向外推水。

3. 出水:当两臂推水尚未结束时,双肘已开始做向上抬动作,利用加速推水的惯性提肘出水,肘先于手出水。

4. 空中移臂:两臂放松、内旋,沿身体两侧低平的抛物线前摆。开始时肩关节上提,两肩胛骨靠拢,然后向前转肩。空中移臂一般是直臂前摆,也可以屈臂前摆。

四、臂、腿动作配合与呼吸

配合应时速度要均匀,节奏要明显,打腿间歇时间要相同,打水连贯要有力。当前多采用 2∶1∶1 的配合技术,如图 7-21 所示。

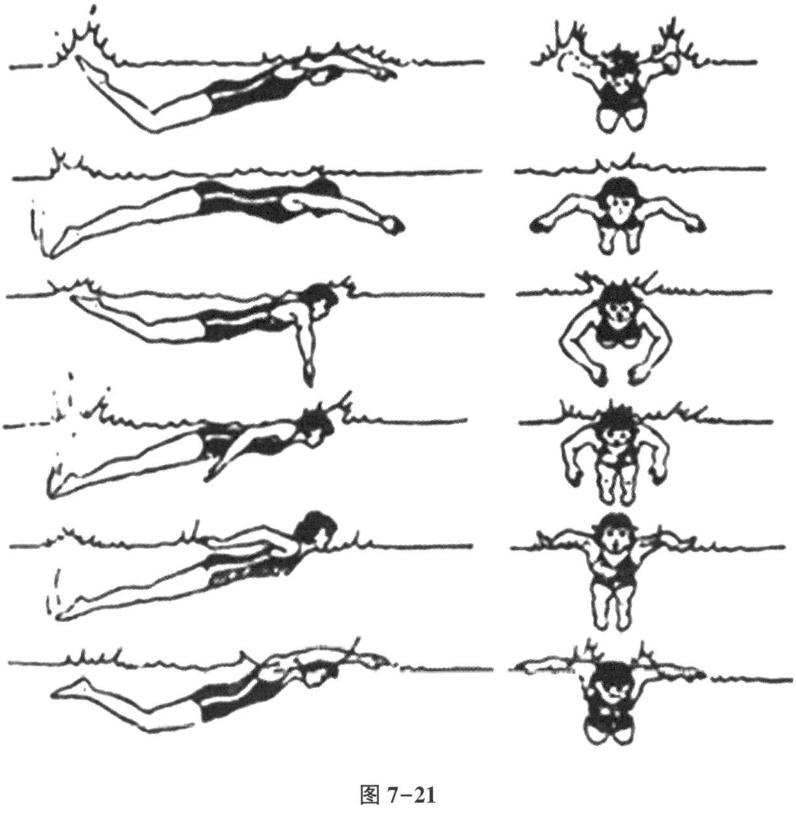

图 7-21

臂、腿配合的结构:

两臂入水时做第一次向下打水;臂抓水时,腿向上,两臂划至胸腹下时,做第二次向下打水;臂推水结束,打水结束;移臂时,腿向上。

呼吸动作一般采用臂划水一次,呼吸一次。两臂配合的协调性与游速关系甚大。晚吸气为多数优秀运动员采用,即吸气是在划水的后 1/3 段。在划水主要阶段开始抬头,升高肩部。划至肩垂线时脸击水,开始吸气,至两臂完成推水动作。前移臂时,颈部屈曲,低头入水。初学者一般采用早吸气比较容易,即在臂划水以前 1/3 时就开始抬头吸气,至臂出水和向前移臂时闭气。

第六节 仰 泳

由于仰泳时嘴始终露在水面上，故呼吸较容易学会，尤其是浮力较好的更容易掌握这种泳姿。只要学会了踢水动作，就会很快学会仰泳。

一、身体姿势

由于采用两臂划水，身体应伸展成流线型仰卧在水面上，身体纵轴与水面构成一个不大的迎角，整个身体处于较高的位置。

身体在水中时，胸部自然伸展，腹部微收，胸腹几乎成一条直线，这样游进时能减小身体的迎面阻力，如图 7-22 所示。

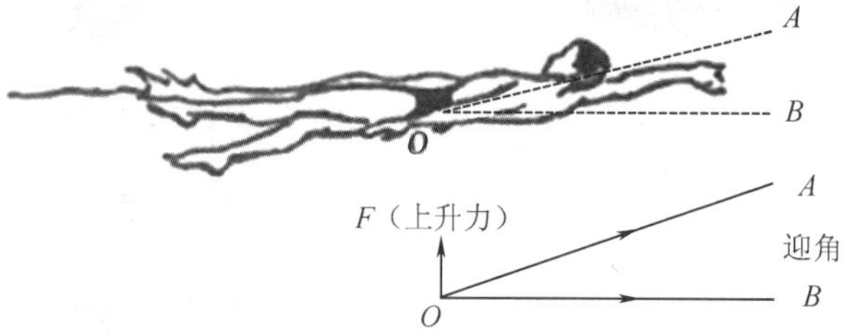

图 7-22

二、腿部动作

仰泳时腿部动作主要是维持身体平衡，控制身体摇摆，造成一个好的流线型姿势，产生一定的推进力。

仰泳两腿动作以髋关节为支点，由大腿发力，带动小腿和脚有节奏地做上下鞭打踢水动作。

三、臂的技术

仰泳时臂的动作与自由泳时一样，都是产生前进力量的主要因素。目前一般都采用两臂交替体侧划水的技术，划水过程包括入水、抱水、划水、出水和空中移臂五个部分。

1. 入水：在空中移臂后，要紧接着入水。入水时手臂自然伸直，手掌展平，小指领先入水，入水点在肩的延长线上。

2. 抱水：手臂入水后，躯干向入水的同侧方向转动，借助前移的速度，直臂向深水处积极推水，做转肩和臂内旋的划水面，这个动作叫抱水。

3. 划水：仰泳的划水动作是推进身体前进的主要动力。整个动作是由屈臂抱水开始，以肩为中心，划到大腿侧下方为止。

4. 出水：臂出水动作是先压水后提肩，使肩露出水面后，由肩带动上臂、前臂和手依次出水。

5. 空中移臂：臂出水后，应迅速地与水平面接近 90°角，垂直面上由后向前移动，移臂时手臂要自然伸直，速度要快。

四、呼吸与腿、臂的动作配合

仰泳时身体呈仰卧姿势，脸一直露出水面，因此呼吸技术简单、自然，只要口有节奏地呼吸即可，但不能用鼻吸气，否则可能将水带进鼻腔而导致呛水。臂与呼吸的配合是两臂各划水 1 次，呼吸 1 次。两臂和两腿的配合和自由泳一样，即 6∶2∶1，即在一个循环动作内打腿 6 次，划臂 2 次呼吸 1 次。

第七节　水上救护

一、游泳救护中的专项游泳技术

自由泳、侧泳、蛙泳、踩水是游泳救护员进行水上救护时必须掌握的技术。

（一）抬头自由泳

1. 抬头自由泳，就是在游泳时把头抬出水面的一种游泳姿势。因为救护溺水者需要争分夺秒，而这种技术在快速游进时也能看清目标，迅速而准确地游近溺水者，所以成了游泳救护员的一种专项游泳技术，如图 7-23 所示。

图 7-23

2. 抬头自由泳的技术特点：头抬出水面不要左右晃动，眼看溺者；手臂入水后要尽快进入划水和推水阶段，划水路线要比自由泳短；空中移臂时要屈臂，手的入水点比自由泳近，入水后肘不要下沉，两腿要用力打水，以便保持较高的身体位置。

学习抬头自由泳，是在掌握自由泳技术的基础上进行的。因此应先学习自由泳，再练习抬头自由泳。抬头自由泳通常在救护中接近溺者时采用，因此在平时练习时，可进行 15~25 米的快速重复游。

（二）侧泳

1. 侧泳是身体侧卧在水中，两臂交替划水，两腿做蹬剪水的一种游泳姿势。在游泳救护中，侧泳是救护员拖运溺水者时采用的主要游泳姿势，如图 7-24 所示。

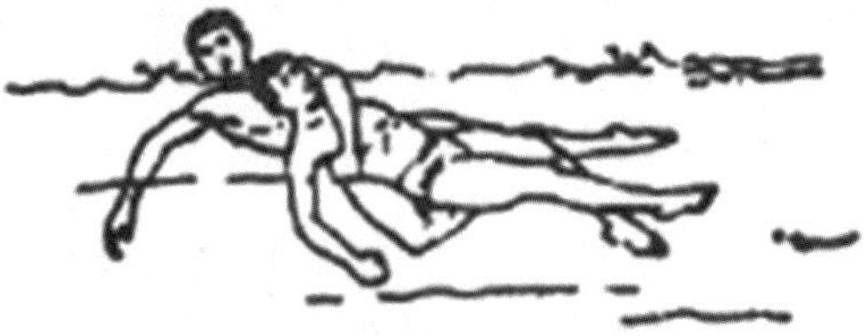

图 7-24

侧泳的特点是身体侧卧在水中,两肩与水面成 10°~15°,接近垂直。这种姿势可使救护员利用自己的体侧支撑溺者进行拖运。救护时救护员要用上侧身体和髋部顶住溺水者的腰背部,使溺水者浮起以便于拖运。

救护员采用侧泳拖运溺水者时,两腿的蹬剪动作是拖运溺水者的主要动力,单蹬剪动作应在溺水者的身体下面进行。

侧泳臂划水时,下臂动作(划水与前伸)始终是在水下进行的,而上臂动作与自由泳有些相似——有空中移臂动作,如图 7-25 所示。因而可以使一上臂腾出来抱住溺水者的上体进行拖运。抱住溺水者的上体时,不要卡住溺水者的喉咙,以免发生窒息。

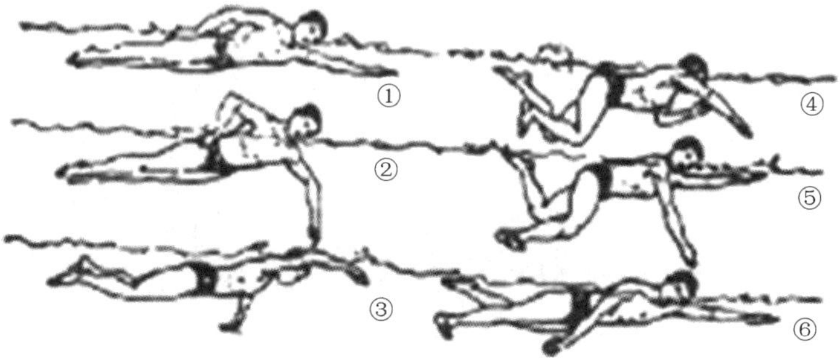

图 7-25

2. 侧泳的技术特点:蹬剪腿在收腿后,上腿用脚掌对准后蹬方向(上腿的大腿与躯干成 90°~100°,大腿与小腿约成 50°),与此同时,下腿用脚面对准前剪方向(下腿的小腿与大腿成 30°~40°)。两腿完成蹬剪水动作是上腿以大腿带动小腿由前向后用力蹬出;下腿用脚面和小腿由后向前踢水,如图 7-26 所示。

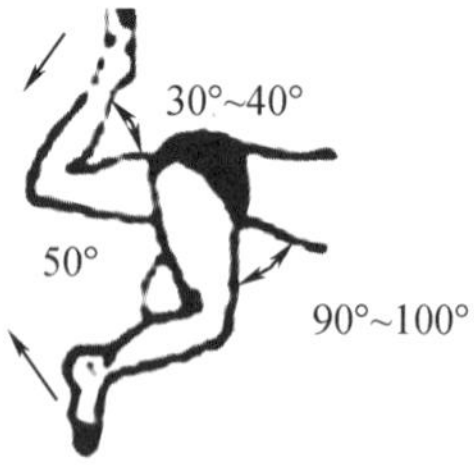

图 7-26

3. 侧泳腿练习方法:

(1)池、岸边做陆上模仿练习。一手支撑,上体后仰,如图 7-27 所示。

(2)水中练习。侧卧河岸潜水滩,一手扶河底,一手前伸,做侧泳蹬剪水动作,如图 7-28 所示。

图 7-27

图 7-28

练习时应该从徒手侧泳过渡到一手托重物（出水面）侧泳，最后是拖运“溺水者”，反复练习，逐步增加难度。

（三）反蛙泳

反蛙泳虽然在竞技游泳比赛中已被淘汰，但在游泳救护中却有重要的实用价值。因为反蛙泳主要靠腿就可以前进，两手是完全可以腾出来救护溺水者的，如图 7-29 所示。另外身体姿势也适于拖运溺水者。

图 7-29

反蛙泳的技术特点：身体仰卧于水中，胸部自然展开，颈部适当紧张，头稍后仰。两臂同时由体侧向后划水，划水的推水动作结束后提肩，两臂出水同时向前移动。在两臂向前移动时，两腿做类似蛙泳的收腿动作，收腿结束时，两脚向外翻转，接着大腿发力，两腿同时向后用力做蹬夹水动作。此外，两手在肩上外侧准备入水，蹬腿结束后，身体成水平姿势，两臂即又开始向后划水，如图 7-30 所示。

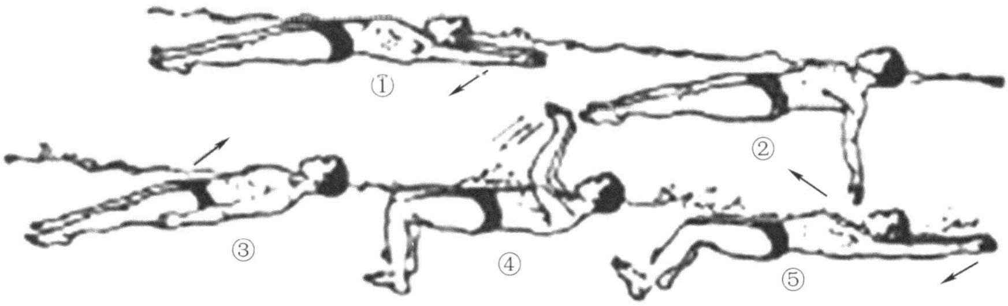

图 7-30

反蛙泳练习方法：

（1）仰卧，反手抓游泳池池槽，做蹬水动作；

（2）多次重复 25～50 米反蛙泳；

（3）用反蛙泳拖运“溺水者”。

(四)潜泳

游泳救护中,采用潜泳是用来寻找沉在水底的溺水者。

1. 潜泳时的呼吸

潜水前做几次深呼吸,使肺泡充满氧气,以便延长潜水时间。但由于肺里充满了空气时难以下潜,因此要刻苦训练以提高下潜能力。

潜水之前,做一两次自然深呼吸就可以了,次数不宜过多,呼吸深度要适中。下潜后,受水的压力作用,胸部感觉不舒服时可呼出一些气,使肺部的压力减少,每次呼气间隔 5~10 秒,在最后接近呼尽时才浮出水面。这种延长呼气的方法,是为了延长潜水的时间,增加潜水的耐力,因此应当经常练习。

2. 潜下

如果救护员直接从岸上或船上入水,以便可采用游泳比赛的出发动作,以加强下潜的冲力,增加下潜的速度和深度。但入水前一定要了解水域的情况,如水的深度,有无杂物、水桩及石块等,切勿性急,盲目跳水。

如果直接从水面潜下寻找溺水者,必须掌握以下两种水面潜下法。

(1)头朝下潜深法

潜深前,成原地踩水姿势,先深吸气,然后低头提臂,两臂自下而上迅速用力划水,随即向下伸直,两腿向上蹬直,使重心向下成直体入水动作,如图 7-31 所示。

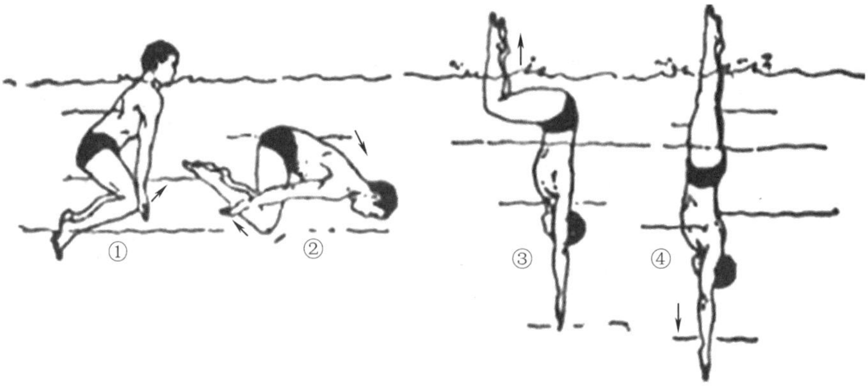

图 7-31

(2)两腿先入水的潜深法

在潜水前,做踩水动作,然后两臂向下压水使上体抬高,接着两腿并拢、伸直、两手贴靠大腿使身体成垂直姿势下潜。潜的过程中,两手自上而下做反向划水动作,增加下沉速度,在潜入预定深度时,应立即低头收腹屈腿团身,使身体由垂直姿势转为水平姿势,然后向前游进,寻找溺水者,如图 7-32 所示。此种方法,可以在岸边、桥上或船上直体入水(脚朝下)时结合使用。

3. 潜寻

在游泳救护中,潜寻的目的是为了寻找水下溺水者。由于溺水者沉在水底,潜寻时要贴底而行,用手摸索,两腿可做自由泳打腿或蛙泳蹬腿动作。

图 7-32

（五）踩水

踩水，也叫立泳。踩水是依靠四肢的协调动作，使身体能较长时间在水中停留的一种游泳技术。

当救护员游近溺水者距离 3～4 米时，要特别注意对溺水者周围的情况进行观察，判断怎样接近溺水者或进行解脱，这时需要踩水动作。准备拖运和下潜前也需要运用踩水动作。所以踩水技术是游泳救护员需要掌握的专项游泳技术之一。

踩水技术可分以下两种。

（1）两腿同时踩水法：踩水时身体直立在水中，上体稍前倾。两眼平视水面。踩水时，两腿同时上收，再向侧下方蹬夹水。两手同时用力向侧下方做弧形按压水的动作，如图 7-33 所示。

图 7-33

（2）单腿轮流踩水法：两手动作同上，踩水时一腿蹬出，另一腿收紧，两腿交替做蛙泳蹬腿动作。这样避免了两腿同时收、蹬之间的停顿，使身体能持续稳定地露出水面，始于游泳救护需要。

练习踩水：单手或双手举出水面踩水，也可举重物踩水或将踩水与起游及下潜动作结合起来练习。

初学踩水时最重要的是不要紧张，动作也不要太快，要协调用力，否则很容易下沉。

二、常用的解脱方法

水上救护是由入水、游进、解脱、拖带和岸上急救几方面组成的。发现溺水者，首先应正确判断位置和水流，从岸边跑到接近溺水者的斜下方入水。入水的方法通常用出发式入水和跨步式入水两种。

入水后，一般采用抬头的自由泳，尽快地游近溺水者。当接近溺水者时便潜入水中，自下而上地从背面把溺水者救起；如果在正面接触到溺水者，应转动他的髋部，使他的身体转成与救护者背向。在水中接触溺水者的时候，往往因溺水者的求生欲望而乱抓乱动，使救护者被其抓住、抱紧。此时救护者应保持冷静、沉着，抓住机会换口气，机动迅速地采用适当的方法进行解脱。解脱的目的是为了更好地进行救护。解脱后便拖带溺水者至岸边进行急救。

（一）两手被抓住的解脱方法

先以一手沿着溺水者一手的虎口、外翻解脱，随即猛推溺水者的另一手臂，使自己的另一手也得解脱。同时扭拉溺水者的手臂，使他背转过去，进行拖带。有时也可两手同时沿虎口处猛力脱出，再设法进行拖带。

（二）头颈被抱住的解脱方法

如若救护者被溺水者从正面抱住时，一手抓住溺水者的手腕，另一手抓住溺水者的肘部，上推肘部，下拉手腕，使自己的头颈从抱着的两臂中解脱出来；同时扭转溺水者，使他背向救护者，以便进行拖带。如若从背面被抱住，则须抓住溺水者手指向左右两侧扳开，然后把溺水者扭转至自己前面，进行拖带。

（三）腰部被抱住的解脱方法

当救护者被溺水者从背后抱住腰时，抓住溺水者两手的手指，分别向左右两侧扳开，然后把溺水者扭转至自己的前面，进行拖带。

当腰部被溺水者从前面抱住时，可一手按溺水者的后脑勺，另一手托住溺水者的下颌，向外侧扭转。解脱后，顺着转势把溺水者背向自己，进行拖带。

（四）上体和两臂同时被抱住的解脱方法

无论从正面或背后被抱住，救护者都应用力将自己的上臂向左右两旁撑开，迅速将身体下沉，同时托住溺水者的两肘，迅速上浮，从溺水者抓抱的两臂中滑脱出去，然后转到溺水者背后，进行拖带。

三、常用的拖带方法

（一）反蛙泳拖带法

先将溺水的体位调整为仰卧姿势，然后两手托着溺水者的下颌，如图 7-34①所示，或腋下，如图 7-34②所示，以反蛙泳的姿势进行拖带。

图 7-34

（二）侧泳拖带法

同样也是先将溺水者的体位调整成仰卧姿势，然后一手从溺水者的胸前握住对侧下腋，如图7-35所示，用侧泳进行拖带。

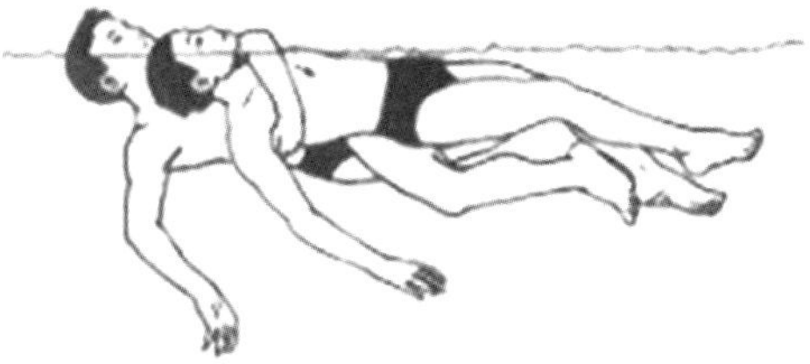

图7-35

四、岸边急救

把溺水者拖带上岸后，首先应立即清除溺水者鼻子和嘴里的泥沙、水草等杂物，设法使呼吸道和食道畅通，然后用膝上压背法将水排出，如图7-36所示。这时，假如溺水者的呼吸已停止而脉搏仍在跳动，应立即进行人工呼吸。一般采用俯卧压背式人工呼吸法。实行人工呼吸时，先将溺水者俯卧在地上，头偏侧，用屈曲的一臂垫着。救护者跨过他的臀部跪着，用两手掌按着溺水者的背肋下部，大拇指向里靠近脊椎骨，其余四指微微屈曲，用稳定不变的压力俯身向前下推压。然后双手放松，回复原来的姿势。如此重复循环，每分钟约16次，直到溺水者呼吸恢复正常为止，如图7-37所示。

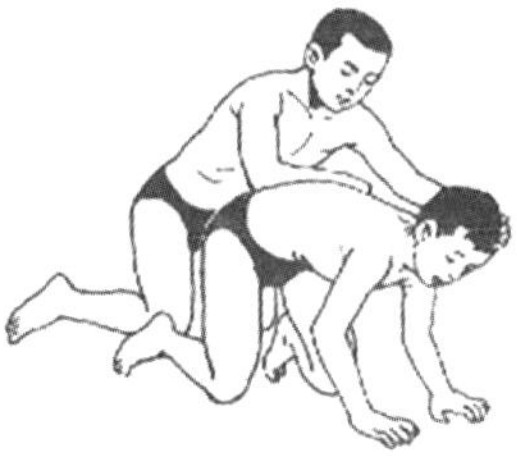

图7-36

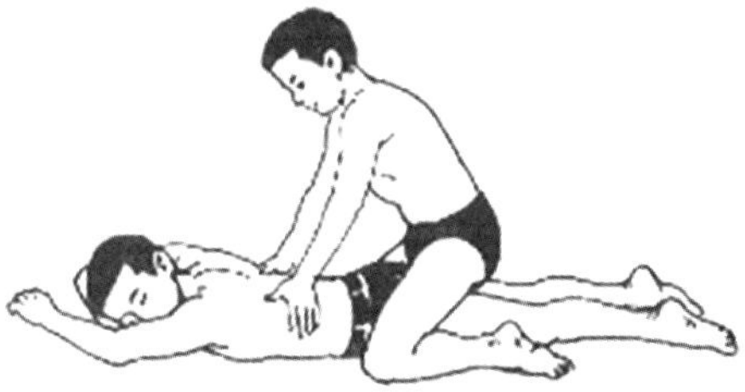

图7-37

进行人工呼吸一般时间较长，救护者可轮换交替进行，交替时要衔接好，不能停顿。溺水者已有轻度呼吸时，千万不能就此停止人工呼吸，因为这种微弱的呼吸非常脆弱，若放弃人工呼吸就会导致呼吸停止，使救护失败。

整个抢救过程最好在医务人员指导下进行，这样才能取得抢救效果，并防止产生不必要的事故。

第八章　休闲运动

伴随着生产力及科学技术的迅猛发展，人们的余暇时间逐渐增多，体育活动作为休闲娱乐的一种手段，日益成为现代文明生活中的一种享受。体育作为社会教育手段也越来越多地受到重视，它已渗透到了人们的日常生活之中，在开展健康愉快、生动活泼、丰富多彩的文化体育活动中建立起友善的人际关系。这种多功能的体育活动，有利于培养人的全面发展和建立健康的生活方式，这是人类发展不可缺少的内容之一。

第一节　轮　　滑

轮滑，以前也称旱冰，顾名思义就是在陆地上滑“冰”，但滑旱冰穿的是下面装有轮子的鞋，因此现在改名为轮滑。

据记载，轮滑运动于1760年由比利时人若瑟夫·梅兰发明。在1863年，美国纽约市的詹姆斯·普利姆普顿将轮滑鞋发展为四轮式。1884年美国的理查德森将轮滑鞋上了滚珠轴承，这才发展成现在的样子。

1879年英国成立了国家滑冰协会，4年后，轮滑运动也隶属于该会管辖。1884年，英国首次举办了全国轮滑锦标赛，并于1908年修建了世界上最大的轮滑场。1910年欧洲开始出现了轮滑球赛。1924年国际轮滑联合会成立，总部设在西班牙的巴塞罗那。1937年，在意大利蒙扎正式举行了首届世界速度轮滑锦标赛。同年，在德国慕尼黑举办了第一届欧洲花样轮滑锦标赛。5年后，第一届世界花样轮滑锦标赛在美国华盛顿举行。

由于轮滑运动把速度、力量、技巧和舞蹈造型有机地结合在一起，融竞技、娱乐、健身、表演和交通代步等多种功能于一身，而且不受季节限制，便于开展，因此深受广大群众特别是青少年的喜爱，近年来在我国较为普遍。

一、轮滑运动的分类

轮滑运动如同滑冰运动一样，分为速度轮滑、花样轮滑和轮滑球三种：

1. 速度轮滑分场地赛和公路赛两种。比赛距离有300米、500米、1 000米、1 500米、2 000米、3 000米、5 000米、10 000米、20 000米等。公路比赛包括女子21公里半程马拉松赛和男子42公里马拉松赛。比赛类型有淘汰赛、规定路线赛、计分比赛、接力赛、分段比赛和追逐赛等。

2. 花样轮滑分为男、女单人、双人滑和轮滑舞蹈比赛。单人滑有规定图形比赛和自由滑两个项目。比赛在不小于50米长、25米宽的场地上进行，应穿高帮花样轮滑鞋比赛。

3. 轮滑球运动与冰球运动相似，比赛时两队各上场5人，其中一名为守门员。运动员脚穿轮滑鞋，手执长91～114厘米的木制球杆，重量不超过500克，在一块长40米、宽20米的长方形球场上进行比赛。运动员可以运球、传球，通过配合把球攻入对方球门得一分，得分多的为优胜队。球门高1.05米，宽1.70米，分置于球场两端线的中间。比赛用球呈球形，重 155 克，大小与棒球相近。每场比赛分两局进行，每局 20 分钟。

二、轮滑比赛的要求

1. 轮滑比赛要求地面平整、光滑，但不能太滑。可由水磨石、木质地板等材料铺制而成，以木质地面最好。

2. 比赛时，运动员必须头戴头盔，身穿紧身连衣裤，使用低帮鞋，否则不允许参加比赛。

三、轮滑基本站立姿势

（一）“丁”字形站立

穿上轮滑鞋后，为了防止轮子前后滚动，可先将左脚跟紧靠在右脚的内侧（或将右脚跟紧靠在左脚的内侧），使双脚形成“丁”字形，如图 8-1 所示。此时，两膝微屈，重心稍偏于位置居后的脚上，上体略微前倾，抬起头目光平视前方，两臂在体侧自然打开以控制身体平衡。

（二）平行站立

双脚分开，与肩同宽。双脚脚尖稍微内扣，保持身体平衡，上体稍微前倾，双腿膝关节微屈，身体重心放在双脚中间，如图 8-2 所示。

（三）“八”字形站立

双脚分开，与肩同宽。双脚脚尖往外打开，保持身体平衡，如图 8-3 所示。

图 8-1

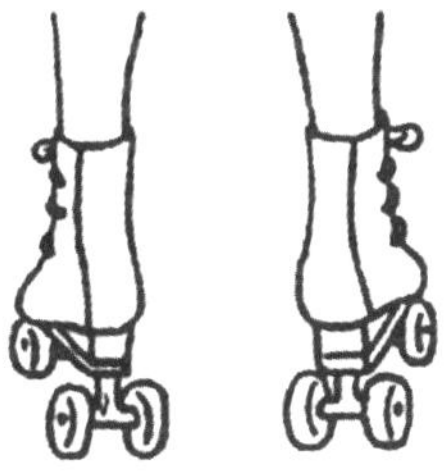

图 8-2

图 8-3

四、移动重心

（一）原地抬脚

两脚平行站立与肩同宽，两腿微屈，上体稍前倾，两臂自然下垂。身体重心移至左腿，右腿稍抬起、放下。然后重心移至右腿，左腿稍抬起、放下。反复进行练习，逐渐加快速度。

（二）单脚支撑平衡

在掌握原地踏步基础上，保持原来姿势，手扶栏杆或同伴，将重心移至一条腿上，另一条腿向侧伸出再收回成开始姿势，换脚重复练习。

（三）模仿滑行姿势的蹲起

轮滑的滑跑姿势直接关系到滑行速度的快慢。正确的滑跑姿势，是上体前倾接近水平，肩背稍高于臀部，腿部弯曲，上体与地面成 15°～20°，大腿和小腿成 90°～110°，踝关节成 50°～

70°，两手互握放于背后或在体侧自然摆动，头部自然抬起，眼向前看 5~10 米处。

（四）“八”字行走

两脚成外“八”字站立，保持好站立的姿势，重心移至左脚上，右脚向前迈一小步，重心随之移至右脚上，然后抬左脚向前迈一步，重心随之移至左腿上，反复练习。

（五）交叉步行走

原地站立，先将重心移至左腿上，收右腿，向左腿前外侧迈步成交叉姿势，重心随着移至右腿上，接着收左腿向左侧跨步，成开始姿势，反复练习。

五、直道滑行

（一）单脚蹬地双脚滑行

右脚内轮蹬地，将重心推送至向前滑行的左腿上，右脚蹬地后迅速与左腿并拢成两脚滑行。接着用左脚蹬地，将重心推送至同前滑行的右腿上，左脚蹬地后迅速与右腿并拢两脚滑行，如图 8-4 所示。

（二）单脚蹬地单脚滑行

上体前倾，两臂自然下垂，两脚稍分开，成外“八”字站立，重心移至右腿上，用右脚内轮蹬地，左脚用力向前滑出，随着蹬地动作结束，把重心推送至左腿上，左腿成半蹲支撑惯性滑行，接着向前收左腿，同时左脚蹬地，随左腿蹬地动作结束，把重心推送至成半蹲支撑惯性滑行的右腿上，如图 8-5 所示，反复练习。

图 8-4

图 8-5

（三）直道滑行的摆臂动作

有力摆臂是顺着身体纵轴前后加速摆动的动作，分为单摆臂和双摆臂两种。单摆臂多用于长距离的滑行，双摆臂多用于短距离滑行中和中长距离的终点冲刺。前摆臂时与滑行方向一致，肘部微屈，手摆到与肩同宽的位置。后摆臂时手臂伸直，摆动高度稍过于肩的高度。整个动作要协调、积极有力，如图 8-6 所示。

图 8-6

（四）直道滑行中的三个重要环节

1. 蹬地：蹬地在滑行过程中要边滑边蹬，滑跑速度越快，蹬地动作幅度越大，这样才能找到有力的支点。蹬地时要使用爆发力并充分利用本身体重。

2. 重心：身体重心移动要及时、彻底、准确，使头、膝、脚三点正好落到一条垂直线上，两臂摆动与全身动作要协调配合。

3. 收腿：收腿时要大腿带动小腿，膝关节要微屈，腿部要放松，要沿着最短的路线收腿靠拢支撑腿。

六、弯道滑行

弯道滑行技术特点在于练习者用交叉步滑行。由于向心力的作用，上体不仅前倾，而且还要向左侧倾斜。

（一）蹬地与收腿动作

弯道蹬地采用交叉步来进行滑行。用右脚内侧轮蹬地，左脚用外侧轮向右侧蹬地。当左脚前轮拉收到右支撑腿后轮位置时，右脚进入开始蹬地阶段。蹬地腿继续伸展时，蹬地动作进入最大用力阶段，此时左脚悬在新的切线上，整个身体重心压在蹬地腿上。蹬地方向与蹬地滑行切线相垂直，左肩稍低于右肩，身体变成向左倾斜的姿势。当右腿结束蹬地后，用大腿带动小腿，膝关节率先与左支撑腿靠近，向左侧移动落地，完成右腿收腿动作。右腿蹬地结束后，大腿带动小腿向支撑腿靠近，收到右支撑腿内侧稍前方准备完成收腿动作。

（二）左脚支撑、右脚连续蹬地的滑行

从站立姿势开始，右脚外轮蹬地后迅速与左脚并拢，接着右脚再做一次蹬地动作，左脚继续做前外曲线滑行。

（三）在圆弧做不连贯的交叉步滑行

在圆弧上用直线滑行步法，中间插入弯道交叉步。当左脚平衡稳定后，右脚向左脚左侧前方迈一小步；在右脚有短暂的滑行之后，左脚就迅速从右腿后方收回，同时右脚蹬左脚直线滑进。

（四）弯道摆臂技术

弯道摆臂主要是为了加速移动身体重心，维持身体平衡，提高蹬地力量及滑行频率。弯道摆臂与直道摆臂在技术上相似，只不过弯道摆臂是右臂摆动更向前方及稍侧后些（摆动幅度更大），左上臂紧贴着上体，双臂做前后摆动。

七、停止法

在滑行中，有时需要及时停止滑行，所以在初步掌握滑行基本动作的同时，就要学会停止滑行的方法。常用的停止法有 T 形停止法和双脚急停法。

（一）T 形停止法

在向前滑行中，将重心放在右脚上，右膝弯曲，同时抬起左脚横放在右脚后成 T 形，然后以左脚四轮的侧面摩擦地面，减缓滑行速度，直到停止滑行，如图 8-7 所示。

图 8-7

(二)双腿急停法

在向前滑行中,两脚并拢,同时向逆时针方向(或顺时针方向)转体 90°,右脚以内侧轮、左脚以外侧轮压紧地面,同时屈膝后坐,上体前倾,身体向左(右)倾倒,两臂前伸,两脚用力压紧地面,就会停止滑行。

八、轮滑练习指导

(一)轮滑练习方法

(1)做下蹲起立练习;
(2)栏杆进行移动重心练习;
(3)手进行踏步练习;
(4)扶栏杆进行行走练习;
(5)同伴帮助下,做牵手行走练习;
(6)滑行走过渡到滑行练习;
(7)单足双足交替滑行;
(8)帮助下进行停止技术练习;
(9)包括站立、滑行、停止的完整练习。

(二)轮滑练习的注意事项

(1)练习轮滑前,应先做好准备活动,尤其是手腕和下肢各关节及韧带要充分活动开。

(2)如有可能,应戴一些防护用具,如轮滑专用的护腕、护肘、护膝及头盔等。现在很多体育商店都有这种轮滑的专用护具出售。

(3)练习前要检查轮滑鞋的螺丝等紧固部件,以免滑行中因轮滑鞋出问题而受伤。

(4)初学者应在初学场内或规定范围内练习,或尽可能在人少的地方练习,不要任意滑行。初次学习轮滑时,最好有滑行熟练的同伴或辅导员进行辅导。

(5)禁止做危险或妨碍他人的动作,特别是在人多的公共轮滑场内,如几人拉手滑行、在速滑跑道上逆行或与大家滑行方向逆行、乱蹦乱跳、在场内横插乱窜、追逐打闹、突然停止等,都是既妨碍他人又容易发生危险的事情。

(6)学习轮滑时摔跤是不可避免的,但要学会在摔跤时做自我保护。

方法是:当要向前或向侧摔倒时,要主动屈膝下蹲,用双手撑地缓冲,减小摔倒的力量;当要向后摔倒时,也要主动屈膝下蹲,降低重心,尽量让臀部先坐下,并注意保护尾骨处,同时低头转身，避免头部向后仰磕地；摔倒时应尽量避免直臂单手撑地，这样很容易损伤手腕；

(7)患有严重疾病的人(如有心脏病、高血压等)不宜参加激烈的轮滑活动，最多能慢速滑锻炼一下。此外，饮酒后和过度疲劳的人也不宜参加轮滑活动。

第二节 高尔夫

高尔夫是荷兰文“kolf”的音译，意思是在绿地和新鲜氧气中的美好生活，它是一种把享受大自然乐趣、体育锻炼和游戏集于一身的运动，它是由一群牧羊人发明的。由于打高尔夫球最早在宫廷贵族中盛行，加之高尔夫球场地设备昂贵，故有“贵族运动”之称。高尔夫球是一种以棒击球入穴的球类运动。高尔夫球运动中的基本装备由球头、杆身、握把组成。高尔夫球18洞制度由苏格兰制定，当地有全球最历史悠久的高尔夫球会，并且高尔夫被视作苏格兰国粹。相传，苏格兰是高尔夫球的发源地，当时，牧羊人经常用驱羊棍击石子，比赛谁击得远且准，这就是早期的高尔夫球运动。

一、高尔夫的简介

打高尔夫球是一项具有特殊魅力的运动。它是人们在天然优雅的自然的绿色环境中，锻炼身体，陶冶情操，提高技巧的活动。

率先打高尔夫球的是苏格兰北海岸的士兵，后来逐渐引起宫廷贵族和民间青年的浓厚兴趣，最终成为苏格兰的一项传统项目，后传入英格兰。十九世纪末传到美洲、澳洲及南非，二十世纪传到亚洲。

有文件记载的最早的俱乐部是“雷斯绅士球手”，后来于1744年成为“爱丁堡高尔夫球手荣誉公司”。当时的第一个高尔夫球固定在爱丁堡城市委员会赠送的银球杆上。

第一个胜利者，John Rattray，被授予“高尔夫首领”称号。银球杆获胜者将成为下一年的“首领”，这一做法成为传统。这就是为什么由前首领委员会选出的圣安德鲁皇家古代高尔夫俱乐部的首领要亲身参加9月举行的俱乐部秋季奖牌争夺赛开场赛的原因。为了保持优胜者担当当年首领的传统，优胜者是比赛唯一的参赛者，一旦他击出第一杆，他就自动成为优胜者。加农炮的轰鸣标志着奖牌赛的开始，捡回首领击出的球的球童会被授予一枚金币。

二、高尔夫运动的好处

(一)强身健体

高尔夫是一项可以从3岁进行到80岁的运动，它不仅培养身体柔韧性和协调性，运动强度也小，这大大降低了运动损伤的可能性。而且作为一项在户外进行的运动，它可以让孩子充分享受阳光与氧气，达到强身健体、健康发育的目的。

(二)培养优雅稳重的举止和气质

作为一项绅士运动，高尔夫崇尚的是高尚品德和优雅气质。高尔夫选手在任何时候都应该表现出礼貌谦让的运动精神,随时为他人着想,在这样的环境下易于培养孩子从小就养成礼貌谦让的习惯,懂得为他人着想的性格,有助于孩子的健康成长。

(三)培养独立性和判断思考能力

有人形容高尔夫的18洞就好像人生,峰回路转,困难重重,有时欣喜、有时烦恼。独立面对各种困难,正确的判断、缜密的思考,得出解决方案,并承担一切后果。虽然是在打球,但更像是接受生活的磨炼。打高尔夫的孩子有着超越年龄的成熟与自信,独立性和处理问题的能力都比较强。

(四)培养良好的心理素质

独生子女往往处处被宠爱呵护,常面对挫折不知所措,而高尔夫运动给了孩子面对挫折的机会。打高尔夫不是和别人比赛,而是自己战胜自己的过程。高尔夫是对孩子们最好的磨炼,从小教会他们怎么调节情绪,克服挫折感,培养良好的心理素质,这些都让孩子获益终生。

(五)培养自觉自律的精神

高尔夫运动最大的特点是它在没有裁判监督的情形下进行,只依靠参与者自觉遵守规则的诚实和信用。如果孩子们从小就在球场上遵守规则和礼仪,长大后一定会遵守社会规则与准则。高尔夫运动能够让孩子们学到更多做人的道理。

(六)与不良爱好分手

现在,很多家长为孩子们沉迷于网络游戏等不良爱好而头疼,而高尔夫让孩子们有了一项可以"沉迷"的健康运动。经过调查,一旦孩子们接触到高尔夫,往往爱不释手,再加上家长及教练的正确引导,可以让这一项时尚优雅的运动成为孩子一生的"伙伴",从而摒弃不良爱好。

(七)培养高尚情操

高尔夫是一项讲究礼仪和规则的运动,如保持安静,在别人击球时保持安静,穿着得体,注意互相礼让,遵守球场规则等。孩子们从接触高尔夫开始,就在潜移默化地学习这些礼仪和规范,培养高尚情操。另外,高尔夫技术的提高是没有止境的,这将培养孩子们不断追求的精神,使他们不断进步。

(八)最好的社交活动

目前,有很多孩子要么我行我素,骄傲自大,要么沉闷自闭,羞于开口,而高尔夫球场为孩子们提供了一个最好的社交平台,让他们在这里结识与他们一样追求进步、讲究礼仪、遵守规则的朋友,并与他们一起成长。高尔夫运动为孩子们提供了一个在平等、公正、规范的氛围里挑战别人、挑战自己的机会,让他们能够开阔视野、互助进步。

三、高尔夫基本要领

高尔夫的基本要领包括:握杆、击球姿势和脚位。

(一)握杆

双手握牢球杆,防止滑动,又要确保两手腕的灵活性,达到最大的杆头运行速度和控制杆头方向的目的。握杆后将手臂、手掌和球杆作为一个整体进行击球。

一般握杆的方法有:重叠式、连锁式、十指式等。

重叠式:右手小指嵌入左手食指与中指间,双手部分重叠。

连锁式:右手小指与左手食指咬合。

十指式:双手除拇指外,八个手指掐在杆柄上,两手手掌相向,但不重叠。

(二)高尔夫球击球姿势

按握杆要领握好球杆后,身体自然站立,两脚自然分开与肩同宽,头轻松下俯,注视杆头。双膝稍弯曲,使杆头底部着地。身体左侧与目标(果岭或球道)保持适当角度,身体重心平均落在两脚上。

(三)脚位

指准备击球时两脚站立的姿势,分为正脚位、开脚位和闭脚位。

正脚位:指两脚尖连线与准备击球线平行的脚位。若全力击球,无论使用哪种球杆,均可采用正脚位。

开脚位:指左脚稍微后撤的脚位。往往在用短铁杆击球时采用,击出的球路向左弯曲。

闭脚位:指右脚稍向后撤的脚位。常在开球和球道上击球时采用,击出的球路向右弯曲。无论在击球时采用哪一种脚位,右脚与击球方向成直角,左脚与击球方向成45°。

四、高尔夫的基本打法

1. 左手:把杆子从食指靠掌的第一指节斜着横贯上紧紧地靠着掌缘下端的厚肉垫,大拇指跟食指的"V"形纹要指着右眼。

2. 右手:全用指头去握杆,杆子直着压过靠掌的指节上,一定要握在手掌之外。中指及无名指吃力最重,在练习右手握杆的时候,把右手的大拇指和食指拿开,拇指和食指形成"V"形纹指着下巴。

3. 合:两手握杆的时候,要联结在一起形成一体。右手的小指头在左手指和中指之间的夹缝里,左手的大拇指正好平稳地被藏在右掌拇指下的窝里。

4. 站姿:右脚方方正正地抵着假想中与弹道平行的一条线呈90°。左脚向外开1/4,以5铁杆为准,双脚分开与肩同宽,比5铁杆长的就开得宽;比5铁杆短的,双脚就向内拢一些。双臂和关节尽量向身体靠紧,双脚向内指。

五、高尔夫运动操作技巧

若在主方赛场两记球打出了5个标准杆,做如何感想?如果能够用5铁杆而不是3铁杆打出4个标准杆呢?如果想球击得更远些,下面是需要掌握的5个基本要点。

(一)拓宽挥杆弧线

Tiger Woods 和 Davis Love 都是利用宽击球和大挥杆弧线来远击球的典范。为了达到这个水平,在上挥杆时要尽量伸展手臂。如果能够保持宽的挥杆弧线,可以不用非常用力挥杆就能击出杆头速度非常快的击球。

(二)减小握杆力度

要想击出远球,不一定要非常用力。事实上,用力过大会起到反作用,而且会导致肌肉紧张,使杆头速度非常慢。放松上躯后,获取额外力量的关键在于适当的握杆力度。比如,握杆力度在1到10的范围内达到7。在整个挥杆过程中保持这个力度以获得较快的杆头速度,同时保持对球的控制。如果配有杆头速度测试仪,将挥杆进行测量。在使用时,注意紧、松握杆力度时的杆头速度变化就会发现,身体压力和握杆力度越小,杆头速度会增加越快。

(三)肩部进行大旋转

Jim Mc Lean,PGA最好的老师之一将肩部旋转称之为X因素。他对许多击球远的高尔夫运动员进行科学测量后,发现他们的肩部旋转比臀部旋转都要大。这就意味着大的臀部旋转可能最终减弱形成力量和杆头速度的能力,因为这时的力矩更小。保持下躯稳定(击出),肩部旋转至球后,这样击球动作就会姿势正确。

(四)隐藏肘部

恰当的方法是在上挥杆时将右肘藏于身体右侧(左手球员使用左肘)。这样做能够避免在击球过程中的普遍错误,这个错误会减小击球力量。而且,当右肘保持原有状态时,会延缓击球——这是获得力量和恰当时机出球的一个关键。若能够正确隐藏右臂,右臂(右手球员)笔直,且双手都在球后。

(五)保持膝部稳定和弯曲

把双腿看作挥杆的基础。若基础动摇或晃动过猛,就会出现力量泄漏,从而使击球的力量减小。在上挥杆的最高点时(左手球员使用左膝),保持右膝的稳定,并将重心放在脚内。若膝部和重心偏离脚部,就会出现倾斜,从而导致许多机械问题。为了保持双膝之间的宽度,左膝应该保持相对静止,不能做过大的横向运动。可以在两膝之间放一个篮球进行训练。

六、高尔夫礼仪及常用规则

(一)礼仪、球场上的行为举止

打高尔夫球过程中最重要的原则是在球场上任何时候都要为他人着想。

1. 高尔夫球运动的精神

绝大多数情况下,高尔夫球运动是在没有裁判员监督的情形下进行的。这项运动有赖于每个参与者的诚实——具体表现为替其他球员着想和自觉遵守规则。不论比赛有多么激烈,所有球员都应当自觉约束自己的行为,随时表现出礼貌谦让和良好的运动精神。这就是高尔夫球运动的精神。

2. 安全

(1)球员在击球或练习挥杆时,应确保旁边或球杆、球、石块、小石子、树枝等可能打到的地方无人站立;

(2)在前面的球员还没有走出射程之前,球员不应当打球;

(3)在击球可能会危及附近或前方的球场工作人员时,球员应及时对其进行提醒;

(4)如果打球后球飞向可能击中别人的地方,球员应当立即高声喊叫进行警告。在该场合警告的惯用词是“看球”(Fore)。

3. 为其他球员着想，不要干扰或影响他人

球员在球场上要始终为其他球员着想，不应以走动、讲话或制造不必要的声音等方式干扰他人打球。

球员应当确保自己带到球场的任何电子用品不会对其他球员造成干扰。

4. 发球区上

球员不应在轮到自己开球之前先行架球。

当其他人准备打球时，球员不应站在太靠近球的地方、球的正后方或球洞的正后方。

5. 在果岭上

在果岭上，球员不应站在其他球员的推击线上；当其他球员击球时，注意不要让自己的身影投射到其推击线。

球员应当站在果岭上或果岭附近，直至本组其他球员全部击球进洞之后再离开。

（二）与发球台有关的规则

1. 发球区范围

发球区是一个长方形的区域，其沿球道方向的深度为两支球杆长度，其前沿边界线及两侧宽度以两个发球区标志的外缘为界。

只有将球全部都置于发球区以外时，才视为超出规定的发球区范围。

2. 在发球区架球

球员在发球区开球时，球必须位于发球区范围以内。

在发球区击球时，球员既可以将球直接放在地面上打，也可以将球架起来打；可以对发球区的地面进行平整；可以利用发球区内的凸起物架球，也可以用发球区内的泥土、沙子等自然物体堆起来架球，或者用符合规则要求的球梯架球。

如果球员用本条规则不允许的其他方式或用不符合规则要求的球梯架球后进行了击球，将被取消资格。

球员可以站在发球区外打位于发球区以内的球。

3. 发球区标志

球员不能因认为可能对自己的站位、挥杆区域或打球线造成了妨碍而移动或允许其他人移动发球区标志，否则将因为违反规则而罚 2 杆。

4. 球从球梯上掉落

非使用状态的球从球梯上掉落，或者在球员做击球准备时将其碰落，不罚杆，重新架球即可。如果对非使用状态的球进行了击球，不管球有没有动都必须计算一杆，但不罚杆。

5. 打发球区以外的球

如果球员打了位于发球区范围以外的球，罚 2 杆，且必须重新将球放回发球区内打球。

（三）与击球有关的规则

1. 关于寻找球与辨认球

（1）寻找球规则

在球场上任何地方寻找自己的球时，球员都可以触及或者弯曲长草、树枝、灌木丛等，但只能以寻找球和辨认球所必需的程度为限，而且在此过程中不得改善球位、改善预期的站位或挥杆区域或改善打球线。

球员并没有被赋予击球时一定得看清楚球的权利。

在障碍区内，如果认为自己的球被散置障碍物或沙子覆盖住，球员在寻找球时可以用球杆等移走适量的散置障碍物或沙子，直至可以看见球的一部分；如果在此过程中球被移动，不罚杆，但必须将球放置回原位。

当球位于妨碍物中或在球场异常状态范围时，如果找球过程中球被意外移动，同样不罚杆，但必须将球放置回原位。

违反规则的处罚：罚2杆。

(2)辨认球规则

确保打自己的球是球员本人的责任；球员应在自己的球上做好标记，以便必要时进行辨认。

当球员有理由认为一个静止的球是自己的球时，可以将球拿起来进行辨认，不用受罚。在拿起球之前，球员必须宣布自己的意图并标定球的位置；在球员辨认球的整个过程中，必须向同组球员提供能够观察自己拿起球和放置球的机会。

当按照规则拿起球进行辨认时，球员不得将球擦拭至超出辨认所需的程度。

如果球员在辨认球的过程中没有遵守以上的全部或部分程序(如没有事先宣布辨认球的意图、或没有标定球的位置、或过度地擦拭球、或不让其他人看见自己的动作)，或是在不必要的情况下拿起自己的球进行辨认，则罚1杆；经辨认后如果确实是自己的球，必须将球放置回原位，否则罚2杆。

2. 改善球位、改善站位区域或挥杆区域、改善打球线

(1)总则：除非是规则中另有规定的情形，否则球员都必须在球的现状下打球。

(2)规则：改善球位、改善站位区域或挥杆区域、改善打球线。

(3)球员不得改善：

①球的位置或球的现状；

②预期站位区域或挥杆区域；

③打球线(包括沿打球线向球洞后方适当延伸的范围)；

④准备抛球或放置球的区域。

(4)球员被禁止的行为包括：

①用球杆按压地面；

②移动、弯曲或折断各类生长物或固定物(包括不可移动妨碍物和用来标定界外的物体)；

③修整地面的不平整状态或在地面上人为制造出不平整状态；

④移走或向下按压沙子、松散的泥土、已放回原处的草皮；

⑤擦除露水、霜或积水。

(5)球员在下述情况下不受处罚：

①做击球准备时球杆轻轻着地；

②在正当采取站位的过程中，移动、弯曲或折断了各类生长物或固定物(包括不可移动妨碍物和用来标定界外的物体)；

③在击球或为了击球而向后方挥杆的过程中，移动、弯曲或折断了各类生长物或固定物(包括不可移动妨碍物和用来标定界外的物体)，但球员必须是完成了该次击球；

④在发球区内消除地面的不平整状态或人为制造出不平整状态，或擦除发球区内的露水、霜、积水；

⑤在果岭上移走沙子、松散的泥土、修理损伤；

(6)违反规则的处罚：罚 2 杆。

3. 制造站位场所

(1)规则：

球员有权在采取站位时将双脚站稳，但不得制造站位场所。

(2)违反规则的处罚：罚 2 杆。

4. 球在障碍区内时被禁止的行为

(1)规则：

当球位于障碍区内时，除非规则中另有规定，否则球员不得：

①对该障碍区或其他类似障碍区的状况进行测试；

②用手或球杆触及障碍区内的地面或水；

③触及或移动位于障碍区内的散置障碍物。

任何时候，包括做击球准备或为击球而向后挥杆时，球员的球杆或其他物品均可触及到妨碍物、被宣布为球场不可分割部分的建筑物、草、灌木、树木或其他生长物。

(2)违反规则的处罚：罚 2 杆。

5. 如何正确地击球

(1)规则：

必须用球杆的杆头正确击球，不得采用推、拨扫或舀的动作。

(2)违反规则的处罚：罚 2 杆。

(3)定义："击球"是一种球杆向前移动的动作，意在使球运动；如果在杆头触及球之前突然停止了下杆，则不被视为"击球"。

(4)规则：击球时接受协助。

(5)进行击球时，球员不得：

①接受物理协助或对自然因素的防护；

②允许其球童、伙伴或伙伴的球童站在其击球线(或推击线)在球后方的延长线上或附近。

(6)违反规则的处罚：罚 2 杆。

6. 关于连击球

规则：

如果在一次击球过程中球员的球杆连续撞击球一次以上，则必须计算这次击球，另外再罚 1 杆，共计 2 杆。

7. 打运动中的球

(1)规则：

当球还在运动中时，球员不得进行击球。

运动中的球如果是被球员或其球童故意变向或停止，则属于"对球施加影响"，按相应规则让置。

(2)违反规则的处罚：罚 2 杆。

8. 关于替换球与错球

(1)总则：球员在本洞必须用从发球区打出的球击球进洞，除非该球遗失、出界或球员用另一个球进行了替换。

如果球员打了错球,则按错球规则(见下)处置。

(2)替换球规则:

如果按规则处置时允许球员在本洞中用另一个球对初始球进行替换,则替换球成为使用中的球。

如果球员在规则不允许的情况下以另一个球进行了替换,替换球同样成为使用中的球(但不是"错球"),球员可以在下一杆击球前纠正错误;如果对错误的替换球进行了击球,罚2杆,且必须继续用替换球完成本洞。

(3)错球规则:

如果球员对一个错球进行了击球,罚2杆,且必须用正确的球来纠正错误;如果在下一洞发球区进行击球之前没有纠正,或者在离开该轮比赛的最后一洞果岭之前都没有宣布其纠正错误的意图,则取消其资格。

球员对错球进行的所有击球都不计算杆数。如果错球属于另一球员,则必须在第一次打这个错球的地点放置一个球。

(四)与果岭有关的规则

1. 关于触及推击线

(1)规则:

球员在果岭上不得触及推击线(包括在指示推击线时),但下列情况除外:

①移走散置障碍物,但不得向下按压任何物体;

②进行击球准备时将球杆放在球的前面(但不得向下按压任何物体);

③进行测量时;

④拿起球或放置球回原位时;

⑤向下按压 Mark 时;

⑥在果岭上修理旧的球洞埋迹或球痕时;

⑦移走可移动妨碍物时。

(2)违反规则的处罚:罚2杆。

(3)"推击线"定义:指球员在果岭上击球后期望球行进的路线,及在此路线两侧合理延伸的范围;推击线的范围是以球洞为界,不延伸至球洞的后方。

2. 关于果岭损伤的修补

(1)规则:修理球洞埋迹、打痕和其他损伤。

不管自己的球是否已经在果岭上,球员都可以修理旧的球洞埋迹或球的打痕;如修理过程中球或 Mark 被意外移动,必须放回原位,不受处罚;但这种移动必须是因修理行为本身所引起,否则视为"静止的球被移动"。

如果对果岭上其他损伤的修理可能会有助于该球员随后在这个洞的比赛,则不得进行修理。

(2)违反规则的处罚:罚2杆。

3. 关于测试果岭

(1)规则:测试果岭表面。

球员不得以滚动球、对表面进行擦抹或拨扫的方式来测试任何一个果岭的表面。

(2)违反规则的处罚:罚2杆。

4. 另一个球正在运动时击球

(1)规则：

当另一个从果岭上击出去的球正在运动时，球员不得进行击球；但如果球员是在按正确的顺序击球则不受罚。

(2)违反规则的处罚：罚 2 杆。

5. 悬停在球洞边的球

规则：

当球的任何一部分悬停在球洞边缘时，允许球员在没有不适当延误的前提下有充分的时间到达球洞的位置，然后再加 10 秒钟以确认球是否处于静止状态；10 秒钟后如果球没有落入球洞内，将被视为处于静止状态；此后如果球进洞，视为球员用上一杆击球进洞，但必须加罚 1 杆。

6. 照管旗杆

(1)规则：照管旗杆、举起旗杆或移走旗杆。

在球场上的任何地方击球之前，球员均可以请他人照管、移走旗杆，或为了指示球洞位置而将旗杆举起。

在球员击球之前没有照管、移走或举起旗杆，在击球过程中或该球员的球正在运动时，如果照管、移走或举起旗杆可能影响该球的运动，则不得再照管、移走或举起旗杆。

(2)违反规则的处罚：罚 2 杆。

7. 球撞到旗杆或照管旗杆者

(1)规则：

球员的球不得撞到：

①被照管、移走或举起的旗杆

②照管或举起旗杆的人及其携带的任何物品；

③(在果岭上击球时)插在球洞中未被照管的旗杆。

(2)违反规则的处罚：罚 2 杆，并且必须在球的现有位置打下一杆。

第三节　保　龄　球

保龄球是一项集娱乐性、趣味性、抗争性和技巧性于一身的运动。保龄球运动以通过不断调整掷球方向和力量达到击倒尽可能多的瓶为目的。击球的整个过程充满成功的惊喜、失败的惋惜以及再试一次的渴望等丰富的情感体验，再加上球与瓶的撞击声清脆悦耳，令人兴奋不已。同时，保龄球馆一般均采用开放式球道管理，给人一种开阔明亮的感觉，心情也会随之变得乐观开朗起来。玩保龄球常常是结伴相约的集体活动，独自去玩保龄球的现象不太多见。大家在一起通过比赛，可以交流经验，营造轻松愉快的氛围，对加强人际交往很有益处。

(一)保龄球运动的基本技术

1. 握球方法

用双手将球抱在身体左上腹处，左手把球托住，随后以右手的中指和无名指插入指孔，大拇指深插进拇指孔，掌心贴着球面，把球抓住，然后将球移至身体右前侧，如图 8-8 所示。

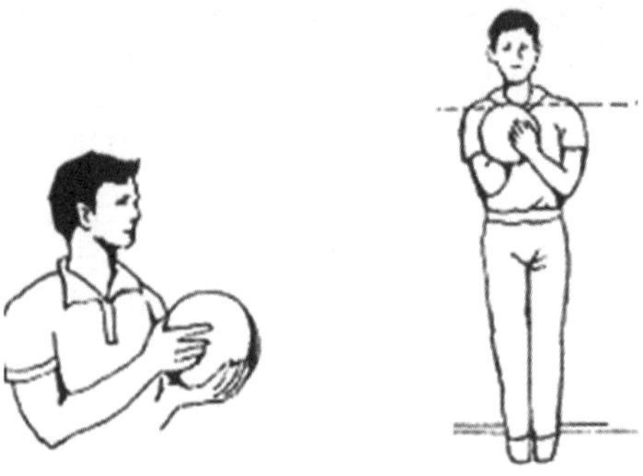

图 8-8

2. 站位方法

助跑头球前先要站位，即确定助跑的起点。确定站位的方法是：练习者站在第 15 或第 17 块板上，离犯规线 7 厘米处，面向底线，向前走四个自然步，再加上半步（滑步），然后转身 180°，面向球道，经反复练习，此处就是四步助跑的起步点。站位起步点上，两脚稍分开，左脚稍前，右脚稍后，脚尖向前，排除杂念，全神贯注，准备投球。

3. 投球助跑方法（以四步助跑为例）

①右脚向前迈出一步，步幅稍小，速度稍慢；

②左脚迅速跟上一步，步幅比前一步稍大些，速度也稍快些；

③右脚迈出，步幅稍大，速度稍快；

④左脚迈出，速度加快，并随着左脚冲力，向前自然滑动 20~30 厘米，至犯规线 7 厘米左右处制动。此时，左脚内侧必须仍在第 17 块木板边线上。

助跑时，身体稍前倾，脚步要稳定，保持身体平衡，要使每一步的脚尖都对准标示点，如图 8-9 所示。

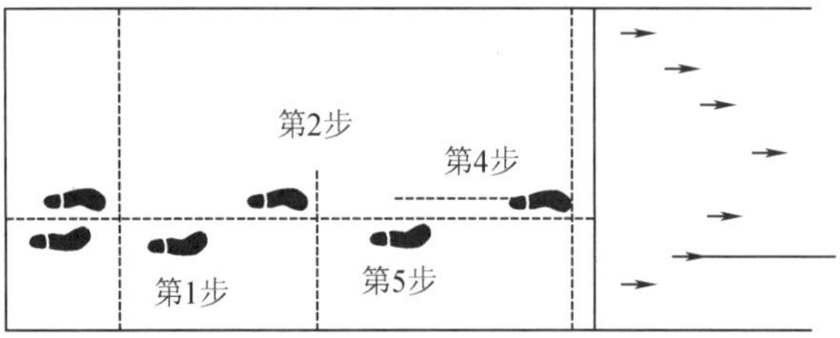

图 8-9

4. 握球摆臂

做该动作时，两手同时把球向前下方 45°外推出，至手臂伸直。随后右手在球的重力作用下向下摆动（这时左手已离球），接着后摆至肩平，继而向前回摆。这是一个连续的摆动运动，如图 8-10 所示。

摆臂是保龄球运动中一个十分重要的技术，应注意如下几点：

①必须以肩为支点，手臂伸直；

②振摆运动要“以球带臂”，切不可强制性用力；

③振摆时，手臂的运动必须在地面的垂直面上进行；

④振摆速度必须与自然步相配合,并使之达到高度的协调。

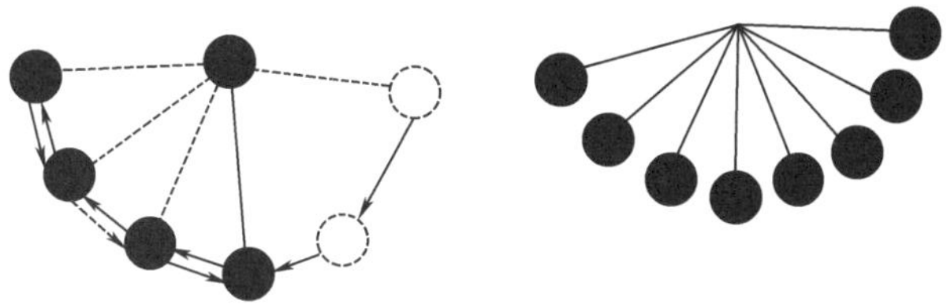

图 8-10

5. 放球技术

该项技术是当球回摆时,手臂和手腕不做任何人为的转动,当球回摆至左脚内侧时,拇指退出,中指和无名指向上钩提后脱出,将球推离手而出,如图 8-11 所示。

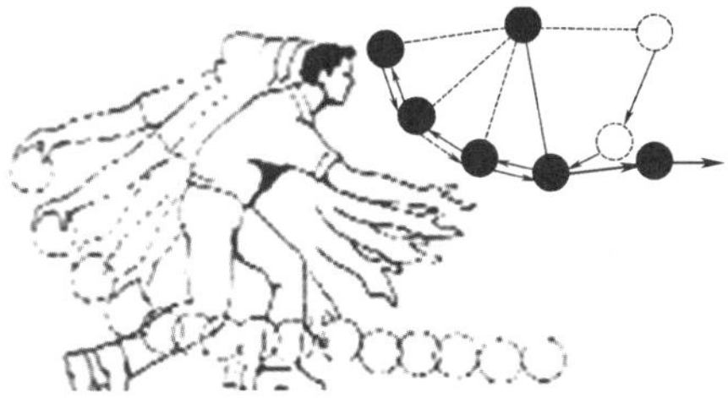

图 8-11

6. 四步投球法的技术要求与练习方法

第一步——向前推球:

(1)技术要求

身体稍前倾,重心移至左脚,两手向前推出,同时右脚向前迈出一步,步幅宜小,速度稍慢。此时,在重力作用下,球向前下方摆出。手臂力求自然,手腕伸直并有弹性,身体保持平衡,如图 8-12 所示。

(2)练习方法

第一,徒手练习;第二,持球,在身体前方放一标志物,对着标志物进行练习;第三,对着镜子进行练习。

第二步——垂直下摆:

(1)技术要求

当球推出后,右手在球的重力作用下自然下摆,同时左脚迈出一步,步幅比第一步稍大,左臂自然外展,右臂下摆到与肩部成垂直部位时,完成第二步,如图 8-13 所示。

图 8-12

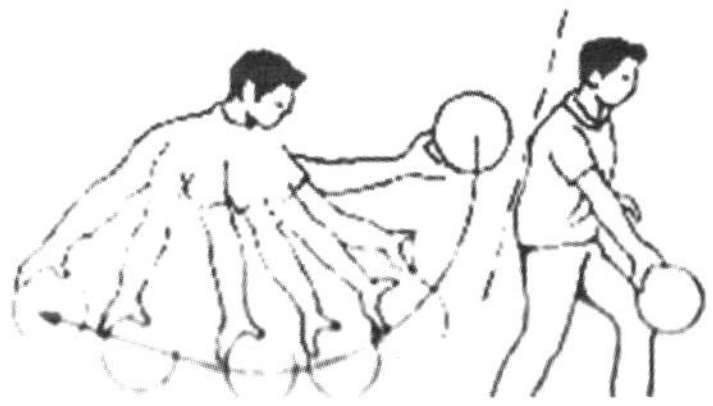

图 8-13

(2)练习方法

第一,做徒手模仿练习;第二,身体侧向靠近墙壁,做摆臂练习;第三,正面或侧面对着镜子练习。

第三步——后摆:

(1)技术要求

在惯性作用下,球由下摆转为后摆,后摆高度不超过肩。此时,右脚以稍大幅度迈出,速度加快,并使右肩、球、右脚几乎在同一垂直面上。左臂继续顺势外展,以保持身体平衡,如图 8-14 所示。

图 8-14

(2)练习方法

第一,同第二步练习方法;第二,练习者后面放一标志,要求后摆时将球击到标志,或站一人予以暗示。

第四步——向前垂直回摆——放球:

(1)技术要求

球在重力作用下向前回摆,身体自然前倾,同时迈出左脚,速度加快,并使左脚以惯性力向前滑行半步,到离犯规线 7 厘米处,以脚跟着地制动;左膝深屈,形成屈俯状;此时球已回摆至左脚内侧,所有力量积蓄达到最大瞬间,以爆发力将球推出。球推出时,手腕不做任何转动动作。大拇指先行脱出指孔,中指、无名指紧接着做向上钩提后脱出指孔,如图 8-15 所示。球出手后,右臂顺势向前上方摆起,右手像和对方握手一样,左臂同时继续外展,如图 8-16 所示。

图 8-15

图 8-16

与此同时,还必须做到“一保持”和“四看清”。“一保持”即保持投球后手臂延伸姿势。“四看清”即看清是否通过△号目标箭头,看清球的运动路线,看清球是否进入①~③号瓶位的角度,以及检查左脚所处的位置。

(2)练习方法

第一,两人面对面相距 5~8 米,单膝跪撑,按摆臂要求,做放球练习,如图 8-17 所示;第二,侧向与墙壁平行站立(左臂在外),右臂进行摆臂放球练习,如图 8-18 所示。

“四步助跑法”整体图解如图 8-19 所示。

图 8-17

图 8-18

图 8-19

(二)学练投球四步曲

第一步:熟练直线球

投直线球时,球员站在第 27 块木板的边线上,与犯规线成 90°角投球,球应当落在第 20 块木板上,通过目标箭头,直射①号瓶。进行投球时,要求做到助跑平衡,球落点准确,球路直。这样可将①号瓶击中。但是球再运行中,还会受到多种因素的影响,如果球偏右,即能进入①~③瓶袋,偏左则进入①~②瓶袋,因而有可能发生连锁反应,将瓶全部击倒。

第二步:掌握斜线球

所谓斜线球,它相对于直线球只有一个角度的关系,实际上是有角度的直线球。投斜线球,是沿着脚内侧线站立在第 21 块木板边线上,把第 5 引导点作为球的落点,以目标箭头为基准,这样就形成了一个“入射角”,使球有可能进入①~③号瓶而获得全中机会。它在理论和实践上都比直线球前进了一步,如图 8-20 所示。

第三步:学练钩球

钩球技术相对比较难,只有当前面两种手法学会以后才可学习钩球。钩球是由于球再出手时,手指的提钩动作所引起球的曲线走向。其中包括自然曲线和短曲线走向两种。

(1)自然曲线走向:即当球进入球道、运行到距瓶台 10~15 英尺处,拐弯成钩形路线,使球进入瓶袋。

(2)短曲线走向:球在球道上大部分行程是直线,运行到离①号瓶 1.5~3 米处,产生急转弯,形成钩形路线,使球进入瓶袋,如图 8-21 所示。

第四步:学习弧线球

弧线球的投法和钩球基本相同,但球说走的路线不同。弧线球运行的路线横向跨越几块木板,形成弧形进入瓶袋;而钩球走的是直线到转折处拐弯进入瓶袋的,途中横向跨越的木板较少。投弧线球能有效地增大入射角和加深入射角,因而对瓶的杀伤力强。但是技术难度较大,这是因为球横经木板多,遇到球道上的不利因素多,所以难以控制。

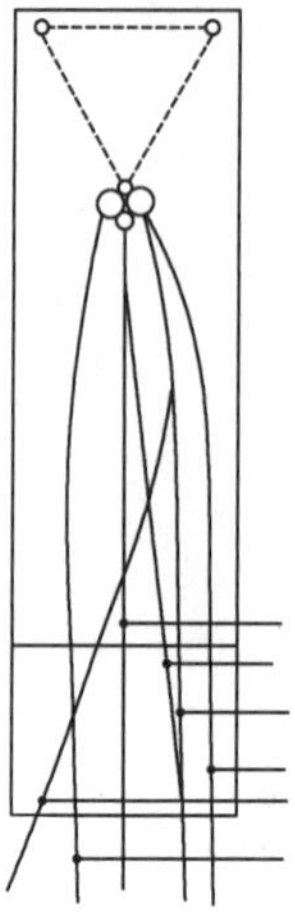

图 8-20

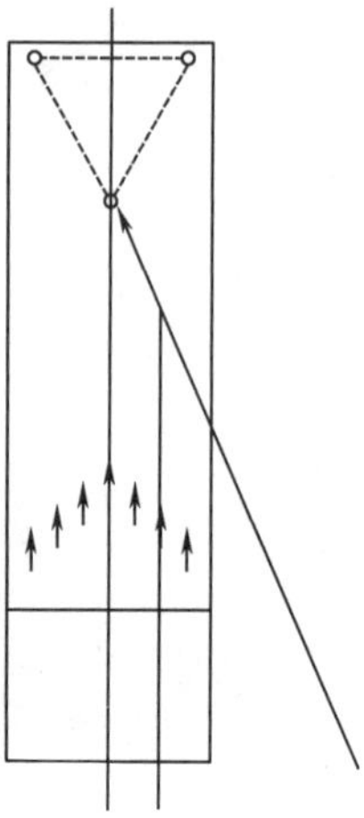

图 8-21

(三)保龄球比赛的简要规则

(1)保龄球比赛以局为单位,一局为 10 轮,每轮可投两次。如果第一次投了“全中球”,就不能再投第二次;

(2)每击倒一个瓶得 1 分,投完一轮将两次所得分相加,即为该轮“得分”,每轮一次累计,即为全局的“总分”;

(3)第一次投“全中球”,该轮所得分为 10 分(不投第二次),但应奖励下轮两个球的所得分,其所得分数之和为该轮的“应得分”;

(4)第一球未全中,而第二球将剩余木瓶全部击倒,称为“补中”,该轮所得分也为 10 分;

(5)第 10 轮全中时,应在同一条球道上继续投完最后两个球,结束全局。第 10 轮为补中时则在同一条球道上继续投完最后一个球,结束全局;

(6)如果球落入边沟,即为“失误球”,得分为“0”;

(7)如果第 10 轮中第一球犯规时,该球得分为“0”,但第二球击倒全部木瓶时,应视为 10 瓶补中,该球的所得分为 10 分。并允许继续投完最后一个球,同时把最后一个球所得分累计在该局总分内;

(8)如果从第 1 轮第一球开始到第 10 轮,连续 12 个球全中,按规定每个全中球应奖励下轮两个球的所得分,即每轮以 30 分计,最高分达 300 分;

(9)比赛结束,如出现比分相等时,应从第 9 轮开始决胜负;

(10)保龄球比赛,均以 6 局总分决定名次。比赛分为单人赛、双人赛、三人赛、四人赛、全能赛以及精英赛等。团体赛常采用五人制。

第四节　台　　球

一、台球概述

台球也称弹子球，是集体力、智力、刚柔为一身的一项室内体育运动项目。因为它要求参赛者必须风度高雅，而且对环境的要求也颇高，又被称为“绅士运动”。

台球所用器材非常考究。球台要求坚实、沉重、木面光滑、线条流畅，一般采用的是高级菲律宾木，其颜色为红棕色或深咖啡色。球台台面由高级青石或大理石精心磨制，表面水平误差上下不大于30丝(0.3毫米)，上面再铺垫墨绿色的细腻台呢，台边装有橡皮。

球多采用由碳酸树脂等特制的化学材料来制作。球的质量要求是色纯、光滑、圆润。球杆是木制的，一般长为1.25~1.55米，总重量650~700克。球杆一端较粗，直径约3.2厘米，另一端较细，直径约1.1厘米，球杆细端(击球端)必须粘有一块皮头。

运动员在参加比赛时的衣着也很有讲究，必须身穿白色衬衣，外套一件西装马甲，打领带或带领结。

二、台球分类

台球流行于世界各国，从不同的角度有不同的分类方法，可以从国度、台球的数量以及台球的击球技巧进行分类。

(1)按有无袋口分：落袋台球、开伦台球(Carom Billiard)

(2)按国度分：法式台球、英式台球、美式台球、中式斯诺克台球。

(3)按规则及打法分：斯诺克台球、8球、9球、14-1台球、15球积分、3球开伦、4球开伦。

台球的种类很多，除了大家熟悉的斯诺克台球以外，还有很多打法都在国内和世界上流行，并且都有各自的世界大赛，在一些综合性的大赛中，台球项目也设立了很多小项。为了使大家能了解台球运动在世界上的发展，这里介绍几种目前世界上流行的台球打法。

(一)英式台球

英式台球又包括英式比利台球和斯诺克台球两大类。主要流行于英国和欧洲大陆。英式比利台球又称为三球落袋式台球，属基础类型的台球，是世界上正式台球比赛项目之一。英式比利台球出现较早，要求具有较全面的技术打法，世界许多著名斯诺克台球运动员，比利式台球的基本功都相当扎实。而英式台球的另一个种类斯诺克台球更是为世界流行的主流台球项目之一。英文“斯诺克”的含义为障碍之意，是从英文“Snooker”音译而得名。斯诺克台球不仅自己可以击球入袋得分，也可以有意识地打出让对方无法施展技术的障碍球，从而使对方受阻挨罚。因此，斯诺克台球竞争激烈，趣味无穷，也是世界台球大赛的一个项目。

(二)美式台球

美式台球又称美式普尔(Pool)，是台式台球的一个重要流派，是在法式台球和英式台球之后又形成的一种新风格。它与英式台球和法式台球并驾齐驱，广泛地流行于西半球和亚洲东部。不过美式台球与法式台球和英式台球相比，仍不如它们出名。有人认为，美式台球仅仅是属于酒吧、街头巷尾的“下里巴人”式的游戏而已。然而这正是美式台球大众化、普及化的可取之处。美式台球中诸如 8 球制台球在中国也有广泛的群众基础。美式台球包括 8 球制台球、9 球制台球、芝加哥台球、普尔台球和保龄台球等种类。

（三）中式斯诺克台球

中式斯诺克台球也称为十孔台球，起源于中国，与其他台球的最主要区别在于台面中间增加四个进球袋及边框，既容易进球，也容易形成斯诺克；同时也拥有了更多精彩的运球路线，充分积极地体现球手之间连续进攻、巧妙防守及高难度解球的高超技艺；拓展了台球技术性及艺术性。通过针对结构改变的规则改良，中式斯诺克体现的是注重全局及排兵布阵，更具娱乐性、挑战性以及智慧元素，有棋球之说。

（四）法式台球

法式台球起源于法国，也称为开伦台球（又称卡罗姆台球，Carom），其含义是连续撞击两个球，即用主球连续触及两个球，这是法式台球最基本的要求。与英式台球、美式台球球台的最主要区别是没有网袋。卡罗姆台球有多种比赛方式，其中主要的是三边卡罗姆式台球。

（五）开伦式台球

开伦式台球起源于法国，后来在日本却非常盛行，有“日本撞击式台球”之称，是国际大赛项目之一。开伦式台球所用的球台没有球袋，它是以球杆击球得分的一种台球打法。在中国的一些台球厅里很少能见到这种台球打法。开伦台球打法分为颗星开伦、三星开伦、四球开伦、直线开伦、台线开伦等等，但最流行的要算四球开伦打法了。

“四球开伦”有四个球，两个红球和两个白球，两个白球为比赛双方各自的主球。旧规则计分方法是：主球撞到两个或两个以上的球后，可以拥有击球权。主球击中一个红球、一个白球得 2 分；主球击中“双红”得 3 分；主球击中“双红”加一个白球得 5 分。这种 2 分制、3 分制、5 分制过去较为常用。但是，新规则全部采用 1 分制，只要碰到三个目标球中的两个，就可以得 1 分，消除了因球的配置所产生的得分差距，计算也比较简单。

比赛的胜负是以谁先获得约定的分值为准。所以，当本方获得击球权时，应尽量争取多得分。因“四球开伦”用的球稍重，所以球杆比其他类型的球杆粗。

“四球开伦”开局的摆球方法为：两个白球之间有两个红球，且四个球在同一条直线上。

当球在台面上放好后，双方各向底边击打一空杆，决定击球顺序。球离底边近者获选择权；也可以抽签决定选择权。开球方以带黑点的白球为主球，另一方以全白色的球为主球。规则规定，对方的主球可为本方的目标球。

按照规则，开球第一杆必须先撞击对方白球方为有效，否则，将判作失机，交换击球权。因开局的摆球是主球与白球之间有两个红球。因此开球方一般是撞击台边，打两边球（即撞击两个台边），使主球撞台边后再击中双球。

三、台球的打法

台球的打法有 4 球撞击式（开伦）、落袋式（比利）和 22 彩球式（斯诺克）。

1.4 球撞击式

比赛用球为两个白色(为本球)和两个红色,每个球重 245~247 克,直径 6.7 厘米。

记分方法:开球前必须把 4 个球摆放在球台纵轴线的两端,两个白球对准左右两边的一星和七星,两个红球对准左右两边的二星和六星。开球后,双方运动员便轮流击自己的本球。如果本球击出后撞击到一个红球和一个白球记 2 分,本球撞击到两个红球得 3 分,本球撞击到两个红球和一个白球得 5 分。如果本球击出后未撞击到台上任何球(也称空枪),则应判罚 1 分。撞击式台球比赛一般以双方选手最后积分的高低来决定优胜者。分高者为胜。

2. 落袋式打法

用球为一红两白,其中一个白球上有一黑点以示区别,两个白球各为比赛双方的本球。开球时 3 个球要各在其位,红球放在基点上,一个白球放在白球点上,另一个白球放在开球区内任一点上。开球后,双方轮流击球,当击中白球而本球也落入袋内时得 2 分,当把白球直接打入袋内时得 2 分;如果一次同时击中红球和白球时得 2 分;如果击中红球而自己的本球落入袋内时得 3 分,直接把红球打进袋内时得 3 分;如果把红球打进袋后本球又击中了白球时,得 5 分,先把白球打进袋后又击中红球时得 4 分。落袋式打法的最后获胜者为积分最高者。

3. 22 彩球式

这是当前世界上最流行的打法。22 个球的颜色分别为:红色球 15 个,分值每个为 1 分;黄色球 1 个,分值 2 分;绿色球 1 个,分值为 3 分;棕色球 1 个,分值 4 分;蓝色球 1 个,分值 5 分;粉色球 1 个,分值 6 分;黑色球 1 个,分值 7 分;还有白色球 1 个,为本球。22 彩球开球前台面的布局是这样的:蓝球放在台面中心点(即球台两对角线的交点);黄球和绿球分别放在开球区(球台近端)半圆与开球线的右交点和左交点上;棕球放在开球区半圆的圆心上。

开球时,白球(直接用杆击打的本球)可放在开球区的任何一点,但开球方的第一杆必须首先直接或间接击中红球才算有击球,即一方失误后便由另一方击球,反复交替进行。22 彩球落袋式的计分方法是:必须先打进一个红球,才能打彩球(任选一种),击进球的分值就是所得的分数,如击进一红球得 1 分,再接着击进一粉球得 6 分(两球分值相加得 7 分)。彩球打进袋内后要再拿出放在原来的位置点上(红球则不再拿出),之后再打一个红球接着再打一个彩球,依次类推,直到把红球全部打完。然后,再按彩球的分值由低到高顺序击彩球,最高分值的黑球放在最后打。一局结束后,谁的得分高即为获胜方(通常有 7 局 4 胜制,9 局 5 胜制,11 局 6 胜制或 17 局 9 胜制)。单局的一个最高成绩是 147 分(即 $15\times8+2+3+4+5+6+7=147$)。

台球运动是一项高智能的运动,击球时要运用几何、力学等知识进行精确的测算,这样打出来的球才准确。所以要求台球选手头脑机敏,反应快。

四、斯诺克

(一)斯诺克运动简介

斯诺克(Snooker),又称英式台球、障碍台球。此项运动使用的球桌长约 3 569 毫米、宽 1 778 毫米,台面四角以及两长边的中心位置各有一个球洞,使用的球分为 1 个白球,15 个红球和 6 个彩球(黄、绿、棕、蓝、粉红、黑)共 22 个球。击球顺序为一个红球、一个彩球直到红球全部落袋,然后以黄、绿、棕、蓝、粉红、黑的顺序逐个击球,最后以得分高者为胜。斯诺克盛行于英国、爱尔兰、加拿大、澳大利亚和印度等英联邦国家和中国香港。近十几年来,斯诺克运动也在东亚得到推广和普及,目前泰国、中国内地等都有优秀选手涌现出来。

(二)斯诺克历史

虽然台球运动的历史可以上溯到 15 世纪,但斯诺克的发明则相对晚了许多。关于斯诺克的起源,一个比较可信的说法是:在 19 世纪晚期,台球运动风行于驻扎在印度的英国军队中,当时流行的玩法是黑球入袋(Black Pool)。这种玩法用 1 个白球,15 个红球和 1 个黑球。1875 年的一天,驻扎在印度贾巴尔普尔(Jubbulpore)的英国陆军上校内维尔·张伯伦(Neville Chamberlain)和他的战友们觉得这种玩法过于简单、乏味,便决定增加黄色、绿色和粉色 3 个彩球上去。

不久,又嫌不够,再加上了棕色和蓝色球。这种新玩法很快流行开来,从而导致了斯诺克台球的诞生。而斯诺克一词则是当时英国军队中对军校一年级新生的流行叫法。这使得斯诺克被这些军人用来称呼这种新玩法的初学者,最终则成了这项运动的名称。

1930 年,许多名手才逐渐转向斯诺克台球。这其中包括斯诺克台球的传奇人物乔·戴维斯(Joe Davis)。戴维斯首先意识到了控制主球走位的重要性。在此之前,打斯诺克台球的普遍策略是在将明显可以扫一进的球入袋之后做一杆斯诺克防守。而乔·戴维斯通过良好的意识和精湛的杆法控制主球的走位,连续得分能力明显增强,大大提高了斯诺克运动的水平。从此斯诺克台球才开始在英国兴盛起来,并流行到世界各地。

(三)斯诺克主要赛事

1. 世界职业锦标赛(World Professional Championship)

世界职业锦标赛,专为职业斯诺克选手设立,是当今世界上历史最悠久、水准最高的斯诺克比赛。首届世界职业锦标赛举办于 1926 年 11 月 26 日,是在当时的斯诺克大明星乔·戴维斯和他的朋友比尔·卡姆金(一家台球厅的老板)共同的不懈努力下,最终得到台球协会和管理俱乐部(BA&CC)的同意举办的。

2. Rothmans 大奖赛(Rothmans Grand Prix)

ROTHMANS 大奖赛开始于 1982 年,起初叫作业余选手锦标赛(Professional Players' Tournament),是由世界职业台球协会(WPBSA)自己的推广公司所举办的第一个锦标赛。在 1982 至 1983 年,它同 JAMLSON 国际赛一起被增定为排名赛,从 1984 年起 ROTHMANS 也同这项赛事一起被增定为排名赛。从 1984 年起,ROTHMANS 大奖赛这项比赛一直被作为改革的实验田。从 2009~2010 赛季起,这项赛事改为每轮重新抽签的比赛,2010 年起改名为“世界公开赛”。

3. 英国公开赛(British Open)

最早叫作英国金杯赛,之后又叫作 Yamaha Organs 杯。1985 年,被指定为排名赛。同年,得到 ICI 公司的赞助,并且用他们公司的 DULUX 命名这项赛事,叫作 DULUX 英国公开赛、Anglian 英国公开赛等。

4. 中国公开赛(China Open)

斯诺克中国公开赛是一项职业斯诺克赛事,世界斯诺克协会确定的全球斯诺克职业排名积分赛事之一。世界职业排名前 16 位的选手可直接进入中国公开赛的正赛,另外 16 个正赛参赛名额需要通过资格赛产生，还有多名中国本土选手通过外卡参赛。

5. 世界锦标赛(IBSF World Championship)

原名叫世界业余锦标赛(World Amateur Championship)，1989 年改为现名，全称是国际台球联合会世界锦标赛。它首次举办于 1963 年。起初是每三年举办一次，1985 年后，变成每年一次。这项赛事每年在不同国家举办。每年的举办国由这项大赛的组织者——国际台球联合会(IBSF)预先决定。国际台球联合会每个会员国一次可以选派 2 名选手参加锦标赛。

(四)斯诺克主要装备

1. 球台：球台尺寸为内沿长 3 569 毫米×1 788 毫米(允许偏差±13 毫米)，高度为从地面到库边顶部高度为 851 毫米~876 毫米。

2. 球：比赛用球直径为 52.5 毫米，允许偏差±0.05 毫米，并且每副球之间重偏差不能超过 3 克。

3. 壳粉(Chalk)：又称巧粉，用于涂在球杆杆头以增强球杆和主球之间的摩擦。滑石粉通常被压制成正方体滑石粉块。

4. 球杆(Cue)：球杆长度应不少于 91.4 厘米，不能脱离传统的材料，并且要具有公认的形状。

5. 加长把(Extension)：加在球杆尾部的一根短棒，用于增加球杆长度，当主球远离选手时帮助选手击打主球。

6. 架杆(Rest)：用于支撑球杆的具有铜制的 X 形头部的木杆，当选手的非持杆手手臂不够长时，可将球杆靠在架杆上，以稳定地击打主球。

7. 三角架(Spider)：似架杆，但头部是拱形的，而且头部更大，可架在另一只球上以方便挥杆击球。

8. 定位器(Swan)：一种带有角形卡球开口或半圆形卡球开口的装置，用于确定球的准确位置。在其帮助下，球在比赛中途擦拭后可以准确无误地放回原来的位置。

9. 三角框(Triangle 或 Rack)：开赛前用于将所有的红球排成标准的正三角形的三角形框架。

(五)斯诺克赛事规则

1. 斯诺克的一般规则

斯诺克共用球 22 颗，其中 15 颗红球、6 颗彩球，1 颗白球(主球)。数字代表彩球及其分数，红球分值 1 分，排成三角形，放在 6 分和 7 分之间，彩球的颜色及分值如下：黄球为 2 分、绿球为 3 分、咖啡球为 4 分、蓝球为 5 分、粉红球为 6 分、黑球为 7 分。

台上半圆形区域为开球区，以 2 分、4 分、3 分彩球为直径。开球前，双方可以通过抛硬币来决定谁开球。开球一方，可将白球摆在开球区的任何位置，每次击球后，白球停在什么位置，就必须接着由什么位置打起。打球方必须先打入一颗红球后，才能任选一颗有利的彩球打。彩球打进后，需取出重新摆回其自己的定位点。接着，再打红球，红球打进后再打彩球，如此反复，红球全部入袋后，必须按照从低分值到高分值的顺序打彩球，依次是黄球、绿球、棕球、蓝球、粉球和黑球。此时打进的彩球，不用再拿出来，直至所有彩球入袋，台面上剩下白球，比赛宣告结束。

从开球到所有球被击打入袋这一个过程称为一局。打球过程中，如果一方未能一杆全收,或者打了一个违规球,则击球权让于另一方。一场比赛可约定打一局、三局、五局、七局,决定胜负的方法是:将黑球摆在黑球位上,白球摆在开球区,双方通过抛硬币,决定谁先打,先将黑球打入者为胜方。每局的胜负由双方积分多寡决定,分值高者为胜方。得分有两种途径:一是靠进球得分,二是通过对方失误罚分而得分。每打入一颗红球得 1 分,打入一次黄球得 2 分,绿球 3 分,棕球 4 分,蓝球 5 分,粉球 6 分,黑球得 7 分。因此,双方都会尽最大努力,多将黑球打入袋内。

斯诺克规则规定,未遵守下列规则,属犯规行为,当处罚分:

打红球时,如果白球未能撞到任何红球为空杆,则要罚 4 分;如果误撞了彩球,则按照该彩球的分数罚分,但是最少罚 4 分。即如果撞到了黑球罚 7 分,撞了黄球罚 4 分;打彩球时,如果未能打到要打的彩球,则按照此彩球的分数罚分。如果误撞了更高分的彩球,按照高分罚分,最少罚 4 分。因此进红球后,打彩球前,如果要打的彩球不能明显看得出来,则必须要声明击打的是哪个球,否则自动罚 7 分;如果误将白球击入袋,最少罚 4 分,或者按照白球进袋前最先碰到的最高分数球罚分。白球入袋后,接着打的一方可将白球摆在开球区的任何位置击球;罚分不从受罚方的分中扣减,而是加入对方的得分中。

下列行为也属违规:

(1)将球打落台桌面;

(2)双脚同时离地击球;

(3)白球跳过中间球击打目标球;

(4)台面上的球被球杆击球端以外任何物品或身体任何部位所碰到;

(5)在出杆时,球杆连续击白球两次以上;

(6)球杆、白球和目标球同时接触。

当白球和目标球距离少于 2.5 厘米时,想不犯规出杆非常困难,所以当白球紧贴目标球时,击球方就只准将白球击开,而不得带动目标球。这种特殊情况下,只要将白球打离目标球,就当作击中目标球。好的球手,经常会利用这种机会做安全球或斯诺克。

2. 斯诺克的其他规则

(1)自由球

在一方打了失误球,台面出现斯诺克后,另一方无法直接打到红球,则可以任选一彩球当红球打,此彩球便被称为“自由球”。如果这个彩球入袋,就当作红球入袋得 1 分,接着照常规打彩球。但如果台面红球已被打完,另一方无法直接打的是彩球,则另一方可以任选一彩球打,此球即为自由球,自由球入袋得分按台面上所剩的最低分球计算,进球后其他球按顺序击打。

(2)重打球

如果一方打了一个失误球,而使对方处于不利的境地,对方有权要求失误方接着打。这条规则同自由球规则一样,是防止任何一方有意打失误球从中得益。不过,在决定让失误方重打之前,一定要确认台面上每个球都不存在机会,而且要正确考虑失误方打球的水平因素。

(3)无意识救球

在一方打了失误球以后,如果裁判认为这个球应该可以打到,则可以判罚无意识救球。在这种情况下,另一方可以有以下几个选择:

①将球恢复至失误球前的原状,要求失误方重新打;

②要求失误方在现在的位置上接着打；

③在现在的位置上自己打；

④如果台面上出现斯诺克，自己打自由的球。

(4)彩球摆位

当彩球落袋重新摆回台面时，如果这个彩球的原位点被其他球占了，则将这个彩球摆到当时最高分的彩球空位点上。如果所有彩球点都被占，此时应将此彩球摆在自己定位点垂直于底边的直线上，应最靠近自己的定位点，且不能够碰到其他球。

(5)僵局

当裁判认为台面已成僵局，裁判会向双方声明，如果几个回合之后，局面仍无明显变化，此局便成为无效局，得重新开始。

(六)斯诺克运动技术基础

1. 握杆、身体姿势和基本手架

(1)球杆重心

拿到球杆时，首先要了解球杆的重心位置，然后由重心点向杆尾处移动约 40 厘米，这段距离内握住球杆是比较合适的。当然，根据主球离库边的远近，需要不同力度出杆等情况，握杆的位置可以偏前或偏后。比如：主球贴近时，要握接近杆的重心位置；主球较远时，可以握杆靠近尾部的位置；如需要大力击球时，握杆手亦可以往后握，以加大握杆和出杆的距离，便于发力。

(2)握杆方法

握杆的方法正确与否直接影响到出杆的好坏。

正确的握法：拇指和食指在虎口处用轻力握住球杆；其余 3 个手指要虚握。这样握杆的优点在于保证手指手腕和整个手臂适度放松，便于肌肉能更协调地工作；另外，手指、手腕和整个手臂的适度放松，有利于手指、手腕和整个手臂在运杆时的流畅。球杆触击球一刹那间充分地感觉出杆头与球撞击效果，给手指、手腕以及手臂肌肉本体感觉器更丰富信号，便于正确学习掌握技术动作以及及时发现和纠正训练过程出现的动作错误。握杆时手腕要自然垂下，既不要外翻，也不要内收。一个正确的手腕位置对于一位球手的成功十分重要，但这并不意味着所有优秀的台球选手握杆时手腕位置都是一模一样。戴维斯和亨德利的手腕位置就各有不同。戴维斯的手腕要稍向外些，亨德利的手腕则是平直的。

一般来讲，握杆时的手腕位置有差异，是由如下因素决定的：手腕和手臂在解剖结构上的差异；个人长期养成不同的用力习惯；握杆的方法、肘部位置、肩部位置、身体姿势、站位有所差异；总之，在台球训练中，应当时刻注意“手腕位置要自然垂下，既不外翻，也不要内收”的基本要求，这个基本要求不是一个绝对值，而是一个有限定的范围。

(3)身体姿势

击球的方向是由站位和身体位置来决定的，保持正确的身体姿势有助于完成正确的击球动作。

①站立位置

握好球杆后，面向球台向用主球击打目标球的方向直立，球杆指向主球，握杆手置于体侧，同时对击打目标球的下球点和主球将要走的位置进行确定。

②脚的位置

当身体位置确定后,握杆的手保持在体侧不动,左脚向左侧前方迈出一小步,与右脚距离大约与肩同宽。左腿稍微弯曲,右腿保持自然直立。

③上体姿势

脚的位置站好后,上体向右侧转并向下弯身,使肩部拉起,上体前倾,与台面接近,头微微抬起,下颌正中部位与手或球杆相贴,双眼顺球杆方向平视。

④面部位置

尽量使球杆保持在额头中轴线上,双眼保持水平前视,使面部之中线与球杆和后臂处在一个较为垂直的平面上。

(4)基本手架

斯诺克运动击球前,为了架稳球杆,在瞄准时用非握杆手做支撑把球杆放在其上的一个动作。目前流行的基本架杆方法,掌心向下,先将四指伸开,使指肚按在台面上,手掌略呈拱形,拇指跷起,靠紧食指根部之间形成 V 形,然后将球杆架在 V 形槽内,击球时使球杆在槽内做直线滑动。

2. 站位与击球

(1)站位

正确站位有助于完成正确击球动作。右手握杆,以右脚为轴,左脚略向侧前方迈出一步,两脚分开不宜过大,身体保持平衡。身体位置与球杆的关系保持上体前倾,脸的中心保持在球杆之上,架杆的手臂肘关节充分伸展。架杆手的位置应与本球保持 7 厘米距离。

站位要点提示:

①两脚略前后分开,处在合理位置;

②身体保持平衡。

(2)击球动作

以肘部作为支点,像钟摆一样前后晃动,球杆向前移动时要平稳,直线前移,不宜上、下、左、右晃动。肘的动作要像一条链,前臂像一个钟。击球时以肘部作为支点,像钟摆一样前后晃动。击球时球杆要平稳,做前后直线移动。

击球动作要点提示:

①以肘关节为支点,前臂自然地前后摆动;

②球杆平稳地直线前移;

③出杆击球时不能上、下、左、右摆动。

(3)出杆击球

架杆的手臂肘关节充分伸展,架杆手的位置应与本球保持 15~20 厘米距离。

出杆击球要点提示:

①出杆击球前,球杆略有停顿;

②瞄准时全神贯注在目标球;

③出杆击球要有自信心;

④头部保持向下。

3. 击球杆法

斯诺克的击球杆法是指击球时,使球得分或落袋所使用的正确撞击方法。

(1)跟杆杆法

用撞点为中上部的杆法击球。本球碰撞目标球后,目标球被撞走,本球随之向前行进。

(2)缩杆杆法

用撞点为中下部的杆法击球。本球碰撞目标球后,目标球被撞走,本球随之向后行进。

(3)翻袋球杆法

翻袋球杆法是利用库边反弹后使目标球落袋得分。它是斯诺克比赛的基本技术之一。该杆法主要应用入射角与反射角的原理。

(4)薄球杆法

打薄球是比较难的技术,若打得不正确,碰撞得太厚,本球就不能沿着正确路线行进。

瞄准方法是将本球与靠近目标球边缘连成线,以目标球侧面不到一个球的地方为瞄准点,然后对着本球撞击。这时可采用中下杆打法,这种杆法可以避免乱出杆,防止碰撞目标球太厚。

第五节　攀　　岩

一、攀岩的起源和发展

(一)"岩壁上的芭蕾"

什么是攀岩运动?攀岩是一项集竞技、休闲、娱乐为一体的勇敢者的运动,是从登山运动派生出来的现代竞技运动项目。它是一项考验人的体力与技巧的休闲项目,同时也是一项挑战重力和极限的运动项目。它要求攀岩者能够在不同高度和角度的岩壁上准确地完成腾挪、转身、跳跃和引体等惊险动作,被人们誉为"岩壁上的芭蕾"。

(二)攀岩的分类

1. 难度攀岩

是以攀岩路线的难度区分选手成绩优劣的攀岩比赛。难度攀岩的比赛结果是以在规定时间里选手到达岩壁的高度来判定的。在比赛中,队员下放系绳保护,带绳向上攀登并按照比赛规定,有次序地挂上中间保护挂索。比赛岩壁高度一般为 15 米,线路由定线员根据参赛选手水平设定,通常屋檐类型难度较大。

2. 速度攀岩

如同田径比赛里的 100 米比赛充满韵律感和跃动感,按照指定的路线,以时间区分优劣。

3. 室内攀岩

是在一个高而大的房间内设置不同角度、不同难度的人工岩壁,在上面装有许多大小不一的岩石点,供人用四肢借助岩点的位置,手攀脚登。室内攀岩的难易程度可由人直接控制。岩壁也分为人工岩壁和天然岩壁。人工岩壁是人为设置岩点和路线的模拟墙壁。可在室内和室外进行攀岩技术的训练,难易程度可随意控制,训练时间比较机动,但高度和真实感有限。天然岩壁是大自然在地壳运动中自然形成的悬崖峭壁,给人的真实感和挑战性较强,可自行选择攀岩的岩壁路线及攀登地点,而且天然岩壁的路线变化丰富,如凸台、凹窝、裂缝、仰角等,让人体会“山到绝处我为峰”的感觉。

4. 器械攀登(Aid Climbing)

指直接拉或站在人工支点上,人工支点包括梯子、软绳、岩塞、钩子等。器械攀登的好处是可以让人登上很难的路线,与攀登者的体力关系不大。

二、攀岩的装备

攀岩装备是攀岩运动的基础,是完成攀岩过程的保障。它的功能要适应攀岩这一特殊项目的要求,在设计、选材、用料、制作上要尽量轻便、坚固、科学,使操作者使用方便、安全,具有实效。

1. 主绳(安全绳)

(1)主绳

俗称攀岩者的生命线,它在攀岩过程中起保护作用。它是轻便坚固的尼龙制品,颜色鲜艳,直径为9~12毫米,拉力为2 200~3 200千克,分为动力绳和静力绳两种,用途各不一样,长度一般为50~100米,可根据攀岩者的要求自行剪裁。

(2)辅助绳

辅助绳与主绳配合使用,其直径小于主绳,为6~8毫米,承受力约为800千克,其质料与主绳相同。

(3)使用注意事项

可归纳为以下几点:

①使用时注意绳与岩面接触的角度,尽量减少摩擦,以防绳索损坏,消除事故隐患;

②禁止脚踏绳子;

③避免绳子与水接触;

④用完绳子后按要求收好,以便下次再用;

⑤经常检查绳索是否受损,保证安全无误。

2. 安全带

安全带是尼龙制品,其拉力在3 000千克以上,它牢固、实用、舒适。它由圈套、带子、扣子和卡子等组成,是各种保护装备与人体连接的装置,主要起保护作用。

3. 铁锁

由合金材料制作而成,轻便、坚固,设计合理,拉力为2 200~3 200千克。

4. 下降器

下降器分为两种:

(1)“8”字形下降器。它是由合金材料制作而成。

(2)制动阀和滑轮组成的下降器。它由合金材料制作而成。

5. 攀岩鞋

鞋面由尼龙布和皮革制作而成,鞋底为耐磨软胶。它的特点是合脚、整体受力好,受力点多、摩擦力大,轻便。

6. 攀岩辅助器械

攀岩辅助器械包括:安全帽、手套、衣裤、扁带、岩钻、岩锥(多种)、锤子和抹粉袋。

三、攀岩的绳结技术

利用打结使绳索之间、绳索与其他装备之间相互连接的方法，称为结绳技术。依其用途不同可分为固定绳结、接绳绳结、保护绳结和操作绳结四种。

1. 结绳类型及用途

(1)固定绳结：是将绳索一端直接固定在装备或自然物体上的绳结技术。

(2)接绳绳结：将短绳索连接成长绳使用的绳结为接绳绳结。

(3)保护绳节：是绳索之间或绳子与铁锁之间能产生摩擦和滑动的连接方法。

(4)操作绳结：用于特殊的攀登和下降技术中的结绳法。主要有双套法。此结法既可用于固定用绳，也可用于攀登和下降。

2. 绳结的要求及注意事项

(1)结绳子的要求

科学实用、牢固可靠以及易结和易解是结绳的主要要求。

绳结是每个在野外进行探险活动者必须掌握的基本技术之一，不但要熟练掌握结绳方法，还要知道各种绳结的用途。

(2)绳结的注意事项

包括以下五点：

①在利用结绳组合各种技术装置时，对绳索要进行认真检查，看看是否完好无损；

②绳结打好后，一定要仔细检查是否正确，若不正确，一定要解开重新打，千万不能马虎；

③对绳索的展收要有条理，不能乱拉乱放；交织缠绕，会影响使用；

④随时观察绳索在岩壁上磨损情况，一旦发现磨损要及时加固或更换；

⑤绳索用过之后必须收拢放置好，以便下次再用。绳索不要放在水中浸泡，不能踩踏。

四、攀岩的保护技术

在攀岩过程中，为了防止因动作失误或其他原因引起的意外险情而进行的各种操作，称保护技术。

1. 保护技术在攀岩中的作用

在攀岩技术操作过程中，为了保证安全，需要各种保护技术的配合，以避免攀登者在攀岩过程中失手脱落而造成危害，并可从险境中解脱出来，同时给攀登者心理上以最大的保护，做到“有备无患”。

2. 保护技术和方法

保护技术分固定保护、行进间保护和自我保护三种。

(1)固定保护：固定保护是对攀岩者设置的专门保护。保护者将主绳进行某种固定，选择有利地形专门负责保护。

(2)行进间保护：在行进过程中不需专人保护，只是在有险情时，用保护装备进行保护的一种保护技术。

(3)自我保护：当攀岩者一旦失误，要尽量采取各种自我救护动作，以达到自我保护的目的。

五、攀岩技术

根据不同的岩壁特点,攀岩可分为岩石峭壁攀岩和室内岩壁攀岩。

岩石峭壁的攀登技术简称攀岩技术。它分为徒手攀岩方法和机械攀岩方法两种。它的特点是险、新、奇、难,并且经费开支少,装备简单,有较强的实用性和观赏性。

1. 徒手攀岩方法

攀登岩壁的基本方法是利用支点,移动手、脚和身体重心进行徒手攀登。基本要领是"三点固定",即在双手、双脚抓、踏牢三个支点的条件下,才能移动第四支点,"三点固定法"是攀岩的基本方法。

(1)技术动作

身体姿势在攀岩时要自然放松,以三个支点稳定身体重心。随攀岩动作的转换,身体重心要随之移动,这是攀岩能否平衡、稳定、省力和成功的关键。

在攀岩时身体切勿与岩壁靠得太近,这样会影响观察攀岩路线和支点的选择,同时容易使人较快的疲劳。如果重心落在脚上,身体与岩面保持垂直,就不易碰撞到岩面。这样视野开阔,便于观察路线,寻找攀登支点。但在攀登人工岩壁时,身体可与岩壁贴得近一些。在攀登过程中身体要舒展,上、下肢要协调用力,要有节奏,上拉、下蹬同时用力,身体重心的移动要随支点的移动而移动。

(2)手臂动作

手在攀岩中是抓握支点,维持身体的平衡,使身体顺利向上攀登的关键所在,因此,手臂力量的大小和技术动作掌握的好坏会直接影响攀岩的质量、效果和速度。初学者不善于用下肢和全身的协调力,手臂力量就显得尤为重要。

攀登人工岩壁和自然岩壁时,手臂动作和重心移动轨迹有所不同。人工岩壁第一关节和腕关节用得较多,重心运动轨迹变化不大,节奏性更强。但自然岩壁变化相对大些。

(3)脚步动作

在攀登过程中是否能快速、顺利、省力地完成全程,充分利用腿部力量是非常重要的,而且可充分发挥其技术动作。完全用手臂力量是不能持久的,最大力量在下肢。

脚的动作要领是:两腿外旋,大拇指内侧贴近岩面,两腿微屈以脚踩稳支点维持身体平衡。膝部不能接触岩壁,否则会影响脚的支撑和身体平衡,甚至会造成滑脱而使腿部受伤。切忌用力过猛,注意用力方向。

(4)手脚及全身协调配合

攀岩者上、下肢及全身力量应是协调发展的,但对初学者或技术不熟练的人而言,上、下肢力量就显得更为重要。攀登则往往是上肢引体,下肢蹬压、抬腿、伸直移动身体,同时需要有腰的动作配合,如果仅仅靠上臂引体,往往会出现麻木、酸痛、僵硬,并逐渐失去抓握能力。即使下肢有很大的力量,也难以维持身体平衡。在攀登过程中,首先要练好上肢力量,上肢要以手指和手腕、前臂力量为主,再配合以脚腕、脚趾以及腿部的力量,使身体重心随着用力方向的不同而协调移动,这样手脚动作的配合就运用自如了。

在移动下肢的同时两眼要看好手抓下一支点的位置,及时移动上肢,以完成攀登的一个轮回。

2. 机械攀岩方法

上升器攀登是将主绳一端固定在壁顶上方,另一端抛至下面固定拉紧。利用上升器卡于主绳上，与双脚协调配合，不断攀登。

六、下降技术

在平缓或比较平缓的条件下，危险性小，一般不需要特殊的下降装备和技术，可进行自然下降。但在45°以上陡坡、峭壁下降则必须有一定的装备和技术。下面主要介绍利用下降器下降方法：

(1)固定主绳

将主绳一端在顶部固定，另一端抛至下方；下降者系了安全带，将主绳与下降器、铁锁连接，左手握住主绳上端，右手在胯后紧握从下降器穿绕出来的主绳。

(2)站立姿势

面向岩壁，两腿分开，蹬住岩边，身体后坐，将上方主绳搭于岩边后，开始下降。

(3)手脚动作

下降时两腿分开，手拉紧主绳，两腿随着身体的下降而迅速地向下移动，使身体保持平衡。如果右手松绳子，臀部后坐，而两脚仍不动，则会使身体失去平衡而造成向后翻的危险。

七、攀岩的运动技术

(一)攀岩运动的基本要领

拉：抓住前上方牢固支点，用力拉引身体向上。

撑：利用台阶、缝隙或其他地形，以手掌和小臂使身体向上或向左右移动。

推：利用侧面、下面的岩体或物体以手臂的力量使身体移动。

靠：利用能容纳身体的裂缝，用背部靠住一侧岩面，用四肢顶住对面岩石，使身体上移。

张：将手伸进缝隙里，弯曲手掌或握拳，以此抓住岩石的缝隙并移动身体。

蹬：用前脚掌内侧或脚趾的蹬力把身体支撑起来，减轻上肢的负担。

挂：用脚尖或脚跟挂住岩石，维持身体平衡使身体移动。

踏：利用脚前部下踏较大的支点，减轻上肢的负担，移动身体。

(二)攀岩运动的基本方法

三点固定法是攀岩的基本方法，对身体各部位的姿势和动作有一定要求。

1. 身体姿势

攀登岩石峭壁时身体要放松，以三个支点稳定身体重心，而重心要随攀登动作的转换移动，这是攀岩能否稳定、平衡、省力的关键。

2. 手臂的动作

在人工岩壁攀登时，要求在第一指关节用力抠紧支点的同时，手腕要紧张，手掌要贴在岩壁上，小臂也要随手掌紧贴岩壁而下垂，在引体时，手指(握点)有下压抬臂动作。但攀登自然岩壁时其动作就变化很大，要根据支点不同采用各种用力方法。

3. 脚的动作

脚的动作要领是，两腿外旋，大脚趾内侧贴近岩面，两腿微屈，以脚踩支点维持身体重心，在自然岩壁支点大小不一和方向不同的情况下，要灵活运用身体。但切记，膝部不要接触岩石面，另外，在用脚踩支点时，切忌用力过猛，并要掌握用力的方向。

4. 手脚配合

学习攀岩，首先要练好上肢力量，上肢又要以手指和手腕、手臂力量为主，配合以脚腕、脚趾及腿部的力量，使身体重心随着用力方向的不同而协调地移动，手脚动作配合也就自如了。

5. 手法

攀登中用手的根本目的是使身体向上运动和贴近岩壁。岩壁上的支点形状很多，常见的也有几十种。攀登者对这些支点的形状要熟悉，知道对不同指点手应抓握何处，如何使力。根据支点上突出（凹陷）的位置和方向，有抠、捏、拉、摸、握、推等方法。但也不要拘泥，同一支点可以有多种抓握方法，像有种支点是一个圆疙瘩上面有个小平台，一般情况是把手指搭在上面垂直下拉，但为了使身体贴近岩壁，完全可以整个捏住，平拉。又如有时要两只手抓同一支点时，手臂位置要低，靠向下的拉力加大水平摩擦力；要充分使用拇指的力量，尽量把拇指搭在支点上，对于常见的水平浅槽的支点，可把拇指扭过来，把指肚一侧抠进平槽，或横搭在食指和中指指背上，都可增加很大力量。

6. 脚法

攀岩要想达到一定水平，必须学会腿脚的运用。腿的负重能力和爆发力都很大，而且耐力强，攀登中要充分运用腿脚力量。攀岩一般都穿特制的攀岩鞋，这种鞋底由硬橡胶制成，前掌稍厚，鞋身由坚韧的皮革制成，鞋头较尖，鞋底摩擦力大。穿上这种鞋，脚踩在不到1厘米宽的支点上都可以稳固地支撑全身重量。一只脚能接触支点的只有四处：鞋正前尖；鞋尖内侧边（拇趾）；鞋尖外侧边（四趾趾尖）和鞋后跟尖（主要是翻屋檐时用来挂脚的），而且只能踩进一趾左右的宽度，不能太多，为的是使脚在承力的情况下，能够左右旋转移动，实行换脚、转体等动作。换脚是一项基本的技术动作，攀登中经常使用。双脚在攀登过程中除了支撑体重外，还常用来维持身体平衡。脚并不是总要踩在支点上，有时要把一条腿悬空出来，来调整身体重心的位置，使体重稳定地传到另一只脚上。

7. 重心

攀登中，应明确地意识到自己重心的位置，灵活地控制重心的移动。移动重心的主要目的是在动作中减轻双手负荷，保持身体平衡。一开始学时人的动作大都十分盲目，不知道体会动作，一心只想往上爬，其实初学者最好不要急于爬高，先做一段时间的平移练习，体会重心、平衡、手脚的运动等基本技术。在最基本的三点固定、单手换点时，一般把重心向对侧移动，使手在没离开原支点之前就没有负荷。横向移动时，要把重心向下沉，使双手吊在支点上，而不是费力地抠拉支点。一般情况下，应把双脚踩实，再伸手去够下一支点，不要脚下虚踩，靠从手上拉使身体上移。注意一定要用腿的力量顶起重心上移，手指是在上移时维持平衡的。一般常认为身体要尽量贴近岩壁，可常见一些高手身体往往离岩壁很远，这是因为他们常用的侧拉、手脚同点、平衡身体等技术动作的准备动作需要与岩壁间有一定空间，只是在身体上升的那一刻将身体贴向岩面。通常重心调节主要由推拉腰胯和腿平衡来达到。腰是人体中心，它的移动直接使重心移动，较大的移动往往形成一些很漂亮的动作，把腿横向伸出，利用腿脚的重量来平衡身体也是常见的做法。

8. 侧拉

侧拉是一项很重要的技术动作，它能极大地节省上肢力量，使一些原本困难的支点能够轻易达到，尤其在过仰角地段时被大量采用。其基本技术要领是身体侧向岩壁，以身体对侧手脚接触岩壁,另一只腿伸直用来调节身体平衡,靠单腿力量把身体顶起,抓稳上方支点。身体侧向岩壁,踩点脚应以脚尖外侧踩点,不要踩得过多,以力换脚或转身。若此点较高,可侧身后双手拉牢支点,臀部向后坠,加大腰前空间,抬脚踩点,再双手使劲把重心拉回到这只脚上,另一只腿抬起,不踩点,保持平衡用,固定手只负责把身体拉向岩壁,身体完全由单腿发力顶起,不靠手拉,以节省手臂力量。一次侧拉结束后,视支点位置可做第二个连续侧拉,双手抓稳后,以发力脚为轴做转体,脸转向对侧,平衡腿在发力腿前交叉而过,以脚尖外侧踩下一支点,这时平衡腿变成了发力腿,移动手变成了发力手,做下一次侧拉动作。其间发力脚踩点一定要少,否则不宜做转体动作。

侧拉主要在过仰角及支点排列近于直线时使用。

9. 手脚同点

手脚同点是当时一些手脚高度在腰部附近时,把同侧脚也踩到此点,身体向上向前压,把重心移到脚上,发力蹬起,手伸出抓握下一支点,这期间另一手用来保持平衡,这样的一种技术动作。手脚同点需要的岩壁支点较少,且身体上动作幅度大。

做此动作时需要注意:若支点较高,应把身体稍侧转,面向支点,腰胯贴墙向后坠,腾出空间抬腿,不要面向岩壁直接抬腿。脚踩实后,另一脚和双手发力,把重心前送,压到前脚上,单腿发力顶起身体,同点手放开原支点,从侧内滑上,抓握下一支点,另一手固定不动,调整身体平衡。

手脚同点技术主要用在支点稀少的线路上。

10. 节奏

攀岩讲究节奏,讲究动作的快慢和衔接。每个动作做完,身体都有一定的惯性,而且如果上一动作正确到位,身体平衡也不成问题,这时可以利用这一惯性直接冲击下一支点,两个动作间不做停顿,这样你经常可以发现原来很困难的一些点,不知不觉间就通过了,否则过分求稳,一动一停,每个动作前都要先移动重心,调节平衡,然后从零开始发力,必然导致体力消耗过大。动作不要求太快,要连贯。进行练习时可以把一个动作分解成几个步骤,细细体味各处细节,分析如何才能节省体力,这样做熟了,在实际攀登时根本不用考虑,条件反射就能做出正确动作。

11. 线路规划

一面岩壁安装着众多的支点,选择不同岩壁可以形成多条攀登线路,各人身体条件不同,都有各自不同的最优路线。练习时可以先看别人的攀登路线,根据自己的身体条件选择一条最优路线,必须自己规划。这就要对自己的身高、臂长、抬腿高度、手指力量等有较深的了解。在练习当中,一面岩壁,在已经能够登顶后,往往还有不尽的利用价值。可以通过规划不同的线路来增加难度,一般是自觉地限制自己,放弃一些支点,或某几个大点,或故意绕开原线路上的某个关键点,或只使用岩壁一侧或中间的支点,或从一条线路过渡到另一条线路。

八、攀岩运动的入门技术

平衡攀登是攀岩初级的入门动作。

基础平衡动作是利用身体的重心来支配平衡,善用脚,用身体去体验,用心去感觉。

攀爬是心理、生理的联合考验,胖不是问题,重量只是增加负担,攀爬有它的困难但也有简单的一面,选择自己可负荷的路线。

九、攀岩技术的基本要点

1. 尽量节省手的力量

攀岩是用手和脚，通过寻找岩面上一切可利用的支点，克服自身的体重及所携带器械的重量向上进行攀登。所有攀爬者应该有一定的手臂、手指、肢体、腰腹力量。由于手臂力量相对有限，在攀登过程中，应尽量用腿部力量，而节省手的力量。

2. 控制好重心

控制重心平衡是攀岩过程中最关键的问题，重心控制得好就省力，要不就会消耗许多不必要的力量，同时也就影响了整个攀登过程。

3. 有效的休息

在一条攀登路线中肯定是有些地方简单，有些地方难，要想一口气成功会比较困难（除非这条线对你来讲很容易），所以想爬得高一些，就应该学会有效地进行休息，在到达一个比较容易的位置时，以最省力的姿势，边休息边观察下一段要攀爬的线路。这一点在比赛过程中显得更为重要，因为正式的比赛中攀登路线是完全陌生的，而且每人只有一次机会。

4. 主动去调节呼吸

攀爬一条路线是一个连续的过程，从一开始就应该主动去调节呼吸，而不应该快坚持不住了再去调整。

十、攀岩运动的竞赛方法

1. 攀岩运动的竞赛方法

（1）难度（Difficulty）比赛

选手采用先锋攀登，运动员下方系绳保护，带绳向上攀登，并按照比赛规定有次序地挂上中间保护挂锁的比赛。攀登的最后高度（如果是横跨，则指沿路线轴上最长距离）将决定运动员在每轮比赛的名次。

（2）速度比赛

上方系绳保护，运动员按指定路线进行速度攀登比赛。运动员按完成比赛路线所用的时间来决定每轮比赛的名次。

2. 攀岩运动规则简介

（1）攀岩运动的比赛种类

按照比赛性质可分为速度攀岩、难度攀岩和大圆石攀登，世界上每年都举行这三类攀登运动的比赛。

①难度攀登

难度攀岩又可分为看攀、完攀和红点攀登三种。

ⅰ完攀（Flash）：运动员在比赛之前可以收集路线的有关资料和观察路线，在攀登过程中一旦脱落或犯规即判其失败。

ⅱ看攀（On-sighting）：运动员在比赛前对路线的信息一无所知，边观察边进行攀登，在攀登过程中一旦脱落或犯规即判其失败。

ⅲ红点攀登（Red-point）：运动员可以对路线进行反复的观察和试攀，只要最终达到终点即可。

②速度攀登

③大圆石攀登

岩石高度不得高过 4 米,每条路线不超过 12 个支点。攀登时运动员不系保护绳,每次比赛需要选择 10 条路线攀登。

(2)路线观察及练习

①路线观察期间。除非另有规定,难度、难度淘汰、速度及抱石比赛,该场已报到的选手在比赛开始前均有观察时间以研究路线。本队队员不得陪同选手进入观察区。所有在观察区的选手必须遵守隔离区的规定;

②观察时间由裁判长与国际前攀员磋商后决定,但除非特殊情况不得超过 6 分钟;

③选手于观察期间必须在指定的观察区,不得攀上板面或站在任何器材或桌椅之上。选手不得以任何方式与观察区外的人员联络,仅可以向裁判长或分组裁判询问比赛相关问题;

④在观察期间选手不得使用望远镜观察路线并以手抄方式绘图或笔记,其他观察或记录器材也不允许。选手有责任充分了解所有关于比赛路线的规定与说明;

⑤选手除了在正式观察期间外不得取得任何路线的信息;

⑥在观察时间结束时选手应立即返回隔离区,任何不当延迟或违反裁判长或分组裁判指示者,将予以黄牌警告,任何进一步的延迟将予以红牌警告;

⑦路线练习:当比赛可事先路线练习时,裁判长在与国际前攀员磋商后,决定时间表、程序及选手练习时间长短。

(3)攀登之前的准备

在接到通知离开隔离区进入预备区时,选手不得由除核定的工作人员外的任何其他人员陪同。

在抵达预备区内,选手必须穿上岩鞋,以规定的绳结系上绳索,并做好攀登的最后准备。

在选手允许进行路线攀登之前,所有攀登装备和绳结必须经指定的工作人员或确保员的检查与认可,以符合安全性及其他国际竞赛攀登委员会(ICCC)的规定。选手对于其攀登所穿着的装备与服装负有全部且唯一的责任。使用非认可的装备与绳结,比赛背心未经认可的修改,不符合规定的广告,及违反任何 ICCC 规定的选手均立即取消其资格。选手离开预备区后,不允许在任何情况下回到隔离区。

选手必须完成离开预备区的准备,并在指示下进入比赛场地。任何不当的延迟或未遵守分项裁判的指示,将立即予以黄牌警告,任何进一步的延迟将予以红牌警告。

(4)技术事件

①技术事件的定义:

ⅰ绳索紧绷以协助或妨碍选手;

ⅱ岩点断裂或松开;

ⅲ快扣或钩环不当的位置;

ⅳ任何非选手动作造成的不公平的不利或有利于选手的偶发事件。

②确保人员必须随时保持绳索的适当松弛。任何绳索紧绷都将视为对选手的外力帮助或妨碍,分组裁判应宣告技术事件。

③技术事件应以下列方式处理:

ⅰ当技术事件由分组裁判提出时

如选手愿意且仍然处于正当位置,可继续选择攀登或宣告技术事件。当选手选择继续攀登后,不得再以与该技术事件相关的理由申诉。

如选手因技术事件而处于非正当位置,分组裁判应立即决定是否宣告技术事件并停止选手攀登(并依据技术事件的规定允许选手之后再进行攀登)或给予选手继续攀登的机会。若选手被给予并接受继续攀登的机会,之后不得再以该技术事件申诉。

ⅱ当技术事件由选手提出时

当选手正在攀登时,必须指出技术事件的性质,并在分组裁判的同意下,继续或停止攀登。当选手由于技术事件而处于非正当位置时,分组裁判应立即做出决定,且该决定为最后决定。

当选手坠落并宣告技术事件造成该坠落,此时该选手应立即送至特别隔离区并等候该宣称的技术事件的调查结果。总定线员应立即检查该宣称的技术事件并向国际前攀员、分组裁判及裁判长报告。裁判长(在将技术事件与选手的任何不当使用岩点列入考虑后)做出最后决定并不再接受该决定的申诉。

ⅲ选手在技术事件确认后应在一隔离区内给予恢复时间,并不得与 ICCC 和大会工作人员外的人员接触。选手必须立即决定希望何时开始下一次的攀登。该攀登必须在下一选手之后且在后面第五个选手之前。选手在两次攀登之间应至少给予 15 分钟休息。

ⅳ在完成合法攀登后,应以选手攀登该路线达到的最佳成绩作为记录。

(5)各赛场的排名

难度、难度淘汰、速度及抱石比赛中各场的排名依该项比赛的相关规定决定。

第六节　野外生存

野外生存,即人在住宿无着的山野丛林中求生。深入敌后的特种部队、侦察兵和空降兵、海军陆战队,以及在战斗中与部队失去联系的战士和失事的空勤人员,在孤立无援的敌后或生疏的荒野丛林和孤岛上,在仪器断绝的情况下,更需要野外生存的本领。

一、主要装备

野外生存活动自从“军转民”以来,作为一种有益身心并有利于培养团队精神的群众性文体活动,更加强调如何去接近大自然,去探索我们未知的精彩世界。下面就常见的一些野外生存装备来逐一加以介绍。

(一)背囊

背囊容量的大小与野外生存的天数有直接关系,一般不应小于 50 升。

(二)绳索

纵横野外,最大的目的就是要走前人没有走过的道路。可有些地方根本就没有路,此时绳索就显得极为重要。专用攀岩绳和锁扣最好,但价格偏高,建筑工人使用的安全绳和锁扣则是物美价廉的代用品。一般登山绳索长 20 米左右即可。登山不同于攀岩,超过 10 米的悬崖峭壁对于普通人来说是“禁区”。

（三）野外生存用鞋

说到野外生存用鞋，很多人会想到运动鞋，有些地方干脆把运动鞋叫作“旅游鞋”。其实，运动鞋分篮球鞋、网球鞋、跑鞋、多功能鞋和户外鞋等许多种，除户外品越战丛林战靴，橡胶底加防刺钢板，真皮鞋面全棉鞋腰，防滑透气，能很好地保护脚部和踝骨。

（四）蒸馏器皿

蒸馏器皿是救生装置的一部分，如果没有也可以就地取材。将软管一端插入一只盛满水的密闭容器顶部，另一端插进一封闭的冷却皿中，给盛水的容器加温，水沸腾产生的蒸汽经管子散发到冷却皿中遇冷凝结成洁净水。

（五）电筒及荧光棒

野外生存用的电筒要求照射距离不小于 50 米，电池使用时间不小于 5 小时，电筒自身至少达到 30 米深能防水，电筒配有备用灯泡。

荧光棒轻便，小巧，发光时间长，成本低，在实际应用中可以作为照明或求救的光源。荧光棒的发光时间可由 4 小时至 48 小时。使用时将荧光棒轻轻弯曲，折断塑料管中的玻璃管，轻轻摇动即可。荧光棒中的液体不可食用，且具有一定的黏附性。如果泄漏容易污染家具、地板、衣物、皮肤等，若出现以上情况须及时清洗；如果荧光棒中的液体进入眼睛中，须及时用清水洗净或就医。

（六）指北针

几乎每一家军品店都有不同制式的指北针出售，小到可戴在手表上的充液式简易指北针，大到地质勘探用的水平式指北针。去野外探险，建议还是使用专用指北针为好。其实指北针同相应的地图配合使用时作用最大，出发前应充分掌握指北针的使用方法。

（七）求生哨

求生哨不过是一个普通的军用哨子，但在荒郊野外，遇险者如果采取喊“救命”的方式来引起救援人员注意的话，不到 15 分钟就会喊得声嘶力竭，而一个小小的塑料哨子，只要还有一口气，就能吹响它，而且，在探查出路，寻找水源时，事先约定好的哨声长短和不同组合，都是野外近距离联络时最方便和最简捷的通信方法。

（八）求生小型组合工具

美国莱则曼 WAVE 组合工具钳是野外作业的上上之选。

“瑞士冠军”万用工具刀，具有 42 项功能，被称为野外工作者的“百宝箱”，建议配合原厂的皮革刀套一起使用，因其尺寸不大，完全可以挂在腰间，以免野外急需使用组合工具时在背囊中翻来翻去。

（九）求生刀具

求生刀具，全龙骨，热处理合格，长度在 20～24 厘米，无背齿等多功能（功能越多性能越不可靠）的刀具。

（十）手表

相对于一般的手表，野外生存用表除精确还应至少做到防水和具有夜光功能。手表除满足上述条件外还具有即时方向测量功能，每隔 2 小时自动气压测量功能（260 hpa～1 100 hpa，即0.26~1.1大气压)，根据气压变化记忆图了解未来气候变化的功能，10~60 ℃气温测量功能，-700~10 000 m高度测量功能，1/100秒表功能等多项功能，因此该表也被称为“腕式登山计算机”。

(十一)通信工具

手机在中国比较普遍，但作为野外探险活动，活动范围多在人烟稀少的地区，手机信号未必覆盖得到，同时频繁的野外通信联络使用手机也不经济。最好选择小型对讲机。

(十二)帐篷

在野外，帐篷的主要功能是防风、御寒、避免昆虫及小动物滋扰，保证使用者能够得到良好充分的睡眠，对保持使用者的体力起着至关重要的作用。野外帐篷常见的有“人”字型、圆顶型等多种款式，使用者应按所要前往地区的季节和气候等情况选择适用的类型，并要在出发前学会怎样搭建。

(十三)睡袋及防潮垫

睡袋通过内里的填充材料不同以达到不同的保温效果，使用者应根据所要到达的地区的气温来选择不同保温效果的睡袋。野外生存用的睡袋至少要达到防潮、保温透气、质量轻、体积小的基本功能要求。

(十四)生火工具

在野外，生火的方法有很多，比如把望远镜的凸透镜卸下，在阳光明媚的郊外，可以用它轻易地点燃报纸，野外用的生火工具主要还是火柴或打火机，常用火柴分别为野外防风火柴和野外防水火柴，其中防风火柴在使用时应捏住火柴的木杆部分，以免烧伤手指，野外出行，防风打火机以其结构简单、性能可靠的特点也深受行家们喜爱。

(十五)水壶

有人做过测试，一个普通人，在断粮的情况下大约可以存活30天，而在同时断水的情况下最多只可以存活7天，足见水对于野外生存者的重要性，一个普通人每天至少要消耗掉2升的饮用水，这也是野外活动准备食水的基本依据。

(十六)望远镜

置身野外，观察野生动植物，寻找水源，判定行动方向等都少不了望远镜，而野外观察用望远镜倍数一般应在7~12倍之间，且最大物镜直径不应小于35毫米，因为小于7倍的望远镜观察距离有限，大于12倍的望远镜在手持观察时晃动太大。

(十七)收音机

在野外，小小的收音机可能是了解身后文明世界相关信息的唯一渠道，新闻和天气都应该是要关心的内容，午夜的帐篷内，收音机里传出的歌声，也许会令人终生难忘。

(十八)照相机

无限风光在险峰，随着照相技术的普及，大家都希望把野外探险的过程拍成照片或DV(数字化视频)录像，以便日后同朋友们共享这段美好时光，出行前应确认照相机或录像机电力充足。

(十九)备用食品

野外活动的食品，应根据个人口味和具体行程制订好食品携带计划，这些食品不但要能果腹，还要提供野外活动所必需的热量，因在野外随时可能会发生许多意想不到的情况，以防万一，备用食品是必不可少的。推荐 90 压缩干粮，由面粉、白砂糖、精炼油、葡萄糖粉、奶粉、精盐、人参皂苷等原料制成，净重 250 g，可提供 5 248 kJ 的热量。

以上就是野外生存活动常用的一些装备，其他还有急救包等物品，集齐上述常用的一些装备，除了少一支步枪以外，基本装备几乎可以同正规军队媲美。但是，这并不意味着人们可以在野外为所欲为，请牢记，我们是大自然的孩子，对大自然要时刻存有敬畏之心，爱护自然，尊重自然是保证野外生存活动顺利进行的基础。

二、技术要点

（一）补充能量

1. 水：生命离不开水。所有生物都依赖于水，所有的生物也都含有水。没有食物，正常人平均能活三周，但没有水三天也活不了。正常人平均每天耗水 2～3 升。呼吸、工作强度加大、气温升高和出汗等都会促使人体失去水分。必须不断补充水分以维持正常水分平衡。所以水需要优先考虑。流动的水源是最理想的。

维持体液平衡：为了使水分消耗最低程度，可以采取以下措施：

（1）多休息，少运动；

（2）不要抽烟；

（3）待在阴凉场所，如果找不到，可搭一凉棚；

（4）不要躺在热腾腾的地上；

（5）不要进食或尽可能少进食。如果身体得不到水分，体液会从要害器官转移以便消化食物，这会加速脱水。脂肪很难消化，需要大量水分；

（6）不要饮酒，那样会使器官消耗大量水分；

（7）不要谈话——不要用嘴呼吸。

2. 盐：盐是人体必需品。正常饮食条件下，每天每人需要摄入 10 克盐。如果排出量大于摄入量，人体就会出问题。排汗和撒尿都会带走盐分，所以气候越温暖，盐分损失也就越多。体力劳动会增加耗盐量。

缺盐的首要症状是肌肉痉挛、头晕目眩、恶心和易于疲惫乏力。补盐方法可以是一品脱水加一小撮盐溶解后饮下。盐片需捣碎后加适量水溶解。不要整片吞服——这样会导致胃部难受，也有损肾脏。

如果没有盐怎么办？位于海岸边或海上时可从海水中得到充足的盐分——一品脱海水里含大约 15 毫克的盐。但千万不能直接饮用海水，应先用淡水将它们稀释。蒸发海水时可以得到盐块结晶。

身处内陆，必须解决盐分问题。在牧区能找到被牛舐过的盐渍地——不过那时也邻近文明之境了，不太可能会继续缺盐。所有哺乳动物都需要盐，注意观察它们的行踪可以找到盐。

有些植物也含盐。在北美洲，最好的是核桃树根；在东南亚，可利用夏柏榈的根。将树根烧烤至所有水分都被蒸发，便会析出黑色的盐晶。

如果直接找到盐有困难，可以尝试间接方法。动物血液在任何时候都不要随便抛弃，因为它是矿物质元素的有用来源。

（二）练习行走

走路时不要一面走路一面想如何走路，要把走路当作目的，认真去走。刚开始训练走路，在平地上，最少要走15分钟。练习快走时，呼吸会加快、出汗，小腿肚、脚底、腹侧都会发痛。当人感到身体某部分发痛，常会中断走路。其实走路如同赛跑，要有技术。

有时离开道路走，时间长了脚会发痛。原因有很多，可能因为鞋子、袜子、走路方法所引起。

绕远路也有一番乐趣，不要经常走同样一条路，不妨绕远路、看看周围环境，因为气候、季节的不同，而有不一样的变化。有时不妨停下脚步好好观察，说不定有新发现。到野外长时间走路，最好以同样速度前进。

（三）学会观察

在野外求生存，最重要就是培养观察自然的眼光。人类与动植物求生的本能都是一样的。自然界动植物虽然彼此间没有共同沟通的语言，但是彼此关系非常密切。如果我们仔细观察，就能理解其他生物，平等对待它们而不会去伤害它们。

不要破坏自然界平衡的状态是野外生存中十分重要的事。大自然中动植物彼此保持很微妙的平衡。一块狭小的空地，表面看起来没有生物生存，实际上很多生物正在那儿活跃。接触大自然时，不要破坏这种平衡，不要乱折花木不要乱捕鸟兽。享受大自然，也应遵守规则。

还有，必须学会一件事——恢复自然界原有的风貌再离开。有时人们离开野外后，留下肮脏的垃圾，阴暗处的空罐头、堆积的塑料袋、吃剩的鱼肉汤肴，不堪入目。因此不要忘记，保存自然原有的风貌，处理掉垃圾，将临时厕所掩埋好，把不能燃烧的塑料袋带走，后来的人，才能享受干净的大自然。

在山林中，还有几点要注意的：不要触摸鸟巢、不要抄近路到危险地方、不要大声喧嚷、不乱摘花草、不要靠近带着幼子的动物、不随便发出叫喊声。

第九章　体育保健与卫生

第一节　体育保健与卫生常识

运动与卫生保健是研究人体运动与卫生、保健、疾病损伤的关系。卫生是指卫生学所拟定的各种指标和措施的具体实行。健康是指身体的、精神的、社会的完全良好状态。不能说无疾病就是健康，而疾病的发生是在一定的致病因素的作用下，机体原来的平衡遭到破坏，机体的组织、器官、代谢和结构上发生了病理变化，进而影响健康和运动能力。

讲究卫生可减少致病因素对机体的作用，从而预防疾病，保障健康和运动能力。体育锻炼可增强机体对疾病的抵抗力，进而达到保障健康的目的。而卫生保健的目的在于运用卫生学和医学的知识和技能，对运动参加者进行医务监督和指导，使体育锻炼达到最佳效果。

一、人体卫生

（一）个人卫生

1. 生活制度

稳定而有规律的日常生活制度，对于增进健康，提高工作和学习效率，提高运动成绩有良好的作用。在条件允许的情况下，一般应尽量保持生活制度的相对稳定。当然，随着工作、学习、锻炼情况的改变，生活制度也可做相应的调整。

2. 早锻炼

早锻炼的目的在于消除因睡眠留下的抑制状态，提高机体各系统的机能活力，为一天的学习、工作做好准备。大学生应养成良好的生活习惯，早晨起床后，应进行早锻炼。早锻炼的内容可根据自己的健康情况进行做操、跑步等活动，运动量不宜过大。

3. 服装

个人服装平时应保持清洁、美观、大方、大小合适。运动时的服装应符合运动项目和运动卫生的要求。服装应轻便保暖，夏季服装应宽松、吸汗透气性能好，内衣、内裤应柔软；运动鞋大小适宜、富于弹性。炎夏在阳光直射下应戴遮阳帽。

4. 皮肤和牙齿卫生

皮肤既是感觉器官又是身体的保护器官。皮肤里的汗腺排出一部分代谢产物能调节体温；皮肤里的皮脂腺分泌皮脂以保持皮肤的润滑。当汗腺和皮脂腺孔堵塞时，细菌繁殖，就会引起皮肤上的毛囊炎或疖肿。所以，皮肤必须清洁干净。脚趾间皮肤易脏，最易产生糜烂，也易感染脚癣，要特别注意清洁。患脚癣要积极治疗。不要与他人共用鞋袜和洗涤用具，以免传染。

牙齿上经常有食物残渣，是细菌繁殖的基础，易引起牙病和口腔疾病，应早晚各刷一次牙。刷牙时应沿着牙缝上下刷，切忌用力横刷，以免损伤牙齿表面的牙釉和牙龈。

5. 睡眠

睡眠是生理要求，是清除机体其他器官疲劳最有效的方法。睡眠之前不宜做剧烈的运动，避免进食有刺激性的饮料，如浓茶、咖啡等；卧室空气应流通。

6. 心理卫生

心理卫生是根据心理活动的规律，采取各种措施，保护和增强心理健康，提高对社会的适应能力，预防身心疾病的发生。

7. 用眼卫生

视力不良和近视发生的原因，受多种因素的影响，有先天遗传的因素，又与环境条件和生活学习习惯有关。

用眼卫生，主要是注意阅读、书写、绘画卫生。阅读、书写、绘画时眼与书本或作业的距离最好保持在 20~25 厘米；最好使用 12°~15°倾斜的桌面；坐姿要端正；光线要充足；时间不宜过长；每隔一小时应远眺或休息眼睛；养成良好的阅读、书写习惯，如不躺着看书，不在走路乘车时看书；定期进行视力检查。检查时，若双眼视力均在 1.0 及 1.0 以上者为正常。低于 1.0 者为视力低下。0.9~0.7 为轻度，0.6~0.4 为中度，低于 0.3 为重度。

（二）自我身体检查

自我身体检查是指运动参加者在锻炼或训练过程中，主动观察自己的身体机能状态，并进行记录，以便观察锻炼的效果。根据机体的反应情况及时地调整运动量。自我检查的内容，包括有主观感觉（自我感觉、睡眠、食欲等）和客观指标（脉搏、体重、肺活量、肌力、月经等）。

1. 自我感觉

在运动时精神饱满、愉快、愿意锻炼，还是精神不振，不想练；锻炼中有无肌肉酸痛、头昏、恶心、腹痛等情况；锻炼后疲劳消除和快慢，睡眠、饮食、机体反应等状况怎样，可按“良好、一般、不良”记录。

2. 睡眠

是否能迅速入睡、熟睡、多梦；早晨醒来是否感觉精神好，全身有力；可记录睡眠时间、熟睡程度等。

3. 食欲

可记录为“良好、正常、一般”。

4. 脉搏

正常情况下，每日早晨起床前测得的基础脉搏数大致相同，或随着锻炼效果的增强而稍有减慢。如果有明显的增加或减慢，应考虑有无过度疲劳或疾病的征兆。若出现心律不齐，应查明原因。

5. 体重

一般在锻炼后的前几周，体重可下降 2~5 kg，以后肌肉体积增加，体重可稍回升，然后稳定在某一水平上，这是正常的现象。若体重持续性地下降，则提示过度疲劳、能量消耗过大而摄入不足。

6. 肺活量

正常时肺活量应保持在某一水平，或稍有增加，机体不良时，肺活量可能持续下降。

7. 握力、背力

在系统锻炼之后，握力、背力应增加，疲劳时则下降。

8. 月经

女生从事体育锻炼要注意观察月经期是否正常，经期长短，经血量多少，是否有痛经等不良反应。

（三）疲劳及消除疲劳的方法

1. 疲劳的表现

由于活动使工作能力及身体机能暂时降低的现象称为疲劳。疲劳一般可分为肌肉疲劳、神经疲劳和内脏疲劳三类。当肌肉疲劳时会出现肌肉僵硬、肿胀和疼痛，肌力下降等情况；当神经疲劳时，常表现为反应迟钝，判断错误、注意力不能集中、动作协调性受到破坏等情况；当内脏疲劳时，常会有呼吸节律紊乱，呼吸浅而快，心悸、胸痛、恶心、呕吐以致心电图改变等情况。

2. 消除疲劳的措施

合理的睡眠是消除疲劳、恢复体力的最好方式。锻炼结束后进行温水浴和局部热敷是简单易行的消除疲劳方法，按摩是消除疲劳的重要手段，积极性休息加音乐欣赏、合理营养等是消除疲劳不可缺少的措施。此外，为了尽快地消除运动后的疲劳，适当地选用一些药物是必要的。如维生素 B_1、B_6、B_{12}、C 以及刺五加、三磷酸腺苷等。有条件者可采用氧气和负离子吸入。

（四）学校传染病的预防

1. 学校常见传染病

传染病是由病原体引起的，能在人间、动物间、或人与动物间相互传播的疾病。学校是传染病的集散场所，易于传染病的暴发和流行，具有明显的季节性。如冬、春季节多发呼吸道传染病，夏、秋季则以肠道感染病为主。同时，春、秋季开学后传染病的流行出现高峰。学校常见的传染病主要有流行性感冒（简称流感）、病毒性肝炎（简称“肝炎”）、细菌性痢疾（简称“菌痢”）、流行性腮腺炎（俗称“痄腮”）、沙眼、蛔虫病、疥癣等。

2. 传染病的预防

传染病在人群中的传播，必须具备传染源、传播途径、易感人群三个基本环节。缺少任何一个环节，新的传染就不可能继续发生。所以预防传染病的流行可采取以下措施：

（1）传染源的管理

传染源是指病人，病原携带者和受感染了的动物。传染源的管理主要包括检疫、传染病人的早发现、早诊断、早隔离治疗，如对带菌者的隔离等。

（2）切断传播途径

各种传染病有不同的传播途径。如呼吸道传染的传播途径主要是通过空气，消化道传染病的传播主要是通过食物及饮水，还有些传染病是通过媒介昆虫传播。如苍蝇可传播痢疾与伤寒，蚊子可传播疟疾等。有些传染病是直接接触传播的，如疥癣等。

传染病的预防，除由卫生机构根据其传播途径制定相应的措施外，个人也应保持公共场所的空气新鲜，提倡戴口罩，不饮、不食不洁食物和水，不随地吐痰，驱除媒介昆虫，防止直接与传染源的接触等。

(3)保护易感人群

易感人群是指对某种疾病缺乏免疫力的人群。积极参加体育锻炼,合理营养,讲究个人卫生,保持良好的生活制度,可以提高机体对疾病的抵抗能力;预防接种可以提高机体的免疫能力。

二、运动卫生

(一)运动场地卫生要求

田径场跑道应结实、平坦、无浮土、富有弹性。投掷区还应有明确划分,一个投掷区内不允许同时进行几种投掷运动,不允许面对面投掷,铁饼和链球场地应设置护笼等。

球类场地的四周 2.5 米范围内不应放置任何障碍物,以免碰伤。篮、排球场地应平坦、结实。

体操器械要符合标准,进行体操练习时器械下面应有垫子,注意加强保护。

在江河湖泊里游泳时,要弄清水是否清洁,有无污染,弄清池底有无石块淤泥。大学生一般不能在江河湖泊里游泳,以免发生危险或造成灾难。在游泳池游泳时要先进行淋浴、洗脚、踏经消毒池,以减少池水的污染。凡经医生检查患有肝炎、肺结核、肠道传染病、皮肤病、眼结膜炎、重沙眼、中耳炎等均不得入池游泳。

(二)锻炼卫生

机体与外界环境通常保持平衡状态,但也时常受到外界因素,如阳光、空气和水的影响。经常进行户外锻炼能增强机体对感冒、上呼吸道感染疾病的抵抗力,增强机体对外界环境的适应力。但进行锻炼时必须循序渐进,实施全面锻炼原则,并根据自己的年龄,健康状况,运动水平而选择锻炼方法。

1. 日光浴

主要是利用日光的温度和生物化学作用来增强机体代谢,杀灭细菌,促进维生素 D 的合成。从事日光浴前应体检,凡有出血倾向、发热者等不宜进行。日光浴时间最好每日上午 9 时~11 时或下午 3~5 时,夏天在上午 8~10 时或下午 16~18 时进行;饭前后 1~1.5 小时内不宜进行。日光浴必须遮盖头面部。

2. 水浴

锻炼方法有擦身、冲洗、淋浴、游泳等。主要利用水的温度,水的机械作用和化学作用以达到训练体温调节中枢,增强新陈代谢,按摩身体及水疗等目的。其中机体对冷水浴刺激反应最强烈。冷水浴锻炼宜从夏季开始,以后逐渐降低水温,冷水浴时间不宜过长,一般不超过 5 分钟。

3. 空气浴

是利用空气温度、湿度、气流、气压及空气中的电离作用达到刺激中枢神经系统,加强新陈代谢,提高机体抵抗力。空气浴不受时间、地点限制,简单易行。

(三)“极点”与“第二次呼吸”

在进行剧烈运动时,由于在运动开始阶段,内脏器官的活动跟不上运动器官的需要,往往产生一种非常难受的感觉。此时感觉到呼吸困难,肌肉酸痛,动作迟缓,情绪低落,简直不愿意再继续跑下去了,这种现象叫“极点”。经过对呼吸、步频等的调整和坚持,呼吸将自如而且跑得轻松，这叫作“第二次呼吸”。

“极点”现象的发生，是身体从安静状态突然转入剧烈活动时，各器官、系统工作配合不协调引起的。因此运动前要充分做好准备活动，使极点现象推迟或减轻。极点出现时不紧张，不必中断运动，要有意识地进行深呼吸，这样“第二次呼吸”就会很快到来。此外，第二信号系统的参与有助于“第二次呼吸”的来临，如运动或比赛时的呼声、掌声有助于运动者克服极点。

（四）体育活动中的某些医学保健问题

1. 运动与心血管疾病

一般慢性心脏病患者只能从事中小运动量的体育活动。心肌炎等病的急性期应停止运动，并进行治疗。心脏杂音应区别是有害性杂音，后者不应限制体育活动。高血压患者能否参加运动，应视高血压程度以及并发症情况而定。血压轻度增高，无自觉症状，心、肾亦无病变，则限制不必过严，可参加适当的运动并配合积极治疗。血压较高且有自觉症状者应避免激烈运动。特别要避免用力闭气，低头，旋转头颈等运动。可参加慢跑、游泳等。

2. 运动与呼吸系统疾病

肺结核患者呼吸循环机能极易疲劳，因此对肺结核患者的运动必须十分慎重。肺结核活动期禁止参加运动，陈旧性病灶已钙化多年又无自觉症状的，多数人可从事剧烈运动，但仍要十分注意，定期体检。淋巴结核原则上同于肺结核。

胸膜炎急性期应积极治疗，使积液完全吸收，以免发生胸膜黏连，妨碍呼吸机能。患结核性胸膜炎病愈后一年内禁止参加运动。已形成胸膜肥厚时，可参加一般性体育活动。

慢性气管炎、肺气肿、哮喘病患者均应避免大运动量，冬季过度寒冷或大风天气时，应避免长时间的室外活动。平时可多做呼吸体操，以改善呼吸机能。咯血者必须停止一切体育活动。

3. 运动与消化系统疾病

溃疡病、胃炎常反复发作，在病情不稳定或有并发症时应停止运动进行医治，间歇期可参加正常体育活动，平时应注意饮食。

传染性肝炎急性期应隔离治疗，停止运动，卧床休息，肝炎愈后 1～2 月内尽量保持安静，避免运动。以后根据检查肝功能结果和患者自我感觉，逐渐增加运动量。

胆囊炎的急性期严禁运动，慢性期可参加轻微活动。

4. 运动与骨关节病

骨折已完全愈合可参加正常体育运动。风湿性关节炎急性期严禁运动。治愈后无关节肿痛，无活动障碍，全身情况正常，“血沉”现象正常可参加正常运动。

关节风湿症患者有运动后痛，或天气变化时痛，但无关节肿胀畸形时，可做小量活动，病情好转后可逐渐增加运动量。

类风湿性关节炎应进行医疗体育活动，增强肌力，防止肌肉萎缩，预防或矫正畸形。

骨关节结核患者，治愈后一般不能参加大运动量活动。

5. 运动与其他疾病

急性中耳炎和慢性中耳炎发作时，禁止参加体育运动。慢性中耳炎应设法根治，根治前可参加中小运动量活动，游泳时要防水入耳。

慢性鼻窦炎患者不宜在严寒、大风气候下从事室外运动。冬季室外运动应注意正确的呼吸方法，且运动时间不宜过长。

高度近视者，应避免参加激烈运动，特别是跳跃运动，以免发生视网膜剥离。

腹股沟疝，只能参加小运动量活动，避免增加腹压运动，术后3个月可开始参加一般运动，6个月后可参加激烈运动和比赛。

急性肾炎患者应绝对休息，一年以内或者轻度慢性肾炎者，均应避免长时间的剧烈运动。月经不规则、痛经的女学生，如果体格检查无其他异常，以往又有运动习惯者，可参加正常体育活动，但月经期运动量酌减，症状较重者应进行医疗体育和临床治疗。

神经官能症，轻者可参加正常体育活动，较重者只能从事中、小运动量活动，症状严重者应进行医疗体育。

三、女子体育卫生

女性在生理上与男性有着很大的差异，因此，女子的体育卫生要更加需要注意。通过女子身体特点来比较，需要注意的方面主要有以下几点：

（一）体型

女子体形一般似纺锤形，即肩部较窄，骨盆较宽，下肢较短，躯干相对较长，身体重心低，有利于做下肢支撑平衡的动作，如体操的平衡木等。但对速度运动，跳高，跳远等动作不利。

（二）肌力

女子骨骼肌重量占体重的比例较男子小5%左右，且肌肉力量较弱，特别是女子的肩带部和上肢肌力较差，加之肩窄，故女子做悬垂、支撑、摆荡等动作较为困难，因此，应加强发展肩带肌力的练习，练习时需加强保护。

（三）脂肪

女子体内脂肪约占体重的28%（男子约占18%）。皮下脂肪较多，利于游泳等运动。但女子下腹部对冷的刺激很敏感，故在月经期及冬季锻炼时要注意下腹部的保暖。

（四）骨盆

女性骨盆较男性大且轻，除了承重外还容纳有子宫及附件。子宫的正常位置依靠子宫三对韧带、腹腔、盆腔一定的压力来维持。因此，一方面女子从事体育运动时不宜做过多的从高处跳下的练习，做此练习时也要注意落地时的缓冲，以免过分震动影响到子宫的正常位置；另一方面，要多做增强腹壁肌、骨盆底肌的练习，如仰卧起坐，仰卧举腿、直立前后踢腿、大腿绕环、提肛练习等。以维持一定的腹压和盆腔压力，从而维持子宫的正常位置。

（五）关节韧带

女子各关节韧带的弹性及伸展性较好，特别是脊柱椎间盘较厚，因此女子身体的柔韧性及各关节的灵活性较男子好。体育活动中适宜做“桥”和“劈叉”等动作。但女子身体的柔韧性会随着年龄的增长而降低。在体育锻炼中应注意保持和发展其柔韧性和灵活性。

（六）心血管系统和呼吸系统

女子心脏的体积、生理、容积、每搏输出量、心肌收缩力均较男子小而弱，运动时主要靠加快心率来增加心脏的每分输出量。此外，女子的血容量，红细胞、血红蛋白含量都低于男子，因此，女子血液运输氧气的能力不及男子。

女子胸廓、肺容积较男子小，肺活量、最大摄氧量也小于男子、女子呼吸肌力较弱，以胸式呼吸为主且胸廓活动度较小，所以女子在安静或运动时的呼吸频率较快。

鉴于女子心血管系统和呼吸系统的功能较男子差，因此运动量应比男子相对小些。

综上所述，女子应该根据自己的特点，自觉参加体育锻炼，以促进身体的生长发育，提高各器官、系统的机能水平，保持匀称健美的体形。

四、普通人的运动营养

（一）我国国民身体素质现状及其规律

身体素质是体质的重要组成部分，是人体在运动中所表现出来的力量、速度、耐力等身体基本状态和功能能力。身体素质的好坏直接反映了人们在日常生活中承受能力的强弱。据国家体育总局 2006 年 10 月 18 日公布：自 2000 年以来国民体质监测数据分析，探讨了我国国民身体素质的年龄、性别、生活区域（即南北方）以及城乡的现状和变化规律。2000 年国民体质监测指标如下。

（1）儿童：立定跳远、双脚连续跳、网球掷远、10 米折返跑、坐位体前屈、走平衡木；

（2）成年人（20～39 岁）：纵跳、握力、背力、俯卧撑（男），1 分钟仰卧起坐（女），10 米×4 往返跑、选择反应时、坐位体前屈、闭眼单脚站立；

（3）成年人（40～59 岁）：握力、选择反应时、简单反应时、坐位体前屈、闭眼单脚站立；

（4）老年人（60～69 岁）：握力、坐位体前屈、选择反应时、闭眼单脚站立。

1. 力量素质

我国不同年龄阶段成年人、老年人的下肢、上肢力量和力量耐力发展呈现如下特点。

（1）下肢力量（20～39 岁）

表现为随年龄的增长而呈持续下降。下降幅度男性稍大于女性；南方优于北方；城市非体力劳动者<城市体力劳动者<农民。

（2）上肢力量

35 岁前成年人的握力继续呈现增长趋势，此后随年龄增长握力逐渐下降。女性的上肢力量持续发展时间长于男性，且增长率大于男性。衰退曲线则呈现了同步性特点，但下降率则低于男性。北方人握力优于南方人；城市非体力劳动者<城市体力劳动者<农民。

（3）力量耐力

随着年龄的增长，男、女呈下降趋势；南方优于北方；力量耐力发展的工作种类特点是不同工种在不同年龄段表现出了不同的特点，但最终趋势是城市非体力劳动者<城市体力劳动者<农民。

2 速度和灵敏素质

我国成年人、老年人速度与灵敏素质的发展特点是随年龄的增长，男、女均呈下降趋势，下降趋势男性表现为先慢后快，女性则相反。男、女同年龄段的量值特点是男性优于女性。我国成年人的速度与灵敏素质各年龄段总体趋势是南方优于北方。各年龄段男、女速度和灵敏素质的工种特点总体表现为：城市非体力劳动者>城市体力劳动者>农民。

3. 柔韧素质

我国成年人、老年人各年龄段柔韧素质的变化特点是：20～24 岁时男、女坐位体前屈均在 11~12 厘米,随着年龄的增长,男、女坐位体前屈均持续性下降,但女性下降幅度低于男性,北方优于南方,且差异均具有显著性。各年龄段柔韧素质的工种特点是农民最好。

4. 平衡能力

我国成年人、老年人,平衡能力均随年龄增长呈持续性的下降趋势。男性优于女性,且差异在 35~39 岁及以后的各年龄段均有显著性;南方优于北方;城市非体力劳动者<城市体力劳动者<农民。

(二)青少年发育特征与运动营养需要

这一时期青少年生理机能渐趋成熟,应注意增加身高、体重及运动和锻炼。青少年的心率和呼吸频率随年龄的增加逐渐减慢;肺活量随年龄的增加而增加,平均每年增加 300 毫升左右;握力、速度、拉力、耐力、下肢爆发力等各项素质的发育水平也明显提高。因此,应增强运动素质和全身生理机能的综合性训练,适当增加营养。

1. 青少年发育特征

进入青少年期,身体形态的各种指标增长的速度突然变快,男、女的身高、体重等形态发育指标第二次交叉,男孩再度超过女孩。其中,男孩肌肉增长较多,女孩脂肪增长较多。

身体整体发育特征是体长发育在先、横径发育在后。即先长长度,后长宽度;手脚和四肢的发育在前,躯干发育在后。因此有人把这种发育特征归结为“向心律”。由于这一特征,在青少年期一度出现不利于运动的身体结构变化(即躯干与下肢比例),如腿长/身高指数明显呈“低高低”的大波浪变化的现象。

青少年此时期的身体形态、生理功能与心理状态都发生一系列迅速而深刻的变化,各种身体素质发展的敏感期也多集中在这一年龄阶段上,速度、力量、耐力等素质迅速提高,明显与其他生理阶段不同。身体素质的性别差异从该时期开始逐渐扩大,男孩的体能优势日益显著。

2. 儿童、少年运动营养需要

儿童、少年正处在生长发育的高峰时期,进行适度的体育锻炼是非常必要的。同时,也应注意到儿童、少年在该时期对营养物质的全面需要以及体育锻炼的特殊需要。体内的物质能量代谢,一方面要保证组织细胞内蛋白质经常自我更新,即生长发育对营养物质的需求;另一方面要保证儿童、少年建立各种体育技能对各种营养物质的额外需求。因此,其营养特点就是高蛋白、高热量、低脂肪以及丰富的维生素和矿物质,为生长发育及体育锻炼提供良好的物质基础。

(1)蛋白质

儿童、少年时期,合成代谢旺盛,骨骼的发育、机体框架增加、肌肉的增强、神经内分泌功能的完善以及体育锻炼等,都需要大量的蛋白质。所以,适量体育运动时,每天蛋白质摄入量要达到 25~30 克/千克。儿童、少年每天摄入的蛋白质,要以优质蛋白质为主,辅以其他植物性蛋白质。动物性蛋白质来自多种动物的瘦肉以及鱼虾、禽蛋、乳品等,植物性蛋白质多来自三大豆制品,力求蛋白质组成、氨基酸模式更接近人体,氨基酸种类必须多且丰富,有利于肝脏合成机体蛋白质。

(2)脂肪

儿童、少年的脂肪摄入应适当控制,在保证足量膳食的前提下,脂肪的需求一般可以得到满足,糖类在体内也很容易转化成脂肪。脂肪的动用,必须在供氧充足的条件下才能分解供能,氧化不足,易产生酸性代谢产物。儿童、少年胸廓狭小,呼吸肌力弱,肺活量小,而旺盛的代谢过程对氧的需求较多,在锻炼中很容易加剧供氧不足。另外,适当控制脂肪摄入,防止脂肪过剩,也是出于防止肥胖的需要。年龄越小越应引起注意,以免造成脂肪细胞增加过多,为日后身体肥胖留下隐患。

(3)碳水化合物

儿童、少年保持旺盛的物质能量代谢,碳水化合物是三大能源物质中最易氧化、耗氧最少的优质能源。儿童、少年每天的需求量接近 500 克,参加锻炼时就会超过 500 克,占总能量的 50%~60%。需要特别强调指出的是,碳水化合物的摄入应主要来自谷类食物以及水果等,不能过分地减少主食。过度依赖零食、糖果或巧克力之类,对健康不利。

(4)维生素与矿物质

12 周岁以上儿童、少年的维生素、矿物质的摄入量应达到成年人用量。维生素中应突出维生素 A,D,C 及 B 族的供给。矿物质中要注意增加 Ca,P,Fe,Zn 及 I 的摄入,这也是出于少年儿童智力发育的需要。

五、运动员营养

运动员训练、比赛需要良好的体能,合理营养是提高训练效果和比赛成绩的基础,并且有利于赛后疲劳的消除、体力的恢复以及某些运动性疾病的防治,同时也有利于平稳顺利地转入下一阶段的训练和比赛。因此,营养在现代竞技体育中的作用越来越突出。

(一)运动员的生理特点

运动员训练和比赛时,机体处于高度的应激状态。大脑的紧张活动和肌肉的强烈收缩,使机体的能量消耗骤然增多,代谢旺盛。此时,运动员机体内环境发生生理适应性改变。

剧烈运动,机体快速大量产热,刺激体温调节中枢,通过神经和体液的共同调节作用引起局部血管舒张和出汗量增加,通过汗液蒸发来散发体温,以维持其相对恒定;运动时运动员心排血量可以达到最大输出量的 85%以上,心血管系统容量明显增大、血流量加大,以适应对氧气和能量需要量的增加和代谢产物的排出;机体代谢明显提高,乳酸等代谢产物增多,发汗可以减少体内代谢产物堆积,维系机体生理功能。中长跑等运动,人体心肺功能增强、大量排汗可引起生理上的改变,如马拉松运动员的较大心排血量可持续 2 小时以上。这种情况下,运动员对能量和各种营养素的需要量也增加。而且不同运动项目还要求特殊的营养供给,以满足机体的不同需要。

(二)运动员的营养需要

1. 能量

运动员的能量代谢主要取决于运动强度、频率和持续时间三个要素,同时也受运动员的体重、年龄、营养状况、训练水平、精神状态及训练时投入程度等因素的影响。不同运动项目的能量代谢特点也不同。例如投掷、举重等是要求爆发力量强的项目,运动强度在短时间内骤然增大,单位时间内能量消耗也最大,但其动作频度低,持续时间短,体力容易恢复。而长跑、竞走等项目虽然运动强度较小,但动作频度高、持续时间长,总能量消耗较多。不同国家、不同运动项目制定的运动员能量供给量也不同。我国一般项目运动员的能量需要为 209~250 千焦/千克,国家体育总局为运动员制定的饮食标准中能量供给量为 184 兆焦/天。

运动员的能量来源主要为碳水化合物。当运动员体内有足够的碳水化合物和脂肪作为能源时,蛋白质几乎不被动用。随着运动负荷的增强,对碳水化合物的利用会增加,当运动强度达到 85%~90%最大氧摄取量时,全部能量来自碳水化合物。随着运动强度的增加和时间的延长,对脂肪的利用也逐渐增加。

建议:膳食能量的供给量应增加 10%~15%,其中碳水化合物占总能量的 50%左右,蛋白质占总能量的 15%~20%。

2. 蛋白质

机体蛋白质的合成与分解是一个动态平衡的过程。运动员在训练和比赛时,尤其在大运动量的情况下不仅消耗大量能量,也使体内蛋白质分解代谢加强,甚至可出现负氮平衡。因此,保证量足质优的蛋白质摄入对补充运动员的损耗、增强肌肉力量、促进血红蛋白合成及加速疲劳恢复等均具有重要意义。但蛋白质终究不是运动员的主要能源,而且高蛋白膳食会导致尿氮排出增加,造成体内蛋白质的代谢产物,如氨、尿素、尿酸等的大量堆积,加重肝、肾负担,同时使体内水分、矿物质(尤其是钙)耗竭,对运动成绩及运动员健康均不利,故不宜过多摄入。运动员蛋白质的参考摄入量每日为 15~25 克/千克,其中动物性蛋白占 50%~65%。

3. 脂肪

脂肪是运动员理想的能量储备形式。在轻、中度运动时,脂肪约提供机体 50%的能量需要,在持久运动时脂肪可以提供约 80%的能量需要。但因为脂肪的氧化过程是不完全氧化,代谢时耗氧量高,而且会产生酸性代谢产物,这对运动员的耐力以及运动后的体力恢复不利。一般运动员膳食中脂肪提供的能量占总能量的 25%~30%比较合适。

4. 碳水化合物

碳水化合物是运动员最主要的能量来源,在体内的代谢产物为二氧化碳和水,对机体不会产生不利影响,主要以糖原的形式储存于肝脏和肌肉组织中。但人体内所能储存的碳水化合物并不多,约等于每日从食物中获取的一半。当高强度运动时,能量需求量大而且要在瞬间供应,只有碳水化合物在体内以葡萄糖形式快速产生能量,并可进一步动员肝糖原、肌糖原储备。体内糖原储备量将直接影响运动员的体力和耐力,这与膳食碳水化合物的摄取量及补充时间有关。因此,剧烈持久运动时运动员对碳水化合物的需要量增加。一般情况下运动员膳食,每日给予的碳水化合物应占总能量的 55%~60%,大运动量训练或比赛前每日按 9~10 克/千克提供碳水化合物,以保证足够的糖原储备。运动员补充的碳水化合物以淀粉类食物为主。

5. 水、矿物质和维生素

运动员在高温和高湿度环境下进行大运动量或持久耐力运动,主要依靠大量出汗来完成机体散热,出汗量可高达 2 升/天以上。大量出汗导致失水量增加,且体内的矿物质和维生素尤其是水溶性维生素随汗液流失,使水电解质平衡失调,影响运动成绩,乃至损害健康。汗液的 90%以上为水分,3%为无机盐,包括 Na,K,Ca,Mg,Fe 等多种。其中最主要的为钠盐,约 80 毫摩尔/升,占汗液无机盐总量的 54%~68%。研究表明,出汗达到体重的 2%~3% 就会影响运动能力。因此,运动中及运动后补水对于恢复水、电解质平衡,促进废物排出以及体力恢复十分重要。一般认为运动的最初 30 分钟内不需补液,此后应视情况少量多次给予补充。水的补充以补偿出汗丢失的水量和保持体内水的平衡为原则,以含无机盐(钾、钠盐等)的低糖、低盐水为好。另外,体育运动尤其是大运动量训练和比赛时体内新陈代谢增加,参与调节这些代谢活动的无机盐和维生素也应增加供给,尤其是维生素 A ,B 族维生素,Ca,Fe 等。但应该注意的是,补充要适量。

(三)不同运动项目的营养需要

1. 举重、投掷、短跑、跳高、跳远、跳水、武术、柔道和摔跤等项目要求较大的力量和神经系统的协调性,并且要在极短时间内产生爆发力。这类运动缺氧严重,氧债大,含氮物质代谢强。食物中蛋白质供给量应提高到 2 克/千克以上,其中优质蛋白应占 50%。食物中蔬菜和水果应占总能量的 15%~20%,以满足运动员对碳水化合物、维生素和无机盐的需要。

2. 击剑、射击、乒乓球和体操等项目要求灵敏性和技巧,运动中神经活动异常活跃。能量消耗虽不太高,但食物中蛋白质、维生素和 Ca,P 等无机盐应当充分。进行击剑、射击、乒乓球等运动期间,视力活动紧张,应给予充足的维生素 A。除食用含维生素 A 或胡萝卜素丰富的食物外,必要时应服用适量维生素 A 补充剂,如鱼肝油等。

3. 足球、篮球、排球等项目对机体的灵敏性、反应性、技巧和力量等方面要求较全面,能量消耗也较大,故对各种营养素的供给更应全面考虑。

4. 马拉松、自行车、摩托车、长跑、竞走、长距离游泳和滑雪等是长时间、耐力性运动项目,能量消耗量较大,主要是有氧运动。但在后期由于糖原大量消耗,中枢神经疲劳,耐久力下降,代谢的稳定性受到破坏,故运动员的饮食应当含有丰富的蛋白质、Fe 和维生素 E,C,B 等,以保证血红蛋白和呼吸酶维持较高水平,增强机体能力,促进疲劳消除;食物中应含有占总能量 32%~35%的脂肪以缩小食物体积,减轻胃肠道负担;还应供给一些含蛋氨酸丰富的食物,以促进肝脏中的脂肪代谢。

(四)运动员膳食

合理营养和平衡膳食对促进运动员的体格发育、增加身体素质,尤其是体力和耐力,在训练和比赛中发挥最佳的竞技状态以及消除疲劳、加速体力恢复都具有非常重要的意义,也是创造优异运动成绩的基本保证。

1. 平衡膳食

运动员的膳食应能提供运动员训练、比赛和生活所需要的全部营养,而且应该遵循合理搭配和食物多样化的原则。

膳食组成中应包括:①粮食、油脂(以植物油为主)、食糖及薯类;②乳及乳制品(必须保证有发酵乳供给);③动物性食品(鱼、肉、家禽、蛋类);④豆类及豆制品(包括鲜豆浆);⑤新鲜蔬菜和水果;⑥菌藻类;⑦坚果类。

这样可以平衡膳食补充优质蛋白质及 B 族维生素。

2. 高碳水化合物膳食

碳水化合物是人体最重要的供能物质,能在任何运动场合参与 ATP 合成,糖原储备不足将导致运动机体疲劳。糖原储备水平高者跑步速度快,运动到衰竭的时间延长。从事长时间耐力训练和比赛的运动员应在运动前、运动中和运动后采取高碳水化合物膳食和注意休息,以增加糖原储备和加速运动后糖原储备的恢复。运动前后碳水化合物的补充应以复合碳水化合物为主,运动中可选用含葡萄糖、果糖、低聚糖的复合糖液。

3. 高能量密度和高营养素密度膳食

为避免食物体积过大,增加胃容量,影响运动,运动员应该选择能量密度和营养素密度高的食物。

4. 注意食品的色、香、味、形状和硬度

根据运动员的营养需要特点，提供营养丰富，又为运动员喜爱的食物。食品加工中应注意保持主副食品的色、香、味、形和一定的硬度，并能促进食欲和容易消化吸收。同时还要注意食物的多样化以增进食欲。

5. 采用少量多餐

由于运动员膳食结构中碳水化合物比例较高，而碳水化合物在胃中的排空速度较快，会使运动员常常产生饥饿感，因此应该采用少量多餐的进餐方式，如三餐两点制或三餐三点制。

六、运动与减肥

(一)减肥的计划与步骤

推荐一套极其有效的减肥计划。不要将减肥视为容易的事，要持之以恒，并使减肥成为你生活中的一部分。

1. 有氧运动，每周 5~7 次(时间最好在早晨)

首先，如果在早晨运动，会使你的工作和学习有一个良好的开端，并且在一天中保持良好的情绪，即使在停止运动后，也能继续消耗多余的热量。

每周运动三次能促进健康和血液循环系统，会让人感觉身体良好，但它永远不能达到有效地减去脂肪的目的。事实上，运动过程所需要的能量，既来自体内的有氧代谢，也来自无氧代谢。不同的运动对氧气的需求量不同，因此要想达到减肥的目的，就应选择以有氧代谢为主的运动。

主要选择那些较强强度的有氧运动，而且，应是相对容易做到，做起来也很方便的运动。每天应运动 20~60 分钟，但热身和整理不能算在内。青壮年最好选择下列运动：快走、有氧跑、法特莱克(Fartlek)跑、轮滑、健美操、登高、柔韧拉伸练习、肌力循环进行练习。

对于肥胖的老人来说“健身万步走”是控制体重、祛脂减肥、祛病延年的好办法。

应根据个人的年龄、身体状况、训练水平来进行练习。

2. 运动强度(达到 70%~80%)

许多人放弃了运动减肥，因为在短时间内不易看到运动的效果。那么，为什么坚持运动却不容易达到减肥的目的呢？这主要是运动时间的问题，但更重要的是“运动强度”。

最快心率百分比是传统的表述运动强度的方法，在运动期间检查心率，是一个测量运动强度的基本办法。如果在运动时的最快心率百分比在 60%~70%强度区域内可称之为“坚持区域”，强度低于 60%可认为是“纯粹浪费时间区域”。介于 80%~90%的运动强度，通常只有运动员才能做到，一般人很难在整个运动过程中保持这样剧烈的运动负荷。减肥的“有效区域”就是要达到 70%~80%的运动强度

每个人的运动强度都能达到本人最快心率 70%的水平。要达到这一强度，运动至少坚持 10 分钟，这时身体会感到有些不适应，感觉并不好，但只要坚持下去这些不适感会在一个月内消失。如果达不到这个强度，可在运动中保持 60%的强度，争取有一两分钟能达到 70%的强度。这样只需一两周，就能达到 70%的运动强度。但要注意，若达到 80%以上的强度，会增加额外的危险。

一般情况下体内的汗腺处于休眠状态，通过运动可使身体发热出汗。但出汗不完全取决于运动时间的长短，最重要的是运动的强度。如果你的运动还没有达到一定的强度，即使在运动，身体也不会出汗。因此，出汗程度是确定运动强度的既简便又实用的方法。只有达到一定的强度，减肥才能有效果。

在减肥过程中，应经济制定新的目标，如果你能坚持在 30 分钟内走完 3 200 米，就可以试着用同样的时间走完 3 200~4 000 米。

3. 运动时间

在没有运动习惯的时候，可以从每次 10 分钟的运动开始，然后每个星期加 1 分钟，直至达到运动时间的最低限。

如果有时间、有能力，可以每周做一次长时间的运动（40~60 分钟），此后力争做到每周两次，但对于个别体内"临界点"很高的人来说，每天的运动时间至少需 60 分钟，可分两次完成。

4. 保持低脂、均衡的饮食

脂肪在人的生长发育过程中起着非常重要的作用，所以饮食中是不能缺少脂肪的，但许多人从饮食中摄取的脂肪过多。为达到减肥的目的，同时促进身体的健康，减少饮食中的脂肪是必不可少的。

如果把每天的脂肪摄入量减到 40 克，其体重会有所下降，但如果无法达到减肥的目标，则说明减肥已进入"僵持状态"。这时把每天的脂肪摄入量减到 35 克，体重将又开始下降。因此，为达到减肥的目的，每天脂肪的摄入量应不超过 35 克。如果身体出现了不良反应（如皮肤非常干燥），证明所摄取的脂肪不足以维持身体的正常机能，就应增加每日脂肪的摄入量。

人们习惯于早餐一带而过，有时甚至不吃，午餐稍微多吃一点，到了晚上吃一顿丰盛的晚餐，入睡前还要吃一次晚点。这种饮食传统是最好的"增肥"办法。

要控制饮酒，对于减肥或保持减肥效果来说，酒精有诸多害处。

另外在入睡前进食，无异于静等它们变成脂肪。所以，改变不良的饮食习惯是减肥的重要环节。

（1）关于饮水

每天应喝 6~8 杯水。生命离不开水，人体每天基本生理功能的运转要消耗大量的水分。在运动中，由于运动的类型、所需的能量及强度的不同，身体消耗的水分也不一样。但身体所需的水分是恒定的，如果不能及时补充，身体便会出现脱水的反应。虽然轻微的脱水不会有生命危险，但会对身体的消化和脂肪代谢产生影响。当身体减去脂肪时，水分在身体内的百分比会增加，特别是随着身体变得更有活力，体内的水分会显著增加。所以保持体内足够的水分，是身体功能发挥到最佳状态所必不可少的。建议在清晨起床后先喝 1 杯水，运动后再喝 2 杯水，午饭前或吃午饭时喝 1 杯水，在午饭和晚饭间喝 1 杯水，晚饭时喝 1 杯水，共 6 杯。随着增加运动负荷和运动强度的提高，使每天的饮水量达到 7~8 杯。

（2）关于水果

每天至少吃两份水果和三份蔬菜，水果含有丰富的营养，包括水、维生素、纤维和矿物质，是健康饮食所必不可少的。每天吃两份水果和三份蔬菜便能保证身体的需求。

平衡膳食应以谷类为主，多吃蔬菜和水果，而奶类、豆类、肉类、鱼、鸡蛋和家禽也不可缺少，而脂肪和甜食要少食用。

（二）肥胖的预防

人在一生中有三个时期最易发胖：婴儿期、青春发育期与中老年期。因此，预防肥胖主要在这三个时期。

1. 纠正对肥胖的认识

纠正肥胖即健康的错误观念，这对婴儿特别重要。中老年的所谓发福也不是好现象。

2. 合理安排饮食

根据工作情况与劳动强度，合理安排饮食，饮食要有规律。

3. 勤劳动、多运动

各种体力活动都可以增加机体的热能消耗，活动强度越大，能量消耗越多。要根据自己的身体状况，尽可能多从事体力活动，坚持体育锻炼。体育锻炼不仅能避免身体内脂肪过多，而且能使肌肉发达，使人健康、强壮。

4. 减肥建议

（1）养成习惯，每次进食后问一问自己是否饱了或满意；

（2）逐渐减少每餐的油用量，直至可以不用。不吃油煎和涂有油脂的食品；

（3）吃瘦肉，不要吃肥牛、香肠、鸭子和鹅；

（4）不吃奶油、奶油调味汁和肉汁；

（5）吃面条时，应多吃蔬菜，少吃面条；

（6）加餐时吃低脂食品，少吃或不吃炸薯条、坚果，热量保持在 335~628 焦之间；

（7）找出一种常吃的“有害”食物，下决心不吃它；

（8）随着人变得更有活力，就需要吃得更多，要随着新陈代谢率的提高逐渐增加饮食量。不要在生气、愤怒时进食；

（9）拒绝社交场合中对你不利的食物，最好不吃，如果朋友真正关心你，他们便不会认为这是对他们的不敬；

（10）坚持写饮食日记，这样便于定期观察自己每天都吃了些什么食物，为什么吃。

第二节　运动损伤的预防及处理

一、运动损伤概述

体育运动过程中发生的损伤，称为运动损伤。某些运动损伤与运动项目、技术动作的特点密切相关。对运动损伤的发生原因、发病规律、预防措施、治疗效果和康复时间的研究有利于改善运动条件，改进体育教学和运动训练的方法，提高运动成绩，使体育锻炼更好地起到促进身心健康的效果。

二、运动损伤的分类

运动损伤的分类方法较多，常用的有以下几种：

1. 按损伤组织的种类分：如肌肉肌腱损伤、滑囊损伤、关节囊和韧带损伤、骨折、关节脱位、内脏损伤、脑震荡、神经损伤等。

2. 按有无创口与外界相通分：伤部皮肤或黏膜破裂，创口与外界相通，有组织液渗出或血液自创口流出，称为开放性损伤(Opend Injuries)，如擦伤、刺伤等；伤部皮肤或黏膜完整，无创口与外界相通，损伤后的出血积聚在组织内，称为闭合性损伤(Closed Injuries)，如关节韧带扭伤、肌肉拉伤等。

3. 按发病的缓急分：瞬间遭受直接或间接暴力而造成的称为急性损伤(Acute Injuries)，发病急，病程短，症状骤起；因局部长期负担过度，由反复微细损伤积累而成的称慢性损伤(Slow Injuries)，发病缓慢，症状渐起，病程较长。此外，还可因急性损伤处理不当或过早运动而转变为慢性损伤。

三、运动损伤的原因

1. 思想上不够重视

运动损伤的发生，常与体育教师、教练员和体育锻炼者对预防运动损伤的意义认识不足，思想上麻痹大意及缺乏预防知识有关。他们多存在着某些片面认识，平时不重视安全教育，在体育教学、运动训练和比赛中没有积极采取各种有效的预防措施。发生运动损伤后，亦不认真分析原因，吸取教训，使伤害事故时有发生。

2. 缺乏合理的准备活动

准备活动的目的是进一步提高中枢神经系统的兴奋性，增强各器官系统的功能活动，使人体从相对的静止状态过渡到紧张的活动状态。据有关调查资料分析，缺乏准备活动或准备活动不合理，是造成运动损伤的首位或第二位的原因。

3. 技术上的错误

技术动作的错误，违反了人体结构功能的特点及运动时的力学原理而造成损伤，这是初参加运动训练或学习新动作时发生损伤的主要原因。例如，做前滚翻时，因头部不正而引起颈部扭伤；排球传接球时，因手形不正确而引起手指扭挫；投掷铅球时，在上臂外展90°、屈肘90°(甚至肘低于肩)的错误姿势下出手，引起肩臂肌肉拉伤，甚至发生肱骨投掷骨折等。

4. 运动负荷(尤其是局部负担量)过大

安排运动负荷时，没有充分考虑到锻炼者的生理特点，运动负荷超过了锻炼者可以承受的生理负担量，尤其是局部负担过大，引起微细损伤的积累而发生劳损，这是专项训练中造成运动损伤的主要原因。

5. 身体功能和心理状态不良

在睡眠或休息不好、患病受伤或伤病初愈阶段及疲劳时，肌肉力量、动作的准确性和身体的协调性显著下降，警觉性和注意力减退，反应较迟钝，此时参加剧烈运动或练习较难的动作，就可能发生损伤。

6. 组织方法不当

在教学训练中，不遵守循序渐进、系统性、个别对待及比赛的年龄分组原则；在组织方法方面，如学生过多、教师缺乏正确的示范和耐心细致的教导、缺乏保护和自我保护、在非投掷区练习投掷或任意穿越投掷区、组织性纪律性较差，或比赛日程安排不当，比赛场地和时间任意更动，允许有病或身体不合格的人参加比赛等，都可成为受伤的原因。

7. 动作粗野或违反规则

在比赛中不遵守比赛规则，或在教学训练中相互逗闹，动作粗野，故意犯规等，都是篮球、足球运动中发生损伤的重要原因。

8. 场地设备的缺点

运动场地不平,有小碎石或杂物;跑道太硬或太滑;沙坑没掘松或有小石,坑沿高出地面,踏跳板与地面不平齐;器械维护不良或年久失修,表面不光滑或有裂缝;器械安装不牢固或安放位置不妥当,器械的高低、大小或重量不符合锻炼者的年龄、性别特点,缺乏必要的防护用具(如护腕、护踝、护腰等);运动时的服装和鞋袜不符合运动卫生要求等。

9. 不良气象的影响

气温过高易引起疲劳和中暑,气温过低易发生冻伤,或因肌肉僵硬,身体协调性降低而引起肌肉韧带损伤;潮湿高热易引起大量出汗,发生肌肉痉挛或虚脱;光线不足,能见度差,影响视力,使兴奋性降低和反应迟钝而导致受伤。

四、运动损伤的发病特点和规律

1. 发病特点。运动项目较多,因而损伤种类也较多,不同运动项目及各部位的损伤发生率也各不相同。但总的来说,肌肉筋膜、肌腱腱鞘、韧带、滑囊等各种组织的小损伤多,慢性伤多;骨折、关节脱位等严重伤少,急性伤少。这些慢性小损伤不影响一般人的日常生活,却严重影响运动员的日常训练,运动成绩提高和运动寿命。

2. 发病规律。不同运动项目各有其不同的易伤部位及专项多发病。例如体操易伤腰、肩、膝和腕部;投掷手榴弹和标枪易伤肩、肘关节及腰部;篮球运动员易伤踝、膝关节和手指;排球运动易伤肩、膝关节和腰部及手指。为什么各项运动的损伤会有这种发病规律呢?这主要与两个潜在因素有关:

(1)运动项目的特殊技术要求;

(2)身体某些部位的解剖生理弱点。

在教学训练安排不当,局部负担过重等直接原因作用下,导致局部解剖生理特点与专项特殊技术要求不相适应,因而就易发生损伤。例如篮球运动员最易伤膝,是因篮球运动的一些基本动作都要求膝关节处于半蹲位(130°~150°)屈伸、扭转与发力,而膝关节的这个角度又恰是它的解剖生理弱点,关节的稳定性相对减弱,易发生内外旋或内外翻,髌骨关节面之间也会发生“不合槽”运动,因而易引起膝关节损伤。又如体操运动员易伤肩,是因经常要做悬吊、转肩动作,肩部承受的牵拉力很大,而肩关节运动时的稳定性主要靠肩袖等肌肉来维持,肩袖肌腱又易受到肱骨大结节与肩峰的挤压和摩擦,一旦活动过多就易引起肩袖损伤。

五、运动损伤的预防措施

1. 在教学中,要让学生从思想上高度重视运动损伤的预防,对预防的意义应有充分的认识。只有掌握运动损伤发生的规律,及时总结经验,才能最大限度地减少或避免运动损伤,从而保证体育运动参加者的身体健康。

2. 培养学生的终身体育意识,养成科学、系统锻炼身体的方法,让学生了解准备活动的作用,充分认识准备活动的意义和目的。

3. 在体育运动中应排除场地、器械、天气等因素的不利影响,加强体育锻炼的组织工作,给予学生进行体育运动必要的指导,同时还要提高学生的身体素质和运动技术水平,加强学生保护与自我保护的意识。

4. 教学中要严格按照课程标准的要求，不超出课程标准的难度和范围，对学生要区别对待，不能一刀切，要遵循因材施教的原则来完成大学体育的教学任务。

六、常见运动损伤的应急处理

运动损伤多见于年轻人群，他们热爱运动，积极参与各项体育活动，但常常因缺乏一定的运动训练卫生知识和出现运动损伤后的应急措施，而对伤者造成不必要的痛苦，严重者甚至导致终身遗憾。

1. 擦伤：即皮肤的表皮擦伤。如擦伤部位较浅，只需涂红药水即可；如擦伤创面较脏或有渗血时，应用生理盐水清创后再涂上红药水或紫药水。

2. 肌肉拉伤：指肌纤维撕裂而致的损伤。主要由于运动过度或热身不足造成，可根据疼痛程度知道受伤的轻重，一旦出现痛感应立即停止运动，并在痛点敷上冰块或冷毛巾，保持 30 分钟，以使小血管收缩，减少局部充血、水肿。切忌搓揉及热敷。

3. 挫伤：由于身体局部受到钝器打击而引起的组织损伤。轻度损伤不需特殊处理，经冷敷处理 24 小时后可用活血化瘀叮剂，局部可用伤湿止痛膏贴上，在伤后第一天予以冷敷，第二天热敷。约一周后可吸收消失。较重的挫伤可用云南白药加白酒调敷伤处并包扎，隔日换药一次，每日 2～3 次，加理疗。

4. 扭伤：由于关节部位突然过猛扭转，拧扭了附在关节外面的韧带及肌腱所致。多发生在踝关节、膝关节、腕关节及腰部，不同部位的扭伤，其治疗方法也不同。

(1)急性腰扭伤：可让患者仰卧在垫得较厚的木床上，腰下垫一个枕头，先冷敷，后热敷；

(2)关节扭伤：踝关节、膝关节、腕关节扭伤时，将扭伤部位垫高，先冷敷二三天后再热敷。如扭伤部位肿胀、皮肤青紫和疼痛，可用陈醋半斤加热后用毛巾蘸敷伤处，每天 2～3 次，每次 10 分钟。

5. 脱臼：即关节脱位。一旦发生脱臼，应嘱病人保持安静、不要活动，更不可揉搓脱臼部位。如脱臼部位在肩部，可把患者肘部弯成直角，再用三角巾把前臂和肘部托起，挂在颈上，再用一条宽带缠过脑部，在对侧脑作结。如脱臼部位在髋部，则应立即让病人躺在软卧上送往医院。

6. 骨折：常见骨折分为两种，一种是皮肤不破，没有伤口，断骨不与外界相通，称为闭合性骨折；另一种是骨头的尖端穿过皮肤，有伤口与外界相通，称为开放性骨折。对开放性骨折，不可用手回纳，以免引起骨髓炎，应用消毒纱布对伤口做初步包扎、止血后，再用平木板固定送医院处理。骨折后肢体不稳定，容易移动，会加重损伤和剧烈疼痛，可找木板、塑料板等将肢体骨折部位的上下两个关节固定起来。如一时找不到外固定的材料，骨折在上肢者，可屈曲肘关节固定于躯干上；骨折在下肢者，可伸直腿足，固定于对侧的肢体上。怀疑脊柱有骨折者，需早卧在门板或担架上，躯干四周用衣服、被单等垫好，不致移动，不能抬伤者头部，这样会引起伤者脊髓损伤或发生截瘫。昏迷者应俯卧，头转向一侧，以免呕吐时将呕吐物吸入肺内。怀疑颈椎骨折时，需在头颈两侧置一枕头或扶持患者头颈部，不使其在运输途中发生晃动。

第三节　运动性疾病的防护

一、运动性疾病

运动性疾病是由于运动训练或比赛安排不当而出现的疾病或异常，常见的有过度训练、过度紧张、某些心律失常、运动性蛋白尿、血尿、管型尿、血红蛋白尿、肌红蛋白尿、运动性贫血、运动性高血压、低热、运动员肝脏疼痛综合征及停训综合征等。

二、几种运动性疾病的防护

（一）运动性腹痛

根据对多次比赛的调查发现，运动性腹痛的发生率颇高，有时甚至占比赛人数的60%之多，一旦出现此症，轻者影响速度，重者退出比赛。

1. 原因

（1）由于准备活动不足，运动员内脏器官的机能惰性未能克服，跟不上剧烈运动的需要而引起腹痛。比如准备活动不适时，进行突然加速跑会引起胃肠平滑肌痉挛并牵扯肠系膜，因而产生腹痛；

（2）由于残留在肠道中的粪便未清除，一受到震动，粪便会刺激肠道和邻近脏器，引起腹痛；

（3）运动员在运动中过度紧张，呼吸节奏不均匀，动作不协调，也是引起运动中腹痛的一个原因。

2. 措施

一旦在比赛或训练中出现腹痛现象，轻者可自己用大拇指顶住疼痛部位，适当减慢跑动速度并调整呼吸，即可得到缓解，如果疼痛剧烈，应立即停止运动做彻底检查。

3. 预防

在训练或比赛前充分做好准备活动，使各内脏器官能尽快适应运动的需要，开始时不要跑得太快，应合理分配自己的体力，逐步加快速度，运动前要特别注意进食时间、进食内容和进食的量，进食时间应在活动前两个小时以上，进食的内容应为易消化的食物，少吃易产气和不易消化的食物。比赛前的一餐不要吃得多，一般吃七八成饱为宜。此外清除残留肠道中的粪便是防止腹痛的有效手段。时间证明，赛前灌肠是防止腹痛的有效方法。

加强身体的全面训练可以增强内脏器官的功能，也是预防运动性腹痛的重要手段。如果腹痛是由于肝脏、胃肠等疾患引起的，那么应停止训练或比赛，做彻底的检查和治疗。

（二）小腿抽筋

所谓抽筋就是肌肉强直收缩，在马拉松运动中最易发生抽筋的部位是小腿后面的腓肠肌（俗称小腿肚子），其次是大腿肌肉，每次马拉松比赛都有运动员发生抽筋现象，而且所占的比例很高。

1. 原因

运动员肌肉长时间连续快速收缩，形成疲劳，造成抽筋；炎热的天气进行训练或比赛时，因为从汗液中排出的钾、钠、钙、镁过多，也会引起抽筋，在寒冷的气候中进行训练后比赛，如果准备活动不足，肌肉受到寒冷的刺激也是引起抽筋的一大原因。运动员在身体状况不佳时参加训练或比赛，也容易引起抽筋现象。

2. 措施

小腿抽筋时应立即停止运动，伸直膝关节、勾足尖，按摩小腿肌肉。按摩的方法是，用拇指捏揉小腿肚子中央（即承山穴），即可使抽筋部位得到缓解。要注意的是，按摩时不要用力过大过猛。

3. 预防

主要措施是加强身体的全面训练，在寒冷的气候条件下运动，应做好充分的准备活动，炎热的天气训练或比赛时，要保证矿物质的补充，要培养马拉松运动员在比赛途中合理补充饮料的习惯，在身体状况不佳时，避免参加大运动量的训练或比赛。

（三）运动性低血糖症

马拉松跑由于时间较长，运动时体内的血糖会大量消耗，因此有时会发生低血糖症，这种低血糖症称为运动性低血糖症，运动性低血糖症一般发生在运动过程中或比赛结束后。

1. 原因

运动性低血糖症的出现主要是由于长时间地剧烈运动时，体内血液中葡萄糖大量消耗，使大脑皮层调节物代谢的机能紊乱以及胰岛素的增加而引起的赛前饥饿，情绪过分紧张或身体机能状况不佳时参加比赛也容易引起低血糖症。

运动性低血糖症的表现是，轻者出现无力、饥饿、出冷汗、烦躁不安等情况；重者可出现神志模糊、语言不清、精神错乱，甚至惊厥和昏迷现象，检查时脉搏快而弱，呼吸短促、瞳孔散光。

2. 措施

一旦发生运动性低血糖症，立刻饮用糖水并吃甜食，一般即可恢复正常。如果症状严重，可静脉注射葡萄糖浓溶液，提高血糖浓度，症状即可清除。

3. 预防

首先要限制没有训练基础或身体状况不佳的人参加马拉松比赛，在空腹时禁止参加马拉松运动，参加马拉松比赛的运动员在比赛前几天应食高糖食物，使体内有充足的糖原储备，同时应该培养运动员在途中合理饮用糖饮料的习惯。

（四）过度紧张

1. 原因

马拉松运动员过度紧张的现象在比赛中屡见不鲜，它是因运动员在训练水平低下，运动量一时过大，比赛经验不足、身体状况不佳及患病初愈等情况下参加比赛造成的。

马拉松运动员过度紧张经常发生在比赛途中或比赛终点，其症状为脸色苍白、脉搏快而弱、血压降低、头晕、头痛，重者可出现呼吸困难、恶心呕吐、右季肋部及心前区疼痛，甚至昏厥等现象。

2. 措施

一旦发现运动员过度紧张，可使患者平卧休息、保暖、服糖水。个别重者可针刺人中穴及进行人工呼吸,静脉注射25%~50%葡萄糖溶液。

3. 预防

过度紧张的预防方法主要是加强身体素质的训练,提高训练水平。特别要注意循序渐进的训练原则,在运动员患病或机能状况不佳时不要参加比赛,在比赛中要注意合理分配体力,在赛前要做好充分的准备活动。

(五)运动性血尿

在马拉松训练或比赛后,有些运动员可能出现肉眼或显微镜下血尿,但运动员的自我感觉良好,无其他症状,各项肾脏功能检查、血液化验及X光检查均为正常,绝大部分运动员出现血尿的持续时间短,一般在24小时内均恢复正常,最迟在36小时内恢复正常。

1. 原因

关于发生运动性血尿的原因可能是因为在坚硬的马路上跑,使肾脏长时间震动导致红血球从肾小球中渗出引起的,运动员在进行身体素质训练时腰部猛烈屈伸,也易令肾脏被挤压及肾血管被牵扯、扭曲,使肾脏静脉压力增高,造成红细胞从肾小球中渗出,引起运动性血尿。

2. 措施

一旦出现运动性血尿,首先应减小运动量,症状能随之逐渐减轻,以至消失。如减小运动量后仍不消失,那就应该停止训练,进行必要的治疗。西药可注射卡巴克洛、酚磺乙胺、三磷酸腺苷、辅酶A和维生素B12,口服维生素C、K等,中药可注射牛西西,或服用以清热利湿,补血凉血为主的药物。

特别应注意区别器质性疾病引起的血尿和运动性血尿,以免延误治疗。

(六)运动性贫血

运动性贫血在马拉松运动员中并不少见,贫血是指循环血液的红细胞或血蛋白的量低于正常值,贫血通常是一种症状,而不是具体的疾病,其种类很多,诸如再生障碍性贫血、缺铁性贫血等等,而由运动引起的贫血被称为运动性贫血。

红细胞的功能是输送氧气给各组织器官,健康男子在1立方毫米的血液中有400~500万个红细胞,女子为350~450万个红细胞,红细胞含有血红蛋白(也叫血色素),它可以使血液呈鲜红色。正常男子在100毫升血液中有12~15克血红蛋白,女子则平均有11~13克。

1. 原因

在马拉松训练中,由于运动量过大,往往会造成红细胞的破坏和血红蛋白的减少,从而造成暂时性贫血,使机体输氧能力减弱,引起体能状态的下降,影响训练效果及运动成绩。运动员一旦出现贫血时就会出现心跳加快、气喘、头晕、眼花、恶心、呕吐、嘴唇发紫、周身无力等现象。

2. 措施

如果运动员出现运动性贫血,一般只要调整运动量、增加营养,尤其是含蛋白质、铁质丰富的食物,例如绿色蔬菜、水果、各种瘦肉、肝脏、豆类、蛋类等,就可使运动员机能状态恢复正常。

如果贫血是由其他原因引起的,那么应根据不同情况加以治疗。

(七)运动性蛋白尿

在剧烈的马拉松训练或比赛后,运动员尿中出现大量的尿蛋白,称之为“运动性蛋白尿”。

1. 原因

目前对于运动性蛋白尿的原因，还未有统一全面的答案，近年来世界上有人认为蛋白尿的出现，其重要原因是运动时肾血管缩小，从而引起血液流动停滞，肾小球毛细血管压力增高，从而使蛋白质在肾小球膜被滤过。

过去一直认为运动性蛋白尿的出现是一种正常的生理现象，对健康无妨，也不影响运动训练。近年来国外有人对运动性蛋白尿进行了追踪观察及肾脏检查，发现其中有 40% 的运动员的主观感觉较差，同时还有某些疾病及过度疲劳的征象，因此不能传统地认为运动性蛋白尿是生理性现象。

2. 关联

运动后出现蛋白尿时，其尿蛋白的数量可能与运动员的身体机能状况、运动量大小及运动员在训练及比赛时的紧张程度有关。

第四节　运动疲劳的产生与恢复

一、运动性疲劳的概念

运动持续一段时间后，机体不能维持原强度运动，即为运动性疲劳。在 1982 年第五届国际运动生化会议上才正式将运动性疲劳定义为“机体生理过程不能维持其机能在一定水平上或不能维持某一运动的特定强度”。从生物化学方面看有两种解释：一是运动时能量体系输出的最大功率下降；二是运动能量下降或内脏器官功能下降而不能维持运动强度。

二、运动性疲劳的产生机制

（一）中枢疲劳

近几十年来，大量研究证实中枢神经系统递质 5-羟色胺（即脑 5-HT），多巴胺去甲腺上腺素乙酰胆碱以及代谢物氨和细胞介素是产生运动性疲劳的神经生物学因素。

1. 脑 5-HT 浓度升高对唤醒，失眠和心境有重要作用，可能与运动性疲劳产生有重要关系。此外，5-HT 神经元的活动可能影响下丘脑-垂体-肾上腺轴的机能。

2. DA 是一种重要的单胺类神经递质，研究发现大鼠尾核 DA 代谢随运动强度增大而增加。NE 和 DA 下降共同作用于下丘脑，抑制下丘脑的活动，这是中枢疲劳产生的可能原因之一。ACH 是人体内普遍存在的神经递质。如马拉松在比赛中其血浆水平约下降 40%，如果补充血浆胆碱水平或补充适当胆碱饮料，其疲劳发生将会延迟。当中枢 ACH 浓度下降时中枢疲劳就会发生。

（二）外周疲劳

从神经-肌肉接点直至肌纤维内部的线粒体等，都是外周疲劳可能发生的部位。

1. 神经-肌肉接点：乙酰胆碱是调节运动神经末梢及纤维之间的必需神经递质，神经肌肉接点前膜释放 ACH 不足会导致运动终极板的去极化过程不出现，从而令骨骼肌不能产生收缩,这一现象被称为“突触前衰竭”。ACH 在接点后膜堆积,导致后膜持续性去极化的代谢障碍,引起作功能力下降。

2. 肌细胞膜:肌细胞膜结构、机能的完整性直接影响肌肉的功能。研究认为,长时间运动过程中血脂游离脂肪酸和儿茶酚胺的浓度升高、胰岛素浓度下降、肌细胞失钾等都对酶的活性具有潜在影响,从而引起肌细胞膜的通透性发生改变,降低了动作电位峰的高度和传导速度。

3. 田野等人认为肌质网的生物化学功能是调节胞浆内钙离子的浓度。钙离子的转移是指肌质网钙离子的释放和重摄取。肌质网钙离子的释放导致胞浆中钙离子不足,会引起兴奋收缩脱耦联,从而影响肌丝的滑行。当肌质对网钙离子重摄取能力下降时会表现为肌纤维舒张期的延缓,进而影响横桥的摆动频率。

4. 神经内分泌学说:近年来许多学者认为神经内分泌系统的兴奋与抑制的不平衡是造成过度疲劳的主要机制。

5. 兴奋收缩耦联:神经冲动可以引起肌细胞膜兴奋,却不能引起肌肉收缩,可能是兴奋-收缩耦联所致。细胞内钙离子代谢异常,肌浆网释放钙离子减少和再释放钙离子能力下降,均会导致兴奋-收缩脱耦联,出现运动性疲劳。

6. 自由基损伤学说:高强度或衰竭运动导致机体自由基代谢增强,有学者认为氧自由基与膜性结构中的不饱和脂肪酸发生氧化反应生成脂质过氧化物,可破坏膜结构的完整性和正常生理功能,并可能参加以下病理性改变:运动性贫血和血红蛋白尿、血清酶和肌蛋白升高、肌肉疲劳、延迟性肌肉酸痛等。

三、运动性疲劳的恢复

在运动训练结束后,人体的各种机能活动仍会处于一个很高的水平,必须经过一段时间之后才能恢复到运动前的安静状态。这段时间的机能变化叫作恢复过程,运动的恢复过程和运动本身一样重要。不仅要相应制定出训练和比赛后某种加速机体恢复的方法,也要把恢复手段结合到训练中。

(一)改善代谢法

指用各种方法使肌肉放松,改善肌肉血液循环,加速代谢产物排出,常用的方法有:整理活动、水浴、蒸汽浴、理疗、按摩等。

1. 整理活动:是一种简单易行的效果良好的消除运动疲劳的方法,一般是在运动训练结束后立刻进行。做整理活动时量不宜过大,动作尽量缓慢、放松,使身体逐渐恢复到安静状态,如进行慢跑、放松操、呼吸体操,也可以随音乐进行放松跳动等。

2. 按摩:按摩是加速运动疲劳消除的有效手段之一。目前常用的按摩方法有机械按摩、水力按摩、气压按摩及人工按摩。通过按摩不仅能促进大脑皮层兴奋与抑制的转换,使疲劳引起的神经调节紊乱消失,还可以促进血液循环和淋巴循环,加强局部血液供应、促进代谢产物的排出和运动疲劳的消除。

3. 温水浴:运动后进行温水浴,可刺激血管扩张,促进血液循环和新陈代谢,加速代谢产物的排出,改善神经、肌肉的营养,同时可使汗腺分泌增加,肌肉放松,达到加速消除运动疲劳的目的,温水浴的水温为 40 ℃±2 ℃,每次 10~15 分钟,不要超过 20 分钟以免加重运动疲劳。

4. 桑拿浴：利用高温干燥的环境，加速血液循环，使人体大量排汗，从而能及时排出体内的代谢产物，桑拿浴最好不要在运动结束后立刻进行，以免造成脱水和加重运动疲劳。

（二）调节神经系统法

通过调节中枢神经系统，降低交感神经兴奋性，增加迷走神经的兴奋性，加强机体的合成代谢功能，使机体的机能水平尽快恢复。

1. 睡眠法：疲劳后最需要的是休息，睡眠不足会妨碍身体恢复，所以建立良好的睡眠习惯，将有助于更好恢复。良好充足的睡眠是消除运动疲劳的一种最直接、最有效，且经济的好方法。

2. 心理疗法：通过诱导性的语言使疲劳者用意念来调动肢体，或进行自我暗示放松练习，使疲劳者静坐或是平躺，在脑海中想象一些舒适安逸的自然环境。假设融入其中，使肌肉放松，改善呼吸和循环系统，使运动疲劳尽快消失。

3. 音乐疗法：音乐疗法是一种时尚新颖的放松方法，它通过舒缓优美的音乐来放松神经系统，使练习者心情舒畅身心放松。这是一种极好的放松辅助法，常配合其他消除疲劳的方法，以增强运动疲劳的恢复效果。

（三）补充法

通过补充机体在运动中大量流失的能源物质，促使运动疲劳的消除。

1. 营养物质的补充：营养物质补充法是补充法的基础，即从人体所需的供能物质和对生理功能调节的维生素及微量元素入手来进行糖、脂肪和其他所需物质的补充。糖的补充不仅仅在运动后，而应贯穿整个运动过程，这既可推迟运动疲劳的出现，又有利于消除运动疲劳，对蛋白质的补充最好以易消化的优质蛋白为主，脂肪对于消除运动疲劳没有明显的作用，不必专门补充，可适当补充一些磷脂。

2. 中医药的调理：运用中医抗运动性疲劳主要通过健脾益肾，抗疲劳专用方剂和药物型运动饮料等方面来进行，传统的中医药补充法对消除运动疲劳很有必要，可提高体育运动人员的体质和运动能力，也对营养物质补充起促进作用。

第十章　体育锻炼和心理健康

第一节　大学生心理健康概述

一、大学生的身心发展特点

对大多数青年人而言，大学阶段是个体步入社会的准备和过渡。从发展心理学的角度看，大学生正处在青少年期向成年期的转变阶段。每个大学生都处在走向成熟，走向独立的人生十字路口。在大学期间，他们将面临专业知识的学习、能力的发展、个性的成熟、交友、恋爱、职业选择等一系列人生的重大课题。大学时代个体取得的知识和生活经验，对他们如何正确认识自己、了解他人、适应社会都有极其重要的意义。开展大学生心理健康教育，必须充分认识大学生的身心发展特点。

（一）大学生的生理发展特点

大学生的年龄一般在十七八至二十二三岁，从生理学的角度看处在青年中期，身体各器官系统的发育已基本达到成熟水平。这为大学生的学习、生活和心理发展提供了必要的物质基础。大学生的生理发展主要表现在身体形态和身体机能两个方面。形态发育是人体生长的外在表现，是骨骼、肌肉发育的标志。大学生的身体形态发育主要表现在身高、体重、坐高、胸围、骨盆宽等一些具体指标上。本节主要探讨大学生的身体机能发育，因为它们在一定程度上影响、制约其心理的发展。

1. 神经系统的发育

神经系统是人体机能的重要调节机构，是心理活动的物质基础。进入青春期后，脑的结构基本上和成人相似，脑的重量和容积也接近成人水平，但脑的发育尚未完全成熟，功能也在不断完善。大学阶段的个体脑细胞内部结构不断分化，其功能更加精巧和复杂化。由于神经细胞之间的联系大为增强，大脑兴奋性较强，因此大学生的思考、观察、分析能力加强，容易接受新鲜事物。同时他们情绪不够稳定，易波动，易疲劳，自制能力较差。

2. 心血管系统的发育

心脏是血液循环的动力器官。大学阶段的个体心脏的形态和机能方面都接近成人水平，心室壁肌肉增厚，心肌纤维富有弹力，血管富有弹性，心率、脉搏减慢，每搏输出量增加，血压基本稳定。

3. 呼吸系统的发育

进入青春期后，随着呼吸肌、胸廓的发育，肺小叶结构逐渐完善，肺泡容积增大，呼吸能力随之增强。大学期间，个体呼吸频率逐渐减慢，而呼吸深度相应增加。心肺功能的增强不但满足了大学生身体的发育和营养的需要，且血液循环和呼吸系统的变化也能促使大学生能够从事激烈的活动和承受繁重的学习任务。

4. 运动系统的发育

骨骼、肌肉是运动系统的主要部分，青春期之后肌肉的特点是水分多，蛋白质、无机盐少，因此肌肉柔软松弛，而且肌肉发育落后于骨骼，肌肉细长，力量和耐力都较差，故运动时容易疲劳。大学时期是个体肌纤维增粗，肌肉力量加大的时期。与身体机能发育密切联系的是能量代谢的变化，体内能量代谢高（即能量充足），机体就有力。处于青年中期的大学生精力充沛，因为他们正处于能量代谢的“最佳年龄”，这些宝贵的生理能量是大学生进行学习和创造活动以及发展自身能力的基础。

5. 性的发育

性的发育一方面指性器官及其生理机能的成熟，另一方面指性意识和性心理的发展。进入青春期后，生殖器官逐渐发育成熟，男子出现遗精，女子表现为月经初潮。大学生不论第一性征还是第二性征都有了明显的发展。性生理的成熟，促使其性心理、性意识也不断发展。

（二）大学生的心理发展特点

大学生正处于从青少年向成人转化的重要时期。这一阶段中，不仅生理上发生着变化，心理上也发生着显著的变化，这些变化既有与一般青年的相似性，又有作为大学生这一特殊群体的独特性。

1. 认知功能成熟，思维表现出更多的逻辑和理性色彩

认知是指个体对周围事物的看法、想法或观点，表现为知觉、记忆、思维、想象等一系列过程，包含对刺激物的解释、评价、预期等心理内容。认知功能成熟能够使个体正确认识自己，恰当评价他人，客观考察周围环境，积极适应社会生活。

从思维的角度来说，大多数大学生已经进入形式思维阶段，甚至已不再满足于形式逻辑思维的水平，而是继续向更高一层——辩证思维水平发展，这有以下三点原因：第一，大学生认知结构日益复杂，形式思维能力大大提高，这使得他们可以主要通过概念同化来获得概念，从而大大提高了概念获得的精确性和速度，为大量扩充知识创造了有利条件；第二，他们对问题的思考不限于寻求原因与结果的逻辑关系，而是把由经验决定的合理性判断也引入思考过程中，并把它当作重要的标准；第三，部分大学生已达到辩证逻辑思维水平。

辩证逻辑思维能力的发展取决于自我调节能力和目的感的发展。自我调节能力是指个体把现有的心理结构更系统地运用于新知识体系和新的环境中，而目的感是指把生活价值、奋斗目标和职业选择方向有机联系起来。这就是说，大学生的思维已开始转向对现实计划的思考，并使具有创见的洞察力与内心控制力和分析性评价结合起来。

2. 自我意识开始成熟，意志力增强

大学时期个体自我意识逐步成熟，主要表现在以下几方面。

第一，独立意识增强。大学生生理发育已基本成熟，社会化程度有了很大提高，心理上产生强烈的成人感和独立感，希望能够摆脱对成人的依赖，向周围人表现自己的主张和能力，不喜欢旁人的过多干预。

第二，自我认识和评价更加全面和准确。进入大学后，随着独立生活的开始，大学生有了更多的自由活动和交际的空间，参照系和社会比较对象都发生了很大变化，于是他们开始了更深入和丰富的自我探索与发现，在大学这样一个特殊环境里客观地认识自己、评价

自己。

第三，自我体验丰富，自我控制水平提高。由于自我意识的发展，大学生自尊心和自信心增强，他们对他人的言行和态度极为敏感。涉及"我"和与"我"相关的很多事情，都会在大学生的内心引起轩然大波，使他们产生强烈的情绪体验。

积极的情绪体验使他们蓬勃向上，消极的情绪体验使他们低沉、抑郁；而另一方面，大学生自我调控的自觉性、主动性、社会性和持久性也在不断增强，能有意识地对自己的心理活动和行为实施控制。自觉性、果断性、自制性、坚韧性等意志品质得到进一步的发展。

3. 情绪丰富多彩，交往需求强烈

风华正茂的大学阶段常常也是人生中情绪体验最为丰富的时期。大学生的情绪波动大，起伏不定，情绪转换十分明显，热情激动、抑郁悲观、沉着冷静、躁动不安等情绪交替出现。他们为学习、生活、爱情的成功而欢乐，为考试的失败、生活中的挫折而忧愁苦恼，为真理和友情奋不顾身，为丑陋和阴暗而义愤填膺。在他们身上自尊与自卑可以并存，闭锁与开放可能共现，强烈粗犷与温柔细腻能够同在。大学生情绪的丰富、情感体验的深刻与其生理的成熟、自我意识的发展、社会性需要的发展以及面临社会环境的复杂性等密切相关。

人是社会性动物，人与社会的联系是通过一系列人际交往活动来实现的。走出家门，过着集体生活的大学生十分渴望真挚的友谊，渴望情感的沟通与交流，通过人际交往获得友谊是适应新环境的突出需要。对情感交流的渴望，也使很多大学生开始探索爱情，与异性的深入交往也丰富了大学生人际交往的经验。

4. 人格趋向成熟和完善，职业自我意识逐步确立

人格是具有一定倾向性的心理品质与心理特征的总和。大学阶段是个体人格发展、完善的重要时期，他们认识水平不断深入，对现实的态度特征渐趋稳定，情感由丰富激荡走向稳定，自我意识由分化、矛盾冲突走向统一，意志品质逐步形成。人格的成熟与完善，为大学生步入社会做好必要的心理准备。

职业自我意识是个体自我意识的组成部分，在一个人的职业选择和职业发展中起着重要的核心和驱动作用。大学生的专业学习是对未来职业的知识准备，大学毕业生直接面临职业选择。大学期间，通过专业课的学习、实习、与老师的讨论，很多大学生慢慢认识了自己的职业兴趣，了解了自身的长处，逐步确立起职业自我意识，为今后职业生涯的发展做好充分准备。

二、大学生心理健康的标准

（一）心理健康的内涵

1. 心理健康是一种心理上的完全的康宁或完好状态。在这种状态下，一个人充满活力的生命有积极的内心体验、良好的社会适应，能够有效地发挥个人的潜能与社会功能。

2. 心理健康是一些人格特征或特质的完美组合。由于一个人的人格在很大程度上决定了他在应激条件下的心理反应和社会适应，因此健全的人格是心理健康的核心，也是心理卫生或心理健康教育所要达到的最终目的。

3. 心理健康是一种人生态度。心理健康的人对生活持积极乐观、开放、现实、辩证和通达的态度。他们能用积极乐观的眼光看待周围的人和事物，始终保持开放的心态，乐于吸纳新经验；他们富有利他精神，能够在助人过程中增强自我价值感；他们追求高尚而又现实

的生活目标,有观念明确、能身体力行而又有一定弹性的道德准则。他们渴望生活的挑战,寻求生活的意义和人生价值。

4. 心理健康是对现实的正确认识、自知与自我接纳以及自我调控的能力。心理健康的人能够保持良好的人际关系,保持人格结构的稳定与协调。

(二)大学生心理健康的标准

对于大学生心理健康的内涵,可以从以上角度来综合理解与认识。对于大学生心理健康的标准问题,我国不少心理学工作者都进行过研究。由于不同研究者心理观的不同,以及经验的差异,所提出的心理健康标准也不尽相同。综合不同学者的观点,我们认为大学生心理健康的标准应包括以下几个方面。

1. 能保持对学习的浓厚兴趣和强烈的求知欲望。智力正常是人一切活动的最基本的心理条件。学习是大学生的主要任务,心理健康的大学生珍惜学习机会,求知欲望强烈,能克服学习中的困难,学习成绩稳定,能保持一定的学习效率,从学习中体验满足与快乐。

2. 情绪稳定,心境良好。情绪在心理异常中起着核心的作用。心理健康者能经常保持愉快、开朗、自信、满足的情绪,善于从生活中寻求乐趣,对生活充满希望。更重要的是情绪稳定性好,具有调节控制自己的情绪以保持与周围环境动态平衡的能力。

3. 意志坚强,热爱生活,乐于工作。意志是人类能动性的集中体现,是个体重要的精神支柱。健康的意志品质往往具有如下的特点:目的明确合理,自觉性高;善于分析情况,意志果断,意志坚韧、有毅力,心理承受能力强;自制力强,既有实现目标的坚定性,又能克服影响目标实现的干扰,不放纵任性。心理健康的大学生的意志活动指向现实的工作和生活,珍惜和热爱生活,积极投身于生活,能享受生活而不认为是重负,能从工作中获得满足和激励,并能从工作中积累知识经验,以使自己的工作更有成效。

4. 人格完整,悦纳自我。人格完整指人格构成要素平衡发展,所思、所言、所行协调一致。大学生人格完整具体表现为:既有积极进取的人生观,又能与社会的发展步调合拍,还能与集体融为一体。心理健康者能体验到自己的存在价值,既能了解自己,又能接纳自己。他们对自己的能力、性格都能做出恰当的、客观的评价,对自己不会提出苛刻的、不切实际的期望和要求。

5. 人际关系和谐,适应力强。良好的人际交往是维护心理健康的重要条件。心理健康的大学生往往能主动地与老师、同学交往,保持相对稳定的人际关系。在与他人相处时,积极的态度(如同情、友善、信任、尊敬、理解)总是多于消极的态度(如猜疑、嫉妒、畏惧、敌视)。游离于集体,与周围的人格格不入,则是心理不健康的表现。较强的适应能力是心理健康的重要特征。心理健康的大学生能与社会保持良好的接触,一旦发现自己的需要和愿望与社会需要相矛盾时,能面对现实,迅速自我调节。

6. 心理与行为符合大学生的年龄特征。与人生各阶段生理发展相对应的是心理与行为表现,从而形成不同年龄阶段独特的心理与行为模式。心理健康的大学生具有与大多数同龄人一样的心理与行为特征。如果一个大学生的心理与行为经常严重偏离自己的年龄特征,意味着心理有问题。心理健康的大学生应该精力充沛、勤学好问、反应敏捷、喜欢探索,而过于老成、过于幼稚、过于依赖都是心理不健康的表现。

三、应用大学生心理健康标准时要注意的几个问题

（一）在认识和了解大学生身心发展的基本特点基础上去理解和使用以上标准

心理健康的标准不同于物理学上度量衡的标准，后者具有绝对性，而前者具有更多的相对性。如果不了解大学生身心发展的基本特点，这些标准的使用就会失去基本的参照点。比如标准中谈到的意志坚强、情绪稳定、人格完整、心理与行为符合年龄特征等无不以大学生基本心理生理特点为基本参照点，因为个体的认知、情绪、意志、人格等都处在不断的发展之中，没有了基本生理心理特征的参照，心理健康的标准就无从说起。

（二）在区分正常和异常精神活动的大原则基础上使用这些标准

上文中六条标准是具体的标准、相对的标准，更多用于对大学生心理健康水平的区分与考察上。如何区分正常和异常精神活动呢？

1. 主观世界与客观世界的统一原则。因为心理是客观现实的反映，所以任何正常心理活动和行为必须在形式和内容上与客观环境保持一致。不管是谁，也不管是在怎样的社会历史条件和文化背景中，如果一个人说他看到或是听到了什么，而客观世界中并不存在引起他这种感觉的刺激物，那么，我们说这个人的精神活动出现了问题，产生了幻觉。另外，一个人的思维内容脱离现实，或思维逻辑背离客观事物的规定性时，便形成了妄想。这些是我们观察和评价人的精神和行为的关键，称为统一性（或同一性）标准。人的精神或行为只要与外界环境失去了同一性，就必然不能被人理解。

2. 心理活动的内在一致性原则。人类的精神活动虽然被分为知、情、意等部分，但就自身而言是一个完整的统一体，各种心理过程之间具有协调一致性，这种协调一致性保证人在反映客观世界过程中的高度准确和有效。如果一个人对高兴的事感到愉快，对痛苦的事感到悲伤，我们说他有正常的精神和行为。如果一个人在失去了亲人时产生愉快的情绪，高兴得手舞足蹈，我们说他心理过程失去了协调一致性，称为异常。

3. 个性相对稳定原则。每个人在自己长期的生活道路上都会形成自己独特的个性心理特征。这种个性心理特征形成之后具有相对的稳定性。如果在没有明显的外部原因的情况下，个性的相对稳定性出现了问题，我们也要怀疑这个人的心理活动是否出现了问题。如果一个少言寡语的人忽然变得善于高谈阔论，一个一向对人非常热情的人忽然变得冷淡起来，我们说他的精神活动偏离了正常轨道。

（三）立足“适应”，兼顾“发展”

确立大学生心理健康的标准要考虑两个层面的问题：一是适应性标准，即以能够适应大学阶段社会生活者为常态或正常，偏离者为异常，这是心理健康的基本层面；二是发展性标准，即着眼于个人和社会的发展，发挥个人的最大潜力，能动地适应与改造环境，这是心理健康的高级层面。风华正茂的大学生肩负着建设祖国的重任，是民族的希望、国家的栋梁，因此，尽管六条标准的基本出发点是“适应”或“生存”，但在心理健康标准的理解和使用上，不能只停留在此层面，要兼顾“发展”，培养大学生积极向上、不断开拓进取、努力发挥自身潜能、推动社会发展的健康心态。

第二节　体育锻炼与心理健康

一、心理健康概述

随着现代社会的发展,生活节奏加快,竞争日趋激烈,个体的情绪处于较为紧张的状态,因此,心理健康问题日益成为现代人关注的重要内容之一。在传统社会中,人们认为健康主要是指身体的健康、生理的健康,因而采取各种措施,增强生理机能水平,提高适应自然、抵御疾病的能力。由于生产生活方式的改变,人们越来越意识到精神世界的冲突与纷争。“无病即健康”的生物学健康观已经过时,而发展成为生物、心理和社会三维健康观。世界卫生组织(WHO)认为,健康是指在精神、身体和社会上的保持健全的状态,精神健康的标准是:

(1)具备自我控制能力;

(2)能正确对待外界影响;

(3)内心世界处于相对平衡状态。

世界卫生组织还指出,健康应包括躯体健康、心理健康、良好的社会适应性和道德健康。

二、心理健康的定义及标准

(一)心理健康的定义

对于心理健康的认识许多学者有不同的观点,如《简明不列颠百科全书》对心理健康的定义是:心理健康是指个体心理在本身及环境条件许可的范围内所能达到的最佳功能状态,而不是指绝对的十全十美的状态。日本的松田岩男指出:心理健康是指人对内部环境具有安全感,对外部环境能以社会上认可的形式来适应,即个体遇到任何障碍和困难问题,心理都不会失调等。第三届国际心理卫生大会认为,心理健康是指在躯体上、智能上、情感上与他人的心理健康不相矛盾的范围内,将个人心境发展成最佳状态。

综合各种认识可以认为:心理健康是个体的一种持续的积极的内部状态,个体表现出良好的社会适应性,并充分发挥其身心的各种潜能,在应付各种问题和环境时更多表现出积极的倾向。

(二)心理健康的标准

心理健康的标准至今说法不一,综合各种国内外各种观点,心理健康应符合以下条件:

1. 智力正常:智力是个体从事一切社会活动的前提和基础,是其了解、认识外部世界的十分必要的条件。只有智力正常的人才能正确地评价自己,并具有情绪体验能力,从而自我效能感增强,而智力落后者经常遭遇失败,伴随烦恼、痛苦的体验,产生自卑感。

2. 适当的情绪调节能力:由于社会环境的影响,个体在生活中总会遇到挫折和困难,如果不能正确处理,个体就会被消极情绪所困扰,而这些消极情绪得不到有效宣泄的话,就可能使人产生心理疾病,并可能对生理健康造成损害,患上身心疾病。同时,不良情绪的发泄方式必须考虑道德及社会的评价。

3. 自我评价恰当：心理健康者能充分了解自己，既看到自己的长处，又看到自己的不足，以便扬长避短，在学习、工作上获得成功，在生活中同他人和谐相处。心理不健康者，往往将失败归因于机遇和任务难度，整日怨天尤人，或将自己看得一无是处。

4. 具有良好的人际关系：心理健康者乐于与他人交往，建立了较为和谐的积极的人际关系，反之，就会离群索居，对他人不信任，给自己带来巨大的烦恼和痛苦。

5. 意志健全：意志是自觉确定目标，支配自己克服困难实现目标的心理过程。意志健全的主要标志是行为的自觉性、果断性和意志的顽强性。心理健康者无论碰到何种困难和问题，都不退缩，不屈不挠，直到找到切实有效的解决办法为止。

三、大学生心理现状与心理问题

（一）大学生心理健康现状

大量的研究及调查表明，大学生心理健康的形势比较严峻，相当一部分学生心理上存在各种不良反应和适应障碍，有的甚至较为严重。各大学的校内调查表明，大学生中约有20%的学生心理素质不佳，存在不同程度的障碍。清华大学近几年来采用大学生人格健康调查表（UPI）对新生进行心理健康调查，发现约有20%的学生认为自己存在心理卫生问题，约有23%的学生主动提出心理咨询的要求。北京大学近十年来因心理障碍而休学、退学的人数占休学、退学总人数的1/3左右。

从对大学生心理健康的多年研究及跟踪调查情况来看，多数大学生的心理是健康的，有较高的智力水平、强烈的求知欲望，对学习有较浓厚的兴趣，学习效率较高；有较稳定的情绪，乐观自信，充满朝气和活力；对生活有满足感，有良好的意志品质，拥有良好的人际关系，善于自我调节。但在校大学生中出现心理障碍倾向的占20%～30%，有较严重的心理障碍者约占10%，有严重的心理异常者约占1%，而且心理不健康的比例呈上升的趋势。大学生的心理健康问题已经影响到他们的健康成长与发展。

（二）大学生中常见的心理障碍

1. 人格障碍

这类障碍是指明显偏离正常人格，并与他人和社会相悖的一种持久的、牢固的、适应不良情绪的行为反应方式。人格障碍一般始于童年或青少年，而持续到成年或终生。一般认为是在不良先天素质的基础上，遭受到环境有害因素影响而形成的。人格障碍的类型主要有偏执型、强迫型、冲动型等。人格障碍的类型尽管较多，但也有一些共同点，即人格障碍者的意识清醒，认识能力保持完整；一般能正常处理自己的日常生活和工作，理解自己的行为后果；人格障碍有相对的稳定性，一旦形成，矫治较为困难。

2. 情绪障碍

一个人长期处于消极情绪的状态下，或处于激烈的情绪状态下，就会造成情绪障碍，包括烦恼、焦虑、抑郁、暴躁、冷漠等。在这种情况下，正常的心理和生理活动会受到影响，出现很多异常的心理和行为，如表现出精神运动性不安，不由自主地震颤或发抖，情绪低落，表情苦闷，行动迟缓，思维迟缓，因而言语减少，语流缓慢，容易发火、发怒、过分急躁等，若不及时采取各种调适措施，就可能引发出严重的后果。

3. 学习障碍

学习是动物和人所共有的心理现象。对大学生来说,学习是大学生的首要任务和主要活动方式。大学生的心理健康状况和心理发展水平,对大学生的学习过程和学习效果产生直接的作用。越来越多的研究表明,在影响大学生正常学习的各种因素中,学习心理的健康状况占重要位置。大学生学习心理障碍主要表现为:学习动机缺乏,学习动机过强、学习注意力不集中,记忆力不强,学习方法不当,考试焦虑等。

4. 人际障碍

人际交往对大学生完成学业、发展人格具有重要作用。随着自我意识的增强,大学生们不愿意再依赖家长、老师希望用自己的眼光去观察社会,用自己喜欢的方式去结交朋友,但由于心理的成熟度有限,适应能力不强,因此在人际交往中易出现一些异常心理,造成人际交往障碍。主要表现为以自我为中心、与他人心理不相容、羞怯、角色困惑等。

5. 恋爱心理障碍

大学生在恋爱过程中,因各种因素的影响而产生的心理障碍,其中较为常见的有:纯情错觉、过分恋父(母)、憎恶异性、自恋障碍、失恋综合征等。

四、体育锻炼对个体心理健康的促进

保持积极的情绪状态,正确对待生活中不可避免的困难和挫折,充分发挥自己的潜能,对个体的一生来说,是十分重要的。但如何保持良好的心理健康状态呢?参加体育活动就是调节个体的情绪状态、促进心理健康水平的重要手段之一。

(一)体育锻炼有助于发展智力

智力是个体圆满完成工作、学习任务的基础条件。经常参加体育锻炼可以使个体的注意、记忆、观察、思维和想象等能力得到充分发展,提高活动效率,还可以使其获得良好的情绪体验、乐观自信、精神振奋、精力更加充沛,从而对人的智力功能具有促进作用。

研究表明,由于体育锻炼能有效地促进血液循环,增强心肺功能,使大脑获取更多的氧气,给大脑的记忆和思维能力提供必要的物质保障,能够提高脑力劳动的效率。另一方面,体育活动不仅能使神经系统的兴奋和抑制过程更加有效,使其对各种刺激的反应更加迅速、准确,为智力的发展奠定物质基础,而且还可以提高人的视觉、听觉、本体感觉、神经传导速度、神经过程的均衡性和灵活性,促进神经系统功能的增强。

人们在学习的过程中,大脑皮层的相关区域处于高度兴奋状态,并随着学习时间的延长而产生疲劳感,导致学习效率下降。而体育活动的参与,有助于大脑皮层的相关区域形成兴奋与抑制合理交替的机制,降低疲劳感,提高文化学习的效率,此外个体的体质增强,身体机能水平的提高有助于充分地挖掘与开发学习的潜力。

(二)体育锻炼有助于获得良好的情绪体验

情绪状态的调控能力是衡量体育锻炼对心理健康影响的最主要的指标。个体在复杂多变的社会环境中,常常会产生紧张、压抑、忧虑等不良情绪反应,体育锻炼可以使个体从烦恼和痛苦中摆脱出来,降低应激水平,使处理应激情境的能力增强。麦克曼等人的研究表明,经常参加身体锻炼者的焦虑、抑郁、紧张和心理紊乱等消极的心理变量水平明显低于不参加身体锻炼者,而愉快等积极的心理变量水平则明显要高一些。

体育锻炼之所以能够调节情绪,是因为体育锻炼的参与者能体验到运动带来的愉快感觉。心理学家认为,适度负荷的体育锻炼能够促进人体释放一种多肽物质——内啡肽,它能使人们获得愉快、兴奋的情绪体验。因此参加体育锻炼,尤其是参加那些自己喜爱和擅长的体育锻炼,可以使人从中得到乐趣,振奋精神,从而产生良好的情绪状态。

(三)体育锻炼有助于良好的意志品质的形成

意志品质指一个人的自觉性、果断性、坚韧性和自制力,以及勇敢顽强和独立主动的精神,是一个人行为特点的稳定因素的总和。意志品质需要在克服困难的实践过程中培养。体育锻炼本身就要不断克服困难(如气候条件的变化、动作的难度或外部障碍等)和主观困难(如胆怯和畏惧心理、疲劳和运动损伤等),才能取得成功。体育锻炼的参与者努力克服主、客观方面的困难,培养自身良好的意志品质。任务越困难,对个体的意志锻炼的作用越大,而良好的意志品质对于人的活动(尤其是体育锻炼)效果具有重要的意义。

(四)体育锻炼使自我概念更为清晰

自我概念是个体主观上对自己的身体、思想和情感等的整体评价,它是由许许多多的自我认识所组成的,例如我是什么人、我主张什么、我喜欢什么、我不喜欢什么等等,包括社会方面的自我概念和身体方面的自我概念等。其中,身体方面的自我概念包括身体表象和身体自尊。身体表象是指头脑中形成的身体图像。身体自尊则主要包括一个人对自己运动能力的评价、对自己身体外貌(吸引力)的评价以及对自己身体的抵抗能力和健康状况的评价。

身体表象和身体自尊障碍在正常人群中是普遍存在的,据报告,54%的大学生对他们的体重不甚满意。与男性相比,女性倾向于高估身高和低估体重,而且,身体肥胖的个体更可能有身体表象和身体自尊方面的障碍。身体表象和身体自尊与整体自我概念有关,无论是男性还是女性,对身体表象的不满意会使其身体自尊变低,并产生不安全感和抑郁症状。

坚持体育锻炼可使体格强壮、精力充沛,因而,体育锻炼对于改善人的身体表象和身体自尊至关重要。研究表明:锻炼者比非锻炼者具有更积极的总体自我概念;体能强的人比体能弱的人倾向于具有更高水平的自我概念和更高的身体概念;肌肉力量与身体自尊、情绪稳定性、外向性格和自信心呈正相关,并且加强力量训练会使个体的自我概念显著增强。因此,更积极的自尊心,更高水平的身体概念和自我概念与高水平的体能状况相关。

(五)体育锻炼有助于形成和谐的人际关系

现代社会生活节奏的加快使人们越来越趋向封闭的状态,从而造成人与人之间感情交流缺乏,人际关系疏远。体育锻炼则打破了这种封闭,让不同职业、年龄、性别、文化素质的人相聚在运动场上,进行平等、友好、和谐的交往,使人们互相之间产生信任感,有效进行情感和信息的交流,互相之间产生一种默契和交融。研究表明,增加与社会的联系会给个体带来心理上的益处。马塞(Massie)等人于 1971 年的调查中发现,外向性格者比内向性格者的社会需要更强烈,这种社会需要可以通过跳舞、球类、做操等集体性活动来得到满足。

由此可见,人们可以通过体育锻炼来认识更多的朋友,大家和睦相处、友爱互助,这种良好的人际关系将令人心情舒畅、精神振奋。

(六)体育锻炼有助于消除心理疾患

社会竞争的日益激烈和生活压力的加大可能会使许多人产生悲观、失望的情绪,进而导致忧郁、孤独、焦虑等各种心理障碍的产生。人们参加某个项目运动并坚持锻炼,他的生理技能、身体素质将会得到改善,也会相应掌握并发展一些运动的技能和技巧。由此,个体会以自我锻炼反馈的方式传递其成就信息于大脑,从而获得自我成就的认知和情感体验,产生愉快、振奋和幸福感。因此,适宜的体育锻炼能使有心理障碍的个体获得心理满足,产生积极的成就感,从而增强自信心,摆脱压抑、悲观等消极情绪,并消除心理障碍。

许多国家已将体育锻炼作为心理治疗的手段之一。美国的一项调查显示,1 750 名心理医生中,80%的人认为体育锻炼是治疗抑郁症的有效手段之一,60%的人认为应将体育活动作为一个治疗手段来消除焦虑症。临床研究表明,通过参加一些如慢跑、散步、徒手操等身体练习能有效地减轻焦虑和抑郁症状,增强自信。

就目前而言,这些心理疾病的病因以及体育锻炼有助于治疗心理疾病的基本机制尚未完全清楚,但体育锻炼作为一种心理治疗手段在国外已经开始流行起来。在学生中,通过体育锻炼可以减缓或消除由于学习和其他方面的挫折而引起的焦虑和抑郁等症状,为不良情绪的宣泄提供一种合理有效的手段,防止心理障碍或疾病的发生。

总之,体育锻炼不仅能有效地促进智力的发展、调节情绪、培养良好的意志品质、增强自我概念、改善人际关系,增进心理健康,使个体发挥最优的心理效能。

四、如何发挥体育锻炼的心理效应

(一)影响体育锻炼产生良好心理效应的因素

影响体育锻炼产生良好心理效应的因素很多,主要有以下几种:

1. 对活动的喜爱以及从活动中获得快乐。如果个体不喜爱所从事的活动就不能获得愉快的情绪体验,就不能在活动后产生满足、快乐。只有在参加体育锻炼过程中产生满足、愉快、舒畅的感觉,才能使个体坚持锻炼,更加积极主动地去接受挑战,克服困难。

2. 适宜的运动负荷。个体在整个锻炼期间的心率是最大心率的 60%~90%之间,每次活动 20~30 分钟,每周 3 次或 3 次以上才有利于心理健康,否则由于运动负荷太小,个体的唤醒水平较低,兴奋性较差,而运动负荷过大,也可能使其产生疲劳,都不利于心理健康。

3. 练习的总时间以及每周练习的次数应根据个人特点,并事先在计划中确定。研究表明,随着练习时间的增长,体育锻炼所产生的良好心理效应就会增强。

(二)发挥体育锻炼心理效应的策略

1. 选择适宜的体育锻炼项目

对于个体来说,参加体育锻炼能否取得良好的心理效应,关键在于其是否能从活动中获得乐趣并感到愉悦。运动愉悦感是一种积极的情绪体验,如果活动参与者不能从体育锻炼中体验愉悦,个体就很难持久地坚持下去,体育锻炼就很难产生积极的心理效应。研究表明,体育锻炼中体验到的愉快感具有直接的心理健康效应。对于那些长期参加体育锻炼的锻炼者来说,愉悦感是他们能够坚持下来的主要原因。因此,个体选择那些自己感兴趣的活动项目是十分有利的。此外,有氧练习、封闭式运动、没有人际竞争的体育锻炼有助于锻炼者的心理健康,研究表明,娱乐性游泳、慢跑等项目与降低个体的消极情绪如紧张、焦虑、抑郁、愤怒和慌乱等有关。个体在没有竞争性的情景中练习有助于降低应激水平,能使个体回避因失败而产生的消极心理。

2. 控制科学的运动负荷

即控制体育锻炼的强度、持续时间和频率。活动强度是个体在单位时间内所做的功,人体的最大吸氧量与心率之间存在着对应关系，体育锻炼的大、中、小强度与耗氧量密切相关，耗氧量又与最大吸氧量存在一定的百分比关系，因此，人们一般用心率指标作为评价运动强度的依据。运动心理学规定：体育活动的大强度相当于最大吸氧量的70%~80%，即相当于最高心率的80%~90%；中等强度相当于最大吸氧量的50%~60%，即相当于最高心率的65%~75%；小强度相当于最大吸氧量的40%左右，即相当于最高心率的60%左右。

3. 设置相应的情境和目标

可以在体育活动过程中设置相应的情境，有意识增加任务的难度，让个体在克服困难、战胜挫折的过程中获得成功的体验，对自己的能力更为自信，有效消除自卑挫折感，从而养成敢于正视现实、勇于挑战的良好意志品质，增进个体的心理健康。对于那些自卑性格比较内倾的人来说，可以适当降低任务难度，创设相对易于完成的情境，使其也能够在活动过程中获得成功的体验和愉悦感。同时在集体练习中增加互动的机会，有效发展个体的协作能力，使其掌握人际沟通的基本技能。

在体育活动中设置合理的目标，确定实现目标所采取的有效的步骤、策略和时间安排，使个体在一步步实现目标过程中保持良好的心态，增强对自我能力的信心。

第十一章　体育比赛的组织与编排

第一节　体育比赛的组织

人们以各种运动项目为内容,根据竞赛规则的要求,进行个人或集体在体力、技艺、心理甚至智慧等领域进行对抗,进行比赛。比赛的直接目的是为了争取优胜。

一、运动竞赛的意义与种类

(一)运动竞赛的意义

运动竞赛是指以运动项目、游戏活动或身体练习活动为内容,利用课外时间组织学生进行各种体育竞赛活动的组织形式。体育竞赛是体育课外活动的重要组成部分,也是学校体育教育的重要形式之一。它有力地推动了学校群众性体育活动广泛开展,促进了学校体育的普及与提高,是实现学校体育目标,贯彻“健康第一”思想的基本途径之一。

参与运动竞赛,要求参加者在比赛中体现出和尽可能地发挥出最大机能潜力,在人体各种能力的极限水平甚至超极限水平上进行激烈的角逐。在运动竞赛过程中,其结果往往很难预料,在人们的心理上常常会引起种种悬念。而其最终结果取决于参与者的技术、战术、身体素质、心理、智力等各种因素的综合较量。

通过运动竞赛,强有力地宣传了体育运动,能吸引和鼓舞更多的人参加体育锻炼,发展学生的运动技能,增强体质,丰富了学生的课余文化生活。通过有组织有计划开展各项运动竞赛,可有力地促进运动技术水平的提高,有利于相互增进团结和友谊,培养勇敢顽强、奋力拼搏、集体主义和爱国主义等优良品质。

学校体育教学和训练的效果如何,有什么进步和不足,通过体育竞赛都可以反映出来,由此促进教学和训练质量的不断改进和提高,有利于更快地发现和培养优秀的运动人才,提高全民身体素质。

运动竞赛可以陶冶人们的道德情操,对社会主义精神文明建设,提高全民族素养有着重要的意义。在现代生活中,体育竞赛还可以加强国内各族人民之间的团结,促进世界各国人民之间的了解和友谊,推动国际交往。

在现代生活中,体育已成为人们生活的重要组成部分之一。各种形式的运动竞赛,受到了人们的普遍欢迎,我们必须充分认识运动竞赛的规律,发挥运动竞赛在推动体育运动中的杠杆作用,促进体育事业向广度和深度迅速持久地发展,为实现体育的任务、目的,认真办好各种体育竞赛活动。

(二)运动竞赛的种类

1. 综合性竞赛

一般称为运动会或综合性运动会,它往往包含有若干个运动大项的比赛,其目的是全面检查各项运动普及和提高的情况,广泛总结和交流经验,从而推动体育运动的发展,这种竞赛由于比赛项目众多、规模较大、组织工作较复杂,通常都是每四年举办一届。如奥运会、亚运会、全运会、全国大学生运动会等。

2. 单项竞赛

单项竞赛是以某一项目为内容而单独进行的竞赛形式,一般常采用的单项竞赛的形式有:

(1)测验赛

为达到一定的标准,或了解运动员提高成绩的情况而组织的比赛。这类比赛一般不计名次,但应记录测验的成绩。

(2)联赛

这种比赛规定,每年定期举办一种列入计划的规模较大的比赛。

(3)对抗赛

指由两个以上实力相近的单位举办的竞赛,可以是双边、多边、定期或不定期的,目的是交流经验,切磋技艺,取长补短,共同提高。

(4)邀请赛和友谊赛

各单位之间,为增进友谊和团结,互帮互助,共同提高某一运动项目的水平而举办的比赛均可称为邀请赛,此种比赛均非正式比赛,各种访问比赛一般都属于友谊赛,其宗旨与邀请赛相同。

(5)选拔赛

为发现和挑选运动员,组织和补充代表队,准备参加高一级别的运动竞赛而进行的比赛,通常称为选拔赛。如学校为了充实某一运动队,组织有关同学进行比赛,从中发现和选拔人才。

(6)表演赛

为了宣传体育活动,扩大影响,参加庆祝,慰问纪念,集资等活动而举行的比赛。此项比赛着重技术、战术的发挥,一般不记名次。对准备开展的项目示范性介绍或参加重大比赛后的汇报表演均属于此类。

各类学校除可以组织上述比较正规的比赛外,主要以开展一些规则简单,形式灵活,对场地器材要求不高,容易组织和便于经常举行的各种非正规比赛,以吸引更多的人参加经常性的练习活动和锻炼,提高身体素质。

二、运动竞赛的组织

为了顺利完成竞赛的任务,不论是综合性运动会或单项比赛,都应看成是一项系统工程。这项工程大致可分为以下三阶段进行:即赛前的策划组织,赛中的有力监控,赛后认真总结收尾。组织规模较大的竞赛活动,应成立相应的大会组织委员会或筹备委员会。

在各类学校中,组织校运会或单项比赛,应建立领导小组,在主管院(校)长的领导下,由有关部室如院(校)办公室、体育部(室)、教务处、学生处、团委、学生会、工会、总务处、医务处、保卫处等各方面领导或代表组成。根据工作需要分成若干小组,例如:“宣传组、竞赛组、裁判组、场地器材组、后勤保障组”等等,各组的大致工作内容或任务如下:

(一)宣传组

搞好运动竞赛的宣传、教育工作。鼓励运动员赛出水平、赛出风格。宣传教育观众,争当"文明拉拉队"。

（二）竞赛组

制定大会法规性文件——竞赛规程。为使竞赛工作严密有序地进行，还应做好以下工作。

1. 审查报名表；

2. 做好抽签和编排工作，编印和下发秩序册；

3. 安排好裁判员，保证裁判员的数量和质量；

4. 及时研究、确定分工，解决竞赛中出现的有关问题；

5. 如确需要，下发补充通知，解决规程中未尽事宜；

6. 比赛前应认真全面检查场地器材，需要进行整改的应及早安排，要保证安全；

7. 比赛期间要及时印发、公布成绩公报；

8. 比赛结束后，认真负责地核对好比赛成绩，编印成绩册，技术资料分类归类及时发送有关部门单位。

（三）裁判组

裁判员应本着"认真、公正、准确、及时"的执法原则认真履行职责。作为裁判员，应表现出高尚的道德准则和业务水准。

裁判员在工作中应遵守好以下要求，认真履行好职责：

1. 认真学好规程、规则，统一认识，统一裁判方法。对比赛中可能出现的问题加以研究并落实处理方案。组织必要的实习或考核；

2. 裁判长要合理安排好裁判员，对抗性强或决定胜负的关键场次应重点关注；

3. 裁判员在履行职责时应精力集中。既要严格执行规则，又要讲文明礼貌；

4. 执法中不能弄虚作假。如发现反判、漏判、误判等应立即纠正；

5. 比赛结束后，广泛认真地听取各方意见，总结经验，改进工作。

在学校中举行的各种竞赛，应大胆积极地在学生中挑选和培养裁判人才。给他们创造在实践中学习和锻炼的机会。凡符合条件者，向有关部门推荐，发给相应级别的裁判证书，充实裁判队伍，推动体育运动的发展。

（四）场地器材组

根据规则和规程的要求，认真合理地布置好竞赛场地和器材设备。认真负责地做好场地的修整、清理等工作。

（五）后勤保障组

后勤工作应向运动员、教练员、裁判员及工作人员提供一个良好的比赛、工作条件。

第二节　体育比赛的编排

一、运动竞赛的方法

采用怎样的比赛方法，需根据比赛任务、项目特点、参赛人（队）数、时间安排、场地设备等因素来统筹考虑和选择,下面介绍的是几种常用的比赛方法。

(一)淘汰法

淘汰法是在比赛进行过程中逐步淘汰成绩差的,最后决出优胜者。

淘汰法有两种淘汰情况:一是按一定顺序让参赛者一人(组)进行比赛,表现出参与者的最佳成绩,通过及格赛、预赛、复赛、决赛等几个赛次,淘汰劣者,比出优胜名次。如田径、游泳项目比赛多采用这种方法。另一种情况往往被球类和其他对抗性比赛项目所采用。即一对一按预先排定的淘汰表进行比赛,胜者进入下一轮,直到最后一对一决出优胜者。

为了使比赛尽可能公正,淘汰编排时应注意以下几点:

1. 根据实际水平设立若干种子队。种子队分开排列,以便使强者不过早相遇,尽可能使他们在决赛时相遇;

2. 排定种子队后,为使参赛者机遇、机会均等,其余位置均应抽签排定;

3. 淘汰赛比赛场次的计算,以采用下列公式:

比赛场次=参赛队数-1

4. 如参赛队数(人数)不是 2 的几次方时,则在第一轮应排出“轮空”。“轮空”位置要分散排列。

(二)轮换法

将参赛者分为若干小组,在规定的同一时间内,分别进行各个项目的比赛。赛完一项后,各组按预先排定的比赛顺序依次轮换再进行下一轮比赛。体操团体比赛的男子 6 个项目、女子 4 个项目均采用这种方法进行。

(三)循环法

又称循环制,共包括单循环、双循环、分组循环三种方法。

单循环:所有参赛的人(队)在比赛中均能相遇一次,最后按参赛者在全部比赛的胜负场数、得分多少的高低来排定名次。这种方法一般适用于参赛人(队)不多,竞赛时间又较长的情况。

双循环:所有参赛的人(队)在比赛中均相遇两次,按最后比赛中的胜负场次、得分多少排列名次。这种方法适合在参赛的人(队)较少,而竞赛期限又较长时采用。

分组循环:把参赛的人(对)分成若干组,分别进行单循环。这种比赛方法适用于参赛人(对)数多而竞赛期又短的情况。

循环赛的优点是不论参赛者的水平高低、技术优劣、实力强弱,胜负如何,都有机会与其他参赛者进行比赛,因此锻炼机会增多。这有利于互相学习、共同提高,能比较准确地反映出参赛者的技术水平,产生的名次比较客观。

循环制的编排方法较多,比较复杂。现将 8 队和 7 队采用的单循环比赛的轮次表范例(见表 11-1,11-2)如下:

表 11-1　8 队比赛轮次表

第一轮	第二轮	第三轮	第四轮	第五轮	第六轮	第七轮
1—8	1—7	1—6	1—5	1—4	1—3	1—2
2—7	8—6	7—5	6—4	5—3	4—2	3—8

表 11-1(续)

第一轮	第二轮	第三轮	第四轮	第五轮	第六轮	第七轮
3—6	2—5	8—4	7—3	6—2	5—8	4—7
4—5	3—4	2—3	8—2	7—8	6—7	5—6

表 11-2　7 队比赛轮次表

第一轮	第二轮	第三轮	第四轮	第五轮	第六轮	第七轮
1—0	1—7	1—6	1—5	1—4	1—3	1—2
2—7	0—6	7—5	6—4	5—3	4—2	3—0
3—6	2—5	0—4	7—3	6—2	5—0	4—7
4—5	3—4	2—3	0—2	7—0	6—7	5—6

说明:碰到 0 号队轮空一次;

单循环比赛场次计算公式为:$X=\frac{N\times(N-1)}{2}$(其中 N 为队数)。

单循环比赛轮次的计算方法:

参加比赛队数是奇数时,则比赛轮次等于队数;

参加比赛队数是偶数时,则比赛的轮次为队数减 1。

二、运动竞赛赛事

(一)国际、国内大型综合运动会

1. 现代奥林匹克运动会

(1)夏季奥运会

自 1896 年第一届雅典(希腊)夏季奥运会到 2015 年为止,按四年一届计算,当已有 33 届。但是因为第一次和第二次世界大战,分别被迫停办了第 6 届(德国柏林,1916 年)、第 12 届(日本东京,1940 年)和第 13 届(英国伦敦,1944 年)三届奥运会,实际上只举办了 30 届。

目前的夏季奥运会共有近 30 个运动项目的比赛,竞赛时间包括开幕式在内不得超过 16 天。根据国际奥委会的规定,得到国际奥委会承认的各国或地区的单项体育组织及其所管辖的运动项目,得到认可才能列入奥运会的比赛。同时还规定,列入奥运会比赛的男子项目,至少要在三大洲 40 个国家和地区广泛开展;女子项目至少要在两大洲 25 个国家和地区广泛开展。

(2)冬季奥运会

1992 年以前,在举行夏季奥运会的同一年,也举行冬季奥运会(注:从 1994 年第 17 届利勒哈默尔冬季奥运会开始比夏季奥运会提前两年举行)。它始于 1908 年的第四届奥运会,当时的比赛项目只有花样滑冰和冰球,后因一些国家和地区奥委会的反对,使冬奥会中断近 20 年。经当时的国际奥委会主席顾拜旦多方面的工作和努力,终于在 1925 年举行的国际奥委会会议上,正式决定举办冬季奥运会,每四年举办一届。但届数按实际举行的次数计算，并决定把 1924 年在法国夏蒙尼举行的第 8 届奥林区亚德国际体育周的冰上运动作为第一届，到 2015 年为止已实际举办了 22 届。

冬季奥运会的比赛项目有：冰球、冰上舞蹈、现代冬季两项（滑雪和射击）、滑雪（高山滑雪、越野滑雪、跳台滑雪、自由式滑雪）、滑冰（速度滑冰、花样滑冰、短道速滑）和雪橇（有舵雪橇、无舵雪橇）等。赛期包括开幕式在内不得超过 12 天。根据国际奥委会规定，要列入冬奥会的男、女比赛项目，至少要在两大洲 20 个国家和地区广泛开展。

2. 亚洲运动会

又称亚运会，是亚洲奥林匹克理事会（简称“亚奥理事会”，第 19 届亚运会前称亚洲运动会联合会）主办的亚洲各国和地区最大的综合性运动会。它的前身是两个综合性运动会，一是远东运动会，参赛国有中国、日本和菲律宾；二是西亚运动会，参赛国有印度、阿富汗、泰国、巴基斯坦和斯里兰卡。在 1948 年第 14 届奥运会（英国伦敦）期间，印度奥委会主席辛格和印度业余田径联合会主席桑迪根据亚洲一些国家和地区奥委会委员的建议，提出成立亚洲运动会联合会，并举办亚运会的设想，这一设想得到了亚洲各国和地区奥委会的支持。

1949 年 2 月，在印度新德里召开的亚运会代表会议上正式宣布成立亚洲运动联合会。辛格当选为第一任主席，秘书长兼司库为桑迪。会上通过了亚洲运动联合会的基本宗旨：“定期举办亚洲运动会，促进亚洲运动水平的提高，引导亚洲各国家和地区广泛开展体育活动。促进会员与组织之间的友善、和睦的关系和坦诚的互相了解”。批准了亚运会格言：“永远向前”及亚运会联合会会旗（光芒四射的太阳，太阳下面有代表会员数的金黄色的环），亚运会每四年举办一届，与奥运会相间举行，到 2015 年为止，已经在亚洲各国举办了 17 届。

亚运会的比赛项目与奥运会基本相同，但没有像奥运会那样有严格的规定。除田径、游泳、足球、篮球、排球等几个大项必须列入亚运会比赛项目外，东道国还可根据本国的具体情况，适当增减比赛项目，但项目的增减必须得到亚运会联合会的批准方可实施。

3. 世界大学生运动会

1957 年为庆祝法国大学生联合会成立 50 周年，在巴黎举办了国际性的大学生运动会和文化联欢节。在此期间 30 个国家和地区商讨，一致决定定期举办世界大学生运动会，原则上每两年举办一届。同时决定 1959 年在意大利都灵市正式举行第一届世界大学生运动会。参赛运动员的资格是 17~28 岁在校大学生。同时规定参赛者不仅有国际大学生体育联合会会员国家和地区的大学生，而且非会员国家和地区的大学生也可以报名参加。世界大学生运动会的比赛项目有田径、体操、游泳、跳水、水球、网球、击剑、足球、篮球和排球等，东道国还有权增加几项比赛。因此世界大学生运动会的规模，仅次于夏季奥运会，享有“小奥运会”的美称。

近几届由于参赛选手的档次水平下降明显，已使其实际降格为世界青年的体育节，在冬季还举办世界冬季大学生运动会。在世界大学生运动会期间，同时举办国际大学生体育论文报告会等活动。

4. 中华人民共和国运动会

又称“全运会”。它是我国规模最大，运动水平最高的综合性大型运动会。自 1959 年北京举行的第一届全运会至目前为止，积极落实的国家“奥运争光计划”现已成功举办了 12 届，基本上每四年举办一届。隆重、热烈、精彩的全国运动会，不仅引起了我国人民的极大关注，而且在国际上产生了巨大的影响。

5. 全国大学生运动会

全国大学生运动会（又称“大运会”）由教育部、国家体育总局、共青团中央、全国体联和大学生体协联合会共同主办，第一届大运会于1982年在北京举行，至2015年共举办了九届。比赛项目有田径、篮球、排球、武术、健美操和艺术体操等。近几届大运会中，有不少国手和奥运会选手也取得了大运会的参赛资格，让田径、球类和游泳等项目的水平上了一个新台阶。

大会期间，国家有关部、委还举办科研报告会以及各种表彰活动。可以说“大运会”已经成为全国高校体育工作的综合“检阅台”，为推动高校体育工作的深化改革和全面提高发挥着积极作用。

（二）国际、国内大型单项体育竞赛简介

1. 足球

（1）世界杯足球赛

世界杯足球赛是国际足坛规模最大，水平最高的足球比赛，比赛期间，全球数以万计的观众通过现场及媒体的转播彻夜观战，都对其充满了极大的热情。

早在1904年国际足联成立之时，就决定当年举办第一届世界杯足球赛，后因种种原因，经过24年漫长岁月才终于在1930年的乌拉圭举办了第一届世界杯足球赛，之后每四年举办一届。2002年第17届世界杯足球赛，是第一次在亚洲举办。

自1970年巴西队第三次夺得冠军，永远拥有奖杯——“雷米特杯”后，现在的奖杯由意大利人加扎尼亚重新设计，造型为两个大力士高举一个地球，象征着体育比赛的威力和规模。这个用5kg纯金制成的新奖杯，被定为“国际足联世界杯”。该奖杯不再为某个国家永远拥有，冠军队只能将该奖杯保存到下届世界杯举行之前。根据国际足联的规定，从16届世界杯起，参赛队首次由24个改为32个。各洲和地区参赛的分配和名额由国际足联规定。

（2）奥运会足球赛

1900年的夏季奥运会上，男子足球已被列为正式比赛项目。但奥运会限制职业足球参赛，且参加奥运会足球赛队员的年龄不得超过23周岁。因此，很多国家无法选派本国的最强阵容出战。

女子足球在1996年的第26届奥运会上被列为正式比赛项目。

（3）欧洲足球锦标赛

又称欧洲杯足球赛。欧洲作为世界足球运动最为普及、水平最高的地区之一，故此项杯赛堪称世界级的比赛。

第一届欧洲杯足球赛于1960年举行，以后每四年举办一届。由欧洲各国国家队参赛，先抽签分组预赛，最后由16支球队参加决赛阶段的比赛。

（4）欧洲足球三大杯赛

欧洲除了四年举办一届的欧洲杯外，还有每年举行的欧洲三大杯赛，即欧洲冠军杯、欧洲优胜者杯和欧洲联盟杯。三大杯赛分别起始于1956年、1961年和1972年。这50余年来，三大杯赛创造了世界足坛一段璀璨的历史。

由于三大杯赛是有欧洲各国的足球俱乐部参赛，世界各地外籍球员都可登场献技，因此三大杯赛汇聚了世界足坛的各个流派，各种风格的优秀球队。三大杯赛的不少经典之

战，完全可与世界杯、欧洲杯、美洲杯赛上的杰作并列，造就了一批光芒四射的超级球星，为世界足坛运动的发展做出了不可磨灭的功绩。

(5)中国甲A足球联赛和中超联赛

中国足球是我国率先进行职业化试点的项目，甲A联赛正是职业化以后的主要赛事。从1994年开始每年举行，由12支国内最优秀的俱乐部球队参加，采用主客场循环赛制，赛季结束排出全部名次，排名最后的两队降级参加下一年度甲B联赛。近几年参赛队已经升为15个。随着我国足球市场和球迷的逐渐成熟，足球整体水平得到了提高，中国足球队获得了2002年第17届世界杯的“入场券”，初步实现了冲出亚洲，走向世界的目标。甲A足球联赛已于2003年赛事结束后完成使命，新的中超联赛已于2004年闪亮登场。

2. 田径

(1)奥运会田径比赛

1896年的第一届奥运会就有了田径项目的比赛，当时只有12个男子项目。1928年的第9届奥运会才开始有了女子田径比赛，项目仅有5项。今天的奥运会田径比赛已经发展成男、女共40余个首屈一指的金牌大户项目。因各国均派最优秀的选手参加比赛，故奥运会田径赛已是当今世界水平最高的田径比赛，造就了许多光芒四射的体坛巨星。

(2)世界杯田径比赛

1977年开始举行的世界杯田径比赛，是洲际性的团体比赛。除各大洲组织混合比赛代表队外，世界田径强国如苏联、美国、民主德国（女）、英国(男)都曾单独组织队伍参赛。由于参赛单位和人数不多，各队水平差距较大，故比赛整体水平不高。

(3)世界田径锦标赛

在1978年，国际田联决定自1983年起举行世界田径锦标赛，每四年举办一届。规定在奥运会前一年举行(1991年起改为两年举办一届)。这是除奥运会田径比赛以外的世界最高水平的田径比赛。

(4)亚洲田径锦标赛

它是亚洲田坛最高水平的比赛。1975年举办了第一届，在1985年以后，中国一直保持着金牌总数和奖牌总数第一的优势。

(5)全运会田径比赛

全运会田径比赛基本上四年举办一次，它是中国国内参赛单位人数最多的比赛，竞争非常激烈，是国内田坛水平最高的比赛。

3. 篮球

(1)奥运会篮球比赛

1936年的第11届奥运会第一次有男子篮球比赛。女子篮球比赛直到1976年的第21届奥运会才被列为正式比赛项目。同时，美国男队几乎包揽了历届奥运篮球金牌，尤其是1992年第25届起允许职业选手参赛以后，美国选派“梦之队”参赛，以绝对优势夺得该项比赛金牌。

(2)世界篮球锦标赛

它是除奥运会篮球赛以外最高水平的世界性篮球比赛。世界男子篮球锦标赛从1950年开始，第一届世界女子锦标赛则于1953年举行。一般每3~4年举办一届。按规定，上届奥运会的前三名和上届锦标赛时前三名加上各大洲的冠军队及东道国，一般不超过16支参赛队有资格参加世界篮球锦标赛。

(3)美国 NBA 篮球赛

NBA 是美国职业篮球协会主办的职业篮球赛。比赛流程是分成四个区先进行常规比赛,实行主客场制;经过常规比赛选出东区、西区各八支球队进入复赛;经七赛四胜制的淘汰赛,东、西区各选出两支最好的球队再进行最后的总决赛;再经过一轮七赛四胜制的主客场较量,最后产生年度总冠军。

NBA 联赛经过多年发展后,不仅成为当今世界公认的最高水平的篮球赛事,也将篮球这一运动竞赛发展为广受世界人们关注、喜爱并积极参与的社会体育文化活动。

(4)亚洲篮球锦标赛

亚运会篮球比赛以外亚洲最高水平的篮球比赛。一般每两年举办一届,在亚洲各国轮流举行。男、女队分别在不同的时间、地点举行比赛。我国男、女篮球队在亚洲处于领先水平。

(5)国内篮球联赛

近年来国内篮球联赛分为甲 A(又称 CBA)和甲 B 两组进行,各组 12 支球队进行主客场制比赛。对 B 组前两名和 A 组后两名球队分别实行升、降级。目前各队以俱乐部形式组队参赛,为我国篮球水平更快地达到世界水平而做出巨大贡献。

4. 排球

(1)奥运会排球比赛

它是世界排坛最高水平的比赛。1964 年的第 18 届奥运会上,男、女比赛第一次被列为正式比赛项目。中国女队曾获第 23 届(1984 年)奥运会冠军。

(2)世界排球锦标赛

它是奥运会排球比赛以外水平最高的排球比赛;是历史最长,参赛队数最多的高水平排球比赛。男子从 1949 年开始举办第一届比赛,女子举办第一届比赛是在 1952 年,之后每四年举办一届。中国女队曾获两届冠军。

(3)世界杯排球赛

为进一步推动排球运动在全球的发展和提高,国际排联于 1964 年决定,将原有的欧、亚、美三大洲排球赛改为世界杯赛,每四年举办一届。男子的第一届杯赛于 1965 年举办,女子的第一届杯赛则于 1973 年举办。世界杯赛的参赛队为各大洲的冠军队,加上上届奥运会、世界锦标赛、世界杯赛的冠军,以及本届比赛的东道国。因而世界杯赛是世界排坛的一流比赛。1981 年国际排联决定,凡获得世界杯排球赛的冠军队,可直接参加下届奥运会排球赛。中国女队曾获第三届(1981 年)和第四届(1985 年)世界杯赛冠军。

(4)沙滩排球

又称沙地排球。起源于 19 世纪 30 年代美国南加利福尼亚海滩的一项娱乐性活动。它是在沙滩上进行,由每方两名球员参加的一种排球比赛,其规则与六人制比赛基本相同,但没有轮位、中线、3 米线等的限制,采用三局两胜制。近年来在世界各地广受欢迎,已成为一种时尚、新兴的运动项目。1996 年的第 26 届奥运会(亚特兰大)上成为正式的比赛项目。

(5)国内甲级排球联赛

每年举办一次,分男、女甲 A 和甲 B 两大组,实行升降级。各队以俱乐部的形式参赛。1996 年开始实行主客场制。

5. 游泳

(1) 奥运会游泳比赛

1896 年的第一届奥运会就将游泳列为正式比赛的项目,至今已有 100 多年的历史。它是世界泳坛最高水平的比赛,也是奥运会金牌较多的项目之一。

(2)世界游泳锦标赛

第一届比赛是在 1973 年举行的,1975 年、1978 年、1982 年分别举行了第二、第三、第四届比赛,以后基本上每四年举办一届。世界锦标赛是国际泳坛规模最大,争夺最激烈,水平最高的比赛。

(3)世界短池游泳锦标赛

国际泳联为了推动世界游泳运动的发展,不断提高了运动水平。于 1993 年在西班牙举行了第一届世界短池(即不在 50×25m 的泳池中比赛)游泳锦标赛。

(4)亚洲游泳锦标赛

开始于 1980 年,是亚洲最高水平的游泳锦标赛,基本上每四年举办一届。

6. 体操

(1)奥运会体操比赛

1896 年的第一届奥运会开始设立男子体操项目,至今已有 100 多年的历史。女子体操比赛进入奥运会是在 1928 年的第九届,那时的比赛项目和现在有很大的不同。直到 1936 年的第 11 届奥运会,男子发展成团体、个人全能、双杠、单杠、鞍马、吊环、自由体操等项目。而女子是在 1952 年才发展成今天这样的团体、个人全能、高低杠、跳马、平衡木和自由体操等项目。

(2)世界体操锦标赛

第一届比赛于 1903 年举行。1979 年以前基本上每四年举办一届,1980 年改为每两年举办一届。世锦赛是除奥运会体操赛以外水平最高的比赛。

(3)世界杯体操比赛

为了推动世界体操运动的发展和提高,国际体操联合会在 20 世纪 70 年代设立此项比赛。按规定,不设团体,只设全能和单项,只有前一届世锦赛全能前 18 名和各单项前六名的队员才有资格参加此项赛事。因此世界杯体操赛也是国际体坛中一项高水平的比赛。

7. 乒乓球

(1)世界乒乓球锦标赛

当今规模最大的乒乓球赛。国际乒乓球联合会成立于 1926 年,同年 12 月在伦敦举办了一次国际比赛,后追认此次比赛为第一届世界乒乓球锦标赛,之后每两年举办一次。项目共设男子团体(斯韦思林杯)、女子团体(考比伦杯)、男子单打(圣・勃莱德杯)、女子单打(吉・盖斯特杯)、男子双打(伊朗杯)、女子双打(波普杯)和混合双打(赫比赛克杯)七个项目。

(2)奥运会乒乓球比赛

直到 1988 年的第 24 届汉城奥运会乒乓球才被列为正式比赛项目。只设男、女单打和男子双打四个比赛项目。

8. 羽毛球

(1)世界男子团体锦标赛

此项比赛始于 1948 年,以后每三年举办一届。由于此项赛事的冠军奖杯是国际羽联第一任第一副主席汤姆斯所赠,因此此项赛事又称汤姆斯杯赛。

(2)世界女子团体锦标赛

又称尤伯杯赛,此杯赛由全英羽毛球女子单打冠军尤伯夫人(英国)1956年所赠。同年举行了第一届尤伯杯比赛,以后每三年举办一届。

(3)羽毛球世界锦标赛

第一届于1977年举行,以后每三年举办一届。此项赛事只设单项比赛,有男、女单打,男、女双打和混合双打五个比赛项目。

(4)全英羽毛球锦标赛

此项赛事由英国羽协举办,比赛安排在每年三月的最后一周在伦敦举行。从1899年起,除两次世界大战期间停办以外每年如期举行。全英羽毛球锦标赛被称为世界羽坛最高水平的单项比赛。

9. 网球

(1)个人单项赛

它是世界网坛最高水平的比赛。每年有四大赛事,即:温布尔顿(6月底至7月初)、美国网球公开赛(8月底至9月初)、法国网球公开赛(5月底至6月初)和澳大利亚公开赛(1月底至2月初)。四大赛事都设有高额奖金。一名运动员获得以上四大赛事同一项目的冠军,就叫"大满贯"。

四大赛事都设男女单打、男女双打和混合双打五项比赛。

(2)团体赛

国际网联承认的正式团体赛有男子团体赛和女子团体赛。男子团体赛,即国际网球锦标赛,又称戴维斯杯赛,此项奖杯是由美国运动员捐赠的纯银大奖杯,作为永久性的流动奖杯。此项赛事始于1900年。此项比赛采用四场单打、一场双打,先胜三场者为胜队。女子团体赛,又叫联合杯赛,始于1963年,设两场单打和一场双打,先胜两场者为胜队。以上两项比赛每年举办一次,以国家为单位参加,不设奖金但声誉很高。

附录 A　国家学生体质健康标准（2014 年修订）

一、说明

1.《国家学生体质健康标准》(以下简称《标准》)是国家学校教育工作的基础性指导文件和教育质量基本标准，是评价学生综合素质、评估学校工作和衡量各地教育发展的重要依据，是《国家体育锻炼标准》在学校的具体实施，适用于全日制普通小学、初中、普通高中、中等职业学校、普通高等学校的学生。

2. 本标准的修订坚持健康第一，落实《国家中长期教育改革和发展规划纲要(2010—2020 年)》《国务院办公厅转发教育部等部门关于进一步加强学校体育工作若干意见的通知》(国办发〔2012〕53 号)和《教育部关于印发〈学生体质健康监测评价办法〉等三个文件的通知》(教体艺〔2014〕3 号)有关要求，着重提高《标准》应用的信度、效度和区分度，着重强化其教育激励、反馈调整和引导锻炼的功能，着重提高其教育监测和绩效评价的支撑能力。

3. 本标准从身体形态、身体机能和身体素质等方面综合评定学生的体质健康水平，是促进学生体质健康发展、激励学生积极进行身体锻炼的教育手段，是国家学生发展核心素养体系和学业质量标准的重要组成部分，是学生体质健康的个体评价标准。

4. 组别的划分：大学一、二年级为一组，三、四年级为一组。

5. 测试指标均为必测指标。

6. 本标准的学年总分由标准分与附加分之和构成，满分为 120 分。标准分由各单项指标得分与权重乘积之和组成，满分为 100 分。附加分根据实测成绩确定，即对成绩超过 100 分的加分指标进行加分，满分为 20 分。

7. 根据学生学年总分评定等级：90.0 分及以上为优秀，80.0～89.9 分为良好，60.0～79.9 分为及格，59.9 分及以下为不及格。

8. 每个学生每学年评定一次，记入《〈国家学生体质健康标准〉登记卡》。特殊学制的学校，在填写登记卡时可以按规定和需求相应地增减栏目。学生毕业时的成绩和等级，按毕业当年学年总分的 50%与其他学年总分平均得分的 50%之和进行评定。

9. 学生测试成绩评定达到良好及以上者，方可参加评优与评奖。测试成绩评定不及格者，在本学年度准予补测一次，补测仍不及格，则学年成绩评定为不及格。普通高等学校学生毕业时，《标准》测试的成绩达不到 50 分者按结业或肄业处理。

10. 学生因病或残疾可向学校提交暂缓或免予执行《标准》的申请，经医疗单位证明，体育教学部门核准，可暂缓或免予执行《标准》，并填写《免予执行<国家学生体质健康标准>申请表》，存入学生档案。确实丧失运动能力、被免予执行《标准》的残疾学生，仍可参加评优与评奖，毕业时《标准》成绩需注明免测。

11. 各学校每学年开展覆盖本校各年级学生的《标准》测试工作，《标准》测试数据经当地教育行政部门按要求审核后，通过“中国学生体质健康网”上传至“国家学生体质健康标准数据管理系统”。测试和数据上传时间由教育行政部门确定。

12. 本标准由教育部负责解释。

二、单项指标与权重

测试对象	单项指标	权重(%)
大学各年级	体重指数(BMI)	15
	肺活量	15
大学各年级	50 米跑	20
	坐位体前屈	10
	立定跳远	10
	引体向上(男)/1 分钟仰卧起坐(女)	10
	1000 米跑(男)/800 米跑(女)	20

注:体重指数(BMI)= 体重(千克)/身高^2(米)

(一)单项指标评分表

男生体重指数(BMI)单项评分表　　(单位:千克/米^2)

等级	单项得分	大学
正常	100	17.9~23.9
低体重	80	≤17.8
超重		24.0~27.9
肥胖	60	≥28.0

女生体重指数(BMI)单项评分表　　(单位:千克/米^2)

等级	单项得分	大学
正常	100	17.2~23.9
低体重	80	≤17.1
超重		24.0~27.9
肥胖	60	≥28.0

男生肺活量单项评分表　　(单位:毫升)

等级	单项得分	大一、大二	大三、大四
优秀	100	5 040	5 140
	95	4 920	5 020
	90	4 800	4 900
良好	85	4 550	4 650
	80	4 300	4 400

表(续)

等级	单项得分	大一、大二	大三、大四
及格	78	4 180	4 280
	76	4 060	4 160
	74	3 940	4 040
	72	3 820	3 920
	70	3 700	3 800
	68	3 580	3 680
	66	3 460	3 560
	64	3 340	3 440
	62	3 220	3 320
	60	3 100	3 200
不及格	50	2 940	3 030
	40	2 780	2 860
	30	2 620	2 690
	20	2 460	2 520
	10	2 300	2 350

女生肺活量单项评分表 (单位:毫升)

等级	单项得分	大一、大二	大三、大四
优秀	100	3 400	3 450
	95	3 350	3 400
	90	3 300	3 350
良好	85	3 150	3 200
	80	3 000	3 050
及格	78	2 900	2 950
	76	2 800	2 850
	74	2 700	2 750
	72	2 600	2 650
	70	2 500	2 550
	68	2 400	2 450
	66	2 300	2 350
	64	2 200	2 250
	62	2 100	2 150
	60	2 000	2 050

表(续)

等级	单项得分	大一、大二	大三、大四
不及格	50	1 960	2 010
	40	1 920	1 970
	30	1 880	1 930
	20	1 840	1 890
	10	1 800	1 850

男生 50 米跑单项评分表　(单位:秒)

等级	单项得分	大一、大二	大三、大四
优秀	100	6.7	6.6
	95	6.8	6.7
	90	6.9	6.8
良好	85	7.0	6.9
	80	7.1	7.0
及格	78	7.3	7.2
	76	7.5	7.4
	74	7.7	7.6
	72	7.9	7.8
	70	8.1	8.0
	68	8.3	8.2
	66	8.5	8.4
	64	8.7	8.6
	62	8.9	8.8
	60	9.1	9.0
不及格	50	9.3	9.2
	40	9.5	9.4
	30	9.7	9.6
	20	9.9	9.8
	10	10.1	10.0

女生 50 米跑单项评分表　(单位:秒)

等级	单项得分	大一、大二	大三、大四
优秀	100	7.5	7.4
	95	7.6	7.5
	90	7.7	7.6

表(续)

等级	单项得分	大一、大二	大三、大四
良好	85	8.0	7.9
	80	8.3	8.2
及格	78	8.5	8.4
	76	8.7	8.6
	74	8.9	8.8
	72	9.1	9.0
	70	9.3	9.2
	68	9.5	9.4
	66	9.7	9.6
	64	9.9	9.8
	62	10.1	10.0
	60	10.3	10.2
不及格	50	10.5	10.4
	40	10.7	10.6
	30	10.9	10.8
	20	11.1	11.0
	10	11.3	11.2

男生坐位体前屈单项评分表 (单位:厘米)

等级	单项得分	大一、大二	大三、大四
优秀	100	24.9	25.1
	95	23.1	23.3
	90	21.3	21.5
良好	85	19.5	19.9
	80	17.7	18.2
及格	78	16.3	16.8
	76	14.9	15.4
	74	13.5	14.0
	72	12.1	12.6
	70	10.7	11.2
	68	9.3	9.8
	66	7.9	8.4
	64	6.5	7.0
	62	5.1	5.6
	60	3.7	4.2

表(续)

等级	单项得分	大一、大二	大三、大四
不及格	50	2.7	3.2
	40	1.7	2.2
	30	0.7	1.2
	20	-0.3	0.2
	10	-1.3	-0.8

女生坐位体前屈单项评分表 (单位:厘米)

等级	单项得分	大一、大二	大三、大四
优秀	100	25.8	26.3
	95	24.0	24.4
	90	22.2	22.4
良好	85	20.6	21.0
	80	19.0	19.5
及格	78	17.7	18.2
	76	16.4	16.9
	74	15.1	15.6
	72	13.8	14.3
	70	12.5	13.0
	68	11.2	11.7
	66	9.9	10.4
	64	8.6	9.1
	62	7.3	7.8
	60	6.0	6.5
不及格	50	5.2	5.7
	40	4.4	4.9
	30	3.6	4.1
	20	2.8	3.3
	10	2.0	2.5

男生立定跳远单项评分表 (单位:厘米)

等级	单项得分	大一、大二	大三、大四
优秀	100	273	275
	95	268	270
	90	263	265

表(续)

等级	单项得分	大一、大二	大三、大四
良好	85	256	258
	80	248	250
及格	78	244	246
	76	240	242
	74	236	238
	72	232	234
	70	228	230
	68	224	226
	66	220	222
	64	216	218
	62	212	214
	60	208	210
不及格	50	203	205
	40	198	200
	30	193	195
	20	188	190
	10	183	185

女生立定跳远单项评分表 (单位:厘米)

等级	单项得分	大一、大二	大三、大四
优秀	100	207	208
	95	201	202
	90	195	196
良好	85	188	189
	80	181	182
及格	78	178	179
	76	175	176
	74	172	173
	72	169	170
	70	166	167
	68	163	164
	66	160	161
	64	157	158
	62	154	155
	60	151	152